普通高校
俱乐部制
体育教程

本书编委会

主　编：林　立

副主编：徐瑞芳　林长青　雷　雯　周　欣
　　　　江　荣　姚　东

编　委：（以姓氏笔画为序）

马少勋　王伟平　王明博　刘佳星

江　荣　苏万文　杨增威　吴丽晶

邱蓁蓁　张　巧　陈　乐　陈　欢

陈剑萍　林　立　林长青　林若崴

周　欣　郑思樵　胡子航　姚　东

徐　俊　徐瑞芳　高林华　郭森林

赖怡旭　雷　雯

厦门大学出版社　XIAMEN UNIVERSITY PRESS　国家一级出版社　全国百佳图书出版单位

图书在版编目（CIP）数据

普通高校俱乐部制体育教程 / 林立主编
. -- 厦门：厦门大学出版社，2022.8(2025.7 重印)
ISBN 978-7-5615-8710-2

Ⅰ. ①普… Ⅱ. ①林… Ⅲ. ①体育运动-俱
乐部-高等学校-教材 Ⅳ. ①G807.4

中国版本图书馆CIP数据核字(2022)第149123号

责任编辑　郑　丹
封面设计　蒋卓群
美术编辑　张雨秋
技术编辑　许克华

出版发行　厦门大学出版社
社　　址　厦门市软件园二期望海路 39 号
邮政编码　361008
总　　机　0592-2181111　0592-2181406(传真)
营销中心　0592-2184458　0592-2181365
网　　址　http://www.xmupress.com
邮　　箱　xmup@xmupress.com
印　　刷　厦门市竞成印刷有限公司

开本　787 mm×1 092 mm　1/16
印张　25.25
字数　615 千字
版次　2022 年 8 月第 1 版
印次　2025 年 7 月第 4 次印刷
定价　39.80 元

厦门大学出版社
微信二维码

厦门大学出版社
微博二维码

序

　　闽江学院向来有重视体育工作的传统。20世纪90年代,时任福州市委书记兼任闽大校长的习近平就提出要"逐步形成一套独具特色的教育管理制度,确保培养的学生成为德、智、体、美、劳全面发展的、符合地方需要的社会主义事业建设者和接班人"。这与习近平总书记在党的二十大报告中强调的"教育、科技、人才是全面建设社会主义现代化国家的基础性、战略性支撑",要求"全面贯彻党的教育方针,落实立德树人根本任务,培养德智体美劳全面发展的社会主义建设者和接班人"的重要指示一脉相承。学校也始终传承弘扬好传统,明确体育在"德智体美劳"中的关键位置,认真遵循体育综合育人的规律,秉承"五育并举",践行"以体育人",探寻出一条新型体育俱乐部制教学改革的新路子。

　　学校体育是终身体育的重要阶段。高校公共体育教学作为全民健身计划中的重要环节,必然要以终身体育思想为核心,对现有体育教学的内容和模式进行改革,实现学生体育技能和体育意识的双重培养,为学生树立终身体育观念奠定坚实基础。

　　从高校公共体育教学内容改革的层面看,在终身体育思想指导下,高校体育教学内容应更加生活化。结合终身体育的内涵与特征,明确普通高校公共体育教学的目标并不在于培养具有较高体育竞技能力的专业运动员,而是激发学生对体育运动的热爱,使学生学会通过体育锻炼的方式,保持自身的身心健康水平,提升学习和工作效率;同时,培养一两项运动爱好,形成终身锻炼的习惯。

　　高校公共体育俱乐部制教学改革以终身体育思想为指导,以培养学生对体育的兴趣和爱好为宗旨,有针对性地开展体育教学内容与教学模式的改革。其一,从学生的体育锻炼需求出发,增加学生感兴趣的体育教学内容和运动项目。不仅能够丰富高校体育教学的多样性,提升体育学科整体教学水平,还能够起到激发学生体育锻炼兴趣的作用,使学生自主进行体育锻炼,帮助学生逐渐树立终身体育意识。其二,针对不同教学内容制定特色化教学模式,通过创设和谐、民主的教学氛围,在最大化调动大学生体育锻炼积极性的同时,实现体育知识技能教育和运动习惯培养双重教学目标。在校学习的体育知识和技能可帮助学生顺利完成学校体育向终身体育的过渡,为终身体育意识和习惯的养成奠定良好基础。

本书结合闽江学院多年教学改革的实践经验,在高校俱乐部教学理论方面进行了有益的探索。本书贯穿"以学生为中心,以人格塑造为主线""健康第一""终身体育"等教育理念,立足于解决高校公共体育俱乐部制教学改革实践中遇到的实际问题,创新普通高校体育教学模式及方法,以先进的"俱乐部"体育模式,造就具备终身体育意识、习惯和能力的高校专门人才,丰富我国高校公共体育教学模式。本书旨在倡导体育与新时代大学生的日常生活实践相结合,使大学生逐渐形成一种体育就是生活方式的意识,因日常的体育锻炼习惯而受益终生。此外,本书在理论层面紧跟时代潮流,将高校体育俱乐部与大学生的体育生活、大学生的行为与健康等进行了梳理和介绍,在有关章节以二维码形式加入了相关运动项目的视频信息,以增加教材的趣味性和可读性,期望开阔大学生的视野并激发他们的学习兴趣,使教材内容更加丰富而有内涵。

普通高校公共体育俱乐部制教学改革是全面深化应用型人才培养模式改革的重要组成部分。本书的编者本着对教育事业的忠诚和对体育事业的热爱,克服困难,编写此教程。这种精神难能可贵,值得提倡与学习。我为他们感到高兴、骄傲与自豪。我相信,本书的出版必将为进一步促进大学生运动场景感知化、运动体验数据化、运动展示视频化、运动社交情景化,为践行立德树人根本任务做出应有的贡献。

特作此序,以表心迹,以致祝贺。

陈兴明

闽江学院副校长,教育学博士,研究员

2023 年 7 月 15 日

前　言

　　党的二十大报告强调:"教育、科技、人才是全面建设社会主义现代化国家的基础性、战略性支撑",要求"全面贯彻党的教育方针,落实立德树人根本任务,培养德智体美劳全面发展的社会主义建设者和接班人。"

　　在我国,大学体育作为全面发展教育的组成部分,在学校教育中具有十分重要的作用。近年,我们开始思考如何充分发挥大学体育在培养应用型人才中的作用问题:如何开展新型体育俱乐部教学改革;如何融合体育元素与思政元素,把课程思政贯穿大学体育课程教学和教材编写的全过程;如何推进以体育智、以体育心、以体育人。在新时代背景下,大学体育应以学生为中心,以切实提高学生终身体育意识为出发点,对标应用型人才培养政策,为培养优秀的综合型应用人才奠定扎实基础。教材是课程建设的主要载体,是课程改革的主要内容之一,闽江学院公共体育教学部致力于探索、完善应用型人才培养综合实践类教材,在教学部全体同仁的共同努力下,《普通高校俱乐部制体育教程》于 2022 年与同学们见面。

　　闽江学院于 2013 年探索体育俱乐部教学改革,提出课程模块设计和课内俱乐部设想;2014 年,明确了俱乐部制教学改革方向,开始构建课内、课外俱乐部教学体系,出台相关管理制度;2015—2016 年,探讨提升课内外运动量、增强学生体质的方案,与科技公司合作研发适合学校特点的"运动世界校园"手机应用程序;2017 年,正式出台体育俱乐部制教学改革实施方案,率先在全省实施新型体育俱乐部制教学改革。实施课内外初、中、高三级阶梯式动态调整的会员制度,实行"三自主"(自主选择任课教师、自主选择上课时间、自主选择运动项目)和"三不同"(不同时间、不同水平、不同兴趣)选课。

　　本书以教学实践为依托,按照《国家中长期教育改革和发展规划纲要(2010—2020 年)》和《"健康中国 2030"规划纲要》的要求,落实《国务院办公厅关于强化学校体育促进学生身心健康全面发展的意见》、教育部《高等学校体育工作基本标准》和《全国普通高等学校体育课程教学指导纲要》的精神，以及《国家学生体质健康标准》的基本要求。

新型体育俱乐部制教学改革倡导"以学生为中心，以人格塑造为主线""健康第一"等教育理念、以"享受乐趣、增强体质、健全人格、锤炼意志"为改革航标，提出"一核双轮三任务四平台"的俱乐部制教学架构，即以"服务适应社会需要的高素质应用型人才"为核心，以"课内俱乐部、课外俱乐部"为双轮，"教会、勤练、常赛"为三任务，以"体育教学、课外锻炼、运动竞赛、体质测试"为四平台。通过"俱乐部课程体系化、课内外锻炼常态化、活动实施科学化"等一系列创新举措，形成了突破时空局限、丰富课程体系、深度融合第一课堂和第二课堂的应用型本科高校公共体育教学新模式。

本书的编写既推动了体育锻炼与体育竞技、体育素养和体育精神的对接融合，又深化了体育元素与思政元素的融合对接，充分体现了以体育智、以体育心、以体育人的独特功能，更体现了培养德智体美劳全面发展的社会主义建设者和接班人的教育目标。在内容上，本书分为基础理论篇、应用实践篇和兴趣拓展篇。在基础理论篇中，本书力图摒弃以往偏重说教式的体育理论，从介绍高校体育俱乐部与大学生体育生活入手，启发学生的健康生活意识，使学生了解科学健身的常识；在应用实践篇中，介绍了闽江学院体育俱乐部已开设的运动项目内容，并在各章节中以二维码的形式加入了相关项目的视频信息，以增加教材的趣味性和可读性；在兴趣拓展篇中，介绍了部分时尚运动项目和传统体育运动项目，期望拓宽大学生的视野并激发他们的学习兴趣，也为今后高校体育教学内容的拓展提供了新的方向。本书既可供普通高等学校（本、专科）公共体育课程教学使用，又是普通群众健身锻炼和健康指导的实用读本。

本书编写分工如下：林立负责编写第一章，第八章第一、二、三节，第十章第一、二、三、四、六节，第十一章第一、三节，第十二章第一、四、五节；江荣负责编写第二章第一节，第七章第三节；林长青负责编写第二章第二节，第八章第六节；徐瑞芳负责编写第三章第一节，第七章第四节，第九章第二、三、四节；林若崴（福建体育职业技术学院）负责编写第三章第二节；周欣负责编写第四章第一节；雷雯负责编写第四章第二节，第七章第一节；郑思樵负责编写第五章第一节；王明博负责编写第五章第二节；王伟平负责编写第五章第三节；杨增威负责编写第五章第四节；苏万文负责编写第六章第一节；高林华负责编写第六章第二节，第九章第一节,第十二章第三节;陈剑萍负责编写第六章第三节;姚东负责编写第六章第四节,第十一章第二节;吴丽晶负责编写第七章第二节;邱蓁蓁负责编写第七章第五节;陈乐负责编写第七章第六、七节,第十二章第二节;张巧负责编写第七章第九节,第十一章第四、六节;陈欢负责编写第八章第四节,第十一章第五节;赖怡旭负责编写第十章第五节;马少勋负责编写第七章第八节;郭森林负责编写第八章第五节;刘佳星负责编写第九章第七节;徐俊负责编写第九章第八节;林立和胡子航、刘佳星共同编写第九章第五节、第六节。

　　本书由林立教授策划、统稿、定稿,由徐瑞芳、林长青、雷雯、周欣、江荣、姚东协助审稿。本书的编写工作得到了闽江学院副校长陈兴明(教授),教务处处长何伟(教授)、副处长王圣洪以及陈晴老师的关心与支持,张德风、孙萍老师也为本书做了大量工作。本书的编写和出版还得到了厦门大学出版社领导和编辑的支持与帮助,他们对本书的编写提出了很多建设性的意见。在此向所有关心、支持及帮助本书出版的单位和个人表示衷心感谢!特别要感谢陈兴明副校长在百忙之中为本书热忱题序。

　　本书在编写过程中参考了众多的专业书籍,在此谨向有关作者致以诚挚的谢意。由于编写人员水平有限,加之时间仓促,书中若有不妥或错误之处,恳请同行和读者批评与指正,以便今后修订和提高。

编者
2023 年 7 月

目 录

基础理论篇

第一章　体育——美好的教育

第一节　新时代大学体育

一、大学体育的地位

随着现代社会的高速发展,大学体育的社会地位也在不断地提高。大学体育作为体育的重要组成部分,在培养高素质人才中所起的作用是其他教育形式所无法替代的。大学体育是培养学生全面发展的需要,是丰富大学生课余文化生活、建设社会主义精神文明的需要,也是我国社会主义建设中的一项重要事业。

(一)培养全面发展人才的需要

学校的根本任务是培养身心全面发展的人才,以适应社会发展的需要。在我国,党和政府要求学校面向现代化、面向世界、面向未来,认真贯彻德、智、体、美、劳全面发展的方针,使学生的身心健康全面发展,进而成为社会主义现代化事业的建设者和接班人。无论是培养高级专门人才,还是发展科学技术文化人才,都集中反映了对人才规格的要求必须是德、智、体、美、劳全面发展。大学应在中小学教育的基础上,正确认识并处理德、智、体、美、劳五育的辩证关系,确立体育在大学教育中的地位,纠正忽视体育的种种倾向,把大学体育与培养合格的全面发展人才的目标密切相连,采取有力的措施全面完成大学体育的各项工作。

(二)丰富大学校园生活的需要

大学体育能使大学校园充满活力与生机,并以丰富多彩的内容,吸引广大学生的参与和欣赏。大学体育不仅可以丰富大学生的课余文化生活,而且可以促进校园精神文明建设。作为精神文明建设的重要手段,体育既是文化建设的一项重要内容,也是思想建设的一个重要手段。大学生通过对体育活动的参与和欣赏,可以增强体能,促进智力发展;可以培养勇敢、顽强、坚毅等意志品质,以及团结奋斗的集体主义精神和进取精神。

二、大学体育的课程目标

根据我国社会主义现代化建设的需要,大学体育的课程目标是提高学生身体素质,培养学生参与体育锻炼的习惯,促进学生身心健康发展,使其树立终身体育意识,培养学生具有较强的运动能力和优秀的思想品质,使其成为中国特色社会主义事业的建设者和接班人。

（一）提高学生身体素质

提高学生身体素质是大学体育课程的首要任务。大学生的身体正处在生长发育期和完善期,生理机能和适应能力均发展到了较高水平。在这个时期,针对学生身心发展的特点,大学体育课程应有计划、有组织地进行体育课教学和课外体育活动,促使学生参与丰富的校园体育文化活动,促进学生身体的正常生长发育,使学生在身体形态、生理功能、身体素质和身体基本活动能力等方面得到更加全面的发展,帮助学生提高健康水平和对环境的适应能力,增强机体对疾病的抵抗能力,从而以强健的体魄和充沛的精力保证当前的学习和迎接未来的工作。

（二）使学生掌握体育知识与技能,树立终身体育意识

为了培养学生树立终身体育意识,大学体育教学应利用各种活动和途径向学生进行系统的体育运动、卫生保健、膳食营养和体育文化知识教育,调动学生参加体育锻炼的积极性,全面提高大学生的体育素养;使学生正确认识大学体育的功能,掌握科学锻炼身体的基本原理和方法,学会两项体育运动的基本技术;使学生逐步养成自觉锻炼身体的习惯,树立终身体育意识。

（三）加强学生的思想品德教育,促进学生个性的全面发展

我国教育实践证明,要培养德、智、体、美、劳全面发展的中国特色社会主义现代化事业的建设者和接班人,在各级教育中都必须坚持把德育放在首位。在大学体育的具体教学过程中,要面向全体大学生,加强思想品德教育,提高他们的道德素养,教育学生为中国特色社会主义现代化建设锻炼身体,增强学生的社会责任感,培养学生热爱集体、遵纪守法和团结合作等思想品德,养成文明的行为方式和良好的体育作风;增强学生的自信心、自制力和创新能力,同时要培养学生鉴赏美、表现美、创造美的情感和能力,引导学生陶冶美的情操,促进学生个性的全面发展。

（四）发展学生的运动能力

大学体育应发展大学生的运动能力,提高大学生的运动技术水平,促进体育运动的进一步普及。大学在体育师资、器材、场馆设施和多学科交叉方面都具有一定优势,体育资源较丰富,可以对部分体育基础较好且具有一定专项运动技能的大学生进行有计划的课余运动训练。按照教育和体育的客观规律,充分利用大学的有利条件发掘大学生在体能和智能上的优势,重视大学生的生理、心理特征,坚持系统科学的训练,不断提高大学生的运动技术水平,发展学生的运动能力。这不仅能进一步推动大学体育活动的开展,丰富校园文化生活,还能为国家培养高水平运动员。

三、大学体育课程对大学生的作用

毛泽东曾说:"欲文明其精神,先自野蛮其体魄。"著名的教育家马约翰教授曾说:"体育是培养健全人格的最好工具。"大学体育不仅能够强身健体,而且处处体现着德育的功能。体育对陶冶情操、启迪智慧、锤炼人格,对培养意志品质、自信心等,都有着积极的作用。大学体育既是素质教育的重要内容,又可以通过育体进而全面育人。正如中国奥林匹克运动的先驱张伯苓所说:"教育里没有了体育,教育就不完全了。"大学体育是高校全面教育的重要内容,是促进学生健康的重要手段,也有助于丰富校园文化生活、建设和谐

校园。因此,我们应当认识到大学体育的重要性,促进大学生成为全面发展的社会主义事业的建设者和接班人。

(一)对大学生生理的作用

适量的体育锻炼能够改善人体的神经系统、运动系统、心血管系统、呼吸系统和消化系统等的机能,使机体各组织、器官、系统产生一系列的适应性变化。这些变化能全面提高身体素质,有效增强机体的生理功能,促进身体健康,从而提高人的生活质量。

1. 体育锻炼对神经系统的良好作用

体育锻炼可以增强大脑机能,有助于人的反应能力和灵活性的提高。体育锻炼可以使血液循环加快、血流量增多,使脑细胞得到充足的氧气和营养,加快新陈代谢,从而使神经系统在紧张的工作过程中获得充足的能量和物质保证。同时,体育锻炼可以使反射弧神经纤维上的髓鞘加快形成,并促进神经传导功能的完善,提高人的反应能力。神经系统的活动是依靠神经细胞的兴奋与抑制过程不断变换、相互平衡来实现的。体育锻炼能使原来在脑力劳动中处于紧张状态的神经细胞得到休息,使大脑皮质及时、准确地调动自主神经进入工作状态,使大脑的兴奋与抑制过程合理交替,避免神经系统过度紧张,有助于消除疲劳,使头脑清醒、思维敏捷。

2. 体育锻炼对运动系统的良好作用

体育锻炼可以促进新陈代谢、激素分泌,刺激骨骼生长,促进磷和钙的吸收,增加制造骨骼原料的供应,使其不断骨化,提高骨骼的抗折、抗弯、抗挤压、抗拉长和抗扭转等方面的能力;体育锻炼可以提高肌肉的弹性和伸展性,保持肌肉张力,防止并减缓肌肉萎缩和肌肉退化,避免因剧烈运动而造成各种运动损伤;体育锻炼还可以提高关节的稳固性,增强关节的灵活性,增长关节的运动幅度,增加关节面软骨的厚度和骨密度,并可使关节周围的肌肉发达、力量增强,关节囊和韧带增厚,使关节的稳固性和抗负荷能力增强,保持韧带的弹性和关节的灵活性,使脊柱的外形保持正常,从而降低和防止骨骼、肌肉、韧带、关节等的损伤退化。

3. 体育锻炼对心血管系统的良好作用

体育锻炼能使心血管系统的机能得到明显增强,加快血液循环,增加血管弹性,改善冠状动脉循环,使心肌和心壁增厚、血压降低、毛细血管数量增多、心肌中肌红蛋白含量增加,还可以增强心脏在缺氧条件下的工作能力。此外,经常进行体育锻炼,可使中枢神经系统对血液循环器官的调节机能得到改善,降低小动脉血管的紧张程度,减小血流的外周阻力,清除血管壁上的脂肪沉积物,降低血液中胆固醇的含量,提高小动脉血管的张力和弹性,从而使血压下降。经常参加体育锻炼可以加快静脉血液的回流,改善血液循环系统的功能,有助于预防心血管疾病的发生。体育锻炼还可以提高人体的免疫球蛋白含量,增强机体防病、抗病的能力。

4. 体育锻炼对呼吸系统的良好作用

体育锻炼不仅能够增加人的肺活量,增强呼吸肌的功能,使人体肺部可容纳的空气增多,人在进行活动时的气体交换进行得更顺利,而且能够加强新陈代谢,使人体内更多的肺泡参与工作,加大收缩肌的力量和幅度,从而使呼吸肌更加发达,肺泡弹性增大,肺活量增加。经常进行体育锻炼,能够使肺泡扩大到最大限度,使吸进肺部的氧能与肺泡充分进行气体交换,消除病菌在肺内生存的有利因素,保持肺的健康。此外,体育锻炼可以使人的呼吸效率提高,呼吸系统不易疲劳,呼吸深度增加,有效地提高肺的通气效率和通气能力,提升机体利用氧的能力。

5. 体育锻炼对消化系统的良好作用

体育锻炼能使胃肠的蠕动增加,消化液的分泌增多,从而增强食欲,提高胃肠的消化和吸收能力。运动时呼吸加深,膈肌大幅度地上下运动,腹肌大量活动,这些都能对胃肠起到按摩作用,有利于食物的消化。体育锻炼能加速肠道运送工作,减少肠黏膜与致癌物的接触,可降低产生消化道肿瘤的风险。体育锻炼能减少胆固醇分泌,促进胆囊和肠管运动,从而降低胆结石的发病率。体育锻炼可改善溃疡部位的微循环,促进消化性溃疡的愈合。

(二)对大学生心理的作用

体育锻炼不仅有利于学生的生理健康,而且对于大学生的心理健康具有积极的促进作用。

1. 增强自信心

自信心是相信自己的愿望一定能够实现的心理状态。自信心不仅与每个人先天的个性和意志品质密切相关,还取决于后天的培养和训练。大学生在参加体育锻炼的时候,能够提高自我认知,正确地进行自我定位,合理地分析问题,不断地完善自己,从而增强自信心。人们在参加并坚持体育锻炼的过程中,不断战胜自我,超越自我,生理机能和身体素质得到增强,运动技能得以提高,就会产生成就感和良好的情感体验,进而产生愉快、兴奋之感和自信心。

2. 确立良好的自我概念

自我概念是个体主观上对自己的身体、思想和情感等的整体评价,是个体主观上关于自己的看法和感觉的总和,它是由许许多多的自我认知所组成的。由于坚持体育锻炼可使人体格强壮、精力充沛,因此,经常进行体育锻炼的人有更加积极的自我概念。

3. 缓解心理压力

科学研究发现,运动本身可以促进人体的内分泌变化。个体心情的好坏与大脑分泌的内啡肽的多少相关。运动可以刺激内啡肽的分泌。当运动达到一定量时,内啡肽的分泌增多。在内啡肽的激发下,人的身心处于轻松、愉悦的状态中。因此,内啡肽被称为"快乐激素",它能使人感到欢快、愉悦和满足,可以帮助人排遣压力和不快。

4. 培养坚强的意志品质

意志品质指一个人的果断性、坚韧性、自制力及勇敢顽强和主动独立等精神,它既能在克服困难的过程中表现出来,又能在克服困难的过程中培养起来。在体育锻炼中,锻炼者需要不断地克服客观困难(如气候条件的变化、动作的难度或意外的障碍等)和主观困难(如胆怯、畏惧心理、疲劳和运动损伤等)。锻炼者越能努力克服主观和客观困难,越能培养良好的意志品质。大学生在体育锻炼中培养起来的坚强意志品质能够迁移到日常的学习、生活和工作中去。

(三)促进大学生的人际交往

体育锻炼可以促进良好人际关系的建立和发展。大学生在体育锻炼中形成的合作、竞争、遵守规则的意识和行为,通常会迁移到日常生活、学习和工作中,有利于大学生理解和遵守社会规范的意义及重要性,有利于大学生形成尊重他人的行为习惯,从而促进人际关系的和谐发展。体育锻炼有利于培养参与者的集体观念、责任意识、助人为乐等精神品质,有利于培养参与者尊重裁判、尊重对手、尊重观众及遵纪守法、文明礼貌、公平竞争的道德品质;有利于培养参与者保持积极进取、奋发向上、持之以恒的精神风貌。体育锻炼在人际关系方面具有促进人际交往、培养合作精神、形成竞争意识的作用。

(四)愉悦身心

随着休闲时间增多,人们可以利用余暇参与体育锻炼来获得身心的愉悦感,可以消除疲劳、愉悦身心、陶冶情操。人们也可以通过观看体育比赛来获得内心的满足感,从而达到休闲娱乐的目的。

四、新时代大学生应具备的体育素养

大学生是祖国的未来、民族的希望,是中国特色社会主义现代化事业的建设者和接班人。依据体育教育的功能及社会发展的需要,大学生需要具备以下体育素养。

(一)掌握体育理论、身体健康知识

现代体育是一门综合性科学,它融自然科学和社会科学于一体,具体来说就是了解体育活动对人体身心健康的要求;了解人体的生理常识和身心发展规律;认识体育的价值和功能;能够欣赏和简单评价体育赛事;懂得一些体育历史。拥有科学锻炼的知识,掌握运动技术就越快,体育素养就越高,运动能力就越强。大学生的体育素养又需要教师有意识、有目的日积月累地培养。因此,大学体育教学应加强体育理论知识和保健知识的教学,拓宽学生的体育知识面,使其知其然,并知其所以然,同时努力提高学生的体育修养,使其养成自觉锻炼身体的好习惯。

大学生应掌握体育运动、卫生保健的基础知识,掌握两项体育运动的技术,培养运动兴趣和爱好,养成自觉锻炼的习惯。

(二)具有强烈的终身体育意识

学生参加体育活动的主动性增强,必将强化学生的终身体育意识。这种体育意识是指学生正确认识体育锻炼的目的和意义,有自觉参加体育锻炼的欲望和要求。高校是学校体育教学的最后阶段。学生毕业后,将各自走向社会。高校体育教学具有与社会体育相衔接的特点。因此,高校体育教学应将学生已获得的体育乐趣与体验、体育知识与技能、体育方法和手段,参与体育的积极性、主动性等诸多方面加以融合和升华,与学生将来的工作和生活紧密联系起来,使其适应竞争日益激烈的社会环境,完成终身体育与社会体育的完美结合。

(三)具有体育品德素养

学校体育既要育体,还要育心。在德育成为学校教育的重点的今天,体育教学作为学校教育的重要组成部分,在加强学生德育方面具有举足轻重的地位和作用。体育教师要结合体育教学的特点,教育学生热爱党,热爱祖国,不断提高锻炼身体的自觉性,养成锻炼身体的习惯。体育教学的任务之一就是对学生进行德育教育,帮助学生确立正确的学习目标,使学生把学习目标、生活目标与祖国的建设远大目标统一起来,启发学生明确身体好对学习好、工作好的重要意义,帮助学生形成长远的、持久的学习动机,以提高大学生学

习体育的积极性,促进学生身心全面发展。

(四)拥有良好的身体素质

良好的身体素质主要分为健康素质和运动素质两个方面。具体地说,就是一个人应该具备强健的体魄,较强的耐力、反应能力和环境适应能力。拥有健康的体魄,有助于大学生保持充沛的体力和精力;拥有良好的身体素质,有助于大学生不断提高自己的健康水平和运动能力,迎接严峻的挑战。

五、坚持终身体育

随着社会的进步和经济的发展,人们的物质生活水平不断提高,休闲时间日益增多,人们开始转向追求精神的满足,体育文化活动成为人们积极生活的重要手段。终身体育于 20 世纪 60 年代被明确提出,是指一个人终身受到体育教育和从事体育锻炼,促进身心健康,终身受益。

(一)终身体育产生的背景及理论基础

1. 终身体育产生的背景

1960 年,在加拿大的蒙特利尔召开了国际成人教育会议,会上提出了有关"终身教育"的问题。1965 年,在巴黎召开的国际成人教育促进委员会会议上,继续教育专家朗格朗正式将"终身教育"作为成人教育的重要议题。终身教育的基本性质包括两个方面:一是保障公共教育的教育机会,使人们的一生都能获得良好的成长与发展;二是重新设计和综合历来的教育,不仅为人们终身提供教育的机会,而且使处于各个年龄阶段的人们能够在最适当的时期和场所接受最适宜的教育。终身体育是伴随着"终身教育"的概念产生的,是一个人从生到死进行体育教育的过程。终身体育思想以人为出发点,从哲学角度探讨人、体育、社会三者的关系,旨在塑造全面发展的人。

2. 终身体育的理论基础

终身体育的理论基础来源于人体自身和现代社会发展的需要。首先,终身体育是人体自身发展的需要。人的一生一般要经历三个发展时期,即生长发育期、成熟期和衰退期。体育锻炼要根据各个不同时期的人体发展特点,提出相应的要求。生长发育期的要求是促进身体的正常生长发育;成熟期的要求是保持旺盛的精力与充沛的体力;衰退期的要求是延缓衰退、延长工作年限、延年益寿。不同的发展时期有着不同的锻炼要求、锻炼内容、锻炼方法。其次,终身体育是现代社会发展的需要。现代生产方式和生活方式的变化,对人们的健康状况带来了不利的影响。为了改善自己的健康状况,人们的健康意识普遍增强,体育锻炼成为人们提高生活质量、预防疾病、适应现代生活不可或缺的内容之一。

(二)终身体育的要义

终身体育本身是思想意识和行为倾向的有机结合。体育意识是终身体育的思想基础。体育意识的强烈程度直接影响着人们终身体育思想的形成。在大学中,特别是大学体育课程中,可以从以下四个方面着力培养大学生形成终身体育意识。

1. 激发学生的运动激情

学校应利用体育课和课余时间开展一系列的体育活动,丰富学生体育活动内容,培养学生参与体育活动的意识,使学生在体育活动中提高运动能力,学习体育运动知识,促进学生身心健康发展。在体育教学中要重视体育知识的讲解,使学生对体育活动有深入的了解。体育教师在这一过程中扮演着重要的角色——需要精心设计体育活动的内容和环节,吸引学生参与体育活动,使学生在体育活动中获得精神上的满足,释放学习上的压力,并找到自己所喜爱的运动,从而将运动兴趣转化为自觉自愿的运动习惯,激发学生的运动兴趣,为树立终身体育意识打下良好的基础。

2. 营造积极向上的校园体育文化氛围

学校教育要树立"健康第一"的指导思想,切实推进体育工作,加强校园体育文化建设,加大体育宣传力度,从而提高学生对体育的认识,并转化为自觉的体育行为,获得良好的情感体验,从而潜移默化地培养学生树立终身体育意识。

3. 健全学校体育基础设施

学校要因地制宜,加大体育基础设施的资金投入,加强体育场地和器材的管理工作,为满足学生的体育活动需要创造有利的条件。学校完善体育基础设施的工作,能激发学生参与体育运动的兴趣,促进学生自觉利用这些体育基础设施进行运动,满足学生体育锻炼的需要,从而培养学生参与体育运动的习惯,帮助增进身心健康,树立终身体育意识。

4. 培养学生的自我锻炼能力

在体育教学过程中,要发挥学生的主观能动性,激发学生的运动兴趣和锻炼积极性。在培养学生自我锻炼能力的过程中,使学生对体育运动有较强的自我调控能力,使体育锻炼成为学生的自主活动,为学生树立终身体育意识打下良好的基础。

第二节　完全人格,首在体育

教育家、革命家、政治家蔡元培是近代中国教育的先驱者和奠基者。他在体育教育方面提出"完全人格,首在体育"的理念,主张通过体育运动提高人们的道德修养。1917年5月,蔡元培在天津南开大学全校欢迎会上演讲,抨击过去的教育造成"人人习于颓靡,身体柔弱,腰弓背屈"的恶果。他认为,有健全之身体,始有健全之精神,发展体育对于一个民族和国家具有举足轻重的意义。"完全人格,亦即新教育之标准也。"在完全人格中,他把体育置于首位。关于体育与德育的关系,他认为,坚持体育的基础地位:"凡道德以修己为本,而修己之道,又以体育为本。忠孝,人伦之大道也,非健康之身,无以行之。""一切道德,殆皆非羸弱之人所能实行者。苟欲实践道德,宣力国家,以尽人生之天职,其必自体育始矣。"

2020年5月,教育部颁发了《高等学校课程思政建设指导纲要》,要求高校结合各专业的特点,全方位推进各类专业课程思想政治建设工作,构建促进各类课程思想政治建设的人才培养、教学制度、课程内容和目标体系,深入挖掘课程的育人价值。课程思政成为新时代教育领域实现"立德树人"根本任务的重要抓手和着力点,也成为教学领域开展综合改革的重点方向和指南。

大学体育课程是促进大学生身心和谐发展,寓思想品德教育、文化科学教育、生活与体育技能教育于身体活动并有机结合的教育过程,是高校实施素质教育、贯彻落实"立德树人"根本任务和培养全面发展的人才的重要途径。

体育课程蕴含丰富的思想政治教育资源,对于培养学生形成正确的世界观、人生观和价值观具有很好的导向作用。

一、培养大学生的爱国主义精神

民族精神贯穿于每个民族的发展历史,维系着一个民族的生存和发展。一个民族如果没有以爱国主义为核心的民族精神和坚定的民族志向,就很难凝聚力量、成就伟业,更难以屹立于世界民族之林。中国体育精神是中华民族精神的重要组成部分,是爱国主义最具活力的载体和最鲜明的表现。从刘长春远渡重洋代表中国参加 1932 年在美国洛杉矶举办的第 10 届奥运会,到 2008 年北京奥运会的成功举办,都是中国人民爱国思想和强国梦想不断外化为具体实践的过程。体育精神有着深厚的民族历史情结,沉淀为人民的集体记忆而具有强化国家认同感的意识属性。在现代社会中,体育不仅是一种竞争手段,还具有一定的社会性功能,已经成为向世界展现国家力量、民族意志的一种方式。当今的竞技体育包含了爱国主义的厚重价值,与中华民族的伟大复兴和爱国主义使命紧密地联系在一起。体育强国梦是实现中国梦的有力支撑,是中国人民顽强拼搏的优秀品质的体现,也是为国争光的崇高荣誉感和责任感的具体寄托。

在一些有中国运动员参加的大型比赛中,无论是参与者还是欣赏者,当看到我国运动员站在高高的领奖台上,赛场上奏响中华人民共和国国歌时,都会感到无比的激动和自豪,为自己是中国的一员而骄傲,从而激励自己在以后的学习和工作中,为国家和社会努力做出贡献。

二、帮助大学生树立坚实的理想信念

理想信念首先是一个思想认识问题,然后是一个实践问题。实践活动中目标的实现很大程度上受实践主体的态度和意志的影响。人们通过持之以恒的体育锻炼和锲而不舍的挑战来突破客观界限,在身体和精神上不断趋向完善。竞技体育的根本宗旨是追求"更快、更高、更强、更团结"的目标。人生的价值体现在生活之中就是不断超越自我、创造未来。人类虽然已经创造了众多的世界纪录,但是仍然在不断地挑战极限、超越自我。体育精神激励着大学生树立远大的理想,坚定必胜的信念,坚持科学的态度,从而将自己的潜能激发出来,不断超越自我。

三、培养大学生的职业精神

职业活动是人类社会生活中最普遍的活动方式之一。随着现代社会分工的细化和专业化程度的提高,职业岗位对从业人员的职业观念和职业态度的要求越来越高。体育对大学生职业精神的内化起到了巨大的引导和塑造作用。

人们通过身体锻炼和竞争去挑战自我和发展自我,使自己的精神得到升华,将运动精神转化为职业精神。体育运动的目的就是通过实践来培养这种精神,把这种精神贯彻到一个人的生活和工作中去。敢于拼搏、善于拼搏、争取胜利是优秀的职业素养。在职业生活中充分发挥自己的潜力,创造超越自我的奇迹,对个人和社会都有积极的意义和价值。

四、提高大学生的规则意识

大学生参加课内外的一些运动竞赛时,要了解运动竞赛规则,在运动中应遵守规则,并在规则的允许下更好地运用规则,从而在比赛过程中享受更多的乐趣。在比赛过程中,参与者必须遵守竞赛规则。如果违反了竞赛规则,违反者就会受处罚。学生在运动中学会遵守规则、服从裁判,培养了遵守规则的意识。他们在运动中形成的规则意识也会迁移到社会生活中。因此,规则意识的提高将会使大学生更快地适应步入社会以后的生活和工作。

五、提升大学生竞争与合作的意识

在一些大型的集体性运动项目中,竞争与合作意识被展现得淋漓尽致。在 2004 年雅典奥运会女子排球比赛的决赛中,中国女排在 0∶2 落后的不利情况下,通过队员与教练组之间的合作、交流,最终获得比赛的胜利,站在了最高的领奖台上。学生在体育运动中不仅能享受运动带来的乐趣,还能体验竞争带来的挫败感。竞技水平低的学生有超越竞技水平高的学生的愿望,竞技水平高的学生也经常感到可能被超越的压力。因此,体育对大学生竞争与合作意识的提升具有促进作用。

六、提高大学生的公平意识

体育竞赛是一场公平的竞争。参赛选手都要遵守同样的竞赛规则。例如,100 米跑比赛要求所有运动员在同一起跑线起跑,到同一终点线结束,确保了比赛的公平性和公正性。在跳高、跳远比赛中,在同等的条件下,比谁跳得更高、更远。在大型的体育赛事中,组委会要对运动员是否服用兴奋剂进行检测,目的就是规范大家在公平、公正的条件下进行比赛,保证比赛结果的真实性和公平性。在大学生参与体育运动的过程中,体育的公平性潜移默化地影响着他们,大学生的公平意识逐渐得到提高。

七、培养大学生顽强拼搏、永不言弃的奋斗精神

无体育不顽强,无拼搏不体育。在我国体育领域,有奥林匹克精神、体育精神、女排精神等。体育可以培养大学生顽强拼搏、永不言弃的奋斗精神。

八、对大学生进行民族文化教育,使其树立文化自信

民族传统体育是中华民族传统文化的瑰宝。民族传统体育可以使大学生了解、传承、弘扬民族文化,有利于学生树立文化自信。大学生进行民族传统体育运动,可以将体育运动同发扬祖国灿烂文化、热爱祖国联系起来,树立强烈的民族自豪感,自觉维护中华民族的尊严,自觉维护国家和人民的利益;使学生拥有宽广的心胸,能以礼待人,不恃武伤人,不以强凌弱;使学生乐于助人、尊老爱幼、尊师重道、谦虚谨慎;帮助学生磨炼坚强的意志,培养良好的身体素质,为社会做出贡献。

第二章 健康——宝贵的财富

第一节 树立"健康第一"理念

一、行为与健康的定义

（一）行　为

人的行为是指具有认知、思维能力和情感、意志等心理活动的人对内外环境因素刺激所做出的能动的反应。人的行为可以分为外显行为和内在行为两类。外显行为是可以被他人直接观察到的行为，如言谈举止。内在行为是不能被他人直接观察到的行为，如意识、思想等，即通常所说的心理活动。一个人的行为举止不仅反映了本人的道德素质，对自己的身心健康也有着不可忽视的影响。心正则气正、行为正，心正就会对身心产生正面的影响，结果就是身体健康，相反就会影响健康。通过一个人的行为举止，如一个人的站姿、走姿、坐姿、言谈等，可以看出这个人的内在气质。行为具有的特点：①人的行为具有目的性；②人的行为受思维、情感、意志、气质、性格、能力等心理活动的调节；③人的行为表现出较大的差异性；④人的行为具有极大的可塑性；⑤人的相同的行为可来自不同的刺激；⑥相同的刺激可引起人的不同的行为。

（二）健　康

健康的概念是随着人类对客观世界认识的不断深化而变化的。过去人们认为健康的定义就是没有疾病，有疾病就是健康受损，在形式上形成了健康的循环定义。这种建立在疾病基础上的健康概念，只反映了健康的负向方面，可称之为健康的消极定义。1948年，世界卫生组织（WHO）在其《组织法》中首次明确了健康的含义："健康不仅是免于疾病和衰弱，而是在保持体格方面、精神方面和社会方面的完美状态。"此后，世界卫生组织在1978年9月召开的国际初级卫生保健大会上指出："健康是基本人权，达到尽可能的健康水平是世界范围内一项重要的社会性目标。"1989年，世界卫生组织又深化了健康的概念，认为健康应包括躯体健康、心理健康、社会适应良好和道德良好，要求人们不仅以躯体状态来评判一个人的健康，还应从这四个方面综合评价。

1. 躯体健康

躯体健康一般指人体生理的健康。按照一般理解，躯体健康是指人体结构完整和生理功能正常，同时用现有的仪器进行检查，没有明显的异常和疾病，没有残废，能够顺利完成日常工作，具有良好的行为和习惯。躯体健康是心理健康的基础。

2. 心理健康

心理健康指整个心理活动和心理特征相对稳定、相互协调，无意识障碍、感知觉障碍、思维障碍、注意障碍、记忆力障碍与智能障碍。心理健康主要有三个方面的标志：第一，具备健康的心理的人，人格是完整的，自我感觉是良好的，情绪是稳定的，积极情绪多于消极情绪，有较好的自控能力，能保持心理上的平衡，有自尊、自爱、自信心和自知之明；第二，一个人在自己所处的环境中，有充分的安全感，且能保持正常的人际关系，能受到别人的欢迎和信任；第三，健康的人对未来有明确的生活目标，能切合实际地、不断地进取，有理想和事业的追求。

3. 社会适应良好

社会适应指一个人的心理活动和行为，能适应当时复杂的环境变化，为他人所理解，为大家所接受。

如果一个人的心理活动和行为表现与一定社会公认的道德规范和行为准则相比较，显得过于离奇，不相适应，不为常人所理解、所接受，对其本人的身心健康和社会生活都会产生不良影响，那么这个人的心理和行为就被认为是异常的、不健康的。社会适应是以某个人一贯的心理活动和行为表现为依据。比如，一个人一向乐观开朗、活泼好动，然而一个时期以来逐渐变得郁郁寡欢、沉默少语，甚至绝望轻生；或者相反，一向沉默寡言、喜静不喜动的人，突然一反常态，变得十分活跃，表现欲望十分强烈，夸夸其谈，口若悬河，自我感觉十分好，如此等等都表明这个人的心理和行为发生了异常的变化，形成了病态心理。大学应培养大学生适应社会的多方面能力，增强学生适应未来发展的能力，使其成为社会适应性良好的社会公民。

4. 道德良好

国无德不兴，人无德不立。道德是人间至善至美的力量，其春风化雨、润物无声，却事关国家发展、社会和谐。道德并非生来固有，而是后天获得的。见贤思齐、择善从之，中华民族早就认识到道德的重要性。

二、健康行为

健康行为是指个体或团体与健康或疾病有关联的行为。按行为对行为者自身和他人健康状况的影响，健康相关行为可分为促进健康行为和危害健康行为。危害健康行为包括不良生活方式和不良生活习惯。健康行为是有利于自身和健康的行为，其对个体身心健康的维护和促进、生活质量的提高具有非常重要的意义。

三、危害大学生健康的行为方式

危害健康行为是指个体或群体表现出的对个人、他人、整个社会的健康有直接或间接危害性的行为方式。该行为是个体在后天生活经历中习得的，对健康的危害有相对的稳定性，对健康的影响具有一定的作用强度和持续时间。依据危害健康行为的定义和实际状况，危害大学生健康的行为主要有以下七种。

(一)吸烟行为

吸烟不仅仅危害人体健康，还会对社会产生不良的影响。烟草的化学成分十分复杂，仅有毒物质就有 20 多种。有研究表明，在香烟点燃后产生的烟雾中，竟有多达 750 种以上的刺激和毒害细胞的物质。据统计，肺癌的发病率与开始吸烟的年龄有直接的关系，越早有吸烟习惯，肺癌的发病率越高。

（二）酗酒与嗜酒行为

大学生饮酒一般包括以下三个原因：第一是社会习得；第二是借酒助兴；第三是借酒浇愁。部分大学生喝酒缺乏理智，没有人约束，所以常常就是你一杯我一杯地豪饮，有的还以酒来斗狠，要分出高下。酒的主要成分是酒精（乙醇）。一般啤酒的酒精浓度为 3％～5％；果酒为 10％～20％；白酒为 30％～55％。长期酗酒将造成慢性酒精中毒，对人体的危害极大。酒能损害口腔、胃、肠黏膜，诱发胰腺炎、食道炎、胃及十二指肠溃疡等。酒精对肝脏的影响是非常大的，它会使肝脏及结缔组织增生，从而导致肝硬化。酗酒严重危及生活质量，大大增加了人面临其他负面后果的危险。

（三）赌博行为

赌博是一种丑恶的社会现象，是利用赌具，以钱财作赌注，以占有他人利益为目的的违法犯罪行为。大学生参与网络赌博，不仅会使学费和生活费血本无归，而且使大学生无心学习，甚至诱发其他犯罪行为。

（四）吸毒行为

吸毒对人类健康的危害远比烟、酒大得多。大量流行病学研究表明，滥用药物和毒品是艾滋病发病和流行的原因之一。吸毒引起的巨大经济消耗是一般家庭所不能承担的。吸毒者因无钱购买毒品便加入偷盗或贩毒集团，引起社会不安定。毒品损伤神经细胞和免疫细胞，造成营养不良、体质衰弱、精神萎靡、意志消沉、人格自私、待人冷漠、精神障碍和劳动力丧失等。

（五）网络游戏成瘾行为

随着网络技术的发展，网络游戏的发展十分迅速。大学生作为年轻群体，对新事物接受能力特别强。网络游戏以其强大的娱乐性吸引着大学生，给大学生提供了一种娱乐方式，但其危害也日益突显，因为玩游戏而引发的道德失范行为甚至违法犯罪正逐渐增多。部分大学生网络游戏成瘾已经成为一个不容忽视的社会难题。

（六）饮食不科学的行为

不良的饮食习惯，如不吃早餐、饥一顿饱一顿、挑食、三餐饮食不均衡或暴饮暴食等都会损害健康。不科学的饮食有以下的危害。

1. 损害胃肠，诱发胃肠疾病

饮食不规律会打乱胃肠消化的生物钟。当不吃早餐或饥饿时，胃酸等消化液分泌后得不到食物中和，可侵蚀胃黏膜，加上幽门螺旋杆菌的感染，可引起急慢性胃炎、胃和十二指肠溃疡等疾病。另外，暴饮暴食可引起急性胃扩张，严重损害胃肠功能。

2. 引起营养失衡

由于饮食不规律，或经常不吃早餐，或饮食不均衡，不能给身体提供足够的能量和营养，会导致皮肤干燥、贫血、细胞衰老等营养缺乏症状。

3. 其他危害

在三餐定时情况下，人体内会自然产生胃结肠反射现象，可使排便规律，有利于身体内代谢产物的排出。饮食不规律、不吃早餐，可造成胃结肠反射作用失调，导致皮肤病、便秘、体内代谢紊乱等。

（七）作息不规律的行为

作息不规律可能导致如下问题。

1. 导致胃肠道问题

个别大学生常常熬夜聚餐、喝酒,通宵达旦,剥夺了胃肠道休息的机会,导致消化性胃溃疡、十二指肠溃疡、功能性消化不良、腹胀、腹痛等。

2. 诱发心脑血管疾病

熬夜时,人处于紧张状态,得不到放松,造成血管收缩异常,血压比正常时高,容易诱发高血压等心脑血管疾病。

3. 提高患癌风险

作息不规律会导致内分泌激素水平紊乱,使细胞代谢异常,影响人体细胞正常分裂,导致细胞突变,提高患癌的风险。

4. 影响视力

熬夜等于是超负荷用眼,对眼睛的伤害不仅仅是产生黑眼圈,更重要的是,长期熬夜、超负荷用眼,会导致视力功能性减退。

5. 造成失眠、抑郁

熬夜伤身,也伤神。许多学生晚上不睡,白天发困,出现神经衰弱等问题,严重的甚至会导致抑郁症的发生。

6. 损害皮肤

不规律的睡眠和较大的压力,会影响内分泌,造成皮肤水分流失,容易导致皮肤出现皱纹、皮肤暗淡、长暗疮等。

四、树立科学锻炼的理念

（一）体育锻炼对大学生学习的影响

人在运动时会产生多巴胺、血清素和肾上腺素,这三种神经传导物质都与学习有关。多巴胺是一种正向的情绪物质,人快乐时,大脑中一定有多巴胺。运动完的人心情都愉快,打完球后,你会感到精神亢奋、脾气很好。血清素与我们的情绪和记忆有直接的关系。血清素增加,记忆力会变好,学习效率也更高。肾上腺素与注意力有直接的关系。肾上腺素使人的专注力增强。运动能使人愉悦情绪,提高专注力,改善记忆力,提高学习效率,延长学习时间,增强自信心与自尊心。

（二）体育锻炼对大学生身体的影响

首先,体育锻炼能增强我们的体质。大学生面临繁重的学习压力,若想应对自如,需要拥有强壮的身体。另外,强健的身体还能帮我们抵抗许多慢性疾病的侵袭,使我们免于疾病的困扰。体育锻炼有助于提高人体的心肺功能、肌肉力量、柔韧性、平衡性和反应能力等身体素质,提高健康水平。经常参加体育锻炼,可以改善体形、减脂塑身,增加肌肉体积和力量。经常参加体育锻炼,可以提高人体各器官功能水平,增强机体免疫力,防治疾病,特别对防治非传染性慢性疾病的效果明显。

（三）体育锻炼对大学生心理的影响

体育锻炼对大学生心理健康的积极影响主要表现在以下几个方面。

1. 调节情绪,消除疲劳

情绪状态是衡量体育锻炼对心理健康影响的最主要的指标。心情郁闷时去运动一下能有效宣泄坏情绪。学习压力极易造成身心疲劳和神经衰弱。参加中等强度的体育锻炼则可以使人身心得到放松,消除疲劳,预防抑郁症的发生。大学生参加自己喜欢和擅长的运动项目,可以从中得到快感。

2. 提高认知能力

经常参加体育锻炼可以使锻炼者的注意力、记忆力、反应能力、想象力等得到提升。

3. 确立良好的自我观念

人在运动中对自己身体的满意态度可以增强自信、提高自尊心;竞争又使自己的社会价值被认可。坚持体育锻炼可使人体格强健、精力充沛。

4. 培养坚强的意志品质

在体育锻炼中要不断克服客观困难(如气候条件的变化、动作的难度或意外的障碍等)和主观困难(如胆怯和畏惧心理、疲劳和运动损伤等),锻炼者越能努力克服主、客观方面的困难,也就越能培养良好的意志品质。

5. 预防和治疗心理疾病

育锻炼被公认为是一种心理治疗方法。在大学生中,有人由于学习和其他方面的挫折而引起焦虑症和抑郁症。通过体育锻炼可以减缓或消除这些心理疾病。

五、树立合理营养、平衡膳食的健康观

(一)合理的膳食制度

膳食制度是指每日的食物定质、定量、定时地分配到各餐的一种制度。食物一般在胃里停留 4~5 小时,一般人一日三餐较合理。早餐时间为上午 7 点左右,午餐时间为中午12 点左右,晚餐时间为下午 6 点左右。

(二)平衡膳食

合理营养的关键在于适度,主要是通过平衡膳食来实现。平衡膳食是指膳食中所含营养素种类齐全、数量充足、比例适当,膳食中所供营养素与机体需要保持平衡。

(1)食物多样,谷物为主。平衡膳食必须由多种食物组成才能满足人体全部营养需要,达到合理饮食,促进健康的目的。

(2)蔬菜、水果丰富。膳食含丰富蔬菜、水果和薯类,对维持心血管健康、增强抗病能力等,起着十分重要的作用。

(3)奶类、豆类不可少。奶类和豆类含有丰富的蛋白质、维生素等营养素。

(4)鱼、禽、蛋、瘦肉应搭配合理,少吃肥肉和荤油。

树立"健康第一"的教育理念

　　2020年4月,中央全面深化改革委员会第十三次会议审议通过了《关于深化体教融合　促进青少年健康发展的意见》,强调要树立"健康第一"的教育理念。健康,被摆在了教育最重要的位次上,充分体现了党和国家对青少年健康问题的重视。习近平总书记指出:"少年强、青年强则中国强,这既包括学习成绩、创新能力,也包括身体健康、体魄强壮和体育精神。"

　　蔡元培先生曾经说过:"苟欲实践道德,宣力国家,以尽人生之天职,其必自体育始矣。"健康是1,其他所有的都是0,没有了这个1,小到个人生活、家庭幸福,大到职业抱负、社会责任、家国担当,都难以尽情施展。

第二节　大学生体质与健康

一、大学生体质健康的测量与评价

(一)体质的概念

　　体质是指人体生命的质量,是个体在先天遗传性和后天获得性的基础上表现出来的人体形态结构、生理功能、身体素质、心理品质和适应能力等方面相对稳定的特征。

　　体质是人的生命活动和工作、劳动的物质基础,体质在其形成、发展和消亡的过程中具有明显的阶段性,从最佳状态到严重疾病或功能障碍,可呈现出各种不同阶段的体质水平。一个人的体质好与坏,既依赖于先天因素,又与后天因素相关,而后天因素起着决定性作用。因此,在测定和评价体质时,必须注意体质的综合性特点,并采用多项指标进行评价。

　　体质不可分割的5个重要因素包括人体的形态结构、生理功能、身体素质和运动能力(简称体能)、心理发育以及对内外环境的适应能力。身体的形态结构是体质的物质基础;生理功能、心理发育和体能是体质的主客观表现,对内外环境的适应能力是它们的综合反应。构成体质的这五个因素相互统一、密切联系。体能是指人体各器官系统的机能在身体活动中表现出来的能力。发展和提高体能的过程会相应地引起机体形态结构、生理功能的一系列变化。而伴随着形态结构、生理功能的变化及体能的发展提高,又会产生一定的心理过程和个性心理特征,从而促进人的心理发展。

(二)体质与健康的关系

　　体质与健康之间有着密切的联系。两者都是对人体状况的描述,都涉及人体的形态结构、生理机能、运动能力和心理状况及对社会(包括人际关系)的适应能力等方面,它们之间既有联系,又有所不同。体质是生命活动的最基本要素,也是健康的物质基础;而健康则是人体理想状态的标志,是体质所追求的目标体现。体质侧重于体格、体型、身体素质、运动能力等,而健康则侧重于研究人体的心、肝、脾、肺、肾及血管组织结构和生理功能的疾病、异常和死亡。体质是从"外观"上研究人体,健康是从"内部"研究人体。体质是人体的质量,健康则是体质状况的反映和表现,所以在评价体质和健康状况时,有些指标很难说成是纯属检测体质的指标,另一些指标也很难说成纯属健康检查的指标。

（三）大学生体质健康测试与评价概述

体质测试是指选择能够客观地反映体质状况的各种指标和方法。对人体进行定量的测试,能获得反映体质状况的资料,为更好地进行身体锻炼和促进健康成长提供科学依据。对体质测试所得的资料进行科学的统计与分析,做出某一方面或综合的健康判断称为体质评价。

为建立健全国家学生体质健康监测评价机制,激励学生积极参加身体锻炼,引导学校深化体育教学改革,推动各地加强学校体育工作,促进青少年身心健康、体魄强健、全面发展,在认真总结各地实施现行《国家学生体质健康标准》的基础上,结合新时期青少年体质健康状况和学校体育工作实际,教育部组织专家对原《国家学生体质健康标准》进行了修订,并于2014年7月颁布。

1.《国家学生体质健康标准（2014年修订）》实施说明

《国家学生体质健康标准》（以下简称《标准》）是国家学校教育工作的基础性指导文件和教育质量基本标准,是评价学生综合素质、评估学校工作和衡量各地教育发展的重要依据,是《国家体育锻炼标准》在学校的具体实施,适用于全日制普通小学、初中、普通高中、中等职业学校、普通高等学校的学生。

《标准》的修订坚持健康第一,落实《国家中长期教育改革和发展规划纲要（2010—2020年）》《国务院办公厅转发教育部等部门关于进一步加强学校体育工作若干意见的通知》《教育部关于印发〈学生体质健康监测评价办法〉等三个文件的通知》有关要求,着重提高《标准》应用的信度、效度和区分度,着重强化其教育激励、反馈调整和引导锻炼的功能,着重提高其教育监测和绩效评价的支撑能力。

《标准》从身体形态、身体机能、身体素质等方面综合评定学生的体质健康水平,是促进学生体质健康发展、激励学生积极进行身体锻炼的教育手段,是国家学生发展核心素养体系和学业质量标准的重要组成部分,是学生体质健康的个体评价标准。

《标准》将适用对象中的大学部分划分为以下组别:大学一、二年级为一组,大学三、四年级为一组。

大学各组别的测试指标均为必测指标。其中,身体形态类中的身高、体重,身体机能类中的肺活量,以及身体素质类中的50米跑、坐位体前屈为各年级学生共性指标。

《标准》的学年总分由标准分与附加分之和构成,满分为120分。标准分由各单项指标得分与权重乘积之和组成,满分为100分。附加分根据实测成绩确定,即对成绩超过100分的加分指标进行加分,满分为20分;大学的加分指标测试项目为男生引体向上和1000米跑,女生1分钟仰卧起坐和800米跑,各指标加分幅度均为10分。

根据学生学年总分评定等级:90.0分及以上为优秀,80.0～89.9分为良好,60.0～79.9分为及格,59.9分及以下为不及格。

每个学生每学年评定一次,记入《〈国家学生体质健康标准〉登记卡》。特殊学制的学校,在填写登记卡时可以按规定和需求相应地增减栏目。学生毕业时的成绩和等级,按毕业当年学年总分的50%与其他学年总分平均得分的50%之和进行评定。

学生测试成绩评定达到良好及以上者,方可参加评优与评奖;成绩达到优秀者,方可获体育奖学分。测试成绩评定不及格者,在本学年度准予补测一次,补测仍不及格,则学年成绩评定为不及格。普通高等学校学生毕业时,《标准》测试的成绩达不到50分者按结业或肄业处理。

学生因病或残疾可向学校提交暂缓或免予执行《标准》的申请,经医疗单位证明,体育教学部门核准,可暂缓或免予执行《标准》,并填写《免予执行〈国家学生体质健康标准〉申请表》,存入学生档案。确实丧失运动能力、被免予执行《标准》的残疾学生,仍可参加评优与评奖,毕业时《标准》成绩需注明免测。

各学校每学年开展覆盖本校各年级学生的《标准》测试工作,《标准》测试数据经当地教育行政部门按要求审核后,通过"中国学生体质健康网"上传至"国家学生体质健康标准数据管理系统"。测试和数据上传时间由教育行政部门确定。

2. 单项指标与权重

学生体质测试单项指标与权重见表2-2-1。

表 2-2-1　学生体质测试单项指标与权重

测试对象	单项指标	权重/(%)
大学各年级学生	体重指数(BMI)	15
	肺活量	15
	50米跑	20
	坐位体前屈	10
	立定跳远	10
	引体向上(男)/1分钟仰卧起坐(女)	10
	1000米跑(男)/800米跑(女)	20

注:体重指数(BMI)=体重(千克)/身高^2(米^2)。

3.《国家学生体质健康标准》(2014年)评分表

《国家学生体质健康标准》(2014年修订)测试评分表见表2-2-2至表2-2-8。

表 2-2-2　体重指数(BMI)单项评分表

(单位:千克/米²)

等　级	单项得分	大学男生	大学女生
正　常	100	17.9~23.9	17.2~23.9
低体重	80	≤17.8	≤17.1
超　重		24.0~27.9	24.0~27.9
肥　胖	60	≥28.0	≥28.0

表 2-2-3　大学男生各测试项目评分表(大一、大二适用)

等 级	单项得分/分	肺活量/毫升	50米跑/秒	坐位体前屈/厘米	立定跳远/厘米	引体向上/次	耐力跑1000米
优 秀	100	5040	6.7	24.9	273	19	3′17″
	95	4920	6.8	23.1	268	18	3′22″
	90	4800	6.9	21.3	263	17	3′27″
良 好	85	4550	7.0	19.5	256	16	3′34″
	80	4300	7.1	17.7	248	15	3′42″
及 格	78	4180	7.3	16.3	244		3′47″
	76	4060	7.5	14.9	240	14	3′52″
	74	3940	7.7	13.5	236		3′57″
	72	3820	7.9	12.1	232	13	4′02″
	70	3700	8.1	10.7	228		4′07″
	68	3580	8.3	9.3	224	12	4′12″
	66	3460	8.5	7.9	220		4′17″
	64	3340	8.7	6.5	216	11	4′22″
	62	3220	8.9	5.1	212		4′27″
	60	3100	9.1	3.7	208	10	4′32″
不及格	50	2940	9.3	2.7	203	9	4′52″
	40	2780	9.5	1.7	198	8	5′12″
	30	2620	9.7	0.7	193	7	5′32″
	20	2460	9.9	−0.3	188	6	5′52″
	10	2300	10.1	−1.3	183	5	6′12″

表 2-2-4　大学男生各测试项目评分表(大三、大四适用)

等 级	单项得分/分	肺活量/毫升	50米跑/秒	坐位体前屈/厘米	立定跳远/厘米	引体向上/次	耐力跑1000米
优 秀	100	5140	6.6	25.1	275	20	3′15″
	95	5020	6.7	23.3	270	19	3′20″
	90	4900	6.8	21.5	265	18	3′25″
良 好	85	4650	6.9	19.9	258	17	3′32″
	80	4400	7.0	18.2	250	16	3′40″
及 格	78	4280	7.2	16.8	246		3′45″
	76	4160	7.4	15.4	242	15	3′50″

续表

等　级	单项得分/分	肺活量/毫升	50米跑/秒	坐位体前屈/厘米	立定跳远/厘米	引体向上/次	耐力跑1000米
及　格	74	4040	7.6	14.0	238		3′55″
	72	3920	7.8	12.6	234	14	4′00″
	70	3800	8.0	11.2	230		4′05″
	68	3680	8.2	9.8	226	13	4′10″
	66	3560	8.4	8.4	222		4′15″
	64	3440	8.6	7.0	218	12	4′20″
	62	3320	8.8	5.6	214		4′25″
	60	3200	9.0	4.2	210	11	4′30″
不及格	50	3030	9.2	3.2	205	10	4′50″
	40	2860	9.4	2.2	200	9	5′10″
	30	2690	9.6	1.2	195	8	5′30″
	20	2520	9.8	0.2	190	7	5′50″
	10	2350	10.0	−0.8	185	6	6′10″

表 2-2-5　大学女生各测试项目评分表(大一、大二适用)

等　级	单项得分/分	肺活量/毫升	50米跑/秒	坐位体前屈/厘米	立定跳远/厘米	1分钟仰卧起坐/次	耐力跑800米
优　秀	100	3400	7.5	25.8	207	56	3′18″
	95	3350	7.6	24.0	201	54	3′24″
	90	3300	7.7	22.2	195	52	3′30″
良　好	85	3150	8.0	20.6	188	49	3′37″
	80	3000	8.3	19.0	181	46	3′44″
及　格	78	2900	8.5	17.7	178	44	3′49″
	76	2800	8.7	16.4	175	42	3′54″
	74	2700	8.9	15.1	172	40	3′59″
	72	2600	9.1	13.8	169	38	4′04″
	70	2500	9.3	12.5	166	36	4′09″
	68	2400	9.5	11.2	163	34	4′14″
	66	2300	9.7	9.9	160	32	4′19″
	64	2200	9.9	8.6	157	30	4′24″
	62	2100	10.1	7.3	154	28	4′29″
	60	2000	10.3	6.0	151	26	4′34″

续表

等 级	单项得分/分	肺活量/毫升	50米跑/秒	坐位体前屈/厘米	立定跳远/厘米	1分钟仰卧起坐/次	耐力跑800米
	50	1960	10.5	5.2	146	24	4′44″
	40	1920	10.7	4.4	141	22	4′54″
不及格	30	1880	10.9	3.6	136	20	5′04″
	20	1840	11.1	2.8	131	18	5′14″
	10	1800	11.3	2.0	126	16	5′24″

表 2-2-6　大学女生各测试项目评分表(大三、大四适用)

等 级	单项得分/分	肺活量/毫升	50米跑/秒	坐位体前屈/厘米	立定跳远/厘米	1分钟仰卧起坐/次	耐力跑800米
	100	3450	7.4	26.3	208	57	3′16″
优 秀	95	3400	7.5	24.4	202	55	3′22″
	90	3350	7.6	22.4	196	53	3′28″
良 好	85	3200	7.9	21.0	189	50	3′35″
	80	3050	8.2	19.5	182	47	3′42″
	78	2950	8.4	18.2	179	45	3′47″
	76	2850	8.6	16.9	176	43	3′52″
	74	2750	8.8	15.6	173	41	3′57″
	72	2650	9.0	14.3	170	39	4′02″
及 格	70	2550	9.2	13.0	167	37	4′07″
	68	2450	9.4	11.7	164	35	4′12″
	66	2350	9.6	10.4	161	33	4′17″
	64	2250	9.8	9.1	158	31	4′22″
	62	2150	10.0	7.8	155	29	4′27″
	60	2050	10.2	6.5	152	27	4′32″
	50	2010	10.4	5.7	147	25	4′42″
	40	1970	10.6	4.9	142	23	4′52″
不及格	30	1930	10.8	4.1	137	21	5′02″
	20	1890	11.0	3.3	132	19	5′12″
	10	1850	11.2	2.5	127	17	5′22″

表 2-2-7　大学生加分指标测试项目评分表一

(单位:次)

加　分	引体向上(男)		1分钟仰卧起坐(女)	
	大一、大二	大三、大四	大一、大二	大三、大四
10	10	10	13	13
9	9	9	12	12
8	8	8	11	11
7	7	7	10	10
6	6	6	9	9
5	5	5	8	8
4	4	4	7	7
3	3	3	6	6
2	2	2	4	4
1	1	1	2	2

注:引体向上(男)、1分钟仰卧起坐(女)均为高优指标,学生成绩超过单项评分100分后,以超过的次数所对应的分数进行加分。

表 2-2-8　大学生加分指标测试项目评分表二

(单位:分·秒)

加　分	1000 米跑(男)		800 米跑(女)	
	大一、大二	大三、大四	大一、大二	大三、大四
10	$-35''$	$-35''$	$-50''$	$-50''$
9	$-32''$	$-32''$	$-45''$	$-45''$
8	$-29''$	$-29''$	$-40''$	$-40''$
7	$-26''$	$-26''$	$-35''$	$-35''$
6	$-23''$	$-23''$	$-30''$	$-30''$
5	$-20''$	$-20''$	$-25''$	$-25''$
4	$-16''$	$-16''$	$-20''$	$-20''$
3	$-12''$	$-12''$	$-15''$	$-15''$
2	$-8''$	$-8''$	$-10''$	$-10''$
1	$-4''$	$-4''$	$-5''$	$-5''$

注:1000 米跑(男)、800 米跑(女)均为低优指标,学生成绩低于单项评分100分后,以减少的秒数所对应的分数进行加分。

二、学生体质健康测试方法和锻炼方法

(一)学生体质健康测试方法

1. 身 高

受试者赤足,以立正姿势站在身高计的底板上(上肢自然下垂,两脚脚跟并拢,脚尖分开约60°)。脚跟、骶骨部及两肩胛区与立柱相接触,躯干自然挺直,头部正直,耳屏上缘与眼眶下缘成水平位。测试人员站在受试者右侧,使水平压板轻轻沿立柱下滑,轻压于受试者头顶。测试人员读数时,两眼应与压板水平面等高;记录员复诵后进行记录。以厘米为单位记录测试成绩,保留1位小数。测试误差不得超过0.5厘米(图2-2-1)。

2. 体 重

测试时,体重秤应放在平坦地面上。受试者赤足,男性受试者身着短裤;女性受试者身着短裤、短袖衫,站在秤台中央。读数以千克为单位,保留1位小数。记录员复诵后进行记录。测试误差不超过0.1千克(图2-2-2)。

3. 肺活量

测试人员告知受试者不必紧张,以中等速度和力度尽全力吹气效果最好。令受试者手持吹气口嘴,面对肺活量计站立试吹1次或2次,首先看仪表有无反应,还要试口嘴或鼻处是否漏气,调整口嘴和用鼻夹(或自己捏鼻孔);学会深吸气(避免耸肩提气,应该像闻花似的慢吸气)。测试时,受试者进行一两次较平日深一些的呼吸动作后,更深地吸一口气后屏住气,向口嘴处慢慢呼气至不能再呼为止,防止此时从口嘴处吸气。测试中不得中途二次吸气。吹气完毕后,液晶屏上最终显示的数字即肺活量值。每名受试者测3次,每次间隔15秒,记录3次数值,选取最大值作为测试结果。以毫升为单位记录测试成绩,不计小数。

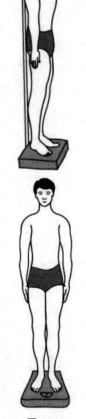

图 2-2-2

4. 50米跑

受试者至少两人一组进行测试,采用站立式起跑。受试者听到"跑"的口令后开始跑。发令员在发出口令的同时要摆动发令旗。计时员视旗动开表计时,在受试者躯干部位到达终点线的垂直面时停表。以秒为单位记录测试成绩,精确到小数点后1位,小数点后第二位数按非0进1原则进位,如10.11秒读成10.2秒并记录。

5. 坐位体前屈

受试者两腿伸直,两脚平蹬测试纵板坐在平地上,两脚分开10~15厘米,上体前屈,两臂向前伸直,用两手中指指尖逐渐向前推动游标,直到不能前推为止。测试计的脚蹬纵板内沿平面为零点,向内为负值,向前为正值。以厘米为单位记录测试成绩,保留1位小数。测试两次,取最好成绩(图2-2-3)。

图 2-2-3

6. 立定跳远

受试者两脚自然分开站在起跳线后,脚尖不得踩线(最好用线绳作为起跳线)。两脚原地同时起跳,不得有垫步或连跳动作。测试人员丈量起跳线后缘至最近着地点的垂直距离。每人试跳 3 次,记录其中最好的一次成绩。以米为单位,保留 2 位小数。

7. 引体向上(男)

受试者跳起两手正握杠,两手与肩同宽,成直臂悬垂。静止后,两臂同时用力向上引体(身体不能有附加动作),上拉到下颌超过横杠上缘为完成 1 次。记录引体次数。

8. 1 分钟仰卧起坐(女)

受试者仰卧于垫上,两腿稍分开,屈膝约成 90°,两手手指交叉抱于脑后。仰卧时,两肩胛必须触地;坐起时,两肘触及或超过两膝为完成 1 次。测试人员发出"开始"口令的同时开表计时,记录 1 分钟内完成次数。1 分钟到时,受试者虽已坐起,但肘关节未达到两膝者不计该次数,精确到个位(图 2-2-4)。

图 2-2-4

9. 1000 米跑(男)/800 米跑(女)

受试者至少两人一组进行测试,采用站立式起跑。受试者听到"跑"的口令后开始跑。发令员在发出口令的同时摆动发令旗,计时员看到旗动开表计时,当受试者的躯干部位到达终点线垂直面时停表。以分、秒为单位记录测试成绩,不计小数。

(二)《国家学生体质健康标准(2014 年修订)》测试项目的锻炼方法

1. 1000 米跑(男)、800 米跑(女)

1000 米跑、800 米跑项目,既测试有氧耐力的水平,也测试无氧耐力的水平。由于耐力是衡量人的体质健康状况和劳动工作能力的基本因素之一,是从事各项运动必不可少的一种运动素质,因此,测试耐力水平对于评价学生的体质健康状况有着非常重要的意义。

长跑测验既可以反映肌肉耐力,又可以反映呼吸系统和心血管系统的机能水平,测试方法简单易行,具有其他测验项目不可替代的作用。更为重要的是,《标准》把长跑测试作为一种手段,可以引导学生更多地关注自己的耐力和心肺功能,主动积极地参加长跑等体育锻炼活动,发展体能,增强耐力,提高体质健康水平。

锻炼方法:

(1)匀速跑 800～1500 米:全程都以均匀的速度跑。

(2)中速跑 500～1000 米:要跑得轻松自然,动作协调,放开步子跑。

(3)重复跑:反复跑几个段落,如 200 米、400 米或 800 米等,中间休息时间较长。跑的距离、重复次数、快慢、强度可根据自己的情况而定,以发展速度耐力。

(4)加速跑 60～80 米:反复跑,中间有较短时间的间歇。

(5)变速跑 1500～2500 米:要求快跑与慢跑结合,如采用 100 米慢跑、100 米快跑或 100 米慢跑、200 米快跑等方法交替进行,发展速度耐力。

(6)越野跑:利用自然地形条件进行练习,如在公路、田野或山坡上进行跑步练习,可以发展耐力、灵敏、弹跳等素质。

(7)跑台阶、跑楼梯练习。

2. 肺活量

肺活量是指在不限时间的情况下,一次最大吸气后再尽最大力量所呼出的气体量。肺活量是反映人体生长发育水平的重要机能指标之一。

锻炼方法:经常运动的人比一般人的肺活量要大,呼吸次数、呼吸深度、肺活量和肺通气量这四个指标都会出现良好的变化。长跑、游泳、健美操、跳绳、跑楼梯、上下台阶、长距离竞走、篮球和足球等项目都是提高人体肺活量的有效方法。

3. 50 米跑

50 米跑是国际上通用的测试项目,通过较短距离的高强度跑测试速度素质。

速度素质可以反映人体中枢神经系统的机能状态和神经与肌肉的调节机能,也可以综合地反映人体的爆发力、灵敏和柔韧等素质。

锻炼方法:

(1)小步跑:体会前脚掌快速扒地的动作,上下肢放松协调配合。

(2)高抬腿跑:提高大腿高抬的幅度,增强腿部力量和提高动作频率。

(3)后蹬跑:纠正后蹬用力不充分和"坐着跑"等缺点,增强腿部力量。

(4)小步跑转入加速跑 50～60 米。

(5)高抬腿跑转入快速跑 50～60 米。

(6)后蹬腿跑转入快速跑 50～60 米。

(7)顶风跑、顺风跑、上坡跑、下坡跑。

(8)30 米、50 米计时跑。

(9)重复跑 60～80 米:以中等速度反复练习。

此外,还可采用负重练习,以增强腿部力量。方法参照立定跳远项目的锻炼方法。

4. 立定跳远

立定跳远是发展下肢肌肉力量、腰腹力量、协调性及跳跃能力的指标之一,是测试爆发力的项目。爆发力要求在最短时间内发挥最大的力量。爆发力的大小不仅取决于力量,而且取决于力量和速度的结合。它在人们的日常生活、工作中有重要的意义和作用。

锻炼方法:

各种跳跃练习以及负重练习能够有效地发展腿部肌肉力量和肌肉速度,提高弹跳能力。

（1）深蹲跳：全蹲下去，双脚同时用力向上跳起，连续做。

（2）单脚跳：用左脚连续向上或向前跳一定的次数，再换右脚做连续跳。

（3）多级跨步跳：连续以最少的步数，跨出最远的距离。

（4）多级蛙跳：屈膝半蹲，上体稍前倾，双脚同时用力蹬地，充分伸直髋、膝、踝三关节，同时两臂迅速上摆。身体向前跃出，双腿屈膝落地缓冲后再接着向前跳。

（5）跳台阶：原地双脚起跳，跃上台阶或其他物体，然后再跳下，反复进行。

（6）跳绳：各种方式、方法的跳绳练习。

（7）身体负重跳：肩负杠铃或沙包、腰和腿绑沙袋、身穿沙衣等做各种跳跃练习。

5. 坐位体前屈

坐位体前屈是反映人体柔韧性的测试项目。柔韧性是指人体完成动作时，关节、肌肉、肌腱和韧带的伸展能力。一个人的韧性程度越好，表示其关节的活动幅度越大，关节灵活性越好。

柔韧素质与健康的关系极为密切。柔韧性的提高，对增强身体的协调能力，更好地发挥力量、速度等素质，提高技能和技术，防止运动创伤等都有积极的作用。

锻炼方法：

（1）正压腿：一腿直立，另一腿举起放于高度适当的高物上，身体正对高腿，上体向前尽量用胸部贴腿，双膝不得弯曲，还原后连续再做。

（2）侧压腿：一腿直立，另一腿举起放于高度适当的高物上，身体侧对高腿，上体尽量侧屈，用头的一侧贴腿。不要前倾或后仰，还原后连续再做。

（3）正踢腿：直立，两臂平举，左脚向前迈出一小步，右腿绷脚面伸直，急速有力地向上踢腿，落下时要有控制。两腿交替练习。

（4）并腿体前屈：两腿并立，上体前屈，两手触地，上体与腿尽量贴近，还原后连续再做。

（5）两腿左右开立，大于肩宽，上体前屈，臀部自然后移，双膝伸直，两手先向左腿外侧摸地面，还原后再向右腿外侧摸地面，连续做。

（6）双腿伸直坐于垫上或床上，上体前屈，两臂向前伸，尽力用双手触脚尖，膝关节不得弯曲，还原后连续再做。

6. 仰卧起坐（女）

仰卧起坐是测试腹肌力量和耐力的一个项目。测试方法简单易行，多年来在学校体育的锻炼和测验中一直受到重视。

锻炼方法：

（1）垫上练习

①直腿仰卧起坐：仰卧于垫上，双腿并拢伸直，两臂上举。上腹用力，使上体坐起，两臂前伸用手触脚。还原后再连续做。

②仰卧团身：两手上举仰卧于垫上，双腿并拢屈膝，大小腿成90°。收腹起上身，同时双膝往上提，臀部随之离地，两臂抱腿，头尽量碰膝，仅腰部贴地。还原后再连续做。

③仰卧起坐：两手抱头仰卧于垫上，双腿屈膝大于90°。左膝上提，同时收腹夹肘起上身，尽力用右肘碰左膝。还原后，右膝上提，同时收腹夹肘起上身，尽量用左肘碰右膝。

连续做。

④仰卧举腿：直体仰卧于垫上，两手抓垫，连续做向上直腿举腿动作。

（2）垫上负重和其他器械练习

①斜板仰卧起坐：两臂上举，仰卧在稍有高度的斜板上，脚朝上，头朝下，将双脚固定。当上身起坐时，两手尽量往脚尖伸去。还原后再连续做。

②支撑举腿：两臂伸直，支撑在双杠或其他物体上，身体保持正直，双腿并拢后，快速收腹举腿，使大腿与上体成90°，保持几秒钟后，还原再继续做。

③悬垂举腿：双手正握单杠或肋木（背向肋木）呈悬垂，双腿伸直，最大限度地向上举起。还原再继续做。

④仰卧双腿举重物：仰卧于垫上，双手抓住固定物体。双脚夹重物或踝关节绑沙袋向上举起后放下。连续做数次或数十次。

⑤负重仰卧起坐：仰卧于垫上，双腿伸直，双手在头后持重物。腹肌迅速收缩，使上体坐起并前屈，然后再慢慢还原。反复练习。

7. 引体向上（男）

主要测试上肢肌肉力量的发展水平。引体向上是最基本的锻炼背部肌肉的方法，也是衡量男性体质的重要测试项目。

引体向上要求男性有一定的握力、上肢力量和肩带力量，这个力量必须能克服自身的体重才能完成一次。引体向上是一种力量耐力项目，对发展上肢悬垂力量、肩带力量和握力有重要作用。它以按动作规格完成的次数来计算成绩，做得多则成绩好。

锻炼方法：

练习引体向上时，一般每次3～5组，每组8～12次，组间休息1分钟左右，也可以第一组时做到几乎竭尽全力（无论是3个还是4个）。然后再做两组，每组尽力而为，能做多少做多少。下次再做时，尝试每组多做一两个。

当引体向上次数超过每组12次时，即可考虑负重练习。一般要做3～8组，每组8～12次，组间休息1～2分钟。休息时间长短因人而异，也可按照规定次数做。例如，第一组采用顶峰收缩法做8次，有余力也不多做，组间休息1分钟；第二组也按规定做8次，直至最后几组，用尽全力，即便借助外力，动作不太规范，也要完成规定的8次，一次练习总共做50次左右。

第三章 健身——生命的养分

第一节 科学健身基础知识

体育锻炼不仅可以提高健康体适能和运动体适能,还能提高人的基本活动能力。如果锻炼方法不适应人体身心发展的规律,不但不会增进健康,反而有害健康。体育运动的主体是人。人在参与体育锻炼的过程中,身体会产生一系列的变化,包括生理的和心理的变化。为了科学地进行身体锻炼和增进健康,在锻炼中少走弯路,避免不必要的损失,我们有必要对体育锻炼的科学基础知识有所了解。

一、体育锻炼的生理基础

新陈代谢是生命活动的基本特征。新陈代谢包括合成代谢和分解代谢两个相互联系的过程:机体摄取的营养物质转化为自身物质同时吸收了能量的过程称为合成代谢,机体把自身的物质进行分解同时释放能量的过程称分解代谢。分解代谢所释放的能量转化为热能、机械能、电能等,以提供人体正常的生命活动和生理机能所需要的一切能量,所以物质代谢必然伴随着能量的转移,这种能量转移称为能量代谢。由此可见,新陈代谢是物质代谢和能量代谢的总和。

(一)物质代谢基础

1. 运动与碳水化合物代谢

在不同持续时间和运动强度的运动中,血糖浓度的变化有所不同。短时间剧烈运动后,血糖浓度升高。虽然长时间运动(如马拉松跑)会降低血糖浓度,但马拉松赛后,血糖浓度是恒定的。运动前或运动中,适量补充碳水化合物可维持血糖水平,提高运动能力,延缓疲劳发生。因此,血糖水平的稳定对于运动能力的提高有重要的意义。合理膳食与适量运动相结合,是提高机体糖原储备的有效途径。

碳水化合物在体内存在的主要形式有两种:一种是以糖原的形式存在于组织细胞中,主要是肝细胞中的肝糖原和肌细胞中的肌糖原;另一种是以葡萄糖的形式存在于血液中,称血糖。

肌肉活动时,肌糖原首先被分解供能。当肌糖原耗尽,血糖浓度又降低时,肝糖原即被分解为葡萄糖进入血液,使血糖浓度恢复正常,从而保证有丰富的葡萄糖通过血液循环进入活动的肌肉,并分解供能。

2. 运动与脂肪代谢

运动对脂肪代谢的影响:提高机体氧化利用脂肪酸供能的能力,改善血脂异常,减少体脂积累。运动过程中,脂肪代谢具有如下的特点:分解较慢,长时间运动的后期主要依靠脂肪酸氧化供能,短时间剧烈运动时脂肪分解受到抑制。

3. 蛋白质代谢

运动对蛋白质代谢的影响主要体现在两个方面:一方面机体运动时蛋白质可提供一部分能量,另一方面运动导致骨骼肌蛋白质合成增加。

正常情况下,人体蛋白质的代谢状况与组织的生理活动相适应。正常成年人体内的蛋白质分解与合成处于一种动态平衡状态,即摄入氮等于排出氮,称为氮总平衡;正处于生长发育期的青少年,其组织细胞中的蛋白质的合成大于分解,即摄入氮大于排出氮,称为氮的正平衡;而饥饿者或消耗性疾病患者的组织细胞中的蛋白质的分解就明显地加强,即排出氮大于摄入氮,称为氮的负平衡。人体组织蛋白质及一些含氮物质总是在不断地分解与再合成。通常测定食物中的氮含量和尿中排出的氮量,来确定人体蛋白质的代谢状况。

4. 水分及无机盐代谢

保持体内水代谢平衡是维持机体正常生命活动的重要保证。日常情况下,体内水分大部分来自食物和饮料,小部分是由体内物质代谢过程中产生的。人体内水的排出主要是通过肾脏以尿液的形式排出体外,其次是通过皮肤、肺以及随粪便排出。人体剧烈运动时,体内产热量增加,出汗便成为维持体温恒定的主要途径。运动员的水分供给量,以补足丢失的水分、保持水平衡为原则,常采用少量、多次的供给方式。

5. 碳水化合物、脂肪和蛋白质代谢的联系

碳水化合物、脂肪和蛋白质是人体内最重要的三大产能物质。它们在体内的代谢构成了一个完整而统一的物质代谢过程。物质代谢过程中,三大营养物质代谢之间是相互促进和相互制约的。碳水化合物、脂肪和蛋白质代谢的密切关系主要表现为三者的各个代谢中间产物的相互转化。应指出的是,人体不能通过自身合成8种必需氨基酸,必须从膳食中获取。碳水化合物和脂肪不能完全代替蛋白质摄入;同样,蛋白质也不能完全代替碳水化合物和脂肪作为氧化供能的原料;膳食中的碳水化合物也不能代替脂肪的摄入,因为脂溶性维生素的摄取有赖于脂肪的存在,而且某些人体必需的脂肪酸也只能从膳食的脂肪中获得。因此,若要身体健康,必须合理膳食。

(二)能量代谢基础

能量代谢是指物质代谢过程中所伴随着的能量释放、贮存转移和利用的过程。良好的能量供应是运动员获得充沛体力和良好运动成绩的重要条件。运动时能量供应有其生理、生化规律,认识这些规律,对正确选择锻炼内容和提高锻炼效果是必要的。

1. 直接能量来源

人体内维持各种生命活动的能量只能从食物中获得,即碳水化合物、脂肪和蛋白质结构中的化学能。剧烈运动时,体内供氧不足,碳水化合物经过一系列反应生成乳酸。在这个过程中,一分子葡萄糖可以转变成二分子乳酸,并释放能量。这些能量由二磷酸腺苷(ADP)接收而生成三磷酸腺苷(ATP),三磷酸腺苷是肌肉运动的直接能量来源。机体维持生命活动需要不断消耗三磷酸腺苷,三磷酸腺苷不断生成又保障了机体连续不断的能量供应。生物体内能量的释放、转移和利用的过程都是以三磷酸腺苷为中心进行的。而三磷酸腺苷的分解与再合成的速度随代谢的需要而变化。

2. 体内能量运作

人体从食物中摄取的总能量的 50％是以热能的形式维持正常体温;其余绝大部分的能量是以化学能的形式重新再转移到三磷酸腺苷分子中贮存,以供机体直接利用。人体内能量的来源与去路,即能量的摄入与支出,是符合能量守恒定律的。它遵循下列公式:

能量摄入(食物)＝能量输出(做功、产热)±能量的储存(脂肪等)

健康成年人体重的变化,基本符合上述公式。当能量摄入与支出相平衡时,体重基本保持不变;如果摄入大于支出时,人体就会发胖;相反则会消瘦。

人体供能可按无氧供能和有氧供能分成三个系统,即磷酸原系统、乳酸能系统和有氧氧化系统。在一项运动中,三种能量系统供能百分比和活动时间及功率输出之间有着紧密的依存关系。运动时间越短,功率输出越大,能量需要也越多。因此能量连续统一体的一端是时间短、强度大的运动,如 100 米跑,主要由磷酸原系统供能使 ATP 再合成;能量连续统一体的另一端是运动时间长、强度小的运动,如马拉松跑,几乎全部由有氧系统供能使 ATP 再合成;处于能量连续统一体中间区域的运动,根据运动的特点,由有氧系统和无氧系统以不同的比例供能使三磷酸腺苷再合成。

3. 体育活动对能量代谢的影响

(1)最大强度的运动。必须启动能量输出功率最快的磷酸原系统。由于该系统供能可持续 75 秒左右,因此,首先动用磷酸肌酸(CP)使三磷酸腺苷再合成。当达到磷酸肌酸供能极限而运动还需持续下去时,必然启动能量输出功率次之的乳酸能系统,表现为运动强度略有下降,直至运动结束。

(2)递增负荷的力竭性运动。运动开始阶段,由于运动强度小,能耗速率低,有氧氧化系统能量输出能满足其需要,故启动有氧氧化系统(主要是糖的氧化分解)。随着运动负荷的逐渐增大,当有氧供能达到最大输出功率时,仍不能满足因负荷增大而对三磷酸腺苷的消耗,这时必然导致三磷酸腺苷与二磷酸腺苷比值的明显下降,此时必须动用输出功率更大的无氧供能系统。因为磷酸原系统维持的时间很短,所以此时主要是乳酸能系统供能,直至力竭。

(3)中低强度的长时间有氧耐力运动。此类运动(如马拉松)由于持续时间较长,因此运动强度一定要适应最大有氧供能能力的范围。运动的前期以启动碳水化合物的有氧氧化供能为主,后期随着碳水化合物的消耗程度增加而逐渐过渡到以脂肪氧化供能为主。由于脂肪氧化的耗氧量大、分解慢、能量输出功率小于碳水化合物有氧氧化供能等特点,故脂肪的动用只能在运动后期出现。但在后期的加速、冲刺阶段,仍动用碳水化合物来供能。

(三)身体素质基础

现代生理学研究表明,人的生长和发育是渐进式的,但在性成熟期开始以后,生长、发育过程受遗传因素的影响开始减弱,而对身体素质作用的依赖性明显地加大。

1. 身体素质要素

人体在肌肉活动中所表现出来的基本运动能力称为身体素质。身体素质是身体基本运动能力的基础,而基本运动能力又反映了身体素质的发展水平,两者之间互相渗透、互相依赖。

（1）力量素质

力量素质是指人体肌肉工作时克服或对抗阻力的能力。人体的各项运动几乎都是对抗阻力而产生的，故任何一项运动都需要有一定的力量做基础。同时，力量素质又是其他各项素质的基础。随着肌肉力量的增长，速度、灵敏、耐力及柔韧等素质有不同程度的相应增长。因此，各项运动都十分重视力量素质的训练。力量练习还可加强关节周围的力量，防止肌肉和韧带的损伤。

（2）速度素质

速度素质是指人体进行快速运动的能力。速度在运动中主要表现为反应速度、动作速度和位移速度三种形式。反应速度是指人体对各种信号刺激发生反应的快慢，运动速度是指完成单个动作时间的长短，位移速度是指周期性运动中人体快速通过某一距离的能力。在大多数运动项目中，上述速度素质的三种形式都会综合表现出来。只是在不同的项目中，三者结合的形式、比例各有其特点。

运动生理学认为，快肌纤维越大，肌肉组织越兴奋，条件反射越稳固，动作速度越快。速度素质包括三方面能力：运动时人体对各种信号刺激的快速反应能力、快速完成动作的能力、快速通过一定距离的能力。提高反应速度主要是提高神经系统的灵活性和对刺激信号快速做出反应的能力。在练习时可采用不同的刺激信号，如声音、光等，使机体接受刺激并迅速做出反应。也可结合具体的体育锻炼项目有针对性地发展专项反应速度。对锻炼者来说，动作速度多表现在一些成套规定的练习动作，如武术、健美操、扭秧歌等。这些练习要求有一定的节奏，动作速度不够就会影响练习效果。而提高成套动作速度主要是通过熟悉单个动作来达到，因此，发展成套动作速度的关键是提高每个动作的熟练程度和做好各个动作之间的连接。影响位移速度的主要因素是完成动作的频率和幅度，可用快速小步跑、30米短距离冲刺跑等提高肌肉的收缩速度，增加动作频率以提高位移速度，而提高动作幅度的主要手段是增加肌肉力量和提高柔韧性。

（3）耐力素质

耐力素质是人体长期进行工作的能力，也是机体抵抗疲劳的能力。耐力素质是人体各器官系统功能和心理素质的综合表现，也是人体功能水平、体质强弱的重要标志。从生理角度看，按运动时机体供能的特点，可分为一般有氧耐力和无氧耐力。有氧耐力属于心血管耐力，是指人体长时间维持有氧运动（依靠糖原、脂肪的有氧分解供能）的能力。有氧耐力可分为一般有氧耐力、区域性有氧耐力和全身性有氧耐力3类。常用的提高有氧耐力的练习有慢跑、游泳、骑自行车、滑雪等，练习时间较长，以匀速负荷方式进行。一次有氧耐力练习为30分钟左右，最短不少于5分钟。无氧耐力是指身体处于缺氧状况下较长时间对肌肉工作供能的能力。时间短、强度大的运动属于无氧耐力，如短距离跑。提高无氧耐力的方法主要是控制练习间歇时间的长短（与各人的训练水平相关），而练习间歇时间要按机体恢复的规律来确定。发展耐力素质应使心率达到150～170次/分的负荷强度，才能取得较好的健身效果。对健康的大学生来说，练习5～10分钟，应使心率达到120次/分以上，以150次/分为佳。而对体质较弱的大学生，耐力练习应着重发展全身耐力素质，以采用快走、慢跑等以有氧代谢为主的练习为宜。

（4）灵敏性素质

灵敏性素质是指迅速改变姿态、转换动作和随机应变的能力，是人体各种活动技能和速度力量、柔韧性等素质在运动中的综合表现。大学生在对抗性体育活动（如足球、篮球等）中，灵敏性素质显得非常重要。由于灵敏性是人体各种能力在体育活动中的综合表现，因此多种因素都可影响身体的灵敏性。除大脑皮质的灵活性、肌纤维类型等因素外，影响身体灵敏性的生理因素主要有：第一，年龄和性别。在儿童阶段，随年龄的增长，身体的灵敏性也自然增加，到 20 岁左右灵敏性趋于稳定，老年人的灵敏性明显下降。在青春发育期前，男孩的灵敏性比女孩稍强；青春发育期后，男孩的灵敏性明显高于女孩。第二，体重。身体过重会使身体的惯性增加，降低肌肉的收缩速度，表现为身体的灵敏性下降。第三，条件反射的巩固程度。在学习运动技能时，条件反射建立得越稳固，运动能力就越强，表现为灵敏性越好。发展灵敏性素质，应提高大脑皮质神经的灵活性。不同的运动项目各有其特点：有的运动项目可以锻炼准确性的能力，如球类、击剑等直接对抗性项目；有的运动项目可以迅速改变姿势和位移能力，如体操、跳水、滑雪等。

（5）柔韧性素质

柔韧性素质是指运动时各关节活动幅度和跨过关节的韧带、肌腱等结缔组织的伸展能力。柔韧性的锻炼就是针对各关节灵活性的练习。在体育锻炼中，因项目不同对关节活动幅度要求的程度也就不同，但各关节柔韧性的全面发展是基础。只有在全面发展的基础上才能突出某一项目需要的关节柔韧性，如投掷、举重和游泳等项目需要肩关节柔韧性较好，篮球、排球和小球类项目对腕部柔韧性要求较高，还有的项目如体操、艺术体操和武术等因技术动作需要，对全身各关节的柔韧性要求很高。对任何一个运动项目来说，全身各关节的柔韧性在每一个动作中都有其具体的作用。任一关节的柔韧性差会影响动作技能的掌握和发挥，因此，各关节柔韧性是相互促进、发展的。增强柔韧性素质对掌握动作技能、改善健康状况具有重要的作用。首先，柔韧性可以增加关节的活动幅度，增强动作效果，有利于肌力和速度的发挥；其次，关节灵活性的提高，使人的动作姿势优美，加速动作完成的进程，技术动作也更加协调和准确；再次，减少肌肉等软组织的损伤，防止运动伤害事故的发生，有助于肌肉放松和情绪稳定。

（四）锻炼时应注意的问题

（1）空腹时，不宜进行体育锻炼

清晨长时间空腹进行锻炼，体内的能量大量消耗，对身体不利，最好在适量进食后开始轻微活动。休息了一整夜，长时间处于安静状态的肌肉、关节及内脏器官需要准备活动，使其积极活跃起来。

（2）饭后不宜立即进行剧烈活动

饭后，人体大量血液流向消化系统，此时如进行剧烈运动，血液就会流向运动器官，以保证肌肉工作的需要，造成消化系统血液供应不足，胃肠蠕动减慢，影响消化和吸收过程的正常进行，严重的会导致胃痛、消化不良、溃疡等疾病。一般在饭后 0.5～1 小时再进行体育活动比较合理。

（3）剧烈运动后不宜马上洗澡

因为运动会消耗大量能量，必须等人体各系统的机能恢复正常后（大约半小时）再去洗澡。

（4）剧烈运动后切忌暴饮

因大量水分进入血液,会将血液稀释,加重心脏和肾脏的负担,同时稀释胃液,导致消化功能减退。剧烈运动后,饮适量的淡盐水,以补充因汗水带走的盐分,千万不要喝生水,以免大量病菌侵入体内,感染疾病。

二、体育锻炼的原则与方法

（一）体育锻炼的原则

体育锻炼的原则,是身体锻炼过程中客观规律的反映,是人们在长期体育锻炼中成功经验的总结和概括,是每个参加体育锻炼的人必须遵循的准则。对于参加体育锻炼的人来说,要达到增强体质、增进健康的目的,就必须科学地锻炼,否则会伤害身体,有损健康。

1. 超负荷原则

超负荷原则是指在进行体育锻炼时身体或特定的肌肉所受到的刺激强于不锻炼时,可通过提高运动强度及延长锻炼的持续时间达到超负荷锻炼的目的。

体育锻炼中的负荷应适宜。负荷通常包括负荷量与负荷强度。负荷量通常是以练习的次数、时间、距离、重量来表示;负荷强度一般是以练习的速度、负重量、密度、难度,或以速度、负重量、密度、难度的练习占总练习的百分比来表示。负荷量和负荷强度二者相互影响、相互制约,在强度最大时,负荷量肯定是最小的,如果负荷量很大,强度也不可能达到最大。负荷的增加必须考虑到锻炼者的体能水平。负荷过大或过小都不利,但负荷过大比负荷过小的害处更大。

2. 循序渐进原则

循序渐进原则是超负荷原则的延伸,是指在实施增强某种体能的锻炼方案时应逐渐增加负荷。需注意的是,在开始实施某种锻炼方案的4～6周内通常应缓慢地增加负荷,接下来应逐步增大负荷。要想获得最佳的体能状态,增加负荷不宜太慢或太快。负荷增加太慢,会限制体能水平的提高;负荷增加太快,则可能造成长期疲劳和损伤。锻炼引起的损伤可能是由一次短时间高强度的练习造成的,也可能是由一次长时间低强度的锻炼造成的。

在锻炼期间,怎样的渐进率是安全有效的呢?这个问题不可能有明确的答案,因每个人对锻炼负荷的忍受水平不尽相同。锻炼者可以遵循"百分之十原则",从而避免过量锻炼造成的运动损伤。每周运动强度或持续时间的增加不能超过前一周的10%。例如,第一周每天跑步20分钟,在下一周可将每天跑步时间增加到22分钟。当锻炼者达到他所希望的体能水平时,就无须再增加运动强度或持续时间。实际上,一旦达到所希望的体能水平,以某种固定的负荷进行有规律的锻炼,就能保持这种体能水平。

3. 专门性原则

专门性原则是指锻炼时针对身体的某一部位或某一机能进行反复练习。例如,经过10周的举重练习后,手臂肌肉力量加强。对某个特殊肌肉群的锻炼被称为神经肌肉专门化锻炼,对某个供能系统的锻炼被称为能量代谢专门化锻炼。

如果锻炼的主要目的是提高自己的有氧运动能力,那么就可选择慢跑、步行、骑自行车、有氧操及远距离游泳等运动项目。锻炼的专门性原则同样也适用于肌肉的不同类型。例如,力量练习能增强肌肉的力量,但无法更大程度地提高肌肉的耐力水平,因此,力量练习对提高肌肉力量是专门性的。同样,耐力练习能提高肌肉的耐力水平,而不能改变肌肉的力量。在日常锻炼中,应根据锻炼的目标选择适当的锻炼项目与方法,这样才能取得更好的锻炼效果。

4. 恢复性原则

人体机能的提高是通过负荷、疲劳、恢复、提高等这样一个循环往复的过程实现。由于超负荷原则要求锻炼者在身体活动时增加运动强度和运动量,故其身体会产生疲劳。因此,要想从锻炼中获得最大收益,在下一次锻炼之前必须注意休息,以使体力得以恢复。两次锻炼之间的休息阶段被称为恢复阶段。

两次大运动量锻炼之间究竟要休息多长时间呢?对大多数人来说,休息一两天就足够了。如果两次大运动量锻炼之间得不到足够的休息,可能会引起过度锻炼疲劳综合征。过度锻炼是指在锻炼过程中的总负荷超过了锻炼者的机体正常承受能力。那么,如何判断自己是否过度锻炼了呢?一般的过度锻炼表现为锻炼后的第二天早上,锻炼者会感到疲劳、肌肉酸痛、肌肉僵硬等,这些症状被称为"锻炼的延续性适应"。一般来说,这些症状是正常现象。严重的过度锻炼开始会产生一些心理症状,如注意力涣散、容易激动、睡眠不好、夜间盗汗、食欲不振等。缓解过度锻炼症状的方法是增加两次锻炼之间的休息时间和锻炼时降低运动强度。对于严重的过度锻炼者,还需要增加营养,接受理疗和按摩等,使机体得以恢复,否则会导致症状的进一步加重。

5. 持之以恒原则

持之以恒原则是指体育锻炼必须保持时间、强度、次数的衔接性和连续性。因为各种运动技能的形成和提高,人体各器官、系统的改善,身体素质水平的提高,都是通过肌肉活动反复多次强化的结果。锻炼对机体给予的刺激,所产生的作用痕迹的积累,促进了机体结构和机能的适应性变化,产生了新的适应,人的体质就会不断增强。如果锻炼者"三天打鱼,两天晒网",锻炼间断地进行,后一次锻炼时,前次锻炼的痕迹已经消失,便失去了"延续性适应"的影响和作用,就不可能取得明显的锻炼效果。运动机能的形成,人体形态结构、生理机能的改善,身体素质的提高,都受"用进废退"规律的制约,因此,每个锻炼者应有明确的锻炼目标,科学制订运动计划,并把锻炼纳入作息制度之中,才能真正做到持之以恒,坚持不懈。

6. 大小运动量相结合的原则

交叉采用大小运动量,不仅能强化锻炼的效果,而且能减少身体受伤的可能。换言之,注意交叉采用大小运动量,能从一种锻炼方案中获得最大收益。因此,不要连续几天进行高强度运动。高强度运动一周最多只能进行 3 次;每周安排一次高强度运动,让身体尽全力活动;了解自己的身体状况,合理安排活动内容。如果肌肉疼痛不断或疼痛加剧,应立即停止锻炼。另外,在进行大运动量锻炼时,应注意监控运动强度,不要运动过量。

(二)体育锻炼的方法

体育锻炼的方法是贯彻体育锻炼原则、达到体育锻炼目的的桥梁。根据大学生的实际情况和锻炼的特点,下面介绍常见的体育锻炼方法、自然力锻炼的方法。

1. 常见的体育锻炼方法

(1)重复锻炼

重复锻炼是指按一定负荷标准,重复进行某项练习的方法。重复的次数和时间是决定健身效果的关键,确定和调节重复的次数和时间,应根据个人情况和项目的特点而定。运用重复锻炼的方法时,要防止机械呆板,以免影响锻炼效果。

(2)间歇锻炼

间歇锻炼是指重复锻炼之间有合理休息,它是强化锻炼效果的一种常用的锻炼方法。间歇锻炼的间歇时间长短,主要根据运动负荷确定。一般地说,锻炼强度大,机体恢复的时间长,间歇时间也就长;反之,锻炼强度小,机体恢复的时间短,间歇时间也就短。间歇锻炼的方法由于严格控制重复锻炼之间的休息时间,在锻炼者机体未能完全恢复时,就进行下次练习(即后次锻炼应在前次锻炼的效果未减退时进行),所以能有效地提高各器官、系统的机能。倘若间歇时间过长,在前次锻炼效果消失后再进行锻炼,就失去间歇的意义。

(3)变换锻炼

变换锻炼是指在锻炼过程中,采取变换环境、条件、要求等,以强化锻炼效果的一种锻炼方法。此法可有效地调节生理负荷,强化锻炼意向,克服疲劳和厌倦情绪。运用变换锻炼的方法时,常采用各种辅助性、诱导性和转移性练习,并配合音乐等。

(4)循环锻炼

循环锻炼是把各种类型的动作和具有不同练习效果的手段,组成一组锻炼项目,按一定顺序循环反复进行锻炼的方法。这种方法具有综合锻炼的效果。循环锻炼所布置的各个练习点,要选用已经掌握的、简单易行的动作,同时规定好练习的次数、规格和要求。由于各个练习点的动作、器械不同,练习时可交替进行,这样能激发兴趣、减轻疲劳、提高运动密度。采用此方法要强调动作的质量,防止片面追求运动密度和数量的倾向。

以上几种锻炼方法在实际运用中可以相互补充,交替进行,但应有主次之分。

2. 自然力锻炼的方法

阳光、空气和水是生命活动必需的自然条件,人们习惯上把利用阳光、空气、水促进身体健康的行为称为自然力锻炼。自然力锻炼在增强人体各器官功能,提高人体对各种不良因素的适应能力和抵抗力等方面有良好作用。科学利用自然力锻炼有助于增进身体健康。

(1)日光浴

日光浴对人体有良好的作用。首先,日光中的红外线对身体的作用主要是温热皮肤和肌肉组织,加速血液循环,增强新陈代谢,使人温暖舒适;其次,可见光线能调节人体的新陈代谢,改善人体的各种生理功能;再次,紫外线能促进钙、磷代谢。儿童和青少年正在生长发育时期,对钙、磷的需要量较多,多晒太阳能促进新陈代谢和生长。同时,紫外线能促进组织胺的形成,使毛细血管扩张、血流加快、胃酸分泌增多,增强食欲和身体的抵抗力。此外,紫外线还能消毒杀菌,起到预防疥疮、毛囊炎等皮肤病的作用。日光浴有如下注意事项:

第一,日光浴宜从天气转暖时开始,并坚持下去。夏季阳光强烈,日光浴时要特别谨慎掌握时间和日照强度,避免因头部直接照射和接收过量紫外线照射对人体产生的不良影响。日光浴时宜用浴巾或草帽、伞遮挡头部,戴上墨镜,涂抹防晒霜,防止皮肤灼伤和中暑。

第二,日光浴禁忌证包括高热等急症、有出血倾向的疾病、皮肤炎症、日光过敏等。

第三,空腹、饱腹、身体过度疲劳、情绪不佳和女性经期不宜进行日光浴。

(2)空气浴

空气浴是指以人体皮肤接触新鲜空气来锻炼身体的方法。坚持空气浴锻炼,能提高人体体温调节中枢的能力,适应外界多变的气候,减少疾病的发生。负离子还能调节中枢神经系统的兴奋和抑制,刺激造血系统功能,并有助于机体的新陈代谢,增强身体免疫力,提高工作和学习效率。空气浴时应注意:

第一,空气浴最好在树木繁茂、长满庄稼的地方或江河湖边、海滨进行,人口稠密的公共场所不适合空气浴。

第二,遇大风或大雾、大雨天气时,最好不要进行空气浴。

第三,大汗或身体过度疲劳时,不要进行空气浴。

(3)冷水浴

冷水浴对人体的好处很多,有助于增强中枢神经系统、心血管系统及呼吸系统的功能,还能使身体的热量消耗增多,防止过多的脂肪积聚在皮下组织。同时还能通过更多的机械摩擦,使皮肤弹性增强。

冷水浴有冷水擦身、冷水淋浴、冷水浸浴等方法。

冷水擦身:冷水擦身在冷水浴的初级阶段采用。先从上肢开始,依次用冷水擦颈部、胸部、腹部、背部和下肢,然后用毛巾擦干,并按血液回心方向擦摩皮肤到发红。冷水擦身时间一般不超过5分钟。

冷水淋浴:淋浴锻炼的开始阶段,水温以30~35 ℃为宜,时间不超过1分钟。之后水温逐渐降低到15 ℃或更低些,时间可增到2分钟。淋浴后一定要用干毛巾擦摩身体。

冷水浸浴:冷水浸浴是最有效的锻炼方法。行浴时,宜充分利用空气、水、日光对机体的综合作用,最好从夏季和秋季开始。水浴的主要因素是水温,而不是时间的长短。每次持续的时间要因人而异,以不出现寒战和口唇青紫为度。浸浴后擦干身体,穿好衣服保暖。另外,除了全身水浴外,还可采用局部水浴的方法,其中最常见的是每天睡前坚持冷水洗脚,早晨和晚上坚持用冷水含漱咽喉及洗脸,这些方法能使对寒冷最敏感的身体部位得到较好的锻炼。用雪擦身和冬泳是非常剧烈的自然力锻炼。这种方法对机体的要求特别高,只有身体非常健康、已进行多年系统的冷水浴锻炼,并经医生允许的人才可采用。应当指出,这种冷水浴方法不是非用不可的,因为每天坚持一般性的自然力锻炼,同样可以达到良好的锻炼效果。

冷水浴时应注意:

第一,冷水浴前,要做好准备活动,使身体发热后再进行冷水浴,但不要在满身大汗时进行。冷水浴结束后,要擦干身体,穿好衣服保暖。

第二,患有高血压、冠心病、急性肝炎、肺结核、风湿病及高热的病人,不宜进行冷水浴。

第二节　科学健身原理

一、体育锻炼的科学原理

人体是一个有机整体,它的状态和发展受到众多先天或后天因素的影响,如遗传、环境、体育锻炼以及心理因素等。体育锻炼有效与合理,就必须遵循一定的科学依据。科学依据主要有:锻炼过程的新陈代谢理论、运动负荷的有效价值阈理论和人体适应环境的动态平衡理论。

(一)锻炼过程的新陈代谢理论

新陈代谢是指人体与外界环境物质和能量的交换以及自身物质和能量的转换。新陈代谢包括同化作用和异化作用。同化作用是指生物体不断地从外界吸收营养物质,合成身体新的组成成分并贮藏能量。异化作用是指生物体不断地氧化分解身体内原有的部分物质,释放能量,并排出废物。同化作用与异化作用同时进行,当同化作用大于异化作用时,机体生长发育贮存起来的化学能量增加,人体可能表现为体型增大、体重增加、身材增高等生理变化;当异化作用大于同化作用时,机体可能在运动中衰老(运动时的呼吸作用非常剧烈——尤其是有氧呼吸——是很大程度的异化作用)。每一个人的新陈代谢各不相同,一个人在不同的年龄阶段,新陈代谢速率也会不同。统计显示,我们的新陈代谢率会随着年龄的增加而减缓,平均每 10 年约降低 2%。从早到晚新陈代谢是有变化的,通常早晨的新陈代谢水平最高,晚上睡觉时最低。

(二)运动负荷的有效价值阈理论

所谓运动负荷的"有效价值阈",是指人在体育锻炼的过程中,心脏每分钟在一定的数量范围内跳动,获得最有效的锻炼效果,人们把这一定数量范围的心率,称为运动负荷的"有效价值阈"。体育锻炼对人体的影响,只有在适当的运动量和强度的刺激下,才能收到良好的效果。体育锻炼的最佳效果,出现在身体处于最大吸氧量和最大心输出量的时候。提高最大吸氧量,必须增大心输出量、每搏输出量和心搏频率,使每分钟输出量达到最高程度,它标志着身体各组织、器官都得到最为充分的氧供应,机体处在充分受益状态。一般情况下,体育锻炼最佳价值阈心率在 120～140 次/分。

(三)人体适应环境的动态平衡理论

人体适应环境的能力实质上是指人受外界环境影响,在中枢神经系统支配下,不断调节机体,使之处于正常稳定的功能活动状态。所谓的平衡仅是暂时的、相对的平衡,称为动态平衡。体育锻炼大都是在露天环境中进行,外界环境因素(空气、水、阳光)随时都在发生变化。这些变化不可避免地会使身体受到影响,人体必须随时调节自己的功能来适应环境,使身体内外达到平衡。调节平衡的能力主要是在中枢神经系统的指挥下形成的。参加体育锻炼就是为了适应自然环境的变化,使体内的产热和散热过程更加旺盛,体温调节机能更加敏感。实践证明,广泛利用自然因素,不仅能有效地增强体温调节能力,而且具有多方面的健身价值。

二、运动训练周期中的应激与适应

应激是指人体对外部强负荷刺激而在生理和心理上产生的一种综合反应。具体来说,人体应激分为三个主要阶段,即警戒、抵抗和衰竭,人体应激的产生与自我保护反应之间有密切的关系。

运动学研究表明,人体要达到应激状态,就需要承载超量负荷,在超量负荷的作用下,机体对原有负荷的平衡和适应状态被打破,通过应激,人体达到新的负荷水平。

在锻炼过程中,教练员不断加大运动负荷,利用运动员的应激反应,使其逐渐形成新的平衡,提高其运动能力,但是训练中的运动负荷不能无限制增大,要注意负荷的极限值。如果超出极限值,则会使运动员出现运动疲劳的症状,甚至导致运动员身体机能出现衰竭现象。因此要重视训练的运动量、运动强度与运动员机体的应激程度三者之间的关系。

训练适应是指通过长期训练所获得的能适应比赛需要的各种机体运动能力的生物特性。运动训练就是一个不断给予运动员机体适应刺激的过程,并通过反复刺激提高运动员机体的各种生物适应性,从而提高运动员的竞技能力和运动成绩。训练适应是发展竞技状态的生物学前提。

应激反应是功能活动或损伤作用下引起的所有非特异性变化的总和。引起应激的刺激称为应激源,如感染、中毒、创伤、神经紧张、剧烈运动、失水、出血、冷冻、缺氧或窒息等。机体对应激源的反应有两种表现。一种是按应激源的不同,机体产生不同的特异性反应;另一种是对任何应激源做出共同、不具有特异性的反应,这种非特异性反应总称为应激。剧烈运动时,应激与之后的适应过程可分为三个阶段。

(一)警戒反应阶段

警戒反应阶段是指运动训练的开始阶段。在剧烈运动应激时,运动员的身体机能迅速动员以适应运动的需求。首先,以交感-肾上腺髓质系统兴奋为主,并伴有肾上腺皮质激素分泌增多,使心率增加、血压上升、血糖升高,身体处于最佳动员状态。这是应激时的快速反应时期,是身体对应激的最初反应,是运动员机体各系统的全面动员。此阶段时间较短,如运动员进行一次赛跑或上一次训练课时的机体反应。

(二)抵抗阶段

抵抗阶段是有机体的防御机制通过反抗而获得抵抗力。例如,在大负荷训练期或比赛期,剧烈运动应激源持续作用于身体,在警戒阶段之后,身体进入抵抗阶段。这时以交感-肾上腺髓质系统兴奋性为主的一些警戒反应逐步减退,随之出现以肾上腺皮质激素分泌为主的反应,大约在急性应激后几分钟才发生,可以维持较长的时间,目的是实现长期的适应。这时代谢率升高,体内能源消耗增加,运动员肌糖原贮量减少,自然恢复过程减慢,免疫反应减弱,胸腺、淋巴组织体积减小,此时应适时调整运动负荷,注意营养补充和睡眠等,身体才能开始出现适应,并能获得新的适应性训练效果。抵抗阶段是训练周期十分敏感的时期,因为在这阶段后期,机体免疫力可能降低。不恰当的超负荷运动会导致身体机能下降。这阶段是身体机能训练的关键阶段。

(三)衰竭阶段

衰竭阶段是指生物体反对长时间特定刺激。随着刺激时间的延长,生物体对特定刺激的反应能力就会下降。长时间的过大运动负荷会降低机体的抵抗力,同时出现神经内分泌和代谢调节紊乱。这时机体力求恢复稳态,出现肾上腺皮质激素浓度持续升高,但皮质醇浓度受体亲和力及其数量下降,运动员安静时皮质醇浓度长期过高,反而会抑制下丘脑-垂体-性腺轴的分泌机能,出现运动性低血清睾酮,致使合成代谢能力下降、运动能力减退等;同时抑制免疫功能,使运动员身体抵抗力降低。

当游泳运动员将训练量提高至原来的 1.5～2 倍时,甲状腺激素浓度通常会下降,皮质醇浓度升高。睾酮和皮质醇的比值可以调节恢复期的合成代谢。睾酮浓度下降和皮质醇浓度上升可以使蛋白质在细胞中的分解多于合成。虽然在超负荷期和过度训练早期,皮质醇浓度会增加,但是出现过度训练症状之后,无论休息或运动,皮质醇浓度均会减少。

过度训练的运动员血液尿素浓度通常较高,由于尿素是依靠蛋白质分解产生的,此时蛋白质分解作用加强,这就是过度训练使得运动员体重下降的原因。

在运动训练过程中,要经常变化训练刺激。运动员由于适应了长时间单调的训练刺激,会产生竞技能力水平发展停滞的现象。在训练过程中,训练课之间、小周期之间等都要安排充分的休息,使有机体能够达到充分的适应,控制其不要发展到衰竭阶段。通过控制训练不断在警戒反应和抵抗阶段循环,运动员有机体将达到一个新的动态平衡状态。随着循环的累积,适应效应的总和不断加大,有机体的机能水平将逐步接近自身遗传潜力极限。有学者根据各器官、系统的适应形成在时间顺序上的不同,将适应的过程划分为 4 个阶段并为各阶段的实现给予了明确的时间期限:①肌肉运动支配程序的改变(7～10天);②能量储备能力的增加(10～20天);③神经肌肉系统结构和调节的最优化(20～30天);④各系统之间的协调配合得到改善(30～40天)。

应激理论作为运动训练的理论基础之一,主要是从神经内分泌系统的角度研究运动员在运动负荷刺激下有机体机能的变化规律。运动员对运动负荷适应、机能水平提高就代表处于警戒反应阶段和抵抗阶段,如果进入衰竭阶段就是过度训练了。因此,在训练计划的安排与组织上,既要保证获得最好的训练效果,又要避免由于安排不当而造成过度训练。

三、运动技能形成的基本原理

运动技能的形成一般分为四个阶段:泛化阶段、分化阶段、巩固阶段和动作自动化阶段。

(一)泛化阶段

学习任何一个动作的初期,通过教师的讲解和示范以及自己的运动实践,都只能获得感受(特别是本体感觉)传到大脑皮质,引起大脑皮质细胞强烈兴奋,另外,因为皮质内抑制尚未确立,所以大脑皮质的兴奋与抑制都呈现扩散状态,使条件反射暂时联系不稳定,出现泛化现象。这个过程表现在肌肉的外表活动上往往是动作僵硬,不协调,不该收缩的肌肉收缩,出现错误的动作,而且做动作很费力。这些现象是大脑皮质细胞兴奋扩散的结果。在此过程中,教师应该抓住动作的主要环节和学生掌握动作中存在的主要问题进行教学,不应过多强调动作细节,而应以示范正确动作、讲解技术要点及提示错误等方法帮助学生掌握动作。

（二）分化阶段

在不断的练习过程中,初学者对该运动技能的内在规律有了初步的理解,一些不协调和多余的动作也逐渐消除。此时,大脑皮质运动中枢的兴奋和抑制过程逐渐集中。由于抑制过程加强,特别是分化抑制得到发展,大脑皮质的活动由泛化阶段进入了分化阶段。因此,练习过程中的大部分错误动作得到纠正,能比较顺利地和连贯地完成动作。这时初步建立了动作定型,但定型尚不巩固,遇到新异刺激(如有外人参观或比赛等),多余动作和错误动作可能会重新出现。在此过程中,教师应特别注意错误动作的纠正,让学生体会动作的细节,促进分化抑制进一步发展,使动作更趋准确。

（三）巩固阶段

通过进一步反复练习,运动条件反射系统已经巩固,达到建立了巩固的动作定型阶段,大脑皮质的兴奋和抑制在时间和空间上更加集中和精确。此时,不仅动作准确、优美,而且某些环节的动作还可出现自动化,即不必有意识地去控制而能完成动作。在环境条件变化时,动作技术也不易受影响。同时,由于内脏器官的活动与动作配合协调,完成练习时也感到省力和轻松自如。

形成运动技能的前三个过程是相互联系的,各过程之间并没有明显的界限。训练水平高的运动员在学习掌握新动作时,泛化过程很短,对动作的精细分化能力强,掌握运动技能快。初学者在学习新动作时,泛化过程较长,分化能力较差,掌握动作较慢。动作越复杂,泛化过程就越明显,分化的难度也就越大,形成运动技能所需要的时间就越长。

动作定型发展到了巩固阶段,也并不是可以一劳永逸了。一方面,还可在继续练习巩固的情况下精益求精,不断提高动作质量,使动作定型更完善和巩固;另一方面,如果不再进行练习,巩固了的动作定型还会消退,动作技术越复杂,难度越大,消退得也越快。在此过程中,教师应对学生提出进一步的要求,并指导学生进行技术理论学习,更有利于动作定型的巩固和动作质量的提高,促使动作达到自动化程度。

（四）动作自动化阶段

随着运动技能的巩固和发展,暂时联系达到非常巩固的程度以后,动作即可出现自动化现象。所谓自动化,就是练习某一套技术动作时,可以在无意识的条件下完成。其特征是对整个动作或者是对动作的某些环节,暂时变为无意识的。例如,走路是人类自动化的动作。在走路时,人们可以谈话、看风景,而不必有意识地想应如何迈步、如何维持身体平衡等。又如,篮球运动员在比赛时,运球等动作达到了自动化的程度。

动作自动化的生理机理是以巴甫洛夫所揭示的高级神经活动的基本规律为基础的。人类一切随意运动都必须在大脑皮质参与下方能实现。在大脑皮质参与下所实现的机体反应活动并不一定都是有意识的。换言之,在无意识完成自动化动作时,仍然必须在大脑皮质参与下才能实现。

当运动技能达到第三阶段后,动作各环节的条件反射已逐步达到巩固阶段。凡是已巩固的动作可以由皮质被抑制的区域或兴奋较低的区域来完成。按巴甫洛夫的话说,这时在有相应的刺激出现时就刻板式地产生以前所形成的反射活动,是由大脑皮质上兴奋性低落和不适宜的部分实现的。此外,在运动技能已经巩固的时候,第一和第二信号系统之间的联系,已经成为运动动作定型的统一机能体系。第一信号系统的兴奋可以选择性地扩散到第二信号系统。因此,运动员可以精确地意识到自己所完成的动作,并可以用语言将完成动作的情况表达出来。

当动作出现自动化现象时,第一信号系统的活动已经从第二信号系统的影响相对地"解放出来"。完成动作自动化时,第一信号系统的兴奋不向第二信号系统传递,或者只是不完全地传递,这时的动作是无意识的,或是意识不完全的。

动作自动化也并不是永远无意识进行的。当接受外界刺激异常时,大脑皮质的兴奋就会提高,对自动化动作又会产生意识。例如,在悬崖上行走时,步行就成为有意识的行为。此外,当运动员想要体会自己动作的某环节或肢体的某部分动作时,对这些动作则产生意识。例如,有训练的游泳运动员在加速前进游时,若注意腿的用力,这时支配腿部肌肉的运动中枢则处于最适宜的兴奋状态,腿的动作就能被意识到,而此时两臂的动作则成为无意识的;当快到达池边时,运动员开始注意手的动作,适宜的兴奋性就转移到支配手臂的相应皮质运动中枢,而腿的动作则改为无意识的了。

动作达到自动化后,第二信号系统的活动就可摆脱第一信号系统的束缚。随着外界环境的复杂化,大脑能更灵活地调整全身活动。例如,篮球运动员对基本动作掌握熟练后,根据比赛时的复杂变化,第二信号系统的活动可以专注于战略的变化,此时,运动员常能将各种已熟练的单个技术组成联合的动作,以适应当时比赛条件的要求。

要想提高运动成绩,必须使动作达到自动化程度,但不应认为动作达到自动化后,质量就能得到保证。由于进行自动化动作时,第一信号系统的活动经常不能传递到第二信号系统。如果动作发生少许变动,也可能一时未觉察,一旦觉察,可能变形的动作已因多次重复而巩固下来。因此,动作达到自动化以后,仍应不断检查动作质量,以达到精益求精。

如前述,在体育运动实践中,运动技能形成过程并无明显界限,而是逐渐过渡的,各过程的出现和持续时间的长短受许多因素的影响。这些因素既与教学方法和训练水平有关,又与学生学习的积极性和目的性有密切关系。

以卧推为例讲解

案例

泛化阶段:这是刚刚起步的阶段。刚接触卧推的时候,我们一般都是根据书籍、教师的演示或者自己的理解去做动作。这时候我们发现会出现左右臂发力不均匀、转头、过度憋气等错误。这时候应注意动作的主要原理,纠正主要错误,初步完成技术动作。

分化阶段:熟练阶段。通过几次尝试之后,动作慢慢地熟练起来,但是如果这时候突然加了力量或者很多人看着你练,你就可能会出现错误动作。此时若出现错误动作应把注意力放在动作要点和各关节的运动轨迹及呼吸的调整上。

巩固阶段:这个阶段的动作一般不会出现太大的问题。力量增加方面也是基本在可控范围之内。这个阶段除了要注意避免泛化阶段出现的错误,还要逐渐加大运动量,并反复进行巩固。

自动化阶段:这是卧推的稳定阶段。这个阶段,一般动作很稳定,即使在加大力量、环境改变时也不会出现错误动作。即使加极限重量时,你有可能推不起来,但是这时动作形式以及主动肌和协同肌的协调依然很稳定。这个阶段主要以系统的训练为主并可逐渐增大运动负荷。

通过以上讲解,你应该对技术动作的形成有了一个大体的了解。我们在学习动作技术的时候,不能操之过急,应在不同的学习阶段选择有针对性的练习方法。

四、科学健身方案的制订

科学健身方案一般由运动方式、运动强度、运动时间、运动频率、运动量和运动进程六个部分组成。

(一)运动方式

不同的人对相同运动健身方案的反应不同,取得的运动健身效果也不同。因此,在执行运动健身方案时,要充分考虑锻炼者的个性特征,使体育活动更有针对性。

运动方式是锻炼者采用的具体健身手段和健身方法,即具体的运动项目。不同的运动方式具有不同的健身效果。在选择运动项目时,要充分考虑到可能影响体育锻炼效果的各种因素,科学、合理地选择运动项目。

1. 年龄状况

不同年龄的人,选择的运动方式往往不同。青少年适合做一些趣味性强的集体项目和对抗性运动,如健美操、球类运动、力量训练等。

2. 健身目的

锻炼者在选择运动项目时,要考虑运动项目的健身效果是否与自身的健身目的一致,要根据运动健身的目的确定运动方式。若要增加体力活动量,可以选择任何你喜欢的运动项目;若要想健美,则应当选择力量练习和纵跳等运动方式。

3. 兴趣爱好

锻炼者在选择运动项目时,应当尽量选择自己感兴趣的运动项目,否则很难长期坚持。例如,有氧运动是提高心肺功能的最有效方法,但如果对健步走、慢跑等运动没有兴趣,选择游泳、爬山等运动方式也可以达到同样的健身效果。

有时候兴趣爱好要服从于健身目的。例如,高血压患者最有效的运动方式是健步走。因此,以降低和控制血压为主要目的的体育活动者,即使对健步走没有兴趣,也要选择这种运动方式,并在运动中慢慢培养兴趣。

4. 动作难度

刚参加体育锻炼时,应当尽量选择一些动作技术相对简单、对运动技能要求不高的运动项目。当身体机能和身体素质逐渐提高后,再选择一些技术难度高的运动项目。例如,青少年刚参加体育活动时,可以先选择慢跑、健美操、游泳等运动方式,当运动能力提高以后,再选择足球、篮球等动作技术难度较大的运动项目。

(二)运动强度

运动强度是制订运动健身方案中最重要的内容。运动强度过低,达不到对身体的刺激强度,则没有明显的健身效果;运动强度过大,不仅对运动健身无益,还可能造成运动伤害。

运动强度可根据运动对机体的刺激强度和身体对运动的反应程度确定。心率是评定运动强度的简易指标,以有氧运动为例,根据运动中的心率变化可将有氧运动分为低强度运动、中等强度运动和大强度运动。

低强度有氧运动:运动对身体的刺激程度较小,运动中心率一般不超过100次/分,如散步等。

中等强度有氧运动:运动对身体的刺激强度适宜,运动中心率一般在100～140次/分,如健步走、慢跑、自行车运动、太极拳等。运动中主要通过消耗糖原和脂肪供能。中等强度以上的运动效果较佳。

大强度有氧运动:主要指一些强度相对较大的长时间耐力运动。运动中最大心率超过140次/分,如跑步、快节奏的健身操和快速爬山、登楼梯等。篮球、足球等球类运动中既有大强度运动,又有中等强度的有氧运动。

在实施运动健身方案时,要严格控制运动强度,以确保运动健身的安全、有效。一般常用的监控运动强度的简易指标有运动中心率、运动的呼吸变化和运动中的自我感觉等。

1. 用心率控制运动强度

运动强度越大,心脏和身体对运动刺激的反应就越明显,心率也就越快。一般常用最大心率百分数和运动中的实际心率数表征运动强度。

最大心率是指人体运动过程中所能达到的最快心跳频率,用次/分表示。测定最大心率的方法有直接测定法和间接推测法。直接测定法是采用跑台或功率自行车测试,逐渐增加运动负荷至最大负荷,记录运动负荷结束时或运动过程中的最高心率,即为最大心率。采用直接测定法测定的最大心率,可以客观地反映人体运动时的最大心率,具有个性特点。锻炼者如果有条件,应该到专门机构采用直接测定法测定最大心率。

人体的最大心率与年龄有关,随着年龄增加,最大心率逐渐减慢,据此,采用下列公式可以间接推算最大心率:

$$最大心率(次/分)=220-年龄$$

用心率控制运动强度时,要考虑年龄、体质状况、锻炼习惯和运动方式等多种因素。以有氧运动方式为例,一般采用在60%～80%最大心率范围进行中等强度有氧运动。对于具有一定运动习惯、身体机能较好的人,也可以采用70%～80%最大心率范围进行大强度有氧运动;而对于刚参加体育锻炼或身体机能较差的人,可采用50%～60%最大心率范围进行中低强度有氧运动。

在制订具体的运动健身方案时,要根据每个人的年龄、身体状况、运动能力测定结果,对锻炼者的运动能力进行综合评价,确定控制运动强度的心率范围,并在实施运动健身方案中不断调整,以适应个体状况。

例如,一个有运动习惯的20岁男性大学生,运动能力测试表明其身体状况较好,在进行有氧运动时,可采用下列方式推算其在运动中的心率范围,以控制运动强度。

$$最大心率(次/分)=220-年龄=220-20=200$$

由于身体状况较好,且有运动习惯,推荐他进行60%～80%最大心率范围的中等强度有氧运动。运动中心率控制范围为120(200×60%)～160(200×80%)。因此,他运动中的心率应控制在120～160次/分。

在体育锻炼过程中,有两种方法监测运动中心率。①采用心率测试表监测运动过程中的心率变化,心率测试表可在专门的运动健身器材商店购买,监测方法可参见说明书;②测定运动中或运动结束后即刻10秒的桡动脉或颈动脉脉搏,乘以6,即为运动中心率。例如,在慢跑后即刻,测定的脉搏次数为每10秒20次,乘以6,等于120次,表示慢跑运动中的心率为120次/分。

2. 用主观体力感觉控制运动强度

在人体运动过程中,身体主观感觉与心率、运动强度有密切关系,因此,可以根据主观体力感觉控制运动强度。瑞典生理心理学家博格先生通过大量实验研究了运动过程中心率、最大摄氧量、能量消耗、呼吸频率、肌肉疲劳程度与主观体力感觉之间的关系,并建立了主观体力感觉等级表(表3-2-1),以综合反映包括生理变化和心理变化在内的主观体力感觉,用于评定运动强度。

人体运动过程中的主观体力感觉可分为6~20个等级,6级为正常安静状态下的感觉。小强度运动的主观体力感觉为10~11级,中等强度运动为12~14级,大强度有氧运动为15~16级,剧烈运动为17~19级,力竭状态下的主观感觉为20级,此时无法继续坚持运动。

表 3-2-1　主观体力感觉等级表

自我感觉	等　级
根本不费力	6
	7
极其轻松	8
很轻松	9
	10
	11
轻松	12
	13
稍累	14
	15
累	16
	17
很累	18
极累	19
力竭	20

主观体力感觉等级与运动心率密切相关。研究证实,运动过程中的主观体力感觉等级数乘以10,即相当于运动中的心率(次/分)。例如,运动中主观体力感觉等级数为12,即相当于运动中的心率为120次/分。

锻炼者可以通过主观体力感觉控制运动强度。一般来讲,在进行中等强度有氧运动时,主观体力感觉可保持在12~14级,即在运动中感觉比较轻松或比较累。

3. 力量练习时的运动强度控制

在进行力量练习时,一般常用负荷重量作为评定运动强度的指标。负荷重量越大,运动强度也就越大。例如,一个人卧推的最大负荷重量为 40 千克,那么 40 千克就是他卧推的最大负荷重量,20 千克则是他的卧推小负荷重量。按照这样的划分方法,可把力量训练强度分为最大强度力量训练、大强度力量训练、中等强度力量训练和小强度力量训练。

不同负荷重量对提高肌肉力量的效果不同,每种负荷重量的重复次数、练习组数、组与组之间的间歇时间也不同(表 3-2-2)。一般来讲,负荷重量越大,重复次数越少,组与组之间的间歇时间越长。

表 3-2-2　不同力量练习强度提高肌肉功能的效果

运动强度	重复次数（RM）	重复组数	间歇时间	效　果
最大强度	1～5	2～3	2～3 分钟	发展最大肌肉力量
大强度	6～10	2～3	1～2 分钟	提高肌肉力量
中等强度	11～20	2	1～2 分钟	增加肌肉体积
低强度	21 以上	2	1 分钟	发展肌肉耐力

力量练习常见的负荷重量相当于 8～12 RM。

(1)最大强度力量练习。采用最大负荷重量,相当于 1～5 RM,每种负荷重量的重复次数不超过 5 次,每个部位的最大强度力量练习重复 3 组,组与组间歇时间为 2～3 分钟。最大强度力量练习主要作用是发展最大肌肉力量。

(2)大强度力量练习。采用大负荷重量,相当于 6～10 RM,每种负荷重量的重复次数为 6～10 次,每个部位重复 2～3 组,组与组间歇时间为 1～2 分钟。大强度力量练习的主要作用是发展肌肉力量。

(3)中等强度力量练习。采用 11～20 RM 负荷,每种负荷重量的重复次数为 10～20 次,每个部位重复 2 组,组与组间歇时间为 1～2 分钟。主要作用是增加肌肉体积,使肌肉粗壮。

(4)低强度力量练习。一般采用 20 RM 以上负荷,每种负荷重量重复 20 次以上,每个部位重复 2 组,组与组间歇时间为 1 分钟,主要作用是发展肌肉耐力。

(三)运动时间

运动时间是指每次体育活动的持续时间。运动时间和运动强度决定了一次体育活动的总运动量。体育锻炼只有达到一定的总运动量,才能取得明显的健身效果。运动时间过短对提高身体机能效果甚微;而运动时间过长,则容易造成疲劳累积,也不能进一步增强健身效果。研究发现,产生健身效果的运动时间不能少于 5 分钟,而体育锻炼的有效运动时间最好不要超过 1 小时。

进行中低强度运动时,需要足够长的运动时间;而进行大强度运动时,运动时间相对较短。在体育锻炼的初期,运动时间较短,经过一段时间的体育锻炼对运动产生适应后,可以延长运动时间。

运动时间也与从事的运动项目有关。进行持续性有氧运动时,运动时间可以长一些;进行力量、速度运动时,运动时间可以短一些。在进行一些球类运动项目时,如网球、羽毛球、门球等,由于运动中有一定的间歇时间,因此,运动过程的时间可以长一些,但有效运动时间最好也不要超过 1 小时。

对于经常参加体育锻炼的人,推荐每天有效运动时间为 30~60 分钟。进行中等强度有氧运动的时间应该在 30 分钟以上,进行大强度有氧运动的时间为 20~25 分钟。

(四)运动频率

运动频率是指每周参加体育活动的次数。从运动生理学角度分析,每周只进行 1 天体育活动,虽然会使身体机能有所改善,但这种健身效果不能持续积累,而且由于间隔时间较长,每次运动后都有比较明显的肌肉酸痛症状和疲劳感觉,对增强体质的作用不大;每周进行 2 天体育活动,可以提高身体机能或保持已经获得的运动效果;每周进行 3 天或 3 天以上的体育活动,运动健身效果明显;养成运动习惯后,从事同样的运动方式和运动强度,没有明显的疲劳感。建议大学生每天运动 1 个小时。

研究发现,进行一段时间的体育活动后,由于某些原因中止了体育锻炼,那么已有的运动健身效果会逐渐消失。运动健身效果的消失速度大约相当于获得速度的 1/3,因此,体育锻炼要持之以恒。

(五)运动量

运动量是由运动频率、运动强度和运动时间(持续时间)共同决定的,即训练的 FITT。运动量对促进健康体适能的重要作用已被证实,每周的运动量可以用来评价运动量能否到达了促进健康体适能的推荐量。

计步器是一种促进体力活动的有效工具,并且可以通过每天行走的步数来估算运动量。人们经常提到"日行 10000 步",但其实每天步行 5400~7900 步就已满足推荐量。为了达到每天 5400~7900 步的目标,可以考虑使用以下方法估算总运动量:①以 100 步/分的速度步行,大约相当于中等强度的运动;②每天以中等强度步行 30 分钟,相当于每天走 3000~4000 步。如果运动者的目的是通过运动来管理体重,那么他需要走得更多。以维持正常体重为目的的男性运动者可能需要每天步行 11000~12000 步,女性需要 8000~12000 步。使用计步器估算运动量存在潜在的误差,因此最明智的做法是将步/分与目前推荐的运动时间/持续时间结合使用(如以 150 步/分的速度每次步行 30 分钟,或以此速度每周步行 150 分钟)。

(六)运动进程

运动进程即运动计划的进度,取决于运动者的健康状况、健康体适能、训练反应和运动计划的目的。专业人员在实施进度计划时,可以通过增加运动处方的 FITT 原则中运动者可以耐受的一项或几项来达到目的。在运动计划的开始阶段,建议逐渐增加运动的时间/持续时间(即每次训练课的时间)。推荐给一般成年人的较合理的进度是在计划开始的 4~6 周,每 1~2 周将每次训练课的时间延长 5~10 分钟。当运动者规律锻炼至少 1 个月之后,在接下来的 4~8 个月里,逐渐增加 FITT 直到达到推荐的数量和质量。训练时,应该遵照循序渐进的原则,这样可以将肌肉酸痛、运动损伤、过度疲劳的发生以及过度训练的长期风险降到最低。若因运动量的增加而产生了不良反应,如运动后的呼吸急促、疲劳和肌肉酸痛,运动者无法耐受调整后的运动计划时,应减少运动量。

综上所述,有运动健身习惯的成年人适宜每周进行 150 分钟以上的中等强度有氧运动或 75 分钟以上的大强度有氧运动。这相当于每天进行 30～60 分钟的中等强度有氧运动,每周至少运动 3～5 天,或每天进行 20～25 分钟的大强度有氧运动,每周运动 3 天以上。

健身提示

很多人在健身之后会感觉心情愉快、精神饱满、体力充沛,但是也有一部分人在健身后会感觉不舒服,主要表现为以下两种现象。如果你健身后出现了这两种现象,则说明你应该调整你的健身计划了,一起来看看吧。

现象一:一整天都会感觉到很疲惫

健身后,你感觉很疲惫、肌肉酸痛是很正常的现象。经过了一夜的休息之后,你还是感觉全身很疲惫,这说明你运动过量了,导致肌肉劳损。缓解这种现象的最好方法就是调整自己的健身计划。在原有的健身计划的基础上降低自己每天的训练强度,减少锻炼时间。力量训练应隔天进行。健身前和健身后,应做准备活动和整理活动。这样就可以缓解疲劳。

现象二:肌肉的增长速度特别慢

造成肌肉的增长速度特别慢的原因主要有两种:一是增肌训练的强度特别小。在增肌训练强度特别小的情况下,身体内的肌肉得不到很大程度的刺激,就会导致人体肌肉的增长速度特别慢。二是在进行增肌锻炼的同时,膳食营养没有达到机体的需求。正确的做法应该是合理控制好自己的饮食,减少脂肪和碳水化合物的摄入,增加蛋白质的摄入比例。这是因为人体肌肉的重要构成之一就是蛋白质。要想快速增肌,补充充足的蛋白质是非常有必要的。另外,应在健身后 2 小时内补充适量的碳水化合物和蛋白质等营养素。

第四章　运动——安全来陪伴

第一节　运动安全

一、运动安全的重要性

体育教育作为学校教育的重要组成部分,由于其自身的特点或其他各种因素,存在着一定的损伤风险,运动伤害事故(尤其是运动性损伤)也偶有发生,并成为学校教育过程中的一类不安全因素。因此,将"安全第一""健康第一"的指导思想放在体育教学的首位,让体育运动安全防范意识渗透到每一位学生的心里,指导学生学会自我保护,防止受到运动伤害是十分有必要的。

人们进行体育锻炼的主要目的是提高体能,增进健康。如果在体育运动中不注意运动环境的安全性,不能合理安排运动负荷就可能导致运动损伤。因此,必须做好安全防范工作,这样才能更好地实现参与体育运动的目标。

二、运动安全的注意事项

(一)运动前准备好

1. 检查自己的身体情况

参加体育活动前,首先要了解自己的身体状况,要学会自我监督,随时注意身体各机能的变化,若有不良反应要及时向教师反映,采取必要的保健措施。切忌有不适合参与体育活动的疾病而隐瞒病情勉强参加运动。学生有以下疾病或症状时,禁止参加体育活动:①引起体温增高的急性疾病;②各种内脏疾病(心、肺、肝、肾和胃肠疾病)的急性阶段;③有出血倾向的疾病,如肺及支气管咳血,鼻出血,伤后不久有出血危险,消化道出血后不久等;④恶性肿瘤;⑤传染病及慢性疾病,如乙肝等。另外,患有心脏病、高血压等疾病的学生,禁止参加长跑等长时间剧烈运动的项目。

2. 检查场地和器材

参加体育活动前,教师要认真检查运动场地和运动器材,消除安全隐患;要注意场地中的不安全因素,如场地是否平整、沙坑的松散程度是否合适、是否有石子杂物等;检查体育设施的安装是否牢固,器材是否完好无损等。

3. 做好运动准备

参加体育活动要穿运动服装、运动鞋,不要佩戴金属或玻璃饰品,不要携带尖利物品等。运动前,应做5～10分钟准备活动。

(二)运动时讲科学

1. 掌握动作要领

在体育运动中,了解和掌握动作要领及方法,不仅能够在运动中更好地发挥技术动作,达到体育锻炼的目的,同时还能降低因动作不规范而造成运动损伤的风险,避免自身受到伤害。

2. 正确使用器材

熟悉掌握器材的性能、功能及使用方法是运动时必备的准备动作。要严格遵守相关操作规程,在一些体育器械(如铅球、实心球等)的使用中,要注意选择适当场地,确保自身安全,同时还要注意不伤及他人。

3. 运动强度适当

参加体育活动要根据身体素质条件,选择最适合自己的运动强度。运动强度应循序渐进,动作学习应由易到难。运动强度过小,对身体作用不大;运动强度过大,会损害身体。只有适宜的运动强度,才能使锻炼者有效地增强体质,提高健康水平。

(三)运动后的注意事项

1. 认真做整理活动

运动后做整理活动的目的就是使人体更好地从紧张的运动状态过渡到安静状态,使心跳逐渐恢复平静,放松身心。如果突然停止运动,可能会造成暂时性的贫血,产生心慌、眩晕等一系列不良反应,对身心健康造成损害。

2. 自我监测身体状况

如果在运动完一段时间后仍感到十分疲劳,四肢乏力,出现心慌、头晕等现象,说明运动负荷过大,需要延长运动间隔或降低运动负荷。运动后经过合理的休息感到全身放松,精神愉快、体力充沛、食欲增加、睡眠良好,说明运动负荷安排比较合理。

3. 适当补充能量

体育锻炼会消耗大量的能量,所以在运动前后都要注意科学饮食,保证身体的热量需求,确保取得最佳的锻炼效果。

> **小贴士**
>
> 体育运动安全口诀:体育运动到操场,检查场地和器材;运动服装先换上,手表饰品要摘掉;运动前要做准备活动,活动四肢扭扭腰;运动前后喝点水,剧烈运动要适量;遵守规则讲文明,危险动作杜绝掉;运动全部结束后,恢复整理要做好。
>
> 科学而安全地进行体育运动,可以增强体质,愉悦身心。相反,体育运动如果做不到科学、合理、安全,就不能达到运动目的,运动不当还会对人体造成伤害。因此,我们应懂得一些体育运动安全常识,掌握一定的安全防范知识,养成良好的安全运动习惯。

三、体育锻炼中的卫生常识

(一)重视准备活动和整理活动

体育锻炼前做充分的准备活动对于锻炼者来说是非常重要的。有不少人认为,体育锻炼本身就是身体的运动,做不做准备活动意义不大;还有人认为,准备活动是应该做的,但是为什么做、怎样做却说不清楚。上述认识均导致了对体育锻炼前准备活动的重视不足,往往会影响到体育锻炼的效果,甚至引发各种运动损伤。

1. 准备活动

(1)准备活动的作用

提高肌肉温度,降低肌肉组织黏滞性,预防运动损伤。体育锻炼前进行一定强度的准备活动,可使肌肉的代谢加强,肌肉温度升高,这样既可以使肌肉的黏滞性下降(不发僵),增强肌力,还可以提高肌肉的收缩和舒张速度,增强肌肉和韧带的伸展性和弹性,减少由于肌肉的剧烈收缩而造成的运动损伤。

提高内脏器官的机能水平,适应身体运动的需要。内脏器官的机能特点之一是生理惰性较大,即当活动开始,肌肉发挥最大功能时,内脏器官并不能立即进入"最佳"活动状态。适当的准备活动可在一定程度上预先调动内脏器官的机能,使内脏器官的机能在正式锻炼一开始就达到较高水平,这样可以缓解运动开始时由于内脏器官的不适应而产生的不适。

调节心理状态,提高神经系统兴奋性。体育锻炼不仅是身体活动,而且也是心理活动。现在越来越多的研究认为心理活动在体育锻炼中起着非常重要的作用。体育锻炼前的准备活动既可以起到这种心理调节作用,又可接通各运动中枢间的神经,使大脑皮质在机体投身于体育锻炼时处于最佳的兴奋状态。

(2)准备活动的注意事项

准备活动的内容:一般在进行体育锻炼时只需进行一般性准备活动,无须进行专项准备活动。一般性准备活动主要是指全身性准备活动练习,如跑步、踢腿、弯腰、活动脚踝和手腕等。

准备活动的时间和运动量:主要由体育锻炼的内容而定。半小时的体育锻炼,其准备活动的时间一般为5~10分钟。气温较低时,准备活动的时间可适当长一些,运动量可稍大一些;气温较高时,准备活动的时间可稍短一些,运动量可小一些。

准备活动与正式锻炼的时间间隔:一般在准备活动后即时进行体育锻炼,中间不必休息,否则会弱化准备活动的效果。

2. 整理活动

(1)整理活动的作用

运动后进行整理活动可以使人体更好地从紧张的运动状态逐渐过渡到相对安静的状态。整理活动是促进体力恢复的一种有效措施,因为运动对身体所引起的一系列的生理变化并不会随着运动的停止而立即消失,如呼吸和血液循环等机能变化,在运动停止后还会维持在较高的水平上,它们需要一个恢复的过程。同时,通过整理活动,可以改善肌肉的血液循环,有利于偿还氧债,排出二氧化碳和清除肌肉组织中的代谢产物,以减轻肌肉酸痛,消除疲劳。大强度体育锻炼后,如长跑或球类锻炼后,应当进行全身性整理活动,必要时,锻炼者之间可协助他人进行放松整理活动。

(2)整理活动的注意事项

任何形式的运动后都可以做一些放松跑、放松走等下肢运动,促进下肢静脉血液回流,防止体育锻炼后心输出量的过度下降。

通过转移性活动加速疲劳的消除。所谓转移性活动是指在下肢活动后,进行上肢的整理活动,右臂活动后做左臂的整理活动,通过这种积极性休息使身体机能尽快恢复。

整理活动的运动量不要过大,不要因为整理活动而引起新的疲劳。在进行整理活动时,锻炼者应当感到心情舒畅、精神愉快。

(二)运动过程中的自我监控

1. 自我监控的目的之一——确定适宜的运动强度

为增强体质而进行的体育锻炼主要是为了提高机体的健康水平,而不是为了挑战运动成绩,所以体育锻炼的运动强度不宜过大。体育锻炼中控制运动强度最简单的办法是测定体育锻炼时的脉搏。用180减去年龄的值作为锻炼者的最高心率,是体育活动中经常使用的也是最简便的方法之一,而最科学的方法是运用靶心率来获得最佳运动效果。

对于刚参加体育锻炼的人来说,一开始锻炼的时间宜短不宜长,以后随身体机能的适应,锻炼时间可逐渐加长。

2. 监测运动中脉搏

在体育锻炼时或体育锻炼后立即测10秒钟的心率和脉搏。就一般锻炼者来说,运动后即刻的心率最好不要超过25次/10秒。一般锻炼者的身体感觉有时并不敏感,所以及时监控心率意义很大,可以避免因运动量过大、心脏负担过重而出现运动中猝死等意外事故。

3. 养成锻炼间隙的好习惯

体育锻炼后,特别是剧烈运动的间隙,有些人习惯坐在地上,或直接躺下休息,认为这样可以加速疲劳的消除,但其实这样并不利于恢复身体机能,甚至会对身体产生不良的影响。人体在进行体育活动时,心血管机能活动加强,骨骼肌等外周毛细血管开放,骨骼肌血流量增加,以适应身体机能的需要,而运动时骨骼肌的节律性收缩,又会对血管产生挤压作用,促进静脉血液回流。当人体在停止运动后立即停下来不动,或是坐下来休息,静脉血管失去了骨骼肌的节律性收缩作用,血液会由于重力作用滞留在下肢静脉血管中,导致回心血量减少,心输出量下降,造成一过性脑缺血,出现头晕等症状,严重者会休克。因此,对于锻炼者来说,剧烈运动后切勿立即坐下休息。

(三)选择适宜的体育锻炼时间

参加体育锻炼的时间主要根据个人的生活习惯、身体状况或工作性质而定。对于多数锻炼者来说,体育锻炼的时间多安排在清晨、下午和傍晚,锻炼者可根据自己的实际情况进行选择。

1. 清晨锻炼

对于清晨时间安排较宽松的锻炼者来说,清晨不失为理想的锻炼时间。一是由于清晨的空气新鲜,有助于体内的二氧化碳排出,有利于体内新陈代谢,增强锻炼的效果;二是清晨起床后大脑皮质处于抑制状态,通过一定时间的体育锻炼,可适度提高大脑皮质的兴奋性,从而有利于一天的学习与工作;三是清晨锻炼时,凉爽的空气刺激呼吸道黏膜,可增强机体的抵抗力,增强呼吸系统适应外界环境变化的能力。

由于清晨锻炼多在空腹情况下进行,因此运动量不宜太大,时间也不宜过长。否则,长时间的运动会造成低血糖,不仅影响锻炼效果,而且会使身体产生不适感。此外,生物钟不习惯于早起的人群,没有必要每天强迫自己在清晨进行锻炼。

2. 下午锻炼

下午锻炼适合在日间有空余时间的人。下午进行体育锻炼时,运动强度可大一些,条件允许的可以进行一些球类运动、有氧运动等。对心血管病人来说,下午运动最安全。医学研究表明,心血管疾病的发病率在上午6点至12点最高。为了避免这个较为危险的时段,运动医学工作者认为,心血管病人的适宜锻炼时间为下午和傍晚。

3. 傍晚锻炼

对于白天工作、学习十分繁忙的人群来说晚饭后也是体育锻炼的适宜时段。傍晚进行适当的体育锻炼,既可以健身强体,又可以帮助机体消化吸收。傍晚进行体育活动的时间可长可短,但一般不要超过1小时,运动强度也不可过大,心率应控制在120次/分,可进行一些低强度的有氧运动、健身走等。强度过大的运动会影响胃肠道的消化吸收,同时,傍晚锻炼结束与睡觉的间隔时间要在1小时以上,否则会影响夜间的休息。

(四)运动性疲劳及恢复过程

1. 运动性疲劳

运动性疲劳是指运动引起的肌肉最大收缩或者最大输出功率暂时性下降的生理现象。一般表现为运动效率下降,动作变慢,动作准确性、协调性、节奏性紊乱。随着疲劳的加深,还会出现运动欲望减退,对外界的反应性和感觉灵敏度降低,以及心率加快、呼吸加快、心痛、胸闷、恶心、出汗等生理现象。

运动性疲劳分为两个阶段:第一阶段是代偿性疲劳,运动能力靠进一步提高中枢神经系统兴奋性和各相关系统更加紧张工作得以维持。此时每一动作单元的能量消耗多,技术动作发生相应改变,如在步幅减小的情况下,通过增加动作频率维持跑速。第二阶段是非代偿性疲劳。这一阶段的特点是尽管运动员越来越用力,但仍不可避免地出现运动能力逐步下降的现象。

运动性疲劳的表现多种多样。科学地判断运动性疲劳出现与否及其程度,对合理安排体育教学和运动训练有很大的实际意义。用以评定运动性疲劳的方法很多,大体可分为两大类:

(1)教师观察和主观感觉

教师(或教练)观察学生(或运动员)在运动中和运动后的表现,如出现面色苍白、目光呆滞、表情淡漠、反应迟缓、精力不集中、情绪改变(易激动或沉默寡言)、运动成绩明显下降等,再参考学生(或运动员)的主观感觉,如疲乏、心悸、恶心等,就可初步说明有疲劳产生。

(2)生理指标测定法

人体疲劳时,各器官、系统的功能都有所下降,下降的程度与疲劳程度有一定关系,因此很多生理学指标都可用来判断疲劳。运动性疲劳产生的原因较复杂。长期以来人们曾从不同角度探讨疲劳产生的机制,至今这一问题尚未研究清楚,目前共有以下几种说法。

第一,保护性抑制说。这种说法认为在长时间重复相同的动作或进行大强度的运动时,大量来自外界对感觉器官的冲动传入大脑皮质的相应神经中枢,神经细胞长时间过于兴奋,导致神经递质和细胞能量大量消耗,使神经传输效率降低,运动中枢兴奋性减弱,抑制过程逐渐加强。其结果是运动能力下降,避免了体能过度消耗,因而称为保护性抑制。

第二,细胞窒息说。这种说法认为肌肉收缩产生的乳酸、二氧化碳等酸性代谢产物,使肌组织和血液的酸性增大,阻碍神经肌接头处的兴奋传递,使糖酵解过程的某些关键酶的活性下降,减慢了能量生成速率。同时,疲劳使肌细胞内钙离子浓度下降,从而使肌细胞处于"窒息"状态,收缩无力,出现疲劳。

第三,能源耗竭说。这种说法认为体内的能源物质(磷酸肌酸、糖原等)的消耗与疲劳过程有直接关系。在高强度运动中,肌肉内的磷酸肌酸含量下降很快,而长时间运动中的疲劳则与肌糖原贮量的下降有关。当肌糖原贮量下降时,血糖(能源物质在体内的主要运输形式)水平也弱,使对大脑和肌肉的能量供应减少,前者使神经系统的调节功能下降,这是产生疲劳的重要因素。

第四,内环境失调说。这种说法认为细胞外液中电解质(主要是 Na^+、Ca^{2+}、K^+)失衡,酸碱度、渗透压改变,体温升高,激素不足等内环境因素的恶化,可直接或间接影响到细胞,使之出现功能紊乱,引发疲劳。不同类型的肌纤维的抗疲劳能力有所不同。快肌(白肌)易于出现疲劳,而慢肌(红肌)则具有较强的抗疲劳能力,这与它们具有不同类型的代谢酶活性有关。运动性疲劳可能发生的部位很多,从神经肌肉组织看,最早出现疲劳的部位是神经中枢,其次是神经肌接头,最后才是肌肉。

总之,运动性疲劳是一个综合性的生理过程,它是运动负荷引起的暂时性反应,是在中枢神经和周围组织的相互诱导、相互制约下产生的,是机体自我保护的警报信号。同时,运动中出现一定程度的疲劳,可刺激机体更快地适应运动,有利于达到预期的训练效果。必须指出,精神意志因素也与疲劳的产生有密切关系。事实上,人体在感觉疲劳时,往往机体尚有很大的机能潜力,能源物质尚未耗尽。坚强的意志、必胜的信心等,可起到激发机体潜力、推迟疲劳发生的作用。

2. 加速疲劳消除的措施

长时间或大强度的体育锻炼后,身体必然会产生一定程度的疲劳。加速疲劳的消除对提高机体工作能力和提高运动成绩都有重要的作用,其也是预防疲劳积累而产生过度疲劳的积极措施。常见的方法有以下几种。

(1)保证睡眠与安静休息

感觉疲劳时,安静休息有助于疲劳的消除。良好和足够的睡眠,则是促进体力恢复的有效措施之一。睡眠时,能量物质合成占优势,有利于消除和转化运动中产生的代谢产物。睡眠时大脑的抑制过程加强,可促进中枢神经系统功能的恢复。良好的睡眠可消除全身疲劳,使体力和精力旺盛。

(2)积极性休息

科学家早就发现,当一部分肌肉疲劳后,可通过另一部分肌肉的适当活动来加速已疲劳肌肉的功能恢复,这被称为积极性休息或活动性休息。其原理是通过运动神经中枢之间兴奋—抑制过程的转换,使支配已疲劳肌肉的神经中枢加深抑制,这些肌肉便可得到更充分的休息,工作能力迅速恢复。根据这个原理,锻炼(特别是身体素质训练)时,应多改变活动内容,以此作为积极性休息的手段,提高锻炼效果。应当注意,作为积极性休息所安排的锻炼内容,应是自己惯常的锻炼内容,同时强度不宜过大,时间不宜过长,否则会影响休息效果。

（3）注意补充营养

锻炼后及时补充营养,有利于能量物质和运动中消耗的身体成分的恢复,有利于迅速修复因运动而受损的组织。通过合理安排饮食,使身体所需的碳水化合物、蛋白质、脂肪、维生素、矿物质等得到及时而充分的补充。参加长时间耐力性运动后,应注意增加脂肪类食物和维生素的摄入,这对于消除疲劳有重要作用。同时,运动中饮用适量的补充维生素等物质的运动饮料,对体力的恢复也有益。

（4）运动后按摩

按摩可使紧张的肌肉得到放松,增加肌肉的血流量,促进肌肉代谢产物的消除,减轻肌肉酸痛和不适感,消除疲劳。

（5）运动后沐浴

这是常用的体力恢复手段。运动后用温水沐浴可促进全身血液循环,有利于体力恢复,但要注意水温不宜过高、时间不要太长。

3. 恢复过程

在体育锻炼结束后,人体的各项机能必须经过一段时间才能逐步恢复到运动前的状态。这一段时间内机体发生的机能、代谢变化称为恢复过程。恢复过程的长短和恢复质量的高低,取决于运动量的大小、运动的性质、训练水平、机体的功能状况、年龄和恢复措施的安排等。应该指出,恢复过程并不是在运动结束后才开始,实际上在运动开始后不久能源物质的恢复过程(再合成)也跟着开始了。不过此时能源物质的分解速度超过再合成速度,已分解的能源物质不可能立即完全恢复。只有在运动结束后,消耗速度减慢,合成速度超过分解速度,人体功能才能逐渐得到恢复。

（五）女子经期的体育卫生要求

月经是成年女性正常的生理现象,身体健康、月经正常者,一般不出现明显的生理机能变化,在经期可适量参加体育活动,这不仅可以改善盆腔血液循环,减少盆腔充血,而且运动能起到对子宫的柔和按摩作用,有利于经血排出,并且可以调整大脑皮质的兴奋和抑制过程,有利于人体机能的正常运行。但在进行锻炼时应注意以下几点。

（1）适当减少运动量,运动时间不宜过长。对有经期恐惧症或有痛经的女性,要做心理治疗,并在锻炼过程中提供帮助指导,使之逐步形成经期锻炼的习惯。

（2）健康状况好、月经稳定者,经期第1～2天可进行轻微的体育活动,如广播操、散步、垫排球等;第3～4天可逐渐加大运动量,如慢跑、打乒乓球等;第5～6天便可正常地参加锻炼。

（3）月经期间应避免做震动大的跳跃、憋气和静力性练习,不宜游泳。

（4）如果出现月经紊乱(月经过多、过少或经期不准)、痛经和明显腰部酸痛等情况,应暂停体育活动。待查明原因后,调整锻炼方案配合治疗。

二、运动饮食卫生

（一）经常参加锻炼者的营养平衡

人体所需要的营养素主要有碳水化合物、脂肪、蛋白质、维生素、无机盐和水，这些营养素各有其独特的营养功能，在代谢过程中有密切联系，共同参与、推动和调节生命活动。

1. 谷类食物

谷类食物是热能供给的主要来源，每天进食的数量应与一天热能的消耗相适应，并以粗细搭配为宜，多种粮食混合食用。

2. 肉、鱼、蛋类食物

肉、鱼、蛋类食物是维持人体新陈代谢所必需的营养，其中含有脂肪与动物蛋白及铁、钙、锌等。经常参加锻炼者对蛋白质的需要量较大，如果长期蛋白质摄入量不足，可引起营养不良和贫血等症。

3. 蔬菜、水果类食物

蔬菜、水果类食物是维生素的主要来源。维生素对经常锻炼的人来说非常重要。它不仅为保证身体健康所必需，而且直接影响人体活动的能力。维生素主要存在于新鲜蔬菜和水果中，最好每人每天能吃 400～500 克蔬菜，有条件者应每天食用一定量的水果。

（二）养成良好的饮食卫生习惯

经常从事体育锻炼，可促进胃肠道的蠕动和消化液的分泌，对消化吸收机能可产生良好影响。如果在体育锻炼中不注意饮食卫生，容易透发消化道疾病，影响锻炼者的身体健康。

良好的饮食卫生习惯包括以下几点。

1. 运动后不宜立即进餐

运动时大量血液流入运动器官，胃肠器官的血液量相对减少，胃液分泌也变少，消化系统功能处于相对抑制状态。运动后立即进餐，会影响机体对食物的消化和吸收，长此以往，会造成消化不良或其他消化道疾病。合理的进食时间一般在运动后半小时至 2 小时内。如果进行较剧烈的体育锻炼，运动后进食时间可以略长。

2. 运动中注意科学补水

在天气较热的情况下，大量排汗引起体内缺水，如不能及时补水，可能会造成机体脱水、休克。但是运动前和运动中不宜一次性大量饮水，饮水过多会使胃膨胀，妨碍膈肌活动，影响呼吸，使血液浓度降低、血流量增大，增加心脏负担，这样既有碍健康，也不利于运动。运动后也不可一次性大量饮水，否则会加重心脏负担，影响整理活动的正常进行，影响体育锻炼后的生理机能恢复。

运动中科学补水的原则是少量多次，可以在运动时和运动后每 20～30 分钟补水一次，每次饮水量 250 毫升左右，夏季时水温在 10 ℃左右，其他季节最好补充温水。运动中排汗的同时也伴随着无机盐的流失，因此，运动后最好补充 0.2%～0.3%的食盐水，也可饮用橙汁、桃汁等原汁稀释饮料，但不要喝含糖量过高的饮料。

3. 饭后不宜立即进行剧烈运动

饭后立即进行剧烈运动，不仅易产生消化不良，还可引起腹痛、恶心等症状，严重的会导致胃下垂等疾病。

第二节　运动防护

体育运动过程中所发生的各种损伤统称为运动损伤。它的发生与运动安排、运动项目技术动作、训练水平、运动环境以及条件有关。学生进行体育活动时有可能发生擦伤、肌肉拉伤、关节韧带扭伤、关节脱位甚至骨折和危及生命的损伤。因此,在鼓励学生进行体育锻炼的同时,要使学生了解运动损伤的发生原因、预防措施,常见损伤的类型以及常用的处理方法。

一、运动损伤发生的原因

(1)认识不足,措施不当。对运动损伤预防的重要性认识不足,未能积极地采取有效的预防措施,易导致运动损伤的发生。

(2)准备活动不足:①不做准备活动就进行激烈的体育活动,易造成肌肉损伤、扭伤;②准备活动敷衍了事,神经系统和各器官系统的功能尚未达到适宜水平;③准备活动的内容不得当;④过量的准备活动致使身体功能不是处于最佳状态而是有所减弱。

(3)不良的心理状态:缺乏经验、思想麻痹、情绪急躁,或在练习中因恐惧、害羞而产生犹豫不决和过分紧张等。

(4)体育基础差、身体素质差,或动作要领掌握不正确,一时不能适应体育活动的需要,或不自量力地进行超负荷运动容易发生损伤事故。

(5)不良的气候变化。如过高的气温和潮湿的天气,导致大量出汗失水;在冰雪寒冷的冬季易发生冻伤或其他损伤事故。

(6)组织纪律意识淡薄和违反活动规定也是造成伤害事故的原因。

二、运动中常见损伤的类型

运动损伤主要与以下两个潜在因素有关。例如,篮球、排球项目易伤膝和踝关节,体操运动损伤的发生与专项技术要求有密切的关系。首先是运动项目的特殊技术要求,其次是身体某些部位存在的生理解剖弱点。当这两方面不相适应时,就容易发生运动损伤。

(一)按受伤的组织结构分类

皮肤损伤、肌肉与肌腱损伤、关节损伤、骨骼损伤、神经损伤、内脏器官损伤。

(二)按伤后皮肤或黏膜完整性分类

开放性损伤:伤处皮肤或黏膜的完整性遭到破坏,伤口与外界相通,如擦伤、刺伤、撕裂伤及开放性骨折等。

闭合性损伤:伤处皮肤与黏膜仍保持完整,无伤口与外界相通,如挫伤、肌肉拉伤、关节扭伤、腱鞘炎与闭合性骨折等。

(三)按伤性轻重分类

轻伤:伤后能按原计划进行锻炼。

中等伤:伤后不能按原计划进行锻炼,需停止患部练习,减少患部的活动。

重伤:完全不能锻炼。

(四)按损伤病程分类

急性损伤:指瞬间受直接暴力或间接暴力导致的损伤。

慢性损伤:指局部过度负荷、多次微细损伤积累成的劳损,或由于急性损伤处理不当转化为陈旧损伤。

三、运动损伤的预防

(一)积极开展预防损伤的宣传教育工作

要充分认识运动损伤给体育锻炼参加者带来的危害。通过课堂教学、案例分析、宣传板报、广播等各种途径,对学生进行经常性和针对性的宣传教育,组织他们学习防伤知识,掌握运动损伤发生规律及其与专项技术、解剖生理弱点的密切关系,普及预防运动损伤的知识,提高对预防工作重要性的认识,运动损伤发生率尽量降低。

(二)加强身体全面训练,提高机体对运动的适应能力

在全面发展身体素质的同时,还要针对不同的运动项目,注意加强该项目易伤部位及相对薄弱部位的训练,提高身体运动能力,这也是预防运动损伤的一种积极手段。

(三)合理安排健身锻炼

锻炼计划的制订和执行应合乎科学性原则。在安排不同运动项目时,要采取相应的措施,加倍注意易伤及相对薄弱部位的锻炼安排。准备活动结束与正式运动的间隔时间以1~4分钟为宜,一般做到身体发热、微微出汗即可,冬天活动量可大些。要合理安排运动负荷,尤其要注意运动器官的局部负担和伤后的安排,防止局部负担过重。

(四)加强运动中的保护

运动中适当的保护与帮助可避免一些意外事故的发生。体育运动参加者应学会自我保护的方法,如自高处落地时必须双腿屈膝并拢;当重心不稳快摔倒时,立刻低头、屈肘团身,以肩背着地顺势翻滚,切忌直臂撑地。

(五)加强医务监督,建立和健全自我监督制度

要注意发现可能发生运动损伤的潜在因素,注意场地、器材、设施的卫生安全问题。有条件的要进行定期的身体检查,防止慢性损伤的发生。

四、常见损伤的处理和急救

(一)擦伤

软组织包括肌肉、筋膜、腱鞘、滑囊、关节囊、韧带、椎间盘、关节盘软骨等。机体表皮与粗糙的物体相互摩擦而引起的皮肤表层损害,称为擦伤。

1. 病因及损伤病理
皮肤与粗糙物体摩擦引起皮肤表层的损伤。

2. 征象
表皮剥脱,伤处有小出血点和组织液渗出,伤口无感染时干燥结痂而愈,伤口有感染时局部可发生化脓,有分泌物。

3. 处理

皮肤擦伤就是受伤的皮肤表面受损、出血、没有裂口,是体育锻炼中常见的损伤。主要处理方法:小面积的擦伤用 $1\%\sim2\%$ 红汞或 $1\%\sim2\%$ 甲紫涂抹,面部擦伤抹 0.1% 新洁尔溶液;大面积擦伤、伤口深、易受污染的擦伤需用 2.5% 碘酒和 75% 酒精在伤口周围消毒,或者用生理盐水或水洗净伤口,周围用 75% 的酒精消毒,创面涂上红药水,不必包扎,几天后可愈合;在关节周围的伤口,洗净后涂上青霉素软膏,防止感染的同时也利于关节活动,伤口较大时应包扎。当伤口内有沙石、煤渣等异物的时候,要用消毒针头、硬毛刷将异物挑出。如有感染,伤口应每日或隔日换药。

(二)撕裂伤、刺伤与切伤

对于这三种创伤,皮肤(皮下组织)都有不同程度规则或不规则的裂口。

1. 病因与损伤病理

撕裂伤:因硬物打击引起皮肤和软组织撕裂,伤口边缘不整齐,组织损害广泛。

刺伤:因尖细物体刺入人体所致。

切伤:因锐器切入皮肤所致。

2. 征象

撕裂伤、刺伤、切伤均有伤口和出血,撕裂伤口边缘不整齐,组织损害广泛;刺伤伤口细但较深;切伤边缘整齐,多成直线,出血较多,但周围组织损害较轻。

3. 处理

在没有药物的条件下发生外伤出血,常用的急救方法有:一是抬高受伤肢体止血,四肢小血管出血时,抬高受伤的上肢或下肢,使伤的地方血压降低,血流减少,从而减少出血。二是直接压迫伤口止血,小动脉、静脉或毛细血管出血时,可用干净的布或手直接压迫伤口,等出血停止或减少时再包扎。三是压迫出血动脉止血。用手指指腹压在出血动脉靠近心脏一端可以迅速止血,比如手腕出血、前臂出血,同时保护伤口,预防和减轻感染。轻者可先用碘酒、酒精将伤口周围皮肤消毒,然后在伤口上撒上消炎药,用消毒纱布覆盖,加压包扎。小的裂口,伤口消毒后可用黏膏黏合。凡伤情和污染较重者,应口服或注射适当的抗生素,预防感染。凡被不洁物致伤且伤口小而深者,应注射破伤风针。

(三)闭合急性软组织损伤

1. 病因与损伤病理

它属于因某一刻的受力或非生理性运动牵引造成的局部软组织损伤。当肌肉或韧带猛烈收缩,超过它可承受的负荷时,或拉长超过它的伸展极限时,会使肌纤维、神经纤维受损,毛细血管破裂,但同时损伤部位的皮肤及黏膜仍保持完好,伤处与外界没有相通。

2. 征象

局部表现为红、肿、热、痛、功能障碍,亦称反应性炎症。

3. 处理

早期:伤后 $24\sim48$ 小时,处理原则是制动、止血、防止肿胀、镇静和缓解炎症。具体做法是制动、冷敷、加压包扎和抬高患肢。一般是先冷敷后加压包扎,可用海绵和棉花放于受伤部位,然后用绷带进行加压包扎,再视情况做进一步处理。这一时期切忌揉动和按摩,否则会加重出血和组织液渗出,使肿胀加重,影响损伤后的康复。

中期:伤后 48 小时之后,此时出血已停止,急性炎症逐渐消退。处理原则是改善损伤部位的血液和淋巴循环,促进新陈代谢,加快瘀血和渗出液的吸收,加速组织修复与再生。可用毛巾热敷或按摩消肿促进血液吸收。热敷时,温度不要太高,时间不宜过长,按摩时手法也不宜太重,以免加重渗出、水肿或发生再出血。

(四)慢性软组织损伤

它通常是由于急性闭合性软组织损伤治疗不当,逐渐转为慢性,或由于反复长期多次的微细损伤累积形成的劳损。当组织受到压力、牵拉力或摩擦时可以引起微细损伤,使小部分细胞遭到破坏,并产生慢性炎症与组织再生。长期微细损伤积累加重就形成劳损。

1. 病因

主要是变性和增生。

2. 征象

疼痛和活动受限。

3. 处理

主要改善伤部血液循环,促进组织的新陈代谢。治疗方法与急性损伤的中后期大致相同,但要注意加强功能锻炼。在各种疗法中以按摩、针灸、理疗、局部注射肾上腺皮质激素类药物等效果较好。对于中晚期较大的血肿不能够完全吸收,也可采取手术切除的方法或者引流,同时要加强患者的营养摄入,提高机体免疫力,能够达到最快治愈急性软组织损伤。

(五)关节脱位

关节脱位是指组成关节的各骨的关节面失去正常的对应关系,临床上可分损伤性脱位、先天性脱位及病理性脱位。关节脱位后,关节囊、韧带、关节软骨及肌肉等软组织也有损伤,另外关节周围肿胀,可有血肿,若不及时复位,可导致血肿机化、关节粘连,使关节不同程度丧失功能。常见的脱位有全脱位和半脱位。

1. 病因

造成脱位的原因通常是间接暴力。

2. 征象

临床表现为关节疼痛与肿胀,畸形,弹性固定及关节盂空虚,以及由此所导致的功能障碍。X 线检查可明确脱位的部位、程度、方向及有无骨折及移位。

3. 处理

上肢关节脱位,一般采用大三角巾悬挂固定或固定在自己躯干上以减缓震动,再转送医院。下肢关节脱位,可用夹板固定伤肢或将伤肢固定在自己的健肢上,减缓震动,用担架送医院。对关节脱位的处理主要分为三步:①复位。以手法复位为主,时间越早,复位越容易,效果越好。但应由有经验的专科医生进行复位。②固定。复位后,将关节固定在稳定的位置上,使受伤的关节囊、韧带和肌肉得以修复愈合。固定时间为 2～3 周。③功能锻炼。固定期间应经常进行关节周围肌肉的收缩活动,及患肢其他关节的主动运动,以促进血液循环、消除肿胀,避免肌肉萎缩和关节僵硬。

(六)骨折

骨的完整性遭到破坏的损伤叫骨折。

1. 病因

造成骨折的原因常见的有直接暴力、间接暴力、肌肉及韧带牵拉等。

2. 征象

骨折的征象主要有疼痛、肿胀及皮下瘀血、功能丧失、畸形、压痛和震痛、骨擦音。X线检查可以确定是否有骨折或骨裂。

3. 处理

正确的判断及临时固定对于骨折的复位及愈合、功能恢复有着重要作用。临时固定的目的是限制骨折断端的活动,避免断端损伤周围血管、神经和其他组织,减轻疼痛,同时便于转送医院。在临时固定前,根据伤者受伤的原因、征象初步判断是否出现骨折。疑是骨折一律按骨折情况处理。在固定肢体时,应同时将骨折远近两端的关节固定,夹板与肢体之间要有垫衬物,空隙处要填紧。临时固定时,如果没有合适的夹板,可利用木杆、树枝等硬物替代。对于脊柱骨折,尤其要注意严禁随意搬动,也禁止伤者自己活动。

应用实践篇

第五章 大球类教学俱乐部

第一节 篮球教学俱乐部

篮球

一、篮球运动概述

我国是开展篮球运动最早的国家。类似于篮球的运动形式在我国有着久远的历史。宋代的"飞砣"又称投绣球,与现代篮球相近:竖起一根高 10 米的竹竿,竿顶上钉一块 1 米×1 米的木板,板中挖出直径约 60 厘米的圆洞,投时力争让绣球穿过洞。现代篮球运动由侨居美国的加拿大人詹姆斯·奈史密斯于 1891 年发明的。当时他所执教的青年会学校位于美国的马萨诸塞州斯普林菲尔德市。1892 年由奈史密斯组织举办了该校教师队和学生队的一场篮球对抗赛,这场比赛被认为是篮球史上最早的正式比赛,由此产生最早的十三条比赛规则。为了减少篮球投入篮筐后将球取出的麻烦,1913 年才改用金属圈篮筐和无底球网,使篮球运动初具雏形。

篮球运动自从诞生的那天起,就已显示出了强大的生命力,并以惊人的速度在世界各国开展起来。现代篮球运动于 1895 年传入我国。1904 年,篮球运动第一次在奥运会上崭露头角,进行了表演赛。1914 年 5 月,在第二届全国运动会上,篮球运动被列为正式的比赛项目。1932 年,国际业余篮球联合会在日内瓦成立并统一了篮球规则。1936 年,柏林奥运会将男子篮球列为正式比赛项目(女子篮球于 1976 年被列为比赛项目),1986 年又通过了职业球员可以参加世界大赛的决议,这一重大的改革将篮球运动推向了一个崭新的发展阶段。1996 年,在亚特兰大奥运会上,中国男篮获得第 8 名,实现了历史性的突破。2001 年,在世界大学生运动会篮球赛中,中国男女篮分别获得亚军。中国篮球运动闪耀国际舞台,群众性篮球活动也在蓬勃发展。

二、篮球运动基本技术

(一)传接球

传接球指篮球比赛中队员之间有目的地转移球,是组织进攻配合和实现战术的基础。

1. 传球

(1)持球

正确的持球姿势是一切传球技术动作的前提。持球时,双手自然分开,拇指相对成"八"字形,用指根以上部位握住球的两侧后下方,手心空出,两臂弯曲,肘关节下垂,持球于胸前。

（2）双手胸前传球

动作要点：手臂伸向传球方向，后脚蹬地，身体重心前移，两手腕下压、外翻，快速地抖腕、拨指将球传出。出球后，手心和拇指向下，其余手指向前（图5-1-1）。

图 5-1-1

（3）双手头上传球

动作要点：两手握球于头上，前臂稍前摆，利用手腕和手指短促、快速地抖动将球传出。

（4）双手反弹传球

动作要点：与双手胸前传球基本相同，两臂向前下方用力，腕、指快速抖动传球。球的击地点和力量大小要以球反弹后接球队员能顺利接到球为宜。

（5）单手肩上传球

动作要点：以右手传球为例。传球前，左脚向前跨半步，向右转体将球引至右肩侧上方。传球时，上体向左转动并带动肩肘，前臂快速前摆，扣腕，手指用力将球传出。（图5-1-2）

图 5-1-2

（6）单手胸前传球

动作要点：持球方法与双手胸前传球相同。传球时，传球手的前臂快速前伸，手腕急促前扣，手腕、手指用力将球传出。

（7）单手反弹传球

动作要点：单手反弹向前传球的手法与单手胸前传球基本相同，只是手臂向前下方用力，球击地后，反弹给同伴。

2. 接球

（1）双手接球

双手接腰部以上的球时，手臂伸出迎球，两拇指相对成"八"字形，虎口相对，手指朝上。手指触球后迅速收臂，将球置于身前或体侧。双手接腰部以下的球时，手臂伸出迎球，两拇指相对成"八"字形，虎口相对，手指朝下。手指触球后迅速收臂，将球置于身前或体侧。（图5-1-3）

图 5-1-3

（2）单手接球

单手接球时，接球手自然伸出迎球，五指自然分开，手心对球。手指触球后迅速收臂，将球引至身前，另一只手迅速扶球。

（3）行进间双手胸前接、传球

动作要点：腾空接球时，左（右）脚落地后，右（左）脚上步，同时将球传出。双手接球后，马上收臂后引，然后迅速伸前臂，抖腕出球。

（二）投篮

1. 原地双手胸前投篮

动作要点：双手持球于胸前，肘关节自然下垂，上体稍前倾，两腿微屈。投篮时，两脚蹬地，腰腹伸展，两臂向前方伸出，手腕同时外翻，最后用拇指、食指和中指将球投出。

2. 单手肩上投篮

动作要点：以右手投篮为例。右手五指自然分开，向后屈腕、屈肘，持球于肩上；左手扶球，右脚在前，左脚在后，重心放在两腿之间，上体稍前倾，两腿微屈。投篮时用力蹬地，腰腹伸展从下向上发力，同时提肘且手臂向前上方充分伸展，最后通过食指、中指指端将球投出。球出手后，手腕前屈，手指向下（图5-1-4）。

图 5-1-4

3. 行进间单手高手投篮

动作要点:以右手投篮为例。接球和运球上篮时,在右脚跨出一大步的同时,双手持球,左脚紧接着跨出一小步,用力蹬地起跳。当身体接近最高点时,右手手指向后,掌心向上,托球的下部向球篮的方向伸臂,用食指、中指以柔和力量拨球,将球从指端投出。

4. 行进间单手低手投篮

动作要点:以右手投篮为例。接球和运球上篮时,在右脚跨出一大步的同时,双手持球,左脚紧接着跨出一小步,用力蹬地起跳,腾空时间要短。当身体接近最高点时,右手手指向前,掌心向上,托球的下部向上伸展。当接近篮筐时,用食指、中指、无名指以柔和力量向上拨球,将球从指端投出。(图 5-1-5)

图 5-1-5

5. 原地跳起单手肩上投篮

动作要点:以右手投篮为例。投篮时屈膝降低重心,两脚掌用力蹬地向上起跳。同时双手举球至肩上,右手托球,左手扶球的左侧方。当身体接近最高点时,左手离球,右臂向前上方伸展,手腕用力前屈,通过食指、中指力量将球投出。球出手后,指、腕自然前屈。落地时,屈膝缓冲。(图 5-1-6)

图 5-1-6

6. 急停跳起投篮

动作要点:接球急停跳起投篮:移动中跳起腾空接球后,两脚同时或先后落地,脚尖对篮筐,两膝弯曲,迅速跳起投篮,投篮出手动作同原地跳起单手肩上投篮。运球急停跳起投篮:运球过程中及时降低重心,用跨步急停或跳步急停,持球屈膝跳起投篮,投篮出手动作同原地跳起单手肩上投篮。

（三）运球

1. 高运球

动作要点:抬头,目视前方,上体稍前倾,以肘关节为轴手按拍球的后上方,球的落点在身体的侧前方,球反弹高度约在腰胸之间。（图5-1-7）

图 5-1-7

2. 低运球

动作要点:抬头,目视前方,两膝深屈,身体半蹲,重心下降,上体前倾,手按拍球的后上部,球的落点在身体侧面,球的反弹高度在膝部以下。（图5-1-8）

图 5-1-8

3. 运球体前变方向

动作要点:运球队员在防守队员右侧变向时,用右手按拍球的右侧后上方,使球反弹至左手外侧,右脚迅速向左前跨步,向左侧转体探肩,及时换手继续向前运球。（图5-1-9）

图 5-1-9

4. 运球背后变方向

动作要点:运球队员在防守队员右侧变向,变向前开始运球时,要把球控制于身体右侧后方,左脚前跨,右手按拍球侧后方,球经身后拍到左前方,右脚迅速前跨,换用左手运球继续前进,也可用胯下换手运球。

5. 运球急停急起

动作要点:快速运球中运用两步急停,同时按拍球的前上方,用臂、身体和腿保护球,目视前方。急起时,后脚(异侧脚)用力蹬地,上体迅速前倾,手按拍球的后上方,快速起动,加速超越对手。(图 5-1-10)

图 5-1-10

6. 运球后转身

动作要点:以右手运球为例,右手运球后转身时,把球运到身体后侧,按拍球的右侧前上方,左脚向前跨一步,以左脚的前脚掌为轴,右脚用力蹬地后撤做后转身动作,同时右手向后拉球,然后换左手运球。

三、篮球运动基本战术

篮球是集体项目,需要每个队员的默契配合。那么,如何才能使大家配合好而赢得篮球比赛的胜利呢? 这就需要学习篮球的基本战术,并熟练掌握。

(一)常用基础配合方法

基础配合是指两三个人之间的配合,是整体战术的配合基础,包括进攻和防守两类基础配合。进攻基础配合有掩护、突分、传切和策应等配合;防守基础配合有补防、夹击和关门等配合。以下通过图例展示几种常用的基础配合方法。

1. 掩护配合

掩护配合是指掩护队员采用合理的行动,用自己的身体挡住同伴的防守者的移动路线,使同伴借以摆脱防守,或利用同伴的身体和位置使自己摆脱防守的一种配合方法。

示例一:给持球队员做侧掩护,如图 5-1-11 所示,❺传球给❹后跑到❹的侧面做掩护,❹接球后做投篮或突破的动作,吸引❹的防守,当❺到达掩护位置时,❹持球从❹的右侧突破投篮。❺掩护后及时移动到有利的位置去接球或抢篮板球。

示例二:给无球队员做侧掩护(反掩护),如图

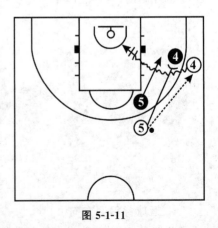

图 5-1-11

5-1-12所示，⑤传球给④后，跑去给同伴⑥做掩护，当⑤跑到⑥侧面掩护到位时，⑥贴着⑤切入篮下接④传来的球投篮。④接到⑤传来的球后，要做投篮、突破假动作吸引自己的防守人和调整配合时间，当⑥借助⑤的掩护插入篮下无人防守时，④及时将球传给⑥投篮。⑤掩护后要根据防守的情况及⑥的移动情况及时采取其他战术行动。

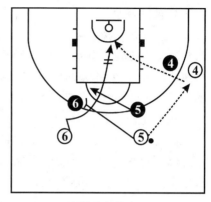

图 5-1-12

掩护配合的要点：

（1）掩护队员要站在同伴的防守队员的移动路线上；

（2）掩护配合行动要突然、快速，运用假动作造成防守队员错觉，完成掩护配合；

（3）同伴之间必须掌握好动作配合的时间；

（4）当防守队员交换防守时，掩护队员运用掩护后的第二个动作，突然转身切入篮下或寻找其他的进攻机会；

（5）进行掩护的过程中，掩护队员和同伴都要做一些进攻动作，吸引对手，达到隐蔽掩护配合的意图。

2. 突分配合

突分配合是指持球者突破后利用传球与同伴配合的方法。如图 5-1-13 所示，⑤突破防守者，④协防，封堵⑤向篮下突破的路线，此时④及时跑到有利的进攻位置，接⑤的球投篮，或做其他进攻配合。

图 5-1-13

突分配合的要点：

（1）突破队员的动作要突然、快速。在突破过程中，既要有传球的准备，又要有投篮的准备；

（2）突破队员在突破过程中，要始终注意观察场上攻、守队员的位置变化，及时分球或投篮；

（3）场上其他进攻队员要掌握时机跑到有利的进攻位置上去接球。

3. 关门配合

"关门"是两名防守队员靠拢协同防守突破的配合方法。如图 5-1-14 所示，当⑤从正面突破时，④⑤或⑤⑥进行"关门"配合。

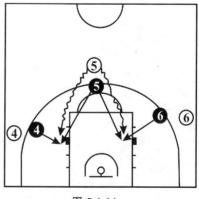

图 5-1-14

"关门"配合的要点：

（1）防守突破队员要积极防守，堵住进攻队员的突破路线，临近突破一侧的防守队员及时、快速向同伴靠拢进行"关门"，不给突破队员留空隙；

（2）"关门"后，突破队员一停球，协助"关门"的队员迅速回防自己的对手。

4. 夹击配合

夹击配合是指两名防守队员积极防守一名进攻队员的配合方法。如图 5-1-15 所示，④从底线突破，❹封堵底线，迫使④停球，❺同时迅速向底线跑去与❹协同夹击④，封堵其传球路线，迫使其违例或失误。

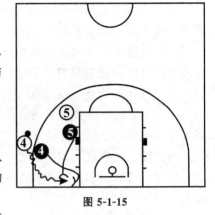

图 5-1-15

夹击配合的要点：

（1）正确选择夹击的区域和时机；

（2）夹击配合时，行动要果断、突然，两名夹击队员应充分运用身体、两臂严密防守持球队员，两人的双脚位置约成 90°角，不让对手向场内跨步；

（3）夹击时，防止身体接触或抢球造成的不必要的犯规动作；

（4）防守的两名队员在夹击配合过程中，其他防守队员要紧密配合，放弃远离球的进攻队员，严防靠近球的进攻队员接球。

5. 补防配合

补防配合是指防守队员在同伴漏防时，立即放弃防守自己的对手，去补防威胁最大的进攻者，而漏人的防守队员及时换防的一种协同防守方法。如图 5-1-16 所示，⑤持球突破❺，直接威胁球篮，❻放弃对⑥的防守而补防⑤，❺立即补防⑥。

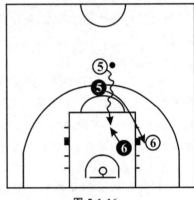

图 5-1-16

补防配合要点：

（1）当同伴被对方突破后，临近的防守队员要大胆放弃自己的对手，果断、突然、快速地补防；

（2）补防时，应合理运用技术，避免犯规；

（3）被对手突破而漏防的队员应积极追防，补防同伴的对手，注意观察对方传球路线，争取断球。

第二节 排球教学俱乐部

排球

一、排球运动概述

(一)排球运动的起源与发展

排球运动起源于美国,1895年,由美国马萨诸塞州好利诺城青年会体育干事威廉姆·G.摩根创造。开始是用篮球胆在网球网的两边拍来拍去,使球不落地的一种游戏,称为"volleyball",意即"空中飞球"。当时参加活动的人数和击球的次数都不受限制。由于排球运动传入的时间及采用的规则不同,世界各地排球运动的形式也不同。1947年,国际排球联合会成立,排球运动成为正式的体育运动项目。

1905年,排球运动首先在我国的广州南武中学和香港皇仁书院出现。当时人们根据volleyball的音译,称为"华利波"。1930年,旧中国第4届全运会经中华全国体育协进会研究,统一使用"排球"这一名称。中华人民共和国成立后,排球运动和其他运动项目一样,有了较快的发展。1950年,为了适应国际比赛的要求,国家体委推广了六人制排球竞赛规则,使排球运动在我国得到普及和发展。1953年,中国排球协会成立。

提到中国排球必然要提及中国女排和女排精神。中国国家女子排球队隶属于中国排球协会,是中国各体育团队中成绩突出的体育团队之一。曾在1981年和1985年世界杯、1982年和1986年世锦赛、1984年洛杉矶奥运会上夺得冠军,成为世界上第一个"五连冠",并又在2003年世界杯、2004年奥运会、2015年世界杯和2019年世界杯,2016年奥运会五度夺冠,共十度成为世界冠军(包括世界杯、世锦赛和奥运会三大赛)。2019年9月30日,习近平总书记在庆祝中华人民共和国成立70周年招待会前亲切会见女排代表并强调:"在第十三届女排世界杯比赛中,你们以十一连胜的骄人成绩夺得了冠军,成功卫冕,为祖国和人民赢得了荣誉。你们不畏强手、敢打敢拼,打出了风格、赛出了水平。在提前一轮锁定冠军的情况下,你们在最后一场比赛中没有丝毫懈怠,尊重对手,尊重自己,坚持打好每一个球,很好诠释了奥林匹克精神和中华体育精神。中国女排夺得了第五个女排世界杯冠军,第十次荣膺世界排球'三大赛'冠军,激发了全国人民的爱国热情,增强了全国人民的民族自信心和自豪感。"

每一代中国女排运动员们用忠诚与汗水传承着"团结协作,顽强拼搏"的女排精神,这是中国女排数十年长盛不衰的源动力。

(二)排球运动的特点与分类

排球运动的特点包括激烈的对抗性、攻防技术的双重性、严密的集体性、广泛的群众性、技术的全面性和高度的技巧性。

排球运动是所有排球子项目的统称,从室内排球运动诞生至今,排球运动已经发展出室内排球、沙滩排球、软式排球、气排球、草地排球、公园排球、残疾人坐式排球等多个子项目,它们都是排球大家庭的成员。

二、排球运动基本技术

(一)准备姿势和移动

两脚左右分开略宽于肩,脚跟稍抬起,两腿弯曲,上身前倾,重心靠前,双手放于腹前。上身放松,双眼注视来球,随时准备起动、移动(图 5-2-1)。比赛中常用的准备姿势有稍蹲、半蹲、低蹲姿势;移动步法有并步与滑步(图 5-2-2)、跨步(图 5-2-3)、交叉步(图 5-2-4)和跑步。

图 5-2-1　　　　　　　　　　　　　　图 5-2-2

图 5-2-3　　　　　　　　　　　　　　图 5-2-4

(二)垫球

垫球主要用于接发球、接扣球和接拦网球,有时也用来组织进攻。

1. 正面双手垫球

(1)准备姿势:根据球的落点,迅速移动并成半蹲姿势站立。

(2)手型(叠掌式):当球接近腹前时,两手掌根紧靠,两手手指重叠后合掌互握,两拇指平行,手腕下压,两臂外翻形成一个平面。(图 5-2-5)

(3)击球:当球距腹前一臂距离时,两臂夹紧前伸,插到球下,向前上方蹬地,抬臂垫击球的后下部。身体重心随击球的动作前移。

(4)用力:主要靠手臂上抬力量增加球的反弹力,同时配合蹬地、跟腰动作,使重心向前上方移动。两个手臂要适当放松,便于灵活控制垫球的方向和力量。

(5)垫球部位:保持腹前击球,触球时用前臂腕关节以上 10 厘米左右桡骨内侧平面为宜。

（6）手臂角度：根据来球的角度和要垫出的方向，运用入射角与反射角相等的原理，调整手臂与地面的角度和转动左右手臂的平面来控制垫球方向。

2. 体侧垫球

球向体侧飞来，队员来不及移动去对推来球时，可用双臂体侧垫击。如球向左侧飞来，右脚前脚掌内侧蹬地，左脚向左跨出一步，重心移至左脚，左臂弯曲夹紧向左侧伸出，右肩微向下倾斜，用向后转腰收腹的动作，配合两臂自左后方向前截住球飞行的路线，用两前臂垫击来球的后下部。切忌随球向左侧摆臂击球，这样会使球飞向侧方。（图5-2-6）

图 5-2-5　　　　　　　　　　　　　　　　　　图 5-2-6

3. 滚翻垫球

做滚翻垫球时应快速向来球方向移动，最后跨出一大步，重心下降并落在跨出脚上，上体前倾，使胸部贴近大腿，双臂或单臂伸向来球方向，同时两脚继续用力蹬地，使身体向来球的落点方向腾出，用前臂、虎口或手腕部分击球的下部，击球后脚尖内转，以大腿外侧、臀部侧面、背部以及跨出腿的异侧肩部依次着地，然后顺势低头、收腹、团身做单肩后滚翻成半蹲姿势。

4. 背垫球

判断好球的飞行方向，迅速移动到球的落点处，背对击球方向，两臂夹紧伸直，击球手型与正面垫球相同，击球点要高于肩部。击球用力是通过抬头挺胸，展腹后仰，带动手臂向后上方抬送而实现的。在背垫低球时，也可屈肘、翘手腕，以虎口处将球向后上方垫起。

（三）发球

1. 侧面下手发球

这种发球法比较省力，能充分利用身体的力量，适于初学女生，但攻击性不强。动作要领：左肩对网，两脚左右开立，与肩同宽。两膝微屈，上体稍前倾，重心落在两脚之间，左手持球于腹前。左手将球平稳抛至胸前约一臂距离，离手约30厘米高。在抛球的同时，右臂摆至右侧下方，接着利用右脚蹬地向左转体的力量，带动右臂向前上方摆动，在腹前用全掌击球的后下方。击球后，立即进场比赛。（图5-2-7）

图 5-2-7

2. 正面上手发球

这种发球便于观察对方,发球的准确性大,易控制落点。发球时能利用屈体动作,加大发球的力量和速度,适用于初级水平的练习者。动作要领:两脚自然开立,左脚在前,左手托球于身前。用抬臂和手掌的平托上送将球平稳地垂直抛于右肩的前上方,高度应适中。在左手抛球的同时,右臂抬起,屈肘后引,肘与肩平,上体稍向右侧转动。挥击时利用蹬地使上体向左转动,同时收腹带动手臂挥动。在右侧肩上方伸直手臂,用全手掌击球的中下部,击球时手指自然伸平与球吻合,手腕要迅速主动做推压动作,使击出的球呈上旋飞行。击球后随着重心前移,迅速进场比赛(图 5-2-8)。

图 5-2-8

3. 正面下手发球

动作要领:发球前要面对球网,两脚前后开立,左脚在前,右脚在后,两膝微屈,上体前倾,左手持球置于腹前,右臂自然下垂,两眼注视球。发球时左手将球在体前右侧抛起20～30厘米。在抛球的同时要做好右臂的后摆动作。击球时,右脚踏地,身体重心前移,右臂伸直,以肩为轴由后向前摆动到腹前,用虎口、掌根或手掌击球的后下部。随之重心前移,迅速入场。

4. 上手飘球

动作要领:上手飘球易于控制方向,准确性高。发球时两脚自然开立,左脚向前,左手托球于体右前方。用抬臂和手掌的平托上送动作,将球平缓地垂直抛向右肩上侧,高度在头上方半米以内。在左手抛球的同时,右臂屈肘后引,肘高于肩,上体稍向右转,挺胸、展腹。击球时利用蹬地、向左旋转和收腹的力量,带动手臂向前直线加速挥动,身体重心随之从右脚过渡到左脚。挥臂至头前上方时用手掌击球中后部,击球时手掌、手腕保持紧张,五指并拢,不要用手指击球。击球主要靠挥臂力量,用力突然、短促,作用力通过球重心,使球不旋转。击球后手臂有突停动作,然后随球前移,迅速进场。

(四)传球

传球是排球运动的基本技术,是进行比赛与组织战术的基础,主要用于连接防守和进攻。

1. 正面双手传球

正面双手传球是传球中最基本的方法,又是掌握和运用其他传球技术的基础。(图 5-2-9)

图 5-2-9

(1)准备姿势:两脚开立,约与肩同宽,一脚稍前,另一脚脚后跟略抬起,两膝微屈,重心落于两脚之间,上体稍前倾或直立,两肩放松,抬头注视来球,两臂屈肘抬起,手与脸同高,两肘自然下垂,手腕稍后仰,两手手指弯曲,呈半球状。

(2)迎球或击球:当来球接近额前时,开始蹬地、直膝、伸臂,两手微张从脸前向前上方迎球。击球点在额前上方约一球距离处。

(3)手型:两拇指相对,接近"一"字形,两手间要有一定距离(不超过球的直径)。用拇指内侧、食指全部、中指的二三指节接触球,无名指和小指在球的两侧辅助控制传球方向。

(4)用力:正面传球主要靠伸臂的力量,配合蹬地的力量,通过球压在手上使手腕所产生的反弹力将球传出。

运用正面双手传球,可以传正面一般拉开球、传正面集中球(包括小夹角球、大夹角球、平冲来球、近网高球、低球)。

2. 背传

二传队员背对传球目标的传球方法叫背传,主要用于组织进攻。传球前背对传球目标,上体保持正直或稍后仰,击球点比正面传球要高,迎球时,微仰头挺胸,在下肢蹬地的同时,上体向后上方伸展,击球时手腕适当后仰,掌心向后上方击球的底部,利用抬臂、送肘的动作和手指、手腕主动向后上方传出。运用背传可以传拉开球,也可以传近体快球和短平快球。

3. 侧传

二传队员侧对传球目标,并将球向体侧方向传出的方法叫侧传。传球前的准备姿势、手型与正面传球相同,迎球时,通过下肢蹬地使身体重心向上伸展,但上体和手臂应向侧上方用力,触球下方,传球方向异侧手臂的动作幅度和用力的距离要大于同侧手臂的。侧传具有隐蔽性的特点,可以传各种快球以增强进攻的效果。

(五)扣球

现代排球运动的扣球技术,已打破位置分工的限制,更多地运用各种变步、变向的助跑起跳,充分利用网长和纵深,采用立体进攻。

1. 正面扣球

(1)准备姿势:采用稍蹲姿势,两臂自然下垂,观察来球,做好向各个方向助跑起跳的准备。

(2)助跑:助跑的步数要视球的远近和个人习惯采用一步、二步或三步等不同的步法。扣球助跑可采用并步法起跳和跨跳法起跳(图5-2-10)。现以两步助跑右手扣球为例。助跑时左脚先向前迈出一步,接着右脚再迅速跨出一大步,左脚及时并上踏在右脚之前,脚尖稍向右转。第一步小,第二步大,脚跟先着地过渡到全脚掌着地,两腿从弯曲制动的最低点猛力蹬地向上起跳,两臂也配合起跳有力地向上摆动。

图 5-2-10

(3)空中击球:起跳后挺胸展腹,上体稍向右转,右臂向后上方摆起,身体成反弓形。挥臂时以迅速转体和收腹动作发力,依次带动肩、肘、腕各关节成鞭甩动作向前上方挥击。击球时五指微成勺形,并保持紧张,用全手掌包住球,以掌心为击球中心击球的后中部,同时主动用力屈腕,五指向前推压,使扣出的球加速上旋。击球点在起跳的最高点和伸直手臂最高点的前上方。

(4)落地:前脚掌先着地,再过渡到全脚掌着地,顺势屈膝、收腹。

2. 近体快球

近体快球是在二传队员体前或体侧约 50 厘米处扣的快球。扣球队员要在二传传球的同时,助跑到网前起跳,助跑角度一般与网成 45°角左右。当二传队员传球时,扣球队员应在二传队员体前近网处迅速起跳并在空中等待。紧接着快速挥臂,将刚刚传出网口的球扣过网去。击球时,利用含胸、收腹动作带动前臂和手腕迅速甩挥,以全手掌击球的后上部。

(六)拦网

1. 单人拦网

(1)准备姿势:队员面对球网,两脚平行站立,约与肩同宽,距网30厘米,两膝稍屈,两臂在胸前,自然屈肘。

(2)移动:运用并步、交叉点步或跑步移动。

(3)起跳:起跳时重心降低,两膝弯曲,用力蹬地,使身体垂直起跳,起跳技术要与助跑技术相结合。

（4）空中击球：拦网时，两臂尽力过网伸向对方上空，两手自然张开，屈指、屈腕呈勺形。当手触球时，两手要突然紧张，手腕用力下压盖住球的前上方。

（5）落地：如已将球拦回，可面对对方，屈膝缓冲，双脚落地。如未拦到球，则在下落时就要随球转头，转身面对后场，为下一个动作做准备。

2. 集体拦网

集体拦网有双人拦网和三人拦网两种。集体拦网技术动作除要求具备个人拦网技术外，还应重视互相配合。

三、排球运动基本战术

（一）阵容配备

阵容配备指合理地安排场上队员技术力量的组织形式。

1. 轮转换位

排球比赛中运动员分前后排站位。比赛从发球方后排右侧的队员发球开始。换发球时双方队员必须在本场区内按轮转次序站位（图5-2-11）。只有换发球时才有位置轮换，如果一方连续得分则不用轮换。

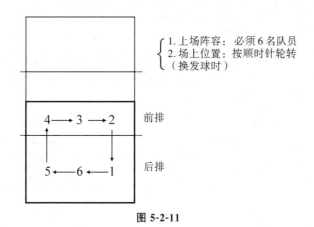

图 5-2-11

2. 阵容配备的主要形式

（1）"四二"配备。

"四二"配备是指场上队员有4个进攻队员和2个二传队员。4个进攻队员又分为2个主攻，2个副攻，他们都站在对角位置上（图5-2-12）。其优点是无论怎样轮转，前后排都能保持1个二传队员和2个进攻队员，便于组织和发挥攻击力量，给对方的拦网及防守造成困难。但对2个二传队员的进攻和拦网能力要求较高，否则就会影响"四二"配备的进攻效果。

图 5-2-12

（2）"五一"配备。

"五一"配备是指场上有5个进攻队员和1个二传队员（图5-2-13）。这种阵容配备的优点是拦网和进攻力量得到加强，全队只要适应一个二传队员的打法，相互之间容易建立默契,有利于二传队员统一贯彻战术意图。但二传队员在前排时,只能采用两点攻。要充分利用两次球、吊球及后排扣球等战术变化突袭对方,以弥补"五一"配备的不足。

图 5-2-13

3. 主攻、副攻、二传队员的职责和特点

(1)主攻队员。主攻队员在比赛中主要担任攻坚任务,要在困难的情况下突破对方的集体拦网。主攻队员主要进行中网、远网、后排及调整扣球进攻。因此,对主攻队员击球的高度、力量、技巧、线路变化及准确性等方面都有较高的要求。

(2)副攻队员。副攻队员主要以快、变、活等进攻手段去突破对方的拦网,并积极跑动掩护,给其他进攻队员创造有利条件,同时还要担负中间和两侧的拦网任务。这样,对副攻队员在体能和技术上都提出了很高的要求。

(3)二传队员。二传队员是战术进攻的核心,要根据临场情况随机应变,合理地组织各种战术进攻,积极贯彻教练的意图。一个优秀的二传队员对团结全队、鼓舞士气、取得良好成绩起着重要作用。从排球运动发展趋势来看,主、副攻队员和前后排的界限逐渐被打破,队员都应兼备强攻、快攻的技术和战术能力。这样,才能适应进攻战术进一步发展的需要。但主、副攻队员的职责和特点应有所侧重。

(二)位置交换

为了最大限度地发挥每个队员的特长,调动一切积极因素,加强攻防力量,以及弥补由于队员身体条件、体能、技术发展不平衡所带来的缺陷,可采用交换位置的方法。交换位置的方法有前、后排队员之间的换位。

1. 前排队员之间的换位

为了加强进攻力量,发挥队员的进攻特点,把进攻能力强的队员换到最便于扣球的位置上。如右手扣球队员换到 4 号位,左手扣球队员换到 2 号位,把善于扣快球的队员换到 3 号位。要善于运用交叉、夹塞、围绕等进攻战术进行自然换位,以便组织下一个回合的进攻。

2. 后排队员之间的换位

为了加强后排防守,发挥个人防守专长,把队员换到各自擅长防守的区域,采用专位防守。如向两侧防守能力较强的队员,在采用"边跟进"防守时,可放在 6 号位防守;采用"心跟进"防守时,可放在 1 号位或 5 号位防守。还可根据临场情况,把防守能力强的队员换到防守任务较重的区域。为了在比赛中连续运用行进间"插上",可把二传队员换到 1 号位("边跟进"防守时)或 6 号位("心跟进"防守时),以缩短"插上"时跑动的距离,便于组织进攻。为了加强后排进攻,增强"立体进攻"的效果,把后排进攻能力强的队员换到 1、6 号位,以缩短与二传队员之间的距离,更便于组织"立体进攻"战术。

(三)"自由人"运用

"自由人"专司接发球和后排防守,其上下场之间只需经过一次发球比赛过程,换人不计入正规换人次数,且次数不限。因此,选择接发球和后排防守技术高超的队员作为"自由人",能大大提高全队的防守水平。"自由人"又可在当前排进攻、拦网队员体力下降,需要休息并轮到后排时替换而上,所以,合理地运用"自由人"能大大提高全队的进攻水平。

（四）集体进攻战术

集体进攻战术是指2个或2个以上队员之间有组织、有目的的集体协同配合。任何集体进攻战术的变化都建立在进攻阵形和进攻打法的基础上。

1. 进攻阵形

进攻阵形就是进攻时所采取的基本队形。合理地选择进攻阵形是各种进攻战术变化的基础,排球界取得共识的有"中二传""边二传""插上""两次球及其转移"四种进攻阵形。由1名前排或后排队员在前排中间位置做二传,其他队员参与进攻的阵形,称作"中二传"进攻阵形。"中二传"进攻阵形是最基本的进攻阵形,其特点是二传队员在中间,一传容易到位,战术可简可繁,适合不同技术水平的球队。其站位及变化如下:①"大三角"站位,这是最基本的站位方法,其变化主要以2、4号位进攻为主,辅以后排进攻等(图5-2-14)。②"插上"成"中二传"阵形,后排队员都可以"插上"做二传,如⑥号位队员从③号位队员右侧"插上"成"中二传"阵形,其他队员分别进行前排或后排进攻(图5-2-15)。

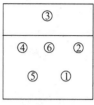

图 5-2-14

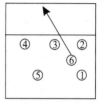

图 5-2-15

2. 进攻打法

进攻打法是指二传与扣球队员之间所形成的配合。

(1)强攻。无掩护或掩护较小时,凭个人力量、高度、技巧强行突破对方的拦防。

(2)快攻。以各种快球为掩护进行的进攻称快攻,包括短平快、背快、背溜、平拉开等。

（五）防守战术

根据临场比赛的不同情况,排球比赛的防守战术可分为无人拦网、单人拦网、双人拦网和三人拦网等。

1. 无人拦网

适用于未掌握拦网技术或不需要拦网的情况。本方二传队员在2号位,对方从4号位进攻时,前排队员要撤到进攻线后,既准备防前排的球,又便于反攻。二传队员则留在网前,以防对方吊球和做好反攻传球的准备。①、⑥、⑤、④号位队员成弧形站立,各防一条线(图5-2-16)。对方从2号位进攻时,则本方防守形式方向相反。如果二传队员在3号位,且对方从3号位进攻时,也可按"中一二"接发球位置站位(图5-2-17)。

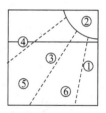

图 5-2-16

2. 单人拦网

单人拦网通常在对方扣球威力不大、路线变化少时,或本方来不及集体拦网时采用。单人拦网可分为:

(1)与对方扣球队员相对位置队员拦网的防守阵形。如果对方4号位队员进攻,由本方2号位队员拦网,3号位队员后撤防吊球,不拦网的4号位队员后撤,与后排3人共同组成半弧形防守圈(图5-2-18),每人防守一个区域。

(2)固定由3位队员拦网的防守阵形。无论对方从任何位置进攻,均由3号位队员单人拦网,2、4号位队员后撤与后排3人共同组成防守

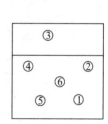

图 5-2-17

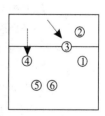

图 5-2-18

阵形,但 6 号位队员可根据场上情况上前防吊球。

3. 双人拦网

双人拦网通常在在对方进攻较强、路线较多时,为了加强本方防守反攻的情况下采用。当对方在 4 号位进攻时,本方 2 号位、3 号位队员组成双人拦网;对方在 2 号位进攻时,本方 3 号位、4 号位队员组成双人拦网;对方在 3 号位进攻时,则由 3 号位主拦,与球相近一侧的队员配合组成双人拦网,不拦网的队员后撤防守。

知识窗

竞技排球最大型、最重要的比赛是世界排球三大赛,即世界锦标赛、世界杯赛、奥运会排球赛,它们都是每四年举办一届,只有获得传统三大赛的冠军才是真正的世界冠军。

奥运会排球赛,是世界最高水平的排球比赛,每四年举行一次。

1964 年 10 月,在日本东京举行的第十八届奥运会上,排球运动正式亮相于奥运赛场,苏联男排和日本女排分别获得了具有历史意义的首枚奥运会男排、女排比赛金牌。

从 1996 年的第二十六届奥运会起,国际排联规定参赛队伍为男女各 12 支球队,具体产生办法是:主办国 1 支队,上届世界杯排球赛前三名的 3 支队,五大洲奥运会预选赛产生的 5 支队,奥运会前在国际排联直辖举行的奥运会落选赛上产生的 3 支队。

世界排球锦标赛,俗称排球世锦赛,是由世界排球联合会主办的历史最悠久、规模最大的世界性排球比赛,男排和女排的第一届世界锦标赛分别于 1949 年和 1952 年举行,之后每四年举行一次。1964 年之后,排球世锦赛与奥运会排球赛穿插进行。

世界排球锦标赛的参赛队伍为男排、女排各 24 支队,具体分配办法是:举办国 1 支队,上一届冠军 1 支队,洲际预选赛共 22 支队(男子为非洲 2 支队,亚洲 5 支队,中、北美洲及加勒比地区 4 支队,南美洲 2 支队,欧洲 9 支队;女子为非洲 3 支队,亚洲 4 支队,中、北美洲及加勒比地区 6 支队,南美洲 2 支队,欧洲 7 支队)。

世界杯排球赛,又称排球世界杯赛,始于 1965 年,是世界上最高水平的排球赛事之一,每四年举办一次。世界杯排球赛的前身是三大洲排球赛,三大洲排球赛是国际排联自 1957 年开始举行的,由欧洲、亚洲、美洲国家参加的世界男子排球比赛。1964 年,国际排联决定将三大洲赛事改为世界杯赛事,并于 1965 年在波兰举行了第一届世界杯男子排球赛。第一届世界杯女子排球赛则于 1973 年举行。

世界杯排球赛的参赛队伍为男女各 12 队,具体产生办法是:举办国 1 支队,当年举行的五大洲锦标赛冠军 5 支队,当年举行的五大洲锦标赛亚军 5 支队,下一届奥运会主办国 1 支队。世界杯排球赛采用单循环制进行,按最后积分排定名次。

第三节　足球教学俱乐部

足球

一、足球运动概述

(一)足球的起源与发展

我国古代足球称为"蹴鞠"或"蹋鞠","蹴"和"蹋"都是踢的意思,"鞠"是球名。早在三千五百年前的商朝,就有了"足球舞"。这是古代足球游戏的雏形。战国时代民间已盛行集体的"蹴鞠"游戏。及至西汉,足球已进一步发展成为竞赛性的运动。到了唐宋时期,"蹴鞠"活动已十分盛行,成为宫廷之中的高雅活动。1958年7月,时任国际足联主席阿维兰热博士来中国时曾表示:足球起源于中国。2004年7月,在第三届国际足球博览会上,国际足联前主席、瑞士人布拉特向世界正式宣布"足球起源于中国"。亚足联、中国足协也正式宣布古代足球起源于中国春秋时期齐国都城临淄(今淄博)。

现代足球始于英国。1848年,足球运动的第一个文字形式的规则《剑桥规则》诞生了。所谓的《剑桥规则》,即是在19世纪早期的英国伦敦,牛津和剑桥之间进行比赛时制定的一些规则。1857年,英国谢菲尔德成立了世界上第一个足球俱乐部。1863年,英国人在伦敦皇后大街弗里玛森酒店成立了世界上第一个足球协会——英格兰足球总会,这是世界上第一个国家足球协会。从此,有组织的、在一定规则约束下的足球运动开始从英国传遍欧洲,传遍世界。在19世纪末,足球运动在西欧国家已相当普及。在1896年第一届奥运会上,就将足球列为比赛项目之一,结果丹麦队以9:0战胜希腊队,成为奥运会足球比赛的第一个冠军。1904年,国际性足球组织——国际足球联合会(FIFA)成立,目前有211会员。中国足球协会(CFA)于1955年成立。

(二)足球的特点

足球运动深受世界各国人民的喜爱,有"世界第一运动"之称,具有以下五个特点。

1. 整体性

足球比赛是多人参与的集体项目,场上队员必须做到目标统一、思想统一、行动统一,攻则全动,守则全防,整体参战的意识要强。只有形成整体的攻守,才能取得比赛的主动权及良好的比赛结果。

2. 对抗性

足球运动是一项竞争激烈的对抗性项目,比赛中双方为争夺控球权,达到将球攻进对方球门,而又不让球进入本方球门的目的,展开频繁的身体接触,尤其是在两个罚球区附近,时间、空间的争夺更是异常凶猛。

3. 多变性

足球运动是一项技术上多彩多姿、战术上变幻莫测、胜负结局难以预测的非周期性运动项目,比赛中运用技、战术时要受对方直接的干扰、限制和抵抗。特别是在现代全攻全守型打法中,攻防转换快速而频繁,运动员位置和职责频繁变换,技术能力全面提高和多变的战术打法,使比赛充满活力和悬念。

4. 艰辛性

运动员要在近 8000 平方米的场上奔跑 90 分钟,跑动距离多在一万米左右,快速冲刺距离在 2500 米以上。而且还要完成上百个有球和无球的技术动作,因而运动员的能量消耗是很大的。

5. 易行性

足球竞赛规则比较简练,器材设备要求也不高。一般性足球比赛的时间、参赛人数、场地和器材也不受严格限制,因而是全民健身中一项十分易于开展的群众性的体育运动项目。

二、足球运动基本技术

足球的基本技术主要包括踢球、停球、运球、头顶球、抢截球、假动作、守门员技术和掷界外球等技术。

(一)踢球

1. 脚内侧踢球

用脚内侧部位(跖趾关节、舟骨和跟骨所构成的三角部位,即脚弓)踢球,其特点是脚与球接触面积大,出球平稳、准确,多用于短距离传球和射门。

踢定位球时,直线助跑,支撑脚踏在球的侧方 15 厘米左右处,膝关节微屈,两臂自然张开,在支撑脚着地的同时踢球,腿以髋关节为轴由后向前摆动,在前摆过程中屈膝外转,踢球腿的内侧正对出球方向,小腿加速前摆,脚尖稍翘,脚掌与地面平行,用脚内侧部位踢球的后中部。向左(右)侧踢球时,支持脚踏在球的后方,用右(左)脚脚弓对准出球方向,提起大腿,带动小腿由右(左)向左(右)横摆,同时身体重心向出球的相反方向移动,用推送动作将球踢出。踢空中球时,大腿在踢球前先屈膝抬起并外转,小腿拖在后面,脚弓对准出球方向,以髋关节为轴,利用小腿摆动平敲球的后部。

2. 脚背正面踢球

用脚背的正面部位(楔骨和跖骨的末端)踢球,其特点是踢球腿摆幅大、摆速快、踢球力量大。多用于长距离传球和射门等。

踢定位球时,直线助跑,最后一步稍大并积极着地,支撑脚踩在球的侧方 12～15 厘米处,脚尖正对出球方向,膝关节微屈,两臂自然张开。踢球腿在支撑脚前跨和助跑的最后一步蹬离地面时,顺势向后摆起,膝弯曲,在支撑的同时以髋关节为轴,大腿带动小腿由后向前摆,当膝盖摆至接近球正上方的一刹那,小腿做爆发式的前摆,脚背绷直,脚趾扣紧,以脚背的正面踢球的后中部,踢球腿随球继续前摆。(图 5-3-1)

图 5-3-1

3. 脚背内侧踢球

用脚背内侧部位几个楔骨、趾骨末端构成的部位击球,其特点是踢球腿的摆幅大、摆速快、踢球的力量大。由于助跑方向、支撑脚选位灵活性较大,出球方向变化幅度较大,因此可踢出平直球、远距离弧线球等,也便于转体踢球。在比赛中多用于中长距离的传球和射门等。

踢定位球时,斜线助跑,助跑方向与出球方向成45°角。支撑脚以脚掌外沿积极着地,踏在球的侧方20~25厘米处,屈膝,脚尖指向出球方向,身体稍向支撑脚一侧倾斜。在支撑脚着地的同时,踢球腿以髋关节为轴,由大腿带动由后向前摆,在身体转向出球方向,膝盖摆到接近支撑腿膝盖的内侧正上方的瞬间,小腿做爆发式的前摆,脚尖稍外转,脚面绷直,脚趾扣紧,脚尖指向斜下方,以脚背内侧部位击球的后中部(踢高球时,击球的中下部),踢球脚继续前摆(图5-3-2)。

图 5-3-2

4. 外脚背踢球

外脚背踢球与正脚背踢球的动作基本相同,只是用脚背的外侧触球。在触球的一刹那,脚背要绷直,脚趾用力下扣,脚尖内转,踢球的后中部。(图5-3-3)

图 5-3-3

(二)停球

停球是指运动员有目的地用身体的合理部位把运行中的球停挡在所需要的控制范围内。

1. 脚内侧停球

脚接触球的面积大,易将球停稳,并且便于改变方向和结合下一个动作,多用来停地滚球、反弹球和空中球。

(1)停地滚球

支撑脚正对来球,膝关节微屈,停球腿屈膝外转并前迎,脚尖稍翘起,在脚与球接触前的一刹那开始后撤,在后撤过程中用脚内侧接触球,缓冲来球力量,把球控制在连接下一动作所需要的位置上。

（2）停反弹球

支撑脚踏在球的落点的侧前方,膝关节弯曲,上体稍向前倾并向停球方向微转,同时停球腿提起,踝关节放松,用脚内侧对准来球的反弹路线,当球落地反弹刚离地面时,用脚内侧推球的中上部。

（3）停空中球

停空中球的方法有两种:一种是根据来球的高度,将停球脚抬起前迎,脚内侧对准来球路线,在脚与球接触前的一刹那开始后撤。在后撤过程中用脚内侧触球,缓冲来球力量,把球控制在所需要的位置上。另一种是将脚提起稍高于选择的停球点,在脚与球接触的一刹那开始下切,在下切过程中用脚内侧切球的侧上部,将球停在地上。接空中球时,先提大腿,脚弓正对来球。触球时,小腿放松下撤。

2. 脚底停球

脚底接触球面积大,易将球停稳。比赛中多用于停正面来的地滚球和反弹球。

（1）停地滚球

支撑脚站在球的侧后方,膝关节微屈。停球脚提起,膝关节自然弯曲,脚尖翘起高过脚跟(脚跟离地面稍低于球高),踝关节放松,用前脚掌触球的中上部。

（2）停反弹球

支撑脚踏在球落点的侧后方。球着地的一刹那,用前脚掌对准球的反弹路线,触球的后上部。

3. 脚背正面停球

正脚背停球这种接球方法适用于接空中下落的球。一种方法是身体正对来球,接球腿屈膝提起,以脚背对准来球。当球与脚接触的一刹那,小腿和脚踝放松下撤,以缓冲来球力量,使球落在身前。另一种接法是接球腿稍抬起,在球接近地面时,用正脚背触球,随球下撤落地。

4. 胸部停球

胸部停球面积大、有弹性、位置高,适于停高球和平直球。胸部停球有挺胸停球和收胸停球两种方法。

（1）挺胸停球

挺胸停球一般用于停高于胸部的下落球。身体正对来球,两脚前后开立,重心落在两腿之间,两膝微屈,两臂自然张开,上体稍后仰,收下颌。球与胸部接触前的一刹那,脚跟提起,向上挺胸,使球弹起,然后落于体前。

（2）收胸停球

收胸停球一般用来停接近胸部高度的水平球。身体正对来球,两脚前后开立,两臂自然张开,挺胸迎球,球与胸部接触的一刹那迅速收胸、收腹,以缓冲来球力量,把球停在身前。

5. 大腿停球

停球时,大腿抬起迎球。与球接触的一刹那即随球下撤,使球落在体前,也可用大腿上抬垫球,使球平稳弹下。如做转体接球时,以支撑腿为轴向左(右)转体,把球接到身体左侧或右侧。

6. 腹部停球

身体正对来球,两脚平行站立。当球从地上弹起时,两臂张开,上体前倾,提气、收腹,缓冲来球力量以将球接在身前。

(三)运球

运球是运动员在跑动中用脚连续推拨球,使球处于自己控制范围内的动作,是完成个人突破与战术配合必不可少的技术。

跑动时身体自然放松,上体前倾,步幅可大可小。脚背外侧运球时,运球脚提起,脚尖稍内转,以脚背外侧推球前进。脚背内侧运球时,运球脚提起,脚尖稍向外摆,以脚背内侧推球前进。脚背正面运球时,脚背绷紧,脚趾下指,在着地前用脚背正面推拨球前进。(图5-3-4)

图 5-3-4

(四)头顶球

头顶球是运动员在比赛中为了争取时间和取得空中优势,用头部的前额部位击球的动作,常用来传球、抢截球和射门,是进攻和防守中不可缺少的重要技术之一。头顶球分为前额正面顶球和前额侧面顶球。这两个部位都可以做原地顶球、跑动中顶球、跳起顶球和鱼跃顶球等。

1. 原地前额正面顶球

身体正对来球,两脚前后开立,膝关节微屈,两臂自然张开,上体稍向后仰,眼睛注视来球。在球运行到身体垂直部位前的一刹那,后脚用力蹬地,身体重心由后脚移向前脚的同时,迅速向前摆体,颈部紧张,快速摆头,用前额正面顶球的后中部,接着上体随球继续前摆。(图5-3-5)

图 5-3-5

2. 原地前额侧面顶球

两脚前后开立,出球方向的同侧脚在前,两膝微屈,上体和头部稍向出球的相反方向侧屈,身体重心放在后脚上,两臂自然张开,两眼注视来球。球运行到出球方向同侧肩上方的一刹那,双脚用力蹬地,上体迅速向出球方向扭摆,同时颈部紧张地摆头,以前额侧面顶球的后中部。

(五)抢截球

抢截球是防守中的主动行动,是转守为攻的积极手段。抢截球包括抢球和截球两个内容。

1. 正面跨步抢球

面向对手两脚前后开立,两膝微屈,在对手运球脚触球后即将着地或刚着地时,支撑脚立即用力后蹬,抢球脚以脚内侧对着球跨出,膝关节弯曲,上体前倾,身体重心移至抢球脚上,另一脚立即前跨。如双方脚同时触球,则要顺势向上提拉,使球从对方脚背滚过,同时身体重心要迅速跟上,把球控制住。如离球稍远可用脚尖捅以抢截。

2. 侧面冲撞抢截

当与对方平行跑动争球时,要降低身体重心,两臂紧贴身体,当对方近侧脚着地时,可用肩和上臂做合理冲撞动作,使对方失去平衡,从而截获球。侧面冲撞抢截用于抢截者和运球者平行跑动时抢截球。

3. 铲球

防守人追到距运球人1米左右时,可用脚掌或脚背外侧进行铲球。当运球人将球拨动时,先蹬腿,抢球腿跨出,以脚掌或脚掌外侧在地面滑行将球踢出,小腿、大腿、臀部、上体依次着地。侧后铲球适用于对手运球刚越过防守者时。

(六)假动作

假动作必须在接近对方、距离适当时进行,假动作慢,真动作快、突然,真假动作的衔接要快速、适当,做到真真假假,使对方防不胜防。

1. 踢球假动作

传球前可假做向左(右)方踢球,诱使对方向该方向堵截,待其重心移动后,再突然向右(左)方踢球或带球突破。

2. 接球假动作

接球前,如对方上步抢截,可假做向左(右)接球,诱使对方堵截左(右)侧,然后突然改为向右(左)接球。

3. 运球假动作

对方迎面抢截球时,可采用身体虚晃动作,使对方迷惑,从而越过对手。对手侧面抢截时,先快速带球前进,诱使对手追赶,这时带球人可突然降低速度或做假停球动作,使对手也放慢速度,然后再突然加速甩开对手,带球切进。

(七)守门员技术

守门员技术的高低、反应的快慢、竞争意识的强弱直接影响全队的士气和最后一道门户的牢固。守门员的有球技术可分为接球、扑接球、拳击球、托球、掷球和抛踢球。

1. 接球

（1）接地滚球

接地滚球分直立接球和单膝跪立接球两种。直立接球时，两脚要自然并拢不留空隙，脚尖对准来球，上体前屈，两臂自然下垂，手指自然张开，手心向前，两手接球底部，接球后两臂同时弯曲，并互相靠拢，将球提至胸前紧抱。单膝跪立接球时，两腿向侧前方开立，前腿弯曲，后腿跪立，膝关节接触地面，并靠近前脚跟，不留空隙，上体前倾，两臂下垂，掌心对准来球方向，两手接球底部，接球后将球抱至胸前。

（2）接高球

两手自然张开，拇指相对，食指与拇指成"桃形"，当手触球时，手腕和手指适当用力将球接住，同时屈肘、回缩并下引，顺势翻掌将球抱于胸前。动作要求：判断球路与落点要准，跑动、起跳要及时，控制高度要快。

（3）接平球

接球前两臂屈肘置于胸前两侧，在球接触胸前的瞬间，两臂夹紧，收缩两手抱住球的侧上部，迅速置于胸前。

2. 扑接球

扑接球分为侧地、鱼跃扑接地滚球和平高球。这里主要介绍侧地扑接球。侧地扑接低球时，先向来球跨一步，接着身体以一侧小腿、大腿臀部、上体和前臂依次着地，同时两臂向前伸出，同侧手掌对准来球，另一侧手在球的上方对准来球，触球后手指、手腕用力，屈肘把球收回胸前，然后起立。

3. 拳击球

拳击球可分为单拳击球和双拳击球。单拳击球时，屈肘、握拳于胸前，跳起快速冲拳，以拳面将球击出。双拳击球时，双臂屈肘握拳于胸前，两拳靠拢，当跳起到最高点时，双拳同时快速出击，以拳面将球击出。

4. 托球

起跳后身体成背弓，单臂快速上伸，手掌前部和手指用力将球向后上托出。

5. 掷球和抛踢球

掷球有单手、低手和肩上掷球，抛踢球包括自抛踢下落球和踢反弹球。

（八）掷界外球

掷界外球时要充分发挥蹬地、腰腹和手腕力量，整个动作过程要连贯。

1. 原地掷界外球

手指自然张开，持球的后半部，两脚前后或左右站立，膝微屈，将球举在头后，上体后仰，掷球时两脚蹬地，收腹屈体，两臂快速前摆将球掷出。

2. 助跑掷界外球

助跑时将球持于胸前，在最后一步迈到的同时将球举至头后，蹬地、收腹、向前快速摆臂，并用扣腕力量将球掷出。

三、足球运动基本战术

足球战术是指比赛双方为充分发挥本队队员个人与集体的特长和优势，攻击对方的弱点和不足，从而战胜对方所采取的手段与方法。足球战术可分为进攻战术、防守战术两大系统。

（一）不同位置队员的职责

1. 守门员

守门员的主要职责是守住球门，观察场上比赛变化情况，组织和指挥全队的攻守。

2. 边后卫

边后卫主要负责防守对方的边锋或插入边锋位置的其他队员，并与中卫协同防守，相互补位，封锁直接进攻球门的去路。本队进攻时，也可伺机插上助攻，起边锋作用。

3. 中后卫

中后卫是防守的支柱，主要职责是防守球门前中央场区最危险的区域，制止对方射门，并与边后位和另一中卫协同防守，相互补位，还应起到攻守的组织和指挥作用。

4. 前卫

前卫活动于锋线队员和卫线队员的中间地带，主要职责是控制中场，是防守的屏障，又是前沿攻击的纽带。进可攻，退可守，并能及时插上或远射，在球队中起核心作用。

5. 中锋

中锋的主要职责是突破射门或插上接传中球射门。其次是通过交叉换位，左右策动，扰乱对方防线，为同伴创造插上、切入或射门的机会。中锋是本队的尖刀和射手，由攻转守时是全队的第一道防线。

6. 边锋

边锋的主要职责是从边路突破对方的防线，带球切入射门或下底传中或包抄射门。防守时要紧盯防守自己的边后卫，不让其自由助攻，并协助本方边后卫防守对方边锋。

（二）个人进攻战术

个人进攻战术包括摆脱与跑位、运球过人等。

1. 摆脱与跑位

摆脱就是摆脱对手的紧逼，造成空挡；跑位是摆脱对方，跑向有利位置或空挡。跑位的作用有摆脱对手去接球，可牵制或扯动对方，为同伴制造空挡，可扰乱对方防线。比赛中队员跑位时不断交叉换位，有利于扰乱对方防线制造空挡，推进进攻。在对手紧逼的情况下，多数的跑位都要采取摆脱的动作。摆脱对手的方法很多，可采用突然起动、冲刺跑、急停、突然变向、变速和假动作等。摆脱与跑位要有明确的目的，无目的乱跑反而会造成堆积、堵塞，使队友跑位和接球发生困难。跑位要机动灵活，必须随时观察场上情况，随机应变。另外，摆脱要及时，动作要突然。场上空挡的出现往往只是一瞬间，因此进攻队员必须抓住时机，及时摆脱对手跑向空位。

2. 运球过人

运球过人是进攻战术中一种极为重要的个人战术。现代足球比赛，防守时大都采用紧逼盯人，以多防少。运球过人是调动、扰乱对方防线造成以多防少，寻找传球空当，突破密集防守，制造射门机会的有效手段。在没有传球配合的可能或运球过人后能有更好的传球战机、射门机会时，则应大胆运球突破。运球者要不断运用变向、变速和假动作，使对手判断错误，从而失去平衡或向相反方向移动，以达到过人的目的。优异的控制球的能力和高度的应变能力是运球过人的基础。如果队员不善于运球过人，那么，全队的进攻威胁就会受到很大影响。

（三）局部进攻战术

局部进攻战术是指进攻中两个或几个队员之间的配合方法，它是集体配合的基础。基本配合形式有交叉掩护配合、传切配合和二过一配合。

（1）交叉掩护配合，是指在局部地区两名进攻队员在运球交叉换位时，以自己身体掩护同伴越过一名防守队员的配合方法。如在图 5-3-6 中，⑦用离对手较远的脚运球，⑧向⑦有球一侧跑动，两人贴近时⑦将球交给⑧，⑧运球快速切入，⑦向运球队员反向跑动。

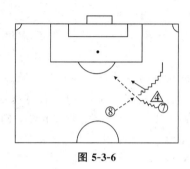

图 5-3-6

（2）传切配合，是指控球队员将球传给切入的进攻队员的配合方法。如在图 5-3-7 中，⑧向身后传球，⑦快速切入得球。

（3）二过一配合，是指在局部地区两名进攻队员通过两次连接传球，配合越过一名防守队员的配合方法。如在图 5-3-8 中，⑧横传给⑦，并快速起动斜插防守队员背后，接⑦的直传球，⑦与⑧交叉换位。

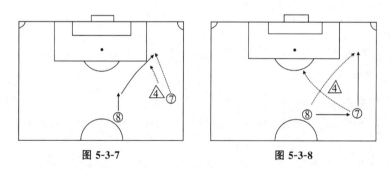

图 5-3-7　　　　　　　　　　　　　　图 5-3-8

（四）集体进攻战术

1. 边路进攻

边路进攻指在对方半场两侧地区发动的进攻。它利用边线区域防守力量相对薄弱，容易突破对方防线，达到边线运球传中进攻的目的。要求边锋速度快，运球突破能力强，传中技术好，而其他前锋线和前卫队员应抓准时机包抄插上进攻射门。

2. 中路进攻

中路进攻指在对方半场中间地带发动的进攻。中间地带正对球门，一旦突破防线，便可直接威胁球门，且射门角度大。但中间防守队员密集，不易突破。因此，可通过中锋、内切的边锋或插上的前卫队员之间的配合或个人运球过人等方法突破对方的防线。

3. 转移进攻

进攻时,当一侧受阻而另一侧有利,要及时快速转移进攻方向。此方法多是采用有效而准确的中、长距离传球来实现,以拉开对方的一边防守,达到声东击西的进攻目的。

4. 快速反击

快速反击是指在本方半场防守对方进攻时,一旦得球,趁对方立足未稳时,快速传球,以多打少,达到进攻射门得分的目的。

(五)定位球进攻战术

定位球进攻战术有任意球、角球、球门球、中圈开球、点球、掷界外球等战术配合。

1. 任意球

任意球分直接任意球和间接任意球两种。罚直接任意球可采用穿墙和弧线球直接射门,或采用过顶吊入传切配合射门;罚间接任意球时,传球次数要少,经一两次传递即完成射门;运用假动作迷惑对方,声东击西,避开"人墙",争得射门机会;传球要及时、准确,插入"人墙"后面的队员要避免越位。

2. 角球

角球进攻战术有三种:一种采用弧线球(俗称香蕉球)直接射门;一种长传将球踢至球门前,由头球能力强的同伴争抢头球射门;还有一种采用短传配合,是在对方队员身材高大、争顶能力强,而本方队员顶球较差、身材较矮时或遇到较大逆风时运用。

3. 球门球

球门球的进攻配合有两种:一种是守门员直接踢高远球给中场的进攻队员;一种是守门员与后卫队员通过一次传球配合,以改变球路的传球方法,然后由守门员组织发动进攻。

4. 点球

要求主罚队员沉着、机智、有信心,有熟练的假动作技术和过硬的脚法。

(六)防守基本战术

1. 个人防守战术

这是局部和集体防守战术的基础。所谓"一点突破,全线崩溃",可见个人防守战术的重要。

(1)选位与盯人。选位与盯人是防守战术中重要的个人战术。防守队员选位时,一般应处于对手与本方球门中心所构成的直线上。盯人,一般情况下,对有球的队员和在他附近的队员(有可能接球的队员)及接近球门附近的队员要采取紧逼盯人,对离球远和离球门远的队员可采取松动盯人。

(2)抢截球。抢截球是转守为攻的积极手段,是个人防守技术的综合体现,包括堵、抢、断等技术在防守中的运用。现代足球比赛,防守时大都采用紧逼盯人,因此要求每个队员都能很好地运用抢截技术破坏对方的进攻。抢截时要选择适当的位置,一般要与对方保持1米左右的距离。当对方控制球时,不能盲目拼抢,可用后撤步跑动的方法来封堵对方企图运球突破,要有意识延缓对方的进攻速度,争取时间使同伴回防。同时要寻找时机,伺机把球抢过来或破坏掉。假如对方是在边线附近,防守队员应封堵内侧空挡,放开外侧空挡,这样即使进攻队员突破防守后,射门的角度也较小,同伴也容易补位。

2. 局部防守战术

局部防守战术是指邻近位置的几个防守队员通过协作所进行的防守配合。局部防守战术可分为混合防守、补位防守和造越位防守战术。

(1)混合防守战术。混合防守是人盯人防守和区域防守相结合的防守方法。人盯人防守的优点在于对进攻队员紧逼,使其传球、停球等活动发生困难,但往往由于进攻队员有意识地采用交叉换位和策动等战术,而造成防守上较大的空隙。人盯人防守的这一缺陷刚好由区域防守来弥补。混合防守应做到:对有球队员逼抢;对距离近和有可能接球的队员要紧逼,距球远的队员可采取区域防守;两名中卫一名盯人,一名拖后中位进行区域防守;对特别有威胁的队员,应由专人盯死。

(2)补位防守战术。补位是防守队员之间的相互协助,是局部防守的一种方法。补位有两种,一种是队员去补空挡,如边后卫插上进攻时,就有其他一个同伴暂时补他的位置,以防插上进攻失误时,对方利用这一空挡进行反击;另一种是队员的相互补位,即交换防守。补位的队员一般都比被补位的队员更接近本方的球门,这样当同伴被对手突破时就能及时补位。相互补位一般都是临近的两个同伴之间互相交换防守,因为这样出现漏洞的可能性小。

(3)造越位防守战术。当进攻队员向前传球前的刹那,后卫线上的队员同时向前跑动,把进攻队员甩在身后,造成越位。如果运用得当,可瓦解对方的进攻,而一旦出现漏洞,就会造成很大的危险,所以运用时要特别慎重。

3. 集体防守战术

一般主要有人盯人防守、区域盯人防守和混合防守三种方法。

(1)人盯人防守。混合防守除拖后中卫外,每个队员都要盯住一个指定对手。原则上,对手跑到哪里就盯到哪里,拖后中卫(自由人)进行区域防守,执行补位任务。

(2)区域盯人防守。每个队员在自己的防守区域内进行盯人防守,不管是哪个对手进入该区域就盯住他,原则上不越区盯人,拖后中卫(自由人)执行补位的任务。上述两种防守方法各有其优缺点。人盯人防守任务明确,但要有良好的体力和个人突破能力,否则被突破后补位较困难,有时因队员技术不全面,不能胜任其位置的职能,易出漏洞。区域盯人防守有比较固定的位置,但在交换防守时,若默契不好也易出漏洞。

(3)混合防守。混合防守就是把人盯人防守和区域盯人防守结合起来。它是现今比赛中运用比较多的一种方法。一般3个后卫盯人,前卫和前锋区域盯人,拖后中位(自由人)执行补位任务。根据对方的具体情况,有时指定某一前卫死盯对方某一重点队员。不论采用哪种防守战术,都要考虑到本队的特长,更要针对对方的进攻战术,采取有效的防守战术,阻止对方的进攻。

全攻全守战术

全攻全守战术是一种强调整体，又允许球员自由发挥的战术，重点在于球员不需要任何时候都以原来的分工或角色进行比赛，球员可以根据当时在场上的位置，来决定当时所要担当的工作。例如，当后卫有空间和机会进攻时，便可以攻击球员或中场组织者的身份来处理脚下的球，可带球突破，甚至离开自己的后卫位置，长途进入对方的心脏位置进行攻击，在完成这个动作后，可根据当时情况，选择不立即回到原来所分工的后卫位置，继续就地进行比赛，与此同时，其他球员便需要填补因该后卫离开而暴露出来的空位，或是分担该后卫的防守工作。显然，"全攻全守"需要场上每一名球员都必须具备担任其他位置的工作能力，让球员的多元能力和临场判断，代替固定的分工。

要发挥出"全攻全守"的威力和优势，首要条件是场上各个球员都需要有很高的个人能力，特别是控球和创造空间的能力。其中荷兰人克鲁伊夫就被认为是"全攻全守"的代表，他被称为最优秀的空间创造者，也是荷兰国家队在球场上能将所有球员凝水成河最为关键的因素。

在全攻全守战术下，场上任何一名球员都可根据当时比赛攻与守的需要，到场上任何一个位置上发挥该位置队员的作用。该战术打破了阵式对球员的束缚，充分调动球员的积极性和发挥球员的才华。但全攻全守战术，对球员的身体素质、技术、意识等方面，都有极高的要求，但由于球员不用刻意地回到原来的位置，从而节省了体能和时间。1974年第十届世界足球锦标赛上，出现了这种战术，被誉为国际足球史上的第三次变革。

第四节　气排球教学俱乐部

气排球

一、气排球概述

（一）气排球的起源

气排球是我国土生土长的一项群众性排球活动。1984年，呼和浩特铁路局集宁分局为了开展老年人体育活动，在没有规则限制的情况下，组织离退休职工用气球在排球场上打。由于气球过轻且易爆，他们将两个气球套在一起打，最后又改用儿童软塑球。随后又参照六人制排球规则制定了简单的比赛规则，并将这种活动形式取名为"气排球"。气排球是从排球项目衍生出来的群众性体育活动，因球体大而轻、来回次数多、速度慢、趣味性和安全性高，越来越受到群众的欢迎。尤其是在我国南方地区，气排球运动开展得如火如荼。2017年，在全国第十三届天津全运会上，气排球正式成为群众体育的正式比赛项目之一，标志着该运动受到官方的高度认可，成为最受欢迎的大众健身娱乐项目之一。

（二）气排球的发展

气排球运动是一项集运动、休闲、娱乐为一体的群众性体育项目,作为一项新的体育运动项目,已经受到越来越多老年朋友的青睐。气排球运动是纯粹的"中国制造"。气排球现已成为全国老年体协的五大竞技项目之一,气排球由于运动适量、激烈程度较低,男女都可以混合进场参与,特别适合中老年人进行强身健体活动。随着气排球运动的快速发展,受众越来越广泛,各行业团体体育协会逐渐重视,出台一部全国统一规范的气排球赛规则成为迫切需求。中国老年体协、国家体育总局社体中心、中国排协组织各方专家,总结原有气排球发展经验,于 2013 年 11 月正式制定并出版了我国第一部官方版的《气排球竞赛规则》。

二、气排球基本技术

气排球与传统的硬式排球相比,在技术上有所创新,例如,衍生出来的较为常用的有挡球、捞球、捧球、抓球、托球等。下面重点阐述气排球技术与排球技术的不同之处,相同技术参考排球基本技术的内容。

（一）准备姿势

为了便于完成各种气排球技术动作而采取的合理的身体姿势称为准备姿势。一般来讲,按照身体重心的高低,准备姿势可分半蹲准备姿势、稍蹲准备姿势和低(深)蹲准备姿势三种。

（二）挡球

两脚开立与肩同宽,成半蹲或稍蹲姿势站立,两肘弯曲,两手掌根相对,一手掌心朝上,另一手扶持并夹住来球,夹角大于 90°,位于胸前。挡球时,一手插入球底托住来球,另一手迅速扶住来球外侧并挡住来球,击球瞬间,两手成挡搬姿势,前臂上抬,靠手腕、手指触球形成的弹力将球挡出。击球点一般在胸前或两肩外侧。挡球特点是伸手动作快,可挡击任何位置来球,特别是胸前、腰上来球。挡球技术可扩大防守范围,容易控制球的落点和方向。挡球动作易学、实用,是气排球垫球常用的重要技术之一。(图 5-4-1)

图 5-4-1

（三）捞球

两脚开立,成半蹲姿势,两肘弯曲,上臂与前臂夹角大于 90°,两手平行成一个平面,位于腹前,两手掌心朝上,手背与前臂成 45°夹角。来球时,前臂前伸,掌心朝上,两手形成一个平面。击球瞬间,两手插入球底部,托住来球,前臂上抬,靠两手触球捞住来球并击出。击球点一般位于膝关节以下或膝关节以上腰腹以下。气排球捞球技术是垫球技术的重要补充,特别适用于速度快的低球。(图 5-4-2)

图 5-4-2

（四）捧球

两脚开立，成半蹲姿势，两肘弯曲，上臂与前臂夹角成 90°，分别位于腰部，掌心朝上。

来球时，两手基本形成一个平面。击球瞬间，两掌心插到球后部捧住来球，靠前臂、手腕手指力量击出来球，击出点一般在身体腹部前方。气排球捧球技术特别适用于速度快的追身球。（图 5-4-3）

图 5-4-3

（五）抓球

两脚开立，成高重心姿势，两肘弯曲，上臂与前臂夹角成 90°，五指张开，大拇指朝上，手掌心相对。击球瞬间，两臂前伸，两手夹住来球的外侧并抓住来球，靠手腕、手指的力量抛出来球。击球点一般在腰部以下正前方位置。抓球技术适合于脚步移动较慢的练习者。（图 5-4-4）

图 5-4-4

（六）托球

两脚开立，成高重心姿势，单臂置于腰腹前，五指自然张开，形成一个平面，掌心朝上。上臂与前臂成90°角。击球瞬间，上臂与前臂的夹角大于90°，前臂主动引球，置球于手掌心上。击球位置可在腹部以下，靠手指手腕力量托住并击打来球。托球易于托球在气排球的垫球中，主要用于近距离快速送球，常用于短距离接送球，缺点是稳定性较差。（图5-4-5）

图 5-4-5

三、气排球基本战术

（一）阵容配备和位置

（1）五人制阵型队员场上位置：双方队员各分为前排三名，后排两名。前排左边为4号位，中间为3号位，右边为2号位，后排左边为5号位，右边为1号位。发球时判断队员的位置错误，应以队员身体着地部分为依据，在发球队员击球的一刹那，球未击出前，同排队员的站位不得左右超越或平行，前后排队员不得前后超越或平行。即4号位队员不得站在3、2号位队员的右边，2号位队员不得站在3、4号位队员的前面或平行。否则，应判失球权或对方得分。发球队员与本方5号位队员不受站位的限制。每局比赛开始，场上队员必须按位置表排定的次序站位，在该局中不得调换。在新的一局，每个队上场队员的位置可重新安排。

（2）四人制阵型队员场上位置：双方队员各分为前排两名，后排两名。

（二）气排球战术详解

气排球与竞技排球是一样的，战术千变万化，参赛人数不同，排兵布阵也不尽相同，但赛场上强调的攻守平衡、位置和阵容变化及战术打法与竞技排球相似，基本战术可以参考排球的基本战术内容。这里主要介绍几种常用的气排球战术打法。

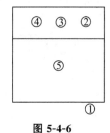

图 5-4-6

（1）五人气排球发球站位（图5-4-6）

④③②号位肩距不得小于50厘米，手不得高于自己的肩膀，但可十指交叉抱于头后（主要可防发球砸在后脑，起保护作用）。站好位后哨声吹响及未击发球前不得左右摇晃，不然裁判可判阻挡对方接球视线，发球方犯规。

（2）五人气排球接发球站位：1-4弧站位（图5-4-7）

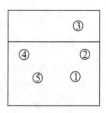

图 5-4-7

这是接男队员发球为主的防守战术阵容。当②号与③号错位接球，主要应明确二传，②号是二传时，在球未发到②号时，而是发到①⑤④号位为一传，这时②号与③号位准备二传；如果球发向②号位，这时在③号位的队员不是二传手，而⑤号位是接应二传手，那么⑤号位的队员在看到对方球发向②号位时，要立即到③号位做好接应二传准备。这时③号位的队员在⑤号位上来传出二传攻击球后要和上来的⑤号队员一起做好拦网防守准备。

（3）五人气排球接发球站位：1-3-1站位（图5-4-8）

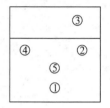

图 5-4-8

这是接女队员或男队员力小的发球为主的防守战术阵容，注重一传的质量，随时准备多点进攻和战术的变化，1-3-1与1-4弧防守战术阵容接球时可根据对方发球势态前后左右收缩或扩张本队防守阵容，灵活机动。

（4）五人气排球双人拦网防守站位（图5-4-9）

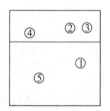

图 5-4-9

以防守对方④号攻击扣球为主。明确对方的战术意图，②③号位队员协调配合，重点布局拦防对手④号位强攻，④号位队员注意对手大斜线扣杀和网前轻吊，⑤号位重点防守对方的小斜线大力扣杀，②号位队员注意直线扣球和吊球跟进布防。

（5）五人气排球三人边网拦网防守站位（图5-4-10）

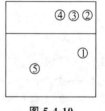

图 5-4-10　　图 5-4-11

以防守对方④号位强攻扣球和平拉开为主。对手攻击能力强，速度快，拦网队员协调配合，注意拦防的高度和宽度，⑤号位队员注意对手扣杀和网前轻吊，①号位重点注意直线扣球和吊球跟进布防。

（6）五人气排球三人中网拦网防守站位（图5-4-11）

以防守对方③号位强攻扣球和近体快球及后排时间差为主。对手攻击手段多样，速度快，能力强，拦网队员协调配合，注意拦防的高度、深度和时间差，⑤号位队员注意对手扣杀和网前轻吊，①号位重点注意直线扣球和吊球。

知识窗

气排球球体及场地

球体：圆周为80～83厘米；重量轻，为100～120克。

球网：男高2.10米，女高1.90米，男女混合高2.0米。

场地：长12米，宽6米，其四周至少有2米宽的无障碍区。比赛场区的无障碍空间以地面量起至少高7米，气空间不得有任何障碍物。

第六章 小球类教学俱乐部

第一节 乒乓球教学俱乐部

乒乓球

一、乒乓球概述

乒乓球运动于 19 世纪末起源于英国。乒乓球运动最初只是一种活动性游戏,球用轻而富有弹性的材料制成,用雪茄烟盒盖之类的木质板作为拍子,像打网球一样在桌上打,故称"桌上网球"。1900 年左右,由于轻工业的发展,球被改成用塑料制成的空心球。此后,乒乓球运动便逐步发展起来。第一次大型乒乓球比赛于 1900 年 12 月在英国伦敦举行,参加比赛的有 300 多人。

1926 年,国际乒乓球联合会(ITTF)正式成立,并决定举办第一届世界乒乓球锦标赛。1903 年,英国人古德发明了胶皮球拍。20 世纪 50 年代初,奥地利人发明了海绵球拍,促进了乒乓球技术的发展。

20 世纪 50 年代,中国队开始登上乒坛巅峰。我国的第一代国手总结了经验教训,在技术上保持了快和狠的特点,在训练上狠抓基本功,提高了击球的准确性,增加了击球的变化,提高了进攻技术水平,逐渐形成和创造了以"快、准、狠、变"为技术风格的直拍快攻打法。1959 年,容国团赢得了中国体育史上第一个乒乓球世界冠军,从此,中国乒乓球赢得了无数荣誉。1988 年,乒乓球被列为奥运会正式比赛项目,推动了乒乓球运动的发展。在 2021 年东京奥运会上,中国乒乓球队取得 4 枚金牌、1 枚银牌的好成绩。

二、乒乓球基本技术

(一)基本站位

乒乓球运动的基本站位应与不同类型的打法及个人的打法特点相适应,不同类型打法的基本站位的范围大小也不相同。站位正确有利于保持稳定的击球姿势并便于向任何一个方向迅速移动。

站位动作要点:左推右攻打法基本站位在中间偏左,两面攻打法基本站位在近台中间,弧圈球为主打法基本站位在中台偏左,横拍攻削结合打基本站位在中台附近,削球打法基本站位在中远台附近。

(二)准备姿势

准备姿势是指击球员准备击球或还击球时的身体各部位姿势。合理的姿势有利于脚、腿蹬地用力和腰、躯干各部位的协调配合与迅速起动;有利于保持正确的击球姿势,提高击球的命中率,制造出最大的击球力。

准备姿势动作要点:两脚左右开立约与肩同宽,身体重心稍向右侧,面向球台。两膝自然弯曲,提踵,重心置于两脚之间。含胸收腹,上体略前倾,下颌微收,两眼注视来球。持拍手和非持拍手均应自然弯曲置于身体侧方,保持相对的平衡态,身体重心置于前脚。

(三)握拍法

握拍有直拍握法和横拍握法两种。

(1)直拍握法:拇指、食指自然弯曲,以拇指第一关节和食指握住拍柄两肩。中指、无名指、小指自然弯曲斜行重叠,以中指第一关节偏左侧部托于球拍背面上 1/3 处,或中指、无名指微屈,同时压住拍面。

(2)横拍握法:虎口压住球拍右上肩,拇指和食指自然弯曲分别握在拍的两面,其余三指握住拍柄。

(四)基本步法

步法指击球时选择合适的位置所采用的脚步移动方法。步法是乒乓球运动的生命。没有灵活的步法,就不可能有效地回击来球,无法使用有效的手法。

(1)单步:在来球距离身体一步以内的较小范围、角度不大的情况下,处理台内球、还击追身球时采用此种步法。

动作要点:以一脚前脚掌内侧为轴稍转动、蹬地用力,另一脚向来球方向做前、后、左、右移动一步。

(2)并步(亦称滑步或换步):两面攻打法从基本站位向左右移动时多采用并步。

动作要点:一脚向来球方向移动,另一脚随即跟着移动一步。

(3)交叉步:在来球较远的情况下多采用交叉步。

动作要点:以来球反方向脚向来球方向交叉,并超过另一脚,然后另一脚随即向来球方向移动。

(4)侧身步:当来球逼近身体或者来球至反手位时,多采用侧身步。

动作要点:左脚先向左跨一步,然后右脚随即向左后方移动,另一种可以用左脚先向前插上,右脚向左后移动。

(五)发球与接发球技术

1. 发球技术

发球技术是连接整个乒乓球技战术的重要环节。发球、接发球、发球抢攻称为前三板技术,是我国的乒乓球强项技术。基本的发球技术分以下几种。

(1)平击发球:平击发球有正手平击发球和反手平击发球两种。

正手平击发球:左脚稍前,抛球的同时转体,手臂向身体右后方引拍,当球下降至稍高于球网时,手臂向左前方发力,挥拍击球中上部,顺势还原。(图 6-1-1、图 6-1-2)

横板平击　　　　　　　　　　　　　　　　　　直板平击
图 6-1-1　　　　　　　　　　　　　　　　　　　**图 6-1-2**

反手平击发球：右脚稍前或平站，抛球的同时转体，手臂向身体左后方引拍，当球下降至稍高于球网时，手臂向右前方发力，挥拍击球中上部，顺势还原。

(2)正手发左侧上、下旋球：发球员在正手位由右向左挥拍摩擦球，球速较慢但左侧上(下)旋转力较强。

正手发左侧上旋球时，手臂自右上方向左下方挥摆，球拍从球的右侧中下部向左侧面摩擦。正手发左侧下旋球时，手臂自右后上方向左前下方挥摆，球拍从球的右侧中下部向左侧下部摩擦。(图 6-1-3、图 6-1-4)

横板正手发下旋球
图 6-1-3

直板正手发下旋球
图 6-1-4

(3)反手发右侧上、下旋球：指发球员在身体的反手位由左向右挥拍摩擦，球速较慢，但右侧上(下)旋转力较强。

动作要点：反手发右侧上旋球时，执拍手由左上方经身前向右下方挥摆，触球的拍面从球的左中下部左侧上部摩擦。反手发右侧下旋球时，执拍手由左后上方向右前下方挥摆，触球时拍面从球的左侧中下部向右侧下部摩擦。同时，应注意配合转体动作使腰、臂协调用力，有利于增大发球的速度和力量，增强球的旋转。

(4)正手发转与不转球：指发球员正手用相似的动作发出下旋强弱差异较大的球。球速较慢，前冲力小。

(5)高抛式发球：利用高抛球下落时的加速度增大对球拍的压力，从而加快了发球的速度,增加对方接发球的难度,为抢攻或抢拉创造有利条件。具有出手快、飞行急、旋转强、变化多的特点。

动作要点:高抛发球站位一般在左半台,侧身正手高抛发球。击球的要点和低抛基本相同,发球时应注意有旋转变化,还应有长、短落点和斜、直线变化。

2. 接发球技术

接发球技术具有被动转主动、技术难度大、要求判断反应快和心理素质稳定的特点。第一板回接球是由被动转入主动进攻的第一步。回接球的质量直接影响自己技战术的发挥,决定了是否能将对手控制在被动状态,同时也直接影响到自己的心理状态。接发球好可直接得分或为抢攻创造有利条件。接发球的基本手法由点、拨、带、拉、攻、推、搓、削、摆短、撇侧旋等多种综合技术组成。

(六)推挡球技术

推挡球包括平挡、快推、加力推、推挤、推下旋、减力挡等。它是控制球速、落点和稳定球性的手段,是初学者首先应该学习的技术。因此,要想学好打乒乓球,必须学好该项技术。

动作要点:两脚平行或左脚稍前站立。身体离球台 40～50 厘米,两脚开立约与肩同宽,两膝微屈。球拍置于腹前,上臂带动前臂沿台面做平行挥动。击球拍形呈半横状,约与台面垂直,在击球的上升期击球的中部,以借助对方来球的反弹力将球击回。

(七)攻球技术

乒乓球的攻球技术分为正手攻球和反手攻球。

1. 正手攻球

特点:站位近、动作小、速度快。比赛中能以攻代守应对对方进攻,是进台快攻打法使用最多的一种攻球技术。

动作要点:判断来球,选好站位。引拍于身体右侧方。击球时,右脚蹬地转腰,并向前移动重心至左脚。同时,上臂带动前臂向前向左上方挥拍,手腕配合前臂旋内转动做内收,在来球的上升期击球的中上部。击球后,执拍手及身体各部位迅速放松,随势挥拍至前额,立即还原。(图 6-1-5)

图 6-1-5

2. 反手攻球

反手攻球是横拍打法的常用技术之一。

动作要点:站位近台偏左,两脚平行站立,身体前倾,上臂自然地靠近身体,前臂迅速伸入台内迎球。击球前,肘关节自然弯曲,引拍至腹部左侧前,拍柄稍向下。击球时,前臂做旋外并稍加用力带动手腕向右前方挥动,肘略往后,拍形稍前倾,在来球的上升期击球中上部。

（八）搓球技术

特点：搓球是近台和台内回击下旋球的一种比较稳定的技术。它与削球的主要区别是站位近、动作小，由于具有旋转、速度、落点变化，常用于接发球或搓球过渡，为进攻创造机会。

动作要点：站位偏左台，两脚左右开立。

反（正）手搓时：向左（右）上方引拍，拍形稍后仰。正手搓时，身体稍向右转。击球时，前臂做旋内转动，手腕配合用力，由上向前下方挥拍，在来球的下降前期或高点期，摩擦球的中下部或中部偏下，同时身体重心应向前移动。击球后，手臂立即放松，随势前送，迅速还原。

搓转与不转球：尽可能用相近的手法搓出加转与不转的球，为抢攻创造机会。慢搓或快搓均可搓加转球或不转球，搓加转球，手腕加速用力向前下方切球，用球拍的下半部摩擦球。搓不转球时，手腕向前用力，用球拍的上半部或中部碰撞球。

（九）弧圈球技术

弧圈球技术可分为正手弧圈球技术和反手弧圈球技术。根据弧圈球技术的旋转特征，可将弧圈球技术分为加转弧圈球、前冲弧圈球和侧旋弧圈球。

1. 正手拉弧圈球

两脚左右开立，稍大于攻球时距离，右脚在后，身体重心较低。执拍手沉肩垂臂，引拍至身体后下方，拍面稍前倾，身体重心移至右脚。上臂带动前臂向前上方挥拍，逐渐加快挥拍速度。根据来球旋转程度控制好拍形角度并找准击球时间。身体重心向左脚移动。拍触球时，右脚蹬地转体向左侧转动，迅速收缩前臂，发力要以腰、手为主，在来球下降期击球的中部或中上部。拉球后，球拍随势挥至头部高度，身体重心移至左脚上。拉加转弧圈球要调整好重心，以便于下一次进攻。拉前冲弧圈球发力方向是向前为主略带向上，击球时，拍面的前倾角度比拉加转弧圈球大。

2. 反手拉弧圈球

两脚平行或左脚稍后，准备击球时，身体重心下降，右肩下沉，球拍向下后方引至大腿内侧，球拍适当前倾，肘关节略向前顶出，持拍手要适当放松，手腕稍外展。球拍向上前方挥动，击球点在腹前方，触球时，身体向前方顶起，前臂以肘关节为轴，快速发力带动手腕的扭动发力。摩擦球的中下部，拉球的高点，迅速还原。另外重视两脚蹬踏用力和身体迎前击球动作，加强手臂、腰、腿间的协调发力，尤其是前臂的快速收缩。此外，要加强中台和中远台反手拉的相持能力。

（十）削球技术

削球是削攻型打法的一项主要技术，它通过旋转变化和落点的变化来控制对方，使对方直接失误或为自己制造进攻机会。旋转的差别是削球攻型打法争取主动的关键，削扣杀球、追身球和弧圈球是削球手应该掌握的重要技术。削球技术主要包括正、反手削加转弧圈球、削前冲弧圈球、削追身球。

削加转弧圈球动作要点：判断来球，降低重心，移动好削球的位置。正手削球时左脚稍前，反手削时右脚稍前。以将球的击球点选在左右腹前为宜。正手削球时，身体向右后转并向右后上方引拍，动作幅度稍大些，使球拍与击球点之间有适当的挥拍加速距离。反手削球时,身体向左后转并引拍向左后上方,动作幅度略小于正手引拍。正手挥拍动作由右后上方向左前下方挥拍,反手削球挥拍动作由左后上方向右前下方。拍触球时,以大臂带动前臂发力为主,拍形稍立一些。手臂的发力顺序是先压后削再送,即先向下用力为主、向前为辅。击完球后,继续向前下方挥动,并迅速还原。

三、乒乓球基本战术

(一)发球抢攻战术

发球抢攻是我国直板快攻打法的"杀手锏",是力争主动、先发制人的主要战术。各种类型打法的运动员都普遍采用发球抢攻来抢占第一回合的优势。发球战术运用的效果主要取决于发球的质量和第三板进攻的能力。发球抢攻战术因打法的类型不同而有所差异,但常用的发球抢攻战术,主要有以下几种:

(1)手发转与不转球。

(2)侧身正手(高抛或低抛)发左侧上(下)旋球。

(3)反手发右侧上(下)旋球。

(4)反手发急球或急下旋球。

(5)下蹲式发球。

(二)接发球战术

接发球战术与发球抢攻战术同样重要,从某种意义上讲,接发球水平的高低可以反映出运动员的实战能力以及各项基本技术的应用程度。事实上,接发球者只是暂时处在被控制状态,如果破坏了发球者的抢攻意图或者为他制造了障碍,减弱了对方抢攻的质量,也就意味着已经脱离被控制状态,变被动为主动了。

常用的接发球战术:

(1)稳健保守法。

(2)接发球抢攻。

(3)盯住对方的弱点处,寻找突破口。

(4)控制接发球的落点。

(5)正手侧身接发球。

(三)搓攻战术

搓攻战术是进攻型打法的辅助战术之一,主要利用搓球旋转的变化和落点的变化为抢攻创造机会。这一战术在基层比赛中被普遍采用。搓攻战术也是削球型打法争取主动的主要战术之一。

常用的搓球战术有慢搓与快搓结合、转与不转结合、搓球变线、搓球控制落点、搓中突击、搓中变推或抢攻。

(四)对攻战术

对攻战术是进攻型打法在相持阶段常用的一项重要战术。对攻类打法主要依靠反手推挡(或反手攻球)和正手攻球(或正手拉弧圈球)的技术,充分发挥快速多变的特点来调动对方。

常用的对攻战术主要有:(1)紧逼对方反手,伺机抢攻或侧身抢攻、抢拉;(2)压左突右;(3)调右压左;(4)攻两大角;(5)攻追身球;(6)变化击球节奏,加力推和减力挡结合,发力攻、拉与轻打轻拉结合,也可造成对手的被动局面;(7)改变球的旋转性质,如加力推后推下旋,正手攻球后,退至中远台削一板,对方往往来不及反应,可直接得分或创造机会球。

(五)拉攻战术

拉攻战术是以攻为主的选手对付削球的主要战术。为了发挥拉攻的战术效果,首先要具备连续拉的能力,并有线路、落点、旋转、轻重等变化,其次要有拉中突击和连续扣杀的能力。

常用的拉攻战术主要有:(1)拉反手后,侧身突击斜线或中路追身球;(2)拉中路杀两角或拉两角杀中路;(3)拉一角或杀另一角;(4)拉吊结合,伺机突击;(5)拉搓结合;⑥稳拉为主,伺机突击。

(六)削中反攻战术

削中反攻战术主要靠稳健的削球限制对方的进攻能力,为自己的反攻创造有利条件。它不仅增强了削球技术的生命力,也促进了攻防之间的积极转化,常用的削中反攻战术主要有:(1)削转与不转球,伺机反攻;(2)削长短球,伺机反攻;(3)逼两大角,伺机反攻;(4)交叉削两大角,突击对方弱点;(5)削、挡、攻结合,伺机强攻。

> **知识窗**
>
> 乒乓球大满贯是指囊括了乒乓球比赛所有赛事的冠军并取得了所有荣誉,而且依国际惯例,大满贯也仅指单打方面。乒乓赛事可分世界、洲际与国家三个层次。世界比赛有四大赛:奥运会,世乒赛,世界杯与国际乒联年终总决赛;洲际赛有欧洲锦标赛、亚洲锦标赛、亚运会等;还有各国的全国锦标赛(如中国的全运会)。如据以上大满贯的定义,真正意义的大满贯也只有邓亚萍一人,她真正拿到了所有比赛的冠军,获得了所有的荣誉。现如今乒乓球大满贯一般指奥运会、世锦赛、世界杯三大赛事的单打比赛冠军。

第二节 羽毛球教学俱乐部

羽毛球

一、羽毛球运动概述

(一)羽毛球运动的起源与发展

现代羽毛球运动诞生于英国,大约在1800年,由网球派生而来。我们可以注意到现今的羽毛球场地和网球场地仍非常相似。1870年,出现了用羽毛、软木做的球和穿弦的球拍。1873年,英国公爵鲍弗特在格拉斯哥郡伯明顿镇的庄园里进行了一次羽毛球游戏表演。从此,羽毛球运动便逐渐开展起来,"伯明顿"即成了羽毛球的名字,英文的写法是

"Badminton"。那时的活动场地是葫芦形,两头宽中间窄,窄处挂网,直至1901年才改作长方形。

1877年,英国的巴斯羽毛球俱乐部成立,第一部羽毛球比赛规则在英国出版。1893年,在英国成立了世界上第一个羽毛球协会。1899年,该协会举办了第一届"全英羽毛球锦标赛",之后每年举办一次,沿袭至今。1934年,成立了世界羽毛球联合会(IBF),总部设在伦敦。1939年世界羽毛球联合会通过了各会员国共同遵守的《羽毛球竞赛规则》。

20世纪20至40年代欧美国家的羽毛球运动发展很快,其中英国、丹麦、美国、加拿大的水平相当高。20世纪50年代亚洲羽毛球运动发展很快,马来西亚取得两届汤姆斯杯赛冠军。同时印度尼西亚队因在技术和打法上有所创新,很快取得了霸主地位。20世纪60年代以后羽毛球运动的发展逐渐移向亚洲。

1981年5月,世界羽毛球联合会重新恢复了中国在国际羽联的合法席位,从此揭开了国际羽坛历史上新的一页,进入了中国羽毛球选手称雄世界的辉煌时代。

在1988年汉城(今首尔)奥运会(第24届)上,羽毛球被列为表演项目,1992年巴塞罗那奥运会(第25届)列为正式比赛项目,1996年亚特兰大奥运会(第26届)上,增设混双为比赛项目。从此羽毛球运动进入新的发展时期。

(二)羽毛球的特点与分类

1. 羽毛球运动的特点

根据运动项群理论,羽毛球运动属于隔网持拍对抗性运动,因此与网球、乒乓球运动一样具有一定的技术动作相似性和人体运动供能系统同一性,即有氧与无氧相结合的运动。羽毛球运动的场地相比较网球和乒乓球较为适中,规则相对独立,因此具有四个运动特点:快、准、狠、活。

2. 羽毛球运动的分类

(1)室内羽毛球

羽毛球设计的轻量化,使得羽毛球在室内更加的流行和易于推广,室内羽毛球也是标准的羽毛球运动,它有着一套稳定的竞赛规则和较大的运动参与规模,羽毛球运动是奥运会项目。室内羽毛球指的由国际羽联制定的竞赛规则中进行的标准比赛。比赛在塑胶场地上进行,比赛项目设置男子单打、女子单打、男子双打、女子双打、混合双打、团体赛六大项目。残奥会方面还设置了轮椅羽毛球项目。

(2)户外羽毛球

随着羽毛球运动的发展和大家对接触大自然的运动理念的认可,户外运动近些年来受到追捧。户外羽毛球的场地要求平整,可以在草坪,可以在水泥路面,可以在沙滩上。户外羽毛球的场地界线比室内羽毛球更大,规则也略有不同,其最大的不同之处在户外羽毛球的运动用球设计独特,抗风效果好,飞行更加稳定。

二、羽毛球运动基本技术

羽毛球基本技术包括握拍技术、移动步法技术、击球技术、击球心理技术四大类。

(一)握拍技术

1. 正手握拍

握拍之前,先用左手拿住球拍,使拍面与地面垂直;再张开右手,使手掌下部靠在球拍的握柄底托部位,虎口对着球拍框;小指、无名指、中指自然并拢,食指与中指稍稍分开,自然弯曲并贴在拍柄上。

2. 反手握拍

反手握拍法是在正手握拍法的基础上把球拍框往外转(即往左方向转),拇指前内侧部位贴在拍柄的窄面部位上,食指往中指、无名指、小指并拢。通常反手握拍的时候,手心与拍柄之间要有一定的空隙,这种握拍法有利于手腕力量和手指力量的灵活运用。对于握拍来说,并没有严格的限制,无论哪种握法,最终目的都是使自己的手腕能更加灵活地转动,手指能最大限度地发挥力量。但是握法不能限制或影响手腕的活动,不能影响手指的发力,否则,握法就是错误的,要尽快改正。

(二)移动步法技术

羽毛球移动步法并非固定不变,依据球员的身高腿长、下肢爆发力、对手击球时所处的位置而定,采用单步移动或组合步移动。在一回合的击球对抗中还把步法环节分为启动—移动—回位。最后根据场上移动位置分布定义为"米"字 8 个方向,分为上网移动步法、两侧移动步法、后退移动步法。

1. 主要移动步法

(1)启动步:启动步是羽毛球运动中最重要的步法之一,其主要表现在对方击球前对来球一有反应判断,即从准备接球姿势转为向击球位置出发,称为启动。一场比赛要起动几百次(基本上是每回击一拍启动一次)。要做到启动快,必须反应敏捷、判断准确和启动的准备姿势正确。准备姿势可分为两种,一种是接发球姿势(必须按规则要求原地站立),左脚在前,右脚在后,侧身对网,重心在左脚,右脚跟离地,双膝微屈,收腹含胸,放松提拍,屈肘举在胸前,两眼注视对方发球动作;另一种是双方双打过程中的准备姿势,应该是右脚在前,左脚在后,前脚掌着地,脚跟提起,膝关节微屈,上体稍前倾,重心落在两脚之间,持拍于腹前,整个姿势要协调放松,保持一触即发的启动姿态。

(2)并步:并步一般在移动步法中的组合步法环节中出现,即两脚所处的位置关系经过一步的并步之后保持刚才原有的身体姿态。具体表现为向斜前方、斜后方、左侧、右侧移动。并步的发力流程:动方向的后脚为驱动推进脚,前脚微微抬起,后脚发力完成移动。

(3)交叉步:在球场上,向斜前方、斜后方、左侧、右侧移动时,如果移动距离较短,一般采用的是并步移动,但如果需要长距离的移动则需要采用交叉步。交叉步分为前交叉和后交叉,一般以后交叉为主。向该方向移动时,重心移到前脚(支撑脚)的同时后脚向支撑脚的后方或者前方移动一步形成交叉,而后前脚快速向该移动方向跨出一大步即为交叉步。在交叉步的移动环节中,腰腹的扭转发力最为重要。

(4)弓步:弓步又称为弓箭步,即向前移动时持拍手的同侧脚向前跨出一大步,前脚脚后跟落地支撑后,膝盖微微前顶起到一定的缓冲作用。弓步的特点是使人的重心降低,两脚距离拉得很大,一般在需要快速向前接吊和救球环节中采用。

(5)跳换步:当人体侧身向后场移动后击球,一般会采用起跳击球,击球后完成跳换步来保持脚步第一时间落地后可以快速向前移动。跳换步是当人体侧身起跳击球前,前后脚关系随着起跳击球转体后顺势变换。以右手持拍为例,击球前左脚在前右脚在后的侧身位,起跳转身击球后在空中变换两脚的前后关系,即变成左脚在后右脚在前。落地时后脚会率先着地,着地即可以马上蹬地发力。因此跳换步在具有一定强度的对抗中是后场必备的主要步法。

2. 组合步移动

(1)上网移动步法。

从中心位置或后场位置移动到网前击球的步法,称为上网步法。上网步法可根据移动距离来采用不同的组合步。中场向前移动上网:跑步+弓步、交叉步+弓步即可完成。后场向前移动上网:跳换步+并步+跑步+弓步、并步+跑步+弓步。向前的上网步法环节中最后一步一定是采用弓步,需要以持拍手同侧脚在前的弓步来完成。弓步中的前脚膝盖微微弯曲保持弹性是为了完成弓步后可第一时间回动。

(2)两侧移动步法。

两侧移动步法在场上对抗中主要是在两侧快速抽挡球和接杀球环节中采用。一般向持拍手同侧移动时采用交叉步或者低重心的并步来完成移动。向持拍手对侧移动时采用一个转身跨步来完成,转身时持拍手对侧脚为中心脚,持拍手同侧脚为驱动脚和落地脚,转身跨步后的体态特点是身体背部面对球网。

(3)后退移动步法。

在羽毛球的前后对抗环节中,后退步法较难理解与掌握。为保持击球时挥拍发力的合理和满足侧身位击球准备动作,普遍采用持拍手在后的连续侧身并步或者后交叉步来完成。当然在高级移动步法中还有"马来步"与"中国跳"。

(三)击球技术(以右手持拍为例)

羽毛球战术的执行都需要凌驾在技术之上,技术的熟练程度(稳定性)决定战术的可靠性,因此羽毛球技术相比战术更为重要。羽毛球的击球技术根据击球时运动员所处场上的位置可划分为网前技术、中场技术、后场技术。所有击球技术中还根据击球点在击球员身体的左右两侧分为正手和反手击球技术。

1. 网前击球技术

前场技术包括网前的放、搓、推、勾、扑、挑球等,其中搓、推、勾、扑属进攻技术,要求击球前期动作有一致性,击球刹那间产生突变。前场击球技术要求握拍要活,动作要细腻,手腕、手指要灵巧,以控制好球的落点。前场击球的威胁较大,因球飞行距离较短,落地快,常使对手措手不及而直接得分,即使不能直接得分,也能迫使对方被动回球,创造下一拍的机会。若网前进攻和中后场进攻能紧密结合起来,则能发挥前后场的连续进攻,掌握主动权。

(1)搓球技术。

正手网前搓球:击球前,前臂稍外旋,手腕由后伸至稍内收闪动,击球时在正手放网前球动作的基础上,加快挥拍速度,搓切来球的右下部,使球旋转滚过网。

反手网前搓球:击球前,前臂前伸外旋,手腕由内收至外展状,搓击球的右侧后底部,使球侧旋滚动过网;另外还可以前臂稍伸直,手腕由外展至内收,带动球拍向前切送,击球托的后底部,使球下旋滚动过网。

(2)推球技术。

推直线:站在网前,当球飞过来时,球拍向右侧前上举,在肘关节微屈回收时,前臂稍外旋,手腕稍后伸,球拍也随着往右稍下后摆,拍面正对来球,小指和无名指稍松开,使拍柄稍离开手掌鱼际肌,拇指和食指稍向外捻动拍柄,拍面更为后仰。

正手推对角线球：准备姿势和击球前动作与推直线相同，但是击球时击球点在右肩前，要推击球托的右侧后部，使球沿对角线方向飞去，手腕要控制拍面角度，闪腕时手臂不要完全伸直。

反手推直线球：在网前较高的击球点上，反手握拍，用推击的方法向对方底线击出弧度较平、速度较快的球。其击球动作是：用反手握拍法，前臂伸时稍外旋，手腕由外展至伸直闪腕，中指、无名指和小指突然握紧拍柄，拇指顶压球拍，往前挥拍，推击球托的左侧面。

反手推对角线：反手推对角线的击球动作基本上与推直线相同，区别点是在击球一刹那要急速向右前方挥拍，推击球的左侧后部，使球沿对角线方向飞行。

（3）扑球技术。

扑球是指当来球在网顶上方时，能以最快的速度上网扑压来球的技术动作。扑球可分为正手扑球和反手扑球两种，其路线有直线、对角线和补随身球三种。扑球在网前进攻技术中是威胁较大的一种技术。扑球的关键在于"快"，即首先取决于判断快，一经作出判断，即要求起动快并采用蹬跨步或跳步上网，同时出手要快，抓住来球在网顶的最高点出手。

网前扑球：身体腾空跃起或右脚蹬跨的同时，前臂往前上方举起，球拍正对来球方向。击球时，随着手臂由屈至伸，手腕由后伸至向前闪动及手指的顶压，将球扑下，其中手腕是控制力量的关键，当挥拍距离短、动作小、爆发力强的时候，扑击的球才会给对方造成一定的威胁。如果球离网顶较近，就采用"滑动式"扑球方式，用手腕从右向左将球拍压下去，这样可以避免球拍触网犯规。扑球后，注意腿上的缓冲，要控制重心，以免身体触网。

反手网前扑球：反手握拍持于左侧体前。当身体跃起或蹬跨上网时，球拍随前臂前伸而举起，手腕微屈，拇指顶压在拍柄宽面上，其他四指自然并拢，拍面正对来球。击球时，手臂由屈至伸，手腕由微张至后伸并用力闪动，拇指顶压，加速挥拍扑击。击球后，球拍随手臂回收至体前。

（4）勾球技术。

正手网前勾对角线球：勾球一般采用并步加蹬跨步上网的步法。在步法移动的同时，球拍随着前臂往右前上方举起；前臂前伸的同时，稍有外旋，手腕微后伸，这时的握拍稍有变化，即将拍柄稍向外捻动，使拇指贴在拍柄的宽面上，食指的第二指节贴在与其相对的另一个宽面上，拍柄不触及掌心。击球时，靠前臂稍有内旋往左拉收，手腕由稍后伸至内收，球拍拨击球托的右侧下部，由手腕和手指控制拍面角度；击球后，球拍回收至胸前。

反手网前勾对角线球：步法移动的同时，手臂向左侧前方平举（注意手臂不要伸直，应稍弯）。击球时，随着肘部下沉，前臂回收外旋的同时，食指和拇指协调用力捻动拍柄，使拍面拨击球托的左侧后部，让球沿对角线飞越过网。击球后，球拍回收至胸前，为下次的来球做积极的准备。

（5）挑球技术。

正手网前挑球：准备姿势同正手放网动作。击球前前臂充分外旋，手腕尽量后伸。击球时，从右下向右前方至左上方挥拍击球。在此基础上，若球拍向右前上方挥动，挑出的是直线高球；若球拍向左前方挥动，挑出的则是对角高球。

反手网前挑球：准备姿势同反手放网动作。击球前右臂往后拉使肘引拍；击球时前臂充分内旋，手腕由屈至后伸闪动挥拍击球。若球拍由左下向左前上方挥动，则球向直线方向飞行;若球拍由左下向右前上方挥动,则球向对角线方向飞行。前场技术易出现的问题:手腕与手指运用不当,不是用力过猛,就是拍面控制不好,使击出的球离网太高、太远或落网;站位离网过近,妨碍了击球动作;击球前肘部过直。

2. 中场击球技术

(1)发球技术。

发球技术可分为正手发球技术和反手发球技术。一般来说,发平球、平高球、高远球和网前球均可采用正手发球法,基本的技术有发高远球、发平高球、发网前球和发平球。

发高远球:高远球就是把球发得又高又远,使球向对方后场上方飞去,球的飞行路线与地面形成的角度要大于45°角,使球在对方场区底线附近垂直下落。

正手发平高球:发球时,姿势、动作和发正手高远球一样,只是发力方向和击球点不同。发平高球时球运行的抛物线不大,球迅速地越过对方场区上空而落到底线附近,球在空中的路线和地面形成的仰角是45°左右。

正手发网前球:正手发网前球就是把球发到对方发球区内的前发球线附近。球拍触球时,拍面从右向左斜切击球,使球刚好越网而过,落在对方前发球线附近。

反手发网前球:反手发网前球就是运用反手发球技术把球发至对方发球区内前发球线附近。击球时球拍由后向前推送击球,使球运行弧线的最高点略高于网顶,球拍触球时,拍面呈切削式击球,使球落到对方场区的前发球线附近。

反手发平球:反手发平球与发正手球的球路、角度、落点一样。发球时,球拍的挥动方向与反手发网前球一样,只是在击球的一刹那,手腕有弹性地击球,拍面与地面的角度接近垂直,将球击到双打后发球线以内的区域。

(2)接发球技术。

单打站位一般是站在离发球线1.5米处,在右发球区站在靠近中线的位置,在左发球区则站在中间的位置。这样站主要是防备对方直接进攻反手部位,一般左脚在前,右脚在后,双腿微屈,收腹含胸,身体重心放在前脚上,后脚脚跟稍抬起,身体侧向球网,球拍举在身前,双眼注视对方。由于双打发球区比单打发球区短0.76米,发高远球易被对方扣杀,所以双打发球多以发网前球为主,接发球时要站在靠近前发球线的地方。双打接发球准备姿势和单打姿势基本相同,只是身体前倾较大,接发球时身体重心可前可后,球拍要举得高些,在球飞行到网上最高点时击球,争取主动。但要注意对方在右场区发平快球突袭反手部位。

(3)平抽快挡技术。

抽球技术:站在场区的中部,两脚平行站立,稍宽于肩,重心在两脚间,微屈膝,收腹,正手握拍举于右肩前。击球前肘关节前摆,前臂稍往后带外旋,手腕稍外展至后伸,引拍至体后。击球一瞬间前臂内旋,手腕伸直闪动,手指抓紧拍柄,球拍由右后往右前方高速平扫盖击来球。击球后手臂左摆,左脚往左前方迈一步,右脚跟一步回中心位置。

反手快挡:右手持拍为例,两脚平行开立站在左场区,重心在右脚,举拍于右侧体前。当判断来球是在左场内时,右前臂往左摆,身体稍向左转至右肩对网,左脚也往左侧迈一小步,前臂内旋,手腕外展引拍于左侧体后。击球时,前臂外旋,手腕伸直闪动,手指突然抓紧拍柄,前盖球托后部,使球比较平直地向前飞进。

（4）杀球技术。

头顶杀球：头顶杀直线球的准备姿势与头顶击高球类似，不同之处在于挥拍击球时，头顶杀直线球要靠腰腹带动上臂，协调前臂、手腕的力量形成鞭击动作，全力往下方击球，拍面与水平面的夹角小于 90°。击球点方面，杀球击球点比高远球的击球点更加靠前。头顶杀对角线的动作方法基本同上，只是击球时拍面要全力向对角线方向击球和随挥。

反手杀球：反手杀球的准备动作与反手击高球相同，不同之处是击球前的挥拍用力要大，击球点选取要更高，以便形成下压球路。跳起后身体反弓加上手臂、手腕的延伸、外展的鞭打用力，可向对方的直角或对角线的下方用力，击球瞬间球拍与扣杀球方向的水平夹角应小于 90°。

（5）接杀球技术。

接杀球在场上的使用次数与杀球次数成正比，在面对进攻火力大的对手时要做好接杀球的心理与技术准备。具体要求为两脚分开，重心降低，采用反手握拍把拍面至于体前。当对方杀出追身球时应紧盯来球，控制好拍面角度将球挡过网。当对方杀出边线球时应快速完成并步或跨步将拍面置于杀球的"弹道"轨迹上完成有效的拦截。

3. 后场击球技术

后场击球技术根据球在对方的落点和飞行的高度可以分为四大技术，分别为高远球、平高球、吊球、杀球。

（1）高远球技术。

正手击直线高球和对角线高球，起跳后手腕控制球拍，对准来球路线，快速挥拍击打球的后部，球即沿着直线飞行至对方场地的后场；若手腕控制拍面击球托的右下方，球则沿着对角线方向飞行。击球后，手臂随惯性自然回收至胸前；反手击高远球：若对方的来球飞向己方头顶的反手空域，则要迅速移动到合适的击球位置，把身体转向后方背对球网，采用反手握拍，通过手臂挥动发力、肘部折叠—伸直发力、大拇指发力的三大发力要点来把球击向对方后场。

（2）平高球技术。

在羽毛球的进阶水平中，压缩对方的击球准备时间可以通过假动作停顿来完成，也可以通过平高球路线来完成，平高球技术是在高远球技术的基础之上升级而来的。顾名思义高远球的飞行路线又高又远，优点是给己方创造更多的回位时间，缺点也是给对方更多的回位时间。与高远球相比，平高球技术更加具有攻击性，即球一样飞得很远直达对方后场，但路线不高，球飞至对方中场上空时应以对方起跳拦截不了的高度为宜。平高球技术是突击对方后场、压缩对方后移准备时间迫使对方回球不到位的主要技术。平高球难点在于对击球力量的把握，若力量掌握不当，球很容易飞出底线。

（3）吊球技术。

如果对方击来高球，可以从后场轻击、轻切、轻劈到对方近网附近的球叫吊球。吊球根据其动作方法、球的飞行弧线的不同可分为轻吊、拦吊、劈吊；根据出手的位置和球落下的位置又可作以下划分：

①正手吊直线球和对角线球：吊直线球时，击球用力的方向是朝前下方，但在击球瞬间，前臂要突然减速，用手腕的闪动向下轻轻切击球托的右侧后下方，使球越网后即下落；吊对角线球时，击球用力的方向是对角线斜下方。

②反手吊直线球和反手吊对角线球：反手吊直线球和反手吊对角线球的击球前动作同反手击高球动作类似，不同的是前臂要上摆，用拇指内侧顶住拍柄，手腕向后"甩腕"，轻击球托的后下部位，使球的飞行方向朝着直线和对角线方向落到对方的网前。

（4）杀球技术。

后场杀球与中场杀球技术动作基本无异，从杀球的空域上来理解中场杀球击球点更高，杀球落点比后场杀球更浅，中场杀球球的飞行路线短，末端球速快，更难接住。后场杀球球的飞行路线长，末端球速相比较中场杀球更慢，因此在后场杀球的路线选择上应以边线杀球、杀直线球为主。

（四）击球心理技术

1. 专注力技术

羽毛球比赛时间较长，人们的专注力又无法长期处于高度集中状态。在对拍对抗激烈的局面里，选手需要保持高度的专注力来保证对球的控制。在"死球"阶段，选手应该有效地放松自己。在"活球"阶段，选手应当双眼炯炯有神，紧盯来球，否则容易出现"敲框"和打不到球的现象。

2. 举拍意识

双打比赛中攻防转换环节里经常出现前后站位的进攻站位，网前选手面对来球的击球准备时间非常短暂。对方来球一旦过网则飞行一定距离后将开始下降，那么为保证击球点的高度，则需要网前选手在球过网至球开始下落之间将球快速击出形成网前压制。因此在对方出球一刻，己方网前选手应当将球拍快速架起，完成举拍动作，做好随时出球的准备。

三、羽毛球运动基本战术

羽毛球基本战术主要分为单打战术和双打战术。

（一）单打战术

1. 多拍拉吊

这种战术以快速、准确的落点攻击对方场区的四个角落。以平高球压制对方后场和吊球控制对方网前，调动对方前后左右奔跑移动，己方伺机向空挡进攻。这种战术对付体力差、反应和步法移动慢的对手较为有效。在综合能力均比对方强的情况下，在对手进攻能力强的情况下一般坚持这个战术能牵制对手迫使对手无计可施。

2. 重复落点

在多拍拉吊的基础之上打出四方球，有效控制网前两点和后场两点之后，对手会在移动步法速度上做出快速的回位调整。此时己方可以通过重复落点让对手在快速回中后又快速回位，从而造成对手移动较慢。重复落点战术一般结合四方球战术共同使用。

3. 后场牵制

这种战术一般通过击高球，重复压对方底线两角，造成对方长期处于后场的快速连续击球中，无暇顾及前场区域导致被动，然后己方寻找机会快速放贴网球。此战术一般对初学者后场击球不到位或移动技术不熟练、后场还击能力不强、后退步法较慢和急于上网的对手较为有效。

4. 压制反拍

在羽毛球的初学阶段大家普遍练习正手击球,反拍击球练习的次数和熟练度较低,且反拍对选手的肌肉力量和拍面角度合理性具有很高的要求,因此后场的反拍技术更难掌握。在多拍的对抗中通过回对方的后场反拍区域迫使对方出现反拍击球,反拍熟练度不高的选手会在击球后出现回球不到位的现象,甚至直接失误失分。

5. 杀吊结合

接杀球的站位普遍靠后,接吊球的站位普遍靠前,一前一后的调动可以让对手出现快速的移动。杀吊结合主要运用在对手接杀能力弱、防守意识弱的局面中使用。杀吊结合的优点还在于能打乱对手的防守节奏。

单打战术的布置理念主要是围绕:①让对手出现长距离的移动。②将球回到对手击球熟练度差的区域。③发挥己方优势,压制对方优势。

(二)双打战术

1. 攻弱点

双打比赛中对方的两名选手总有一强一弱,那么球的落点就往弱点去支配。在对方两名选手都很强的情况下,总有一人擅长后场,一人擅长前场,那么将擅长后场的选手引诱至前场来击球,把擅长前场的选手通过球路引诱至后场。若对手两人水平实在是高,则开场即对一人发起进攻,迫使其出现状态上的下滑,若打不出破绽则换另外一人进攻,长时间的进攻一人让另外一人无球可打,使其手感下滑。

2. 进攻重叠区

在双打的平行站位中其站位主要作用是防守,当对方两人平行站位,在两人之间的中路则是非常好的进攻落点,通过击打重叠区迫使对方在防守时出现"谁接球"的迟疑,从而打破对方的默契。

3. "控腰"进攻

在双打的前后站位中,后场站位的主要作用是进攻,己方的后场球员通过重杀等下压球迫使对方接杀防守出现被动从而只能选择回网前球,在较难的接杀局面下对方打出高质量的网前接杀球难度较高。若对手接杀网前球出现球过网太高,则己方网前队员可以提早举拍完成封网或者完成网前扑球。

(三)双打站位及攻防轮转

羽毛球场地虽然画出左右对称的界线,但双打两人并非始终左右站位各守一半。在双打的组合中一般高低搭配或者防守搭配较多,后场能力强的选手搭配网前能力强的选手,或者两个防守能力极强的选手组队;双打攻防转换局面有 6 种:①当己方队员回球对方后场不到位时,对手有可能出现一记杀球,此时应该快速形成左右站位,各守一半。因为前后站位并不利于防守,一旦对手杀出双打边路落点,则防守移动压力非常之大。②当己方队员在接网前球时采用挑高球则该队员立即退直线回后场进行防守(对方可能杀球),若在前场采用继续回放网前球或网前下压球则谁控网谁上网,另一人则后退形成前后站位。③双打谁发网前谁守网前,发后场则双方快速左手站位进行防守接杀。④当己方队员后退至后场接球采用杀、吊、劈等下压球则另一人方应上网,主动保护己方的前场区域。⑤当己方队员后退至后场接球采用高远球回击,则此时不采用前后轮转站位,而是继续保持左右各守一半的站位(此时对方可能杀球)。⑥连续接杀重叠区职责划分有二：一是当对方杀斜线至重叠区则球路对角线一员接球,因为球的飞行距离长,击球准备时间多,末端球速较慢,接杀难度较低;二是对方杀中路防守重叠区则己方上一拍由谁接杀的下一拍还是谁去接杀,因为击球节奏感和连贯性更好,其判断对方下一拍落点的准确性也更高。

击球假动作

　　击球假动作是羽毛球运动的魅力之一。移动能力强的选手往往可以第一时间移动至击球点附近。选手一旦提前到达击球点,则可以摆出击球动作后视对方移动的动机做出击球动作和路线上的改变,这一过程称为假动作。完成假动作击球的先决条件有二：一是提前完成步法移动;二是对各大击球技术的掌握熟练度高。新手在没有完成假动作击球的先决条件下往往容易出现击球失误,这样的失误非常可惜,从主动的局面直接导致失分。因此,击球假动作是一把不折不扣的双刃剑。

第三节　网球教学俱乐部

网球

一、网球运动概述

　　网球运动起源于法国,在当时是一种"掌中游戏"。14世纪中叶,法国王储将古式网球赠送给英国国王亨利五世。这种"掌中游戏"便传入英国,这种球的表面是使用斜纹法兰绒制作的。英国人将这种球称为"tennis"(网球)并流传下来,直到现在我们使用的球还保留着一层柔软的绒面。15世纪,这种"掌中游戏"由用手掌击球改为用木板球拍打球,并很快出现了一种用羊皮制作拍面的椭圆形球拍,同时场地中央的绳子也改为球网。16—17世纪是这种活动的兴旺时期,并逐渐形成一种比赛。在这之前,由于这种活动只是在法国和英国的宫廷中举行,所以网球运动又称为宫廷网球和皇家网球。紧随英国之后开展网球运动的国家是美国。1881年,世界上第一个全国性网球协会"美国草地网球协会"成立。

　　我国的网球运动是19世纪后期开始发展的。1953年,中国网球协会正式成立。

二、网球基本技术

(一)握拍法

　　握拍方法是打网球最基本的技术,它直接影响着拍面接触球的角度,现代握拍方法有四种：东方式握拍、大陆式握拍、西方式握拍和双手握拍法。

1. 东方式握拍法

（1）正手握拍法：东方式正手握拍法俗称"握手式"握拍法。握拍时先将拍面垂直于地面，右手与拍柄右上斜面紧贴，大拇指与食指形成 V 形，虎口对准拍柄右上斜面，拇指环绕拍柄与中指接触，手掌与食指下关节压住拍柄的右垂直面，食指稍离中指，拍柄底部与手掌根部齐平。（图 6-3-1）

（2）反手握拍法：东方式反手握拍在正手握拍的基础上向左转动 1/4，即虎口对准拍柄左上斜面，拇指末节贴在左下斜面上，食指下关节压在右上斜面上。（图 6-3-2）

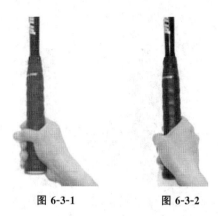

图 6-3-1　　　　　　　图 6-3-2

2. 大陆式握拍法

大陆式握拍法是把 V 形虎口对准拍柄的上平面与左上斜面的交界线上，手掌根部贴住上平面，拇指伸直围绕拍柄，食指下关节紧贴在右上斜面上。大陆式握拍正反手击球都无须换握拍。（图 6-3-3）

3. 西方式握拍法

这种握拍法俗称"大把抓"。将球拍放在地面上，用手在拍柄顶端顺手一把抓起。右手掌根贴着拍柄右下斜面，V 形虎口对准拍柄的右垂直面，正反手无须换握且同一拍面上。（图 6-3-4）

4. 双手握拍法

双手握拍常用于反手击球，方法是右手用东方式反手握拍，握在拍柄的后方，左手是东方式正手握拍，握在拍柄的前方。右手在下，左手在上。（图 6-3-5）

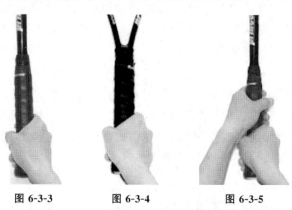

图 6-3-3　　　　图 6-3-4　　　　　图 6-3-5

以上几种握拍法,各有长处,各有特点,可根据不同的击球技术,采用不同的握拍方法。采用哪种握拍方法,要根据个人情况,在实践中试用和应用,选择最适合自己的握拍方法。

（二）正手击球

正手击球由四个技术环节组成,即准备姿势、后摆引拍、挥拍击球和随挥跟进。（图6-3-6）

图 6-3-6

1. 准备姿势

面对球网,两脚分开与肩同宽,身体略前倾,双膝微屈,重心落在两脚间,右手握拍,左手轻托拍颈,持拍于体前,拍面垂直于地面并指向对方,注意力集中,双眼注视来球,准备迎击来球。

2. 后摆引拍

当发现对方所击球朝正拍飞来时,要快速向后引拍,持拍的手臂要放松向后上方拉拍,引拍的路线要直线向后,球拍指向身后,手腕略向后伸腕,拍头向上稍高于手腕,转动双肩,重心移至后脚,左脚前踏,左肩对网,肘关节弯曲并稍抬起(注意手臂不要伸直),与此同时,左手向前伸出,以保持身体平衡。

3. 挥拍击球

击球时重心应由后脚移向前脚,此时后脚用力蹬地,以腰部转动带动上臂,用上臂带动前臂,手腕固定,使球拍从略低于腰部处开始沿着来球的轨迹向前上方挥击,击球点一般在左脚右侧偏前的腰部高度击出。

4. 随挥跟进

球触拍后,尽可能地使球拍与球接触的时间延长,以便最大限度地控制球的方向,挥拍要沿着球飞行的方向前送,重心移到前脚,身体面向前方,球拍随着挥拍的惯性结束在左肩前上方,肘关节指向前方,前臂内旋,触球的拍面朝向左斜下方,用左手在左肩外上方接住拍颈,随挥跟进结束,立即还原到准备姿势。

（三）反手击球

反手击球与正手击球相同,都由四个环节组成,即准备姿势、后摆引拍、挥拍击球和随

挥跟进。（图 6-3-7）

图 6-3-7

1. 准备姿势

反手击球的准备姿势与正手击球的准备姿势相同。

2. 后摆引拍

当来球飞向自己反手方向一侧时，扶住拍颈的左手应立即帮助右手变换成反手握拍法，随后重心移到左脚，右脚迅速向左前方跨出一小步，同时身体带动肩膀左转，向左后方引拍，引拍时肘关节自然弯曲，拍头稍翘起，指向后方，右肩或者是右背对着球网，左手始终扶着拍颈，直到开始做前挥动作为止。

3. 挥拍击球

随着身体重心由后脚移向前脚，身体的右转带动球拍由左后下方向右上方挥出，出拍前扶拍颈的左手自然松开，并保持身体平衡，前挥时手臂仍保持弯曲，直到随挥结束后才伸直。击球点应在右脚左前方，击球时球拍与右脚应在一条直线上，高度在膝和腰之间，击球的中部，拍触球时手腕绷紧，拍面与地面保持垂直。

4. 随挥跟进

击球后，球拍沿着球飞出的方向向前上方送出，重心前移落在前脚上，挥拍结束在右肩上方，拍头指向前方，身体面对球网，然后迅速恢复到准备姿势。

（四）发球

在网球比赛中，发球是唯一由自己所掌握控制的、不受对方影响的重要技术。发球质量的高低将直接关系到分数的得失，因此必须掌握良好的发球技术。发球基本技术包括：准备姿势、抛球引拍、挥拍击球、随挥跟进。（图 6-3-8）

图 6-3-8

1. 准备姿势

单打比赛发球时应站在中线附近,双打比赛时应站在中线和边线的中间。准备时,两脚前后站立,前脚约与底线成 5°角,右脚与端线平行,在左脚延长线上,左脚距端线 5～10厘米,左肩侧对网,重心落在左脚,右手握拍置于体前,左手用拇指和小指除外的三个手指指端持球。

2. 抛球引拍

发球的关键是抛球,抛好球就等于发球成功了一半。抛球时整个手臂应直臂向上抛,利用手臂向上的惯性使球平稳上抛,尽可能让球垂直向上,球的位置应在右肩的前上方,抛球高度要高于球拍的高度。右手持拍,与握球手同时下落,挥拍由前方开始从下向后上方摆起,同时做屈膝、转体、展肩的动作。后摆结束时拍头在头后指向天,身体重心随着挥摆而后移,后摆完成后重心又回移到左脚。

3. 挥拍击球

当球即将到达击球点时,拍头迅速而连贯地下落到背后,肘关节高抬,并靠身体的转动和反弓的腰腹力量将拍向前上方挥出,在最高点击球的后上方,动作要放松、协调,不能僵硬、紧张,眼睛始终盯住球,身体面对球网。

4. 随挥跟进

击完球后,应继续保持动作向前下方挥出,结束在身体的左侧,身体重心继续前移,右脚向前跨出,进入场内。完成后要注意调整所处的位置,准备回击对方来球。

(五)截击球

截击球是在网前进行的一种攻击性击球,它是在球落地之前的一种击球方式,可在场地的任何位置采用。特点是回球距离短,相对来讲球速较快,可击角度和范围大,是一种重要的得分手段。

1. 基本技术

(1)握拍法

截击球一般都是在网前,因此,在较短时间里不可能有充足的时间让你变换正反握拍法,较合适的就是用大陆式握拍法,它不用变换正反手握拍,能自如地解决各种凌空截击。

(2)准备姿势

两脚自然开立,两腿微屈,身体前倾面向球网,左手扶住拍颈,右手握拍,眼睛盯住球,球拍放于体前,拍头略高。

2. 正手截击

当球飞向正手时,立即转肩,使拍自然向右后转,如果有充裕的时间,左脚可朝左前方跨出,以增加击球的力量,拍头高于握拍手,握紧球拍,绷紧手腕,在身体右侧前方击球,动作是挡球或撞球。击球后有微微向下的随球动作,击球时保持拍头后翘,拍面后仰。(图6-3-9)

图 6-3-9

3. 反手截击

当球飞到反手位时,左手扶拍与右手同时左转,保持拍头高于手腕,右脚前跨,球拍在身体的左侧,约在左肩位置;球接触球拍时,握紧球拍,手腕绷紧,在身体左侧前方撞击球;击球后球拍向撞击球方向送出,拍面稍后仰。(图6-3-10)

图 6-3-10

(六)高压球

高压球是将对方挑来的高球加以扣杀的一种技术,若采用大陆式握拍法,抬头盯着球,侧身转体,用短促的垫步调整位置,左手高举指向击球点,右手举起球拍向后拉拍,球拍后摆做挠背动作,球拍在右肩的前方对准球心挥出,击球臂继续伸直,跟进摆动随挥动作,结束在身体左侧下方。

（七）挑高球

挑高球可分为防守性和进攻性两种。防守性挑高球是为了赢得时间、摆脱困境。进攻性挑高球是指在对方上网时,将球挑到对方后场较深处,使之被动或失误。准备时将球拍做好充分的后摆。击球时向上挥拍打球的下部,手腕紧绷,挥拍动作要尽可能向前、向上送出。

（八）放小球

放小球通常采用大陆式握拍方法。放小球的准备动作和正反手击球一样,侧身对网要求更多的手腕动作,利用前臂带动手腕的力量,使球拍沿着球的下部急剧滑动缓冲球的前冲作用,使球随着球拍的下切动作向后旋转。正反拍都可以放小球,动作要领是一样的,最重要的是突然性和隐蔽性,不能让对方看出自己的意图。

（九）接发球

接发球是网球运动中较难掌握的一项技术,一次错误的回击,常常会失分,相反巧妙的接发球,又能削弱发球者进攻的锐气,减少被动甚至可以化被动为主动。在击发球的全过程中,眼睛要始终注视来球,一直到完成回击动作,接发球时不要做大幅度的后摆动作,主要是要控制好拍面的角度并紧握球拍,以免被震而转动,选择好落点,对控制对方发球后抢攻有重要意义。

三、网球基本战术

网球战术是指运用各种基本技术组织进攻和防守的策略性方法。网球比赛不仅要求运动员具备一定的技术水平,还要能灵活运用战术,以便充分发挥优势。

（一）单打基本战术

在单打比赛开始时,通常双方都用自己最擅长的技术迎战。在摸透对方的战术后,可实施改变战术策略,以达到使对方失去节奏,消耗对方体力,最终赢得比赛的目的。

1. 发球战术

发球是最不受对方制约的技术,所以一定要充分利用,争取拿下发球局,掌握主动权。然而一成不变的发球会使对方很容易适应,并找到应对的方法。也许侥幸能拿下第一个发球局,但第二个、第三个发球局就非常危险了。具体战术:第一次发球一般要狠,第二次发球要稳,角、外角、中路三种路线相结合,上旋、侧旋、平击多变化。

2. 接发球战术

面对快速的发球,不要急于加力回球,这样往往导致失误较多。如果对方反手较弱,那就打对方的反手;对方发球动作较大就打追身球,令其没有时间调整步法。最终化被动为主动。接对方的大力发球,首先要做到少失误,力争将球击回过网;其次可以打弱点,接对方软球时,要有较强的进攻意识,要将球打到对方深区。

3. 发球上网战术

如果你能准确、快速地发出外角球,那就准备上网。注意不要一次冲到近网,没有回旋的余地。在发球线附近停顿一下,仔细观察对方回击球的情况,采取下一步行动。上网的要点是:选择适当的时机,把球发到外角时,对方接球的另一侧是空场,也就是说,对方要想把球回到场内,必须把球从靠近发球区的这一侧的球网上方回过来,否则球一定出界,所以你只需防住你发球的这个区域的来球就可以;对方的回球质量不高,可以截一个深球或者放一个小球到对方的空场区轻松得分。

（二）双打基本战术

双打比赛和单打比赛有很大的区别,双打更多地依赖配对的两个球员的默契配合以及网前的截击技术。网球双打比赛通常有以下常用的战术。

1. 双上网进攻型

男、女职业选手均可采用此类型战术,这也是近年来职业网球双打比赛中采用最多的战术。发球方发球后上网,接发球方也采用积极的进攻型接发球上网,双方四人均来到网前,通过小斜线截击或其他方式得分。①发球者:发出刁钻的一发后上网,在发球线处截击将球打到接发球方脚下,待接发球方回球时跟进到网前,在网前打出直接得分球。②接发球者:选择进攻型的接发球,回到发球者脚下,同时迅速上网,在发球线处截击把球打到对方中路,再来到网前,找机会打出得分球。③发球者搭档:根据发球落点,适时调整网前位置,盯住接球方,判断回球方向,及时上前抢网,同时注意防守双打边线和单打边线之间区域的直线穿越球。④接发球搭档:在发球线附近,防守发球者搭档的截击球,同时要提防发球方第一次截击球,根据来球,来到网前打出小斜线或高压球得分。

2. 双上网防守型

男子职业选手常采用此类型战术。由于在双上网进攻型中,两人太靠近球网,无法照顾到挑高球,因此该类型的战术重点是接发球方接发上网后,只来到发球线附近,防守发球方的挑高球,且大部分球由此人处理,接发球搭档则伺机打出截击或高压球得分。①发球者:发出刁钻的一发后上网,在发球线处截击将球打到接发球方脚下,待接发球方回球时跟进到网前,在网前打出直接得分球。②接发球者:选择进攻型的接发球,回到发球者脚下,同时迅速上网,在发球线处截击,并把球打到对方中间的战术,同时防守对方打出的挑高球,把得分机会让给网前搭档。③发球者搭档:根据发球落点,适时调整网前位置,盯住接球方,判断回球方向,及时上前抢网,同时注意防守双打边线和单打边线之间区域的直线穿越球。④接发球搭档:在发球线附近,防守发球者搭档的截击球,同时要提防发球方第一次截击球,根据来球,来到网前打出小斜线或高压球得分。

知识窗

自 1963 年起,大多数世界顶级网球赛事开始允许职业运动员参加。大满贯赛事包括澳大利亚网球公开赛、法国网球公开赛、美国网球公开赛以及温布尔登网球公开赛。这些赛事在 3 种球场展开比赛:硬场地、红土场地和草地球场。

ATP:职业网球联合会或职业男子网球协会,在 1972 年美国公开赛上成立。

WTA:国际女子职业网联,成立于 1973 年,球员总部设在佛罗里达的圣彼得斯堡。

ITF:国际网球联合会,1913 年在法国巴黎成立。

第四节　垒球教学俱乐部

一、垒球概述

垒球是一项集体竞赛项目,在一块呈直角扇形的场地上进行比赛,其亦是奥运会比赛项目。垒球运动是从棒球运动演变出来的,19 世纪 80 年代起源于美国芝加哥。1933 年,正式命名为"垒球"(soft ball)。垒球的最高组织机构为国际垒球联合会,成立于 1952 年。国际垒联的主要赛事:奥运会垒球比赛、世界垒球锦标赛、世界青年垒球锦标赛和各大洲垒球锦标赛等。

由于棒球运动需要的场地过大,雨雪天气时无法在室外开展,1887 年在美国芝加哥,人们首先将棒球场缩小并移至室内进行,时称"室内棒球"。不久,这项运动便很快发展起来了,并逐渐又转移到室外,取名为"女孩球""软球""游戏场球"等。

垒球运动是一项集体对抗性运动。它的传接球、击球和跑垒等,与田径运动中的投掷和奔跑动作十分相近,比较容易掌握。垒球运动既是竞技比赛项目也是很好的群众健身项目。垒球运动与棒球运动有许多共同之处,可以说是姐妹项目。棒、垒球的场地和器材相似,竞赛规则也基本相同。垒球与棒球的主要不同之处在于垒球球体较大,场地较小,垒间和投球距离也较短。在竞赛规则方面,垒球投手限用低手投球,跑垒员须待投手投球离手后才能离垒跑进。垒球比赛分"快速投球"与"慢速投球"两种。

目前,中国垒球协会正在采取多种方式,推进垒球运动的普及与提高。垒球运动既是一项激烈的竞技性比赛项目,又是一项有着广泛群众基础、深受大众喜爱的休闲体育运动。国际垒球联合会也已经制定了多项计划,致力于在青少年和成年女性中加大推广垒球运动,并且要在全世界范围内扩大垒球影响力。

二、垒球基本技术

(一)进攻技术

进攻技术包括击球、跑垒和滑垒等,是得分的主要手段。

1. 击球

击球有持棒挥击和持棒触击两种方法,击球员双手握棒,手指第二指关节对齐。但在慢垒比赛中,持棒触击的方法不可使用。(图 6-4-1)

图 6-4-1

挥击时,双手靠拢,前肘离身,前臂拉平,后肘不宜过于贴身,挥棒时前脚伸踏不要过大,以免影响挥棒的准确性,甚至妨碍下一步的起跑。挥棒力量主要靠后蹬、转体、拉臂、甩腕来完成。(图6-4-2)

图 6-4-2

2. 跑垒

击球后要利用挥棒的力量迅速迈出第一步,沿跑垒线冲向一垒。安全到达一垒后可以冲过垒位后返回一垒垒位,期间不可有冲向二垒倾向或从界内返回垒位,否则可被接球员触杀。有可能更进一垒时,应按照跑垒指导员的手势,及早做好拐小弯的动作,用左脚踏触一垒垒包内侧后,奔向二垒。期间须"逆时针",按照"一垒→二垒→三垒→本垒"的顺序,踏过所有垒包。

3. 滑垒

滑垒是为了避免守方的触杀,避免冲撞守队队员。滑垒共有4种姿势:单脚冲前坐势滑进;双脚冲前,单脚钩垒;双脚冲前从垒侧滑过后,翻身用手抓垒;双手冲前,用腹部滑进触垒。在滑垒中,双方均应注意避免互相冲撞和钉鞋伤人。原则上冲一垒不采用滑垒技术,慢垒的一垒与本垒不允许滑垒。

(二)防守技术

防守技术包括接球、传球、投球。

1. 接球

面向本垒或队友,两脚左右开立,两手置于胸前,眼睛注视来球。一般用双手接球,双眼注视来球,接球时双手应略微有后撤缓冲动作,以避免碰撞反弹出手。(图6-4-3)

图 6-4-3

2. 传球

以食指、中指和拇指持球,指腹触球,掌心不触球(图 6-4-4)。传球和投球一样,伸踏脚要指向目标,传出时注意扣腕,投传后要把前送和跟进动作做完,即注意完成随挥动作(图 6-4-5)。传球姿势有 3 种,即肩上传球、肩侧传球、肩下或低手传球。

图 6-4-4

图 6-4-5

3. 投球

一般采用身体正对击球员的正面投球姿势。球出手时通过手指、手腕的压、拧、拨等动作,可投出不同性能的曲线球、直线球、变速球、飘球和下坠球。

三、垒球基本战术

(一)进攻战术

进攻战术一般是按照全队所规定的战术及教练临场发的战术暗号进行,常用的进攻战术如下。

(1)等一个球战术,即投手投来的第一个球,不击,以观察投手的动作及实力。

(2)积极迎击第一个球,以达到攻其不备的目的。

（3）击出高远球时应准备牺牲自己促使同队进垒得分。

（4）打跑战术，即把球击到一垒跑垒员身后的空隙地带，使其他跑垒员安全进到二垒或抢到三垒，破坏对方企图制造双杀的机会。

（5）跑打战术，即跑垒员先偷垒，击球员随后击球。

（6）触击牺牲打，击球员用触击将球击向一垒或三垒，击出地滚球引诱守队"杀"一垒，击球员牺牲自己，使同队进垒或返回本垒得分。

（7）偷垒，垒上跑垒员在投手投球离手后抢进前面一个垒叫作偷垒。常用于一垒偷二垒或二垒偷三垒。（在慢垒中不使用偷垒）

（8）一、三跑垒员双偷垒战术，制造三垒跑垒员返回本垒得分机会。

（二）防守战术

须全队密切配合，及时移动补位和进行掩护，以防止攻队进垒或得分，常用的战术如下。

（1）接球后传一垒封杀击跑员。

（2）双杀战术，接球后传到最近垒位封杀跑垒员，随即传球到一垒，封杀击跑员造成双杀。

（3）夹杀战术，守队互相配合传球，截杀在垒间的跑垒员，逼赶跑垒员退回原垒并乘机在垒间触杀之。

（4）防止双偷垒战术，由接手指挥行动，由游击手、二垒手或投手做中间策应拦截接手传二垒的球，再传回本垒，截杀三垒跑垒员。如三垒跑垒员不抢回本垒，即由守二垒的队员接球，截杀一垒跑垒员。

（5）变幻投球战术，投手针对击球员不同弱点，投出不同的球，如快速球、变速球、曲线球或下坠球等，使击球员无法击中来球，造成出局。

（6）缩小防圈战术，为了防止击球员采用牺牲触击球战术，缩短防守距离，明确本垒前各区有人负责截接球，其余各队员应移动补位防守。

总而言之，不论是攻或守均应有统一指挥、统一暗号，平常训练时反复运用，比赛时才能配合默契，应用自如。

知识窗

怎么看垒球记分牌

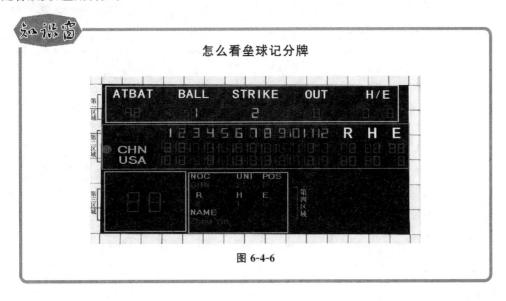

图 6-4-6

电子记分牌上划分了 4 个区域(如图 6-4-6 所示)。

第一区域有 5 列内容。

其中：

"ATBAT"指棒次,也就是指攻方第几名击球手上场;

"BALL"指坏球,是指防守方投手投出的坏球,是攻方的重要参数,投手如果投出 4 个坏球,就会被判出局;

"STRIKE"指挥棒的次数,特别需要注意的是,这并不是指打到球的次数,而是无论投手投出好球还是坏球,击球手挥棒的次数;

"OUT"指出局人数;

"H/E"中的"H"是安打数,"E"是失误的次数,失误是指守方队员失接了本该接住的球;

第一区域中的数字表明攻方的技术数据。通过第一区域,我们就可以了解到,攻方第一个上场的击球手已经出局,第二个上场的击球手已经挥棒两次,其中安打一次。

在第二区域中,1 至 12 的阿拉伯数字表示局数。垒球比赛中的"一局"指的是比赛双方各攻、防一次。一般来讲,一场垒球比赛要进行 7 局,但若后进攻的队在最后半局领先时,就可以结束比赛。如果出现平局,则要打延长局,直至分出胜负。

局数的右边有三个大写字母,其中"R"代表积分,"H"和"E"分别代表各队的安打数和失误数。在这个区域下面我们可以看到,目前是中国队对阵美国队,队名前头的红点表示中国队正在进攻。

第三区域中的数字是指投手投球倒计时,防守队的投手一定要在 20 秒内投出一球,否则会被判定为一个坏球。

第四区域表示攻击方击球手的情况。只有第四区域是可以显示彩色图像的,会出现击球手击球的特写画面。现在看到的是中国队 2 号队员周音的资料,"POS"是队员位置的缩写,"P"代表击球手。

第七章　舞美与健身操教学俱乐部

第一节　有氧健身操教学俱乐部

有氧健身操

一、有氧健身操概述

(一)有氧健身操发展概况

有氧健身操是建立在健美操运动基础之上的一种有氧运动,是健美操运动的一种新的形式。英文"aerobics"意思是"有氧健身、有氧运动"。有氧健身操属于有氧运动的一种,它不同于其他的运动项目之处目在于练习者是在音乐的配合下完成。有氧健身操就是在有氧运动的基础上,在音乐的配合下,进行长时间的、富有韵律的持续运动,是一种健身运动项目。1995年,《全民健身计划纲要》正式颁布,有氧健身操得到了飞速的发展,其间也推广了多套有氧健身操的套路,而且内容越来越规范化、动作越来越新颖。1998年,国家体育总局推出《全国健美操大众锻炼标准》,至今已推出三套。此外,国际健美操比赛项目中不再是以往的纯竞技健美操了,2017年还纳入了有氧健身操、有氧踏板等内容。有氧健身操在长时间持续的运动中,能够有效地提高心肺功能,突出有氧健身操健康、力量、美丽的特点。目前,高等院校开展的比赛都是以有氧健身操为主,有氧健身操朝着科学化和多元化的方向发展,并为健美操的变革和创新做出突出的贡献。随着《全民健身实施计划(2021—2025年)》的发布,我国健身行业方兴未艾,追求绿色、健康的休闲健身方式成为现实人的常态。与此同时,各种新媒体传播技术也使我们的健身方式产生了转变,例如,"抖音"等短视频迅速流行,新媒体传播技术正在逐步改变人们对健身方式的认知。有氧健身操作为促进我国全民健康和开展全民健身运动深度融合的重要载体,在不断完善全民健身体系、丰富大众物质文化生活、促进群众身心健康方面具有不可替代的作用。同时,有氧健身操作为群众喜闻乐见的健身方式,也将会在新媒体技术的推动下获得可持续发展的动力。

(二)有氧健身操的特点

1. 有氧健身操的独特性

有氧健身操属于有氧运动项目,它的动作讲究舒展大方,有一定的力度和韵律,吸取了人们所喜爱的各种各样的元素进行编排,在音乐的伴奏下持续完成动作,可使练习者消耗更多的脂肪,促进人体的健康,除此之外,它既注重锻炼人的外在美及艺术美,还强调陶冶人的内在美和心灵美。它吸纳人们喜欢的各种流行因素并经过创新科学有序的编排,成为具有独特功能的整体动作。保持身体重心节律性的弹动,是有氧健身操本质特征的表现,也是区别于其他项目的重要标志。

2. 有氧健身操编排的科学合理性

有氧健身操的编排是以运动生理学、运动解剖学等多种运动类学科的科学理论为依据而进行的,每套规定操所选的动作都是根据练习者的年龄、运动风格、动作结构、身体各关节的特征,经过科学的测定和分析确定的,因此具有明确的针对性和严密的科学性。

3. 有氧健身操的广泛性

有氧健身操的形式越来越多样化了,大多数是徒手动作进行练习,它不受场地、环境等条件的变化而变化。不论是在家里、公园还是其他平坦的地方都能进行有效的锻炼。此外,它还可利用一定的器械进行练习,锻炼之后产生的效果十分显著。如今,有氧健身操越来越追求舞蹈中的不同风格,吸取了舞蹈中独特的元素并与体操、形体、拉丁、爵士、街舞等风格相结合,适合不同年龄、性别的人参与。

4. 有氧健身操的多样性

有氧健身操的套路形式多种多样,可以配合设计独特、节奏变化的音乐。有氧健身操的持续时间长,不断地更换音乐会让练习者感到兴奋和有趣,避免枯燥和乏味。有氧健身操在设计上,音乐方面节奏可快可慢;在套路方面可长可短;在动作方面可易可难;在运动强度方面可强可弱,锻炼者可根据自己的喜好选择适合自己的套路进行练习。

二、有氧健身操基本技术

徒手体操动作是有氧健身操最基本的动作,是根据人体解剖学特点划分的 7 个部位的动作,即头颈、肩、胸、腰,髋部动作,上、下肢动作以及所采用的屈、伸、绕、摆动作。健身操基本动作包括基本姿态动作和基础动作两大部分,是掌握其他动作的基础。

(一)基本姿态动作

1. 手型

健身操手型主要有开掌、并掌和拳三种。

(1)开掌:五指用力分开,手腕保持一定的紧张程度。(图 7-1-1)

(2)并掌:五指并拢、伸直。(图 7-1-2)

(3)拳:五指弯曲紧握,拇指在外,指关节弯曲,压在食指弯曲部位。(图 7-1-3)

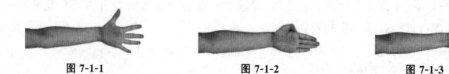

| 图 7-1-1 | 图 7-1-2 | 图 7-1-3 |

2. 头、颈部动作

(1)屈:指头颈关节角度的弯曲,包括向前屈、后屈、左屈、右屈。

(2)转:指头颈绕身体垂直轴的转动,包括左转、右转。

(3)绕和绕环:指头以颈为轴做弧形和圆形运动,包括左、右绕和左、右绕环。要求:做各种头、颈动作时,上体保持正直,速度要慢,头、颈移动的方向要准确,颈部被动肌群充分伸展。

3. 肩部动作

(1)提肩:指肩胛骨做向上的运动,包括单肩、双肩的同时提和依次提。

(2)沉肩:指肩胛骨做向下的运动,包括单肩、双肩的同时沉和依次沉。

(3)绕肩:指以肩关节为轴做小于360°的弧形运动,包括单肩向前、后绕,双肩同时或依次向前、后绕。

(4)肩绕环:指以肩关节为轴做360°及360°以上的圆形运动,包括单肩向前、后绕环,双肩同时或依次向前、后绕环。

(5)振肩:指固定上体,肩急速向前或向后摆动,包括双肩同时和依次向前、后振。

要求:提肩时尽力向上,沉肩时尽力向下,动作幅度大而有力,绕肩时上体固定,两臂放松,头颈不能前探;动作连贯,速度均匀,幅度大;振肩动作要有速度、力度和弹性。

4. 上肢动作

(1)举:指以肩为轴,臂的活动范围不超过180°,而停止在某一部位的动作,包括单臂和双臂的前、后、侧举以及中间方向的举。

(2)屈:指肘关节产生一定的角度,包括胸前屈、胸前平屈、头后屈、肩侧屈、肩上侧屈、肩下侧屈、肩上前屈、腰间屈、背后屈等。

(3)摆:指以肩关节为轴,带动手臂做钟摆式动作,包括单臂或双臂同时或依次向前、后、左、右摆。

(4)绕:指双臂或单臂向内、外、前、后做180°～360°肩的弧形运动,包括单臂、双臂绕,同时或依次向同方向和不同方向绕。

(5)绕环:指以肩关节为轴,单臂或双臂做360°的圆形运动,包括双臂或单臂做向前、向后、向内绕环。

(6)振:指以肩为轴,手臂用力摆至最大幅度,包括侧举后振、上举后振、下举后振。

(7)旋:指以肩或肘为轴做臂的内旋或外旋动作。

要求:做臂的举、屈伸时,肩下沉;做臂的摆动时,起与落要保持弧形;上体保持正直,位置准确,幅度要大,力达身体最远端。

5. 胸部动作

(1)含胸:指两肩内合,低头,缩小胸腔。

(2)展胸:指两肩外展,挺胸,扩大胸腔。

(3)移胸:指髋部固定,做胸向左、向右的水平移动。

要求:练习时,收腹、立腰。动作达到最大极限。

6. 腰部动作

(1)屈:指下肢固定,上体沿矢状轴和水平轴运动,包括前、后、左、右的屈,可以结合手臂和腿的动作做各种练习。

(2)转:指下肢固定,上体沿垂直轴扭转,包括左、右转。

(3)绕和绕环:指下肢固定,上体沿垂直轴做弧形和圆形运动,包括左、右绕和绕环。

要求:练习时,身体远端尽力向外延伸,绕环幅度要大、充分而连贯,速度放慢;腰前屈、转时,上体立直。

7. 髋部动作

（1）顶髋：指髋关节向前、后、左、右水平移动。

（2）提髋：指髋关节做急速向一侧上提的动作，包括左、右提髋。

（3）摆髋：指髋关节做钟摆式的连续移动动作，包括左、右侧摆和前、后摆。

（4）绕髋和髋绕环：指髋关节向左、右做 360°以内的弧形、圆形移动，包括向左、右的绕和绕环。

要求：髋关节做顶、提、绕和绕环时应平稳、柔和、协调，稍带弹性，上体要放松。

8. 下肢动作

（1）滚动步：两脚交替做由前脚尖至全脚掌滚动落地的动作。

（2）交叉步：一脚向另一脚前或后交叉行进。

（3）跑跳步：两脚交替进行，跑后支撑阶段有一次跳的过程。

（4）并腿跳：双腿并拢，直膝或屈膝跳。

（5）侧摆腿跳：单腿跳起，同时另一腿向侧摆动。

要求：跳跃要轻松自如，有弹性，注意呼吸配合。

9. 基本站立

（1）立。

直立：指头颈、躯干和脚的纵轴保持在一条直线上。（图 7-1-4）

开立：指两脚左右分开与肩同宽或宽于肩。

提踵立：指两脚跟提起，用前脚掌站立。

点地立：指一腿直立（重心在站立脚上），另一腿向各方向伸直，脚尖点地，包括侧点立、前点立、后点立。

（2）弓步：指一腿向某方向迈出一步，膝关节弯曲成 90°左右，膝部与脚尖垂直，另一腿伸直，包括左、右腿的前、侧、后弓步。

（3）跪立：指大腿与小腿成直角的跪姿，包括双腿跪立、单腿跪立。

图 7-1-4

要求：站立时，头正直，上体保持挺直，沉肩、挺胸、收腹、收臀、立腰、立背、直膝；弓步时，前弓步和侧弓步的重心在两腿之间，后弓步的重心在后腿，提踵立时，两腿内侧肌群用力收紧，提踵越高越好。

（二）基础步法

1. 踏步

屈膝上提大腿，小腿自然下垂，落地时用前脚掌过渡到全脚掌，两臂前后摆动，身体保持自然，两脚交替做踏地的动作。踏步包括脚尖不离地的踏步、脚离地的踏步、高抬腿的大幅度踏步。（图 7-1-5）

要求：落地时，由脚尖过渡到脚跟着地；屈膝时，胯微收。两臂自然前后摆动。

2. 吸腿跳

屈膝抬起，大腿平行于地面，小腿垂直于地面，脚面绷直，跳起时，脚离地，身体保持自然，落地时由脚尖过渡到脚跟，两

图 7-1-5

腿交替进行。要求:大腿用力上提,小腿自然下垂。(图 7-1-6)

图 7-1-6

3. 踢腿跳

一腿前踢,腿要高抬,膝盖伸直,收腹立腰。落地时还原到位,两腿交替进行。要求:踢腿时,须加速用力,上体保持正直、立腰。(图 7-1-7)

图 7-1-7

4. 后踢腿跳

两脚交替有短暂腾空过程(类似跑步),小腿向后屈,两手叉腰。要求:髋和膝在一条线上,垂直于地面,大小腿折叠。(图 7-1-8)

图 7-1-8

5. 弹踢腿跳

动力腿屈膝后摆,两膝靠拢,膝关节、髋关节运动伸直要控制,然后换后腿做。要求：大腿抬起至一定角度后,小腿自然伸直,膝关节稍有控制。（图 7-1-9）

图 7-1-9

6. 开合跳

两腿跳起分开落地,脚尖稍朝外,膝关节朝脚尖方向弯曲,蹬地还原时,脚跟并拢,膝缓冲。要求：分腿时,两腿自然外开,与肩同宽。（图 7-1-10）

图 7-1-10

7. 弓步跳

并腿跳起,落地时成前（侧、后）弓步,脚尖方向向前,身体稍前倾,立腰收腹,还原时屈膝缓冲。要求：跳成弓步时,把握住身体重心。（图 7-1-11）

图 7-1-11

知识窗

一般人在有氧健身操中一分钟消耗 15 千卡左右的热量（体重越大消耗越多），而一公斤脂肪是 3500 千卡。如果每天有氧健身操锻炼 30 分钟，在饮食没有变化的情况下一星期可减一公斤。当然这只是理论上的推算，实际上运动后多少都会多吃一点，专家建议的减肥速度是一星期半公斤，这样减下来的体重不易反弹。

第二节　啦啦操教学俱乐部

啦啦操

一、啦啦操概述

（一）啦啦操的起源与发展

1. 国外啦啦操的起源与发展

啦啦操是在音乐或口号的衬托下，借助标语、道具等表达手段，以徒手或手持轻器械的技巧动作或舞蹈动作作为载体，以团队的组织形式出现，通过展示各种具有强烈鼓动性、感染性的动作为形式，旨在体现团队意识与集体主义精神，反映朝气蓬勃的精神面貌的一项具有竞技性、观赏性、表演性的体育运动。

啦啦操最早源于为美式足球呐喊助威的活动，并借助美国职业篮球赛（NBA）逐渐在全球范围内广泛传播，至今已有一百多年的历史。啦啦操英文名为 cheer leading，其中 cheer 一词有振奋精神、提振士气的意思。2004 年，国际啦啦操联合会（ICU）成立，成为世界啦啦操的管理组织。2013 年，ICU 正式被国际单项联盟协会认可，成为世界上唯一的啦啦操单项官方体育组织。2014 年，啦操被纳入世界大学生运动会项目中。2016 年，啦啦操被国际奥运会接受为奥运临时项目，标志着啦啦操运动将进入崭新的发展阶段。

2. 中国啦啦操的起源与发展

啦啦操运动于 1998 年传入我国，最初在我国广东、广西等地区得到了推广与发展。在 2008 年北京奥运会、2010 年广州亚运会及 2014 年南京青奥会上，啦啦操作为体育表演项目进行了现场展示。2009 年，在国家体育总局体操运动管理中心（以下简称体操中心）扶持下，啦啦操运动开始了快速发展。2014 年 1 月，经体操中心批准，成立全国啦啦操委员会（China cheerleading association，CCA）。2015 年又成立了全国啦啦操委员会、省级啦啦操委员会和市级啦啦操委员会的"三级管理体系"，这为我国啦啦操项目的健康发展奠定了良好的基础和保证。2014—2015 年在发展和推进"校园足球"和"校园啦啦操"的进程中，教育部体卫艺司总结出"一校一球一操"的江阴模式和成功创设金水区"一校一品一操"的金水模式，在一定程度上又引领着全国校园体育步入一个全新的阶段，目前大部分省市教育行政主管部门都将啦啦操作为大课间的"升级版"倾力打造。

2010 年，体操管理中心创办了全国啦啦操联赛，为我国啦啦操运动的交流与发展搭建了很好的平台。目前每年的参赛人数以几何倍数迅猛增长,2015—2016 年全国啦啦操联赛有 20 余站比赛,吸引来自全国各地的 5 万多名运动员参赛,成为国家体育总局发展最快的一级官方赛事。为了推动我国啦啦操运动更快地与国际接轨,体操中心积极与 ICU 展开合作,邀请国际啦啦操专家来华授课,举办"啦啦操国际规则教练员和裁判员培训班"和"啦啦操国际级裁判员培训班",我国首批 31 名啦啦操裁判员通过了 ICU 的国际级裁判员考核,加快了我国啦啦操与世界接轨的步伐,2014 年起,中国啦啦操各级赛事都将采用最新的 ICU 国际规则。国际交流的日益频繁,推动了我国啦啦操运动的发展。啦啦操运动虽然在我国开展时间较短,但它深受广大青少年的喜爱。

(二)啦啦操的特点

1. 啦啦操的技术特点

啦啦操动作完成干净利落,上肢的发力点在前臂,手臂的 36 个基本手位均在肩关节前制动,发力速度快,制动时间短,制动之后没有延伸,身体控制精确,位置准确,啦啦操动作重心较低,在做动作的过程中膝关节不完全伸直,保持微微弯曲的状态,重心稳定,移动平稳。整个动作具有清晰的开始和结束,肢体运动中直线动作曲直分明,弧线动作蜿蜒流畅,具有很高的欣赏价值和艺术价值。

2. 啦啦操的团队特点

啦啦操区别于其他项目最显著的特点是团队精神。啦啦操是一个特殊的集体项目,一般由 6～30 名队员组成一个团队。要求队员在展示个体不同能力的基础上,注重与其他队员间的相互协调配合来完成基本动作及翻腾、抛接、托举等不同难度的配合。各队员在整套动作的完成中均能在不同的位置扮演不可或缺的重要角色,强调整个团队完成动作的高度一致性,包括动作一致性、口号一致性、难度动作配合一致性。以营造队员间相互信任的集体氛围,健康向上的团队精神,激励运动员高昂的斗志,提高团队整体的凝聚力,追求团队荣誉感,形成一种风险共担、利益共享的团队精神。一套完美流畅的啦啦操,需要依靠队员间的集体协作来完成,这是啦啦操运动有别于其他运动项目最显著的特征。

3. 啦啦操的文化特点

啦啦操文化是基于啦啦操运动发展形成的,是以表现青春活力、健康向上、团队精神、合作意识为目的的一种体育文化,其文化特点主要体现在以下几个方面。

(1)啦啦操的口号。

啦啦操与其他运动项目不同,不需要战胜对手的身体对抗,也不需要通过竞争时间和分数赢得比赛,而是依靠队员的热情吸引观众的注意。除了基本动作、技术技巧外,口号也是提高队员的气势、传达表演者激情与活力的特殊意义的工具。技巧啦啦操中的口号是由具有特殊意义的字、词或短句子组成的号召性语言。口号使用有激励性和互动性的语言,内容必须健康、文明,积极向上。口号与动作相结合,配合队旗、标志牌、花球等道具与赛场观众互动。全队人员共同参与,与赛场观众互动,形成场上场下呼应的效果。通过啦啦操的口号表达团队精神,达到振奋人心、鼓舞士气的效果。

(2)啦啦操运动与传统文化。

啦啦操内容丰富多彩,形式多种多样,通常融汇着大量本国或本土的传统文化,是体育与传统文化相结合的典型代表,在北京奥运会期间,我国啦啦操的表演除了融合街舞、机械舞等元素外,有的还融入了传统中国元素和现代竞技比赛的节奏,比如剑舞、藏舞、京剧水袖、长绸舞、水兵啦啦操、苗族反排、杂技等,不仅在动作编排中融入了大量的中国色彩,配乐也加入了一些武术的旋律作为前奏,比赛服装配以吉祥的龙凤图案、京剧服饰、水袖、长绸等。这些元素融合在一起,形成了独特的具有现代、时尚、快节奏又有中国特点的啦啦操,这是啦啦操运动和中国传统文化的完美结合。

（3）啦啦操运动与校园体育文化。

学校是啦啦操运动得以蓬勃发展的沃土,啦啦操运动以学校为发展阵地并非偶然,这与该运动本身的要求和学校的特点相吻合,学校的强大师资为啦啦操运动的广泛开展提供了平台与载体。啦啦操运动讲究集体风貌和团队精神,大学生有组织、懂纪律,富有青春,满怀激情,为啦啦操运动的发展创新创造了得天独厚的条件。啦啦操运动以校园为其生存的土壤,两者互相促进、相得益彰,校园体育文化建设对啦啦操运动有良好的导向作用,丰富多彩的校园体育文化,如大学生篮球联赛、足球联赛等,也为啦啦操的表演提供了广阔的舞台。

（三）啦啦操项目的分类

1. 技巧啦啦操

技巧啦啦操指在音乐的伴奏下,以跳跃、翻腾、托举、抛接、金字塔组合等技巧性难度动作为主要内容,配合口号、啦啦操基本手位及舞蹈动作,充分展示运动员高超的技能技巧的团队竞赛项目。

（1）集体技巧:入门级（0 级）～超级（6 级）。

（2）双人配合技巧。

（3）小团体配合技巧。

（4）集体托举。

（5）比赛日技巧。

2. 舞蹈啦啦操

舞蹈啦啦操指是在音乐伴奏下,运用多种舞蹈元素的动作组合,结合转体、跳步、平衡与柔韧等难度动作及舞蹈的过渡连接技巧,通过空间、方向与队形的变化表现出不同舞蹈风格特点,强调速度、力度与运动负荷,展示运动舞蹈技能及团队风采的体育项目。

（1）集体舞蹈:集体花球啦啦操;集体街舞啦啦操;集体爵士啦啦操;集体高踢腿。

（2）双人舞蹈。

（3）比赛日舞蹈。

二、啦啦操运动的基本技术

（一）啦啦操的 36 个基本手位

啦啦操的基本动作为 36 个手位。进行手位练习时应注意:手臂移动快速并要有控制;最短距离手臂路径,短杠杆发力;下肢扎实,髋关节微向前倾,腰腹收紧。

基本站姿准备:双脚打开与肩同宽,双手握拳,大臂夹紧身体,收腹、挺胸、提臀,重心置于前脚掌。

（1）下 H 手位。基本站姿准备,双臂直臂前下举至大腿前侧,大拳眼对前,拳心向内。

（2）下 A 手位。基本站姿准备,双臂直臂前下举至大腿前侧,两拳心向内紧贴,大拳眼对前。

（3）上 A 手位。基本站姿准备，双臂直臂上举至脸颊两侧，小拳眼对前，两拳心向内紧贴。

（4）上 V 手位。基本站姿准备，双臂直臂侧上举至身体左右两侧各 $30°\sim60°$ 位置，到位后立刻发力控制手臂定位。拳背朝上，拳心向下。

（5）下 V 手位。基本站姿准备，双臂直臂侧下举至身体左右两侧各 $30°\sim60°$，到位后立刻发力控制手臂定位。拳背朝上，拳心向下。

（6）加油手位。基本站姿准备，大臂贴紧身体，小臂前屈，与身体一拳距离，拳头高度在下巴以下。小拳眼朝前，大拳眼对自己，两个拳心紧贴在一起。

（7）长 T 手位。基本站姿准备，两手臂直臂侧平举，且手臂位于身体额状轴的前方，眼睛余光能看到拳头，拳心向下，大拳眼朝前。

（8）短 T 手位。基本站姿态准备，两手臂前平屈至肩高度，拳心朝下，大拳眼向内，小拳眼向前，两拳之间至少一拳距离。

（9）W 手位。基本站姿态准备，曲臂上举，大小臂折叠 $90°$，小臂垂直地面，小拳眼向前，拳心向内。

（10）上 L 手位。基本站姿准备，一只手臂直臂侧举至工手位，另一只手直臂上举至上 H 手位。

（11）下 L 手位。基本站姿准备，一只手臂直臂侧平，另一只手直臂前下举。

（12）斜线手位。基本站姿态准备，两手直臂往侧举，一只手侧下举，另一只手侧上举成一条直线，拳心向下，大拳眼朝前。

（13）K 手位。基本站姿准备，双臂以水平面为中轴线，直臂在体前上下打开，双臂角度为 $60°\sim90°$，拳背朝上。

（14）侧 K 手位。基本站姿准备，往侧弓步重心置于双脚之间。同侧手臂直臂在身体斜上位置拳背朝上，另一只手臂斜下位置，拳背朝上。

（15）弓箭手位。基本站姿准备，一只手臂前平屈，拳背朝上，小拳眼朝前，另一只手臂侧平举，拳背朝上，大拳眼朝前。

（16）小弓箭手位。基本站姿准备，一只手臂侧平举，拳背朝上，大拳眼朝前，另一只手臂往前屈臂，大臂贴紧身体，小拳眼朝前。

（17）短箭手位。基本站姿准备，一只手臂曲臂至腰间，拳背朝上，拳心向下，肘关节前顶，另一只手臂往前屈臂，大臂贴紧身体，小拳眼朝前。

（18）侧上冲拳手位。基本站姿准备，一只手臂曲臂至腰间，拳背朝上，拳心向下，肘关节前顶，另一只手臂侧上举呈上 V 手位。

（19）侧下冲拳手位。基本站姿准备，一只手臂曲臂至腰间，拳背朝上，拳心向下，肘关节前顶，另一只手臂侧下举呈下 V 手位。

（20）斜下冲拳手位。基本站姿准备，一只手臂曲臂至腰间，拳背朝上，拳心向下，肘关节前顶，另一只手臂斜下举，拳背朝上，手肘伸直。

（21）斜上冲拳手位。基本站姿准备，一只手臂曲臂至腰间，拳背朝上，拳心向下，肘关节前顶，另一只手臂斜上举手背朝上，手肘伸直。

（22）高冲拳手位。基本站姿准备，一只手臂曲臂至腰间，拳背朝上，拳心向下，肘关节前顶，另一只手臂上举呈上 H 手位，贴近脸颊。

(23)R手位。基本站姿准备,一只手臂屈臂放于头后,另一只手臂直臂斜下举,拳背朝上。

(24)上M手位。基本站姿准备,双臂大臂抬起至平行于地面,小臂屈曲,小拳眼朝前。

(25)下M手位。基本站姿准备,曲臂至腰间,拳背朝上,拳心向下,肘关节前顶、沉肩,眼睛余光可以看见肘关节。

(26)屈臂X手位。基本站姿准备,双臂屈臂胸前交叉,小拳眼朝前,与胸前间隔至少一拳距离。

(27)上X手位。基本站姿准备,双臂直臂上举交叉,小拳眼朝前,手臂贴紧脸侧。

(28)前X手位。基本站姿准备,双臂直臂前交叉,手背朝上,双臂平行于地面。

(29)下X手位。基本站姿准备,双臂直臂下举交叉,拳背朝前,手臂靠近身体。

(30)X手位。基本站姿准备,双臂屈臂放于头后,双拳靠近。

(31)上H手位。基本站姿准备,双臂直臂上举至耳朵的两侧,小拳眼朝前,拳心向内。

(32)小H手位。基本站姿准备,一只手臂呈上H手位,另一只手臂屈臂,大臂靠紧体侧,小拳眼朝前。

(33)屈臂H手位。基本站姿准备,双手握拳,双臂往前屈臂,大臂贴紧于身体体侧,小拳眼朝前。

(34)持烛式(前H)手位。基本站姿准备,双手握拳,双臂前平举,大拳眼朝上或手背朝上。

(35)后M手位。基本站姿准备,双臂屈臂夹肘,拳心朝上收于腰间,也称为起式位。

(36)0手位。基本站姿准备,双臂上举微屈臂,两拳相对,小拳眼朝前。

(二)啦啦操的下肢动作技术

啦啦操的下肢动作要求在短时间到达指定位置,每个步法清晰,落地铿锵有力。动作伸展时尽量不要屈膝,屈膝时角度有一定要求。膝盖与脚尖的方向保持一致。啦啦操常用的下肢基本动作有以下几种。

(1)立正站:直立,两腿并拢,手臂贴于体侧。

(2)军姿站:直立,脚跟并拢,脚尖外开,两手背于体后。

(3)弓步站:前腿弯曲,后腿伸直,重心在两腿之间,两手背于体后(也有后腿弯曲的弓步站)。

(4)侧弓步站:一腿弯曲支撑,另一腿伸直侧点地,重心在支撑腿上。

(5)锁步站:两腿弯曲,一腿交叉于另一腿前。

(6)吸腿站:一腿伸直,另一腿屈膝抬起,大小腿角度保持90°。

(三)转体技术

转体技术分为转动动力技术、转动稳定技术与转体的终止技术。

1. 转动动力技术

转体的动力来源:①身体下压然后突发性向上而产生的沿身体纵轴向上的力;②肢体与躯干左右两侧沿转动方向交换而产生的沿圆的切线方向的离心力(身体内部肌肉收缩使转动加速)。

2. 转动稳定技术

转动稳定技术来源于身体的轴与面的控制。首先在发力时,要迅速将重心稳定在一个与地面垂直的转动轴上,注意身体的肌肉应使各关节保持相对稳定的状态,转动过程中,脚、腿、髋、肩要始终控制在同一个平面。

3. 转体的终止技术

转体终止时通常采用压低重心和加大支撑面积来达到稳定的终止旋转的效果。

（四）跳跃技术

跳步类型可分为双脚起跳、单脚起跳,按动作幅度又可以分为小跳、中跳和大跳。

整个起跳过程中要控制好腰腹以起到连接作用(防止身体上下部脱节),准备时双腿微曲,手臂呈预摆姿势,抬头目视前方。起跳瞬间腿部肌肉收缩配合手臂的向下摆动给地面一个极大的作用力,地面在这一瞬间给人一个大小相同方向相反的作用力,人体受力越大腾空的高度就越高。起跳后按动作的顺序与要求由动力肢体远端带动,其他肌肉协调控制,迅速达到预定位置,然后瞬间变换至下一动作位置,注意变换动作时,如躯干需要变换,由躯干与肢体同时变换以保持身体的整体性和姿态的完美性。啦啦操常见的跳步动作有:分腿小跳、团身跳、C 跳、鹿跳、莲花跳、跨栏跳等。

（五）技巧啦啦操的难度技术

1. 托举

托举是由一人或多人组成的底座把尖子托离地面,在不同的高度空间完成不同姿态的动作造型的过程。其难点在于重心的控制和转变。负责将同伴托离地面的队员主要靠大腿在从蹲到立的瞬间将自身肌肉所发出的能量转化为被脱离地面的同伴的动能和重力势能,被托离地面的队员在离开地面的过程中要注意保持自身重心的稳定。

2. 抛接

抛接是尖子由底座从髋部开始抛至空中,在空中完成不同姿态的造型或翻转、转体等动作后,再由底座接住的动作过程。一般为一个或多个同伴将一名队员抛到空中,被抛者以一定的姿态腾空,然后再由一名或几名队员接住。被抛者的力产生于同伴,负责将其抛向空中的队员全身肌肉(主要为:手臂肌肉、腿部肌肉、腰部肌肉)协调发力,以便产生更大的能量加快被抛者在空中的速度和高度,如果是多名队员一起发力,要注意发力方向和发力时间的一致性。

3. 金字塔

金字塔是由一个或多个尖子、一个或多个底座支撑而形成的金字塔形状的托举造型,金字塔造型必须由全体队员共同参与组成,队员之间必须相互支撑,并产生相互联系,保持垂直状态,允许非垂直过渡动作。

4. 翻腾

翻腾类是指在地面上完成各种翻转和腾空类动作。包括各类滚翻、手翻、软翻、空翻及转体动作。翻腾动作禁止手持或接触任何道具。

知识窗

(1)2021 年 7 月 20 日,第 138 届国际奥委会执委会在日本东京召开。大会宣布:给予国际啦啦操联合会授予完全承认的国际地位。获得正式认可,为啦啦操项目申请成为奥运会正式比赛项目提供了极大的可能性。

(2)啦啦操"七彩星级"由红、橙、黄、绿、青、蓝、紫七个技术等级组成。

第三节　瑜伽教学俱乐部

瑜伽

一、瑜伽概述

(一)瑜伽的起源和发展

瑜伽起源于古印度,古印度人对动物的姿势进行观察、模仿并亲自体验,创立出一系列有益身心的锻炼方法。这些方法历经了几千年的演变,逐步形成了一套理论完整、确切实用的养生健身体系,并可使人们从中获益,这就是瑜伽。

到了近现代,瑜伽在印度得到了迅速的传播和发展。如今,瑜伽是印度普及性极高的强身健体和修身养性的运动形式。印度有很多专门研究瑜伽的机构和培养瑜伽专业人员的学校,越来越多的瑜伽师赴世界各地收徒授艺,推动了瑜伽在全世界的传播。中国各大健身会所也将瑜伽作为一门主要的课程。

(二)瑜伽的特点

系统地练习瑜伽能够消除疲劳,平静心境,使人保持一种舒畅宁静的状态。瑜伽与其他运动相比较,有着自身突出的特点。

1. 瑜伽适宜人群广泛

瑜伽动作安全、柔和,可避免运动伤害,从小孩到老人,甚至孕妇都可以在瑜伽老师的指导下练习。

2. 瑜伽的舒适性

瑜伽动作能够流畅、对称、柔和而又持续地让身体得到伸展和刺激,不像普通运动在某个单位时间内对某块肌肉进行强烈刺激,造成腰酸背疼,瑜伽某组动作完成之后一般都会有相应的放松动作,能对身体起到很好的拉伸与放松作用,舒适而又流畅。

3. 瑜伽不受场地、时间、经济条件的限制

练习瑜伽只需要很小的空间,能容纳双臂双腿即可;并且受时间的限制也少,一个安静的角落、一块洁净的垫子、一颗纯净的心即可。

4. 瑜伽拥有一套完整的体系

瑜伽饮食方式、瑜伽清洁法、瑜伽呼吸法、瑜伽放松术、瑜伽的冥想与静坐以及瑜伽生活方式和理念,博大精深的实践与理论体系使得瑜伽早已超越了一般体育运动的范畴。因此,瑜伽实际是一个可以全面调整修习者身体和心灵的系统,修习瑜伽能够使人得到均衡的发展。

(三)瑜伽的锻炼价值

1. 修身养性,调理身心

长期练习瑜伽能够使人平心静气、忘掉烦恼,使人更加自信、更加热爱生活。

2. 提升意识,发挥潜能

练习瑜伽能通过梳理体内的气息来调节人紊乱的心绪。当人心绪平静下来时,注意力会变得更加集中,洞察力会变得更加敏锐。

3. 消除疲劳,舒缓压力

通过练习瑜伽的呼吸法,教会练习者有意识地呼吸,使人排出体内的代谢废物,从而消除疲劳,舒解压力。

4. 促进健康,延年益寿

练习瑜伽的呼吸法和体位不仅能畅通全身的经络气血,增强脏腑机能,使人面色红润,还能促进血液循环,修复受损组织,使身体组织得到充分的营养补给。

5. 舒展身体,塑造体形

借助瑜伽呼吸法配合的各种体位,按摩身体器官,促进人体血液循环,舒展僵硬的肌肉,使关节灵活,改善人的体质,使练习者达到瘦身塑形的效果。

二、瑜伽运动的基础知识

(一)基本姿势

1. 站姿(山式站立)

基本站姿是所有站姿的起始动作。双脚并拢,大脚趾小脚趾压地,其余脚趾自然伸展即可,大腿肌肉收紧内旋,膝关节收紧上提,腹肌收紧,双肩下沉,胸腔打开,腰背挺直,下颌平行于地面,眼看前方,感受头顶天、脚踩地。

2. 瑜伽常用坐姿

坐姿的要求:腰背立直,首先受益的是胸腔不受压迫,肺泡可以充分扩张,使气息下沉,有利于血液循环,有助于消化,保持良好体态。

(1)简易坐姿。

右脚脚心向上,脚背着地,放于左大腿(根部)下方;左脚脚心向上,脚背着地,放于右大腿(根部)下方。双脚脚踝交叉,双膝下沉,放松。腰背挺直向上,双肩双臂放松下沉,下颚微收,拉长整个脊柱。双手搭放于膝盖上,两大腿和膝盖放松下沉。

(2)平常坐姿(至善坐)。

左脚跟抵住会阴,右脚跟置于左脚跟前,脚背着地,双脚脚跟前后在一条直线上,小腿可以贴在地面上,呈等边三角形。

(3)半莲花坐姿。

左脚脚心向上,脚背着地,放于右大腿内侧下方;弯曲右小腿将右脚放于左大腿上面。这时头、颈、躯干保持在一条直线上。保持这个坐姿感到极不舒服时,可以交换两腿的位置继续练习。

(4)莲花坐姿。

双手握住右脚把它放在左大腿上,脚跟位于肚脐区域下方;双手握住左脚把它放在右大腿上,双脚脚底板朝上,脊柱保持挺直,两膝关节尽量保持贴在地面上,也可两腿交换位置重复练习。如果两膝和两腿感到难受,应立刻停止练习。

(5)雷电坐姿。

双膝跪地,两小腿胫骨和脚背平放于地面。两膝靠拢,两大脚趾相互交叉,脚跟向外侧展开。后背挺直,将臀部坐在分开的双脚之间。

(二)瑜伽手印

手印是修炼瑜伽时手的姿势,是手部的瑜伽。在冥想和调息的练习中经常使用。常用的瑜伽手印有四种。

1. 智慧手印

手掌向上，大拇指与食指相扣，其他三指自然伸展。此手印可以帮助练习者很快进入平静的状态。

2. 能量手印

无名指、中指和大拇指自然相扣，其他手指自然伸展。

3. 生命手印

大拇指、小拇指、无名指相扣，其他两指自然伸展。

4. 双手合十手印

双手合十手印即阴阳平衡手印，放在胸前做成冥想的姿势，手掌之间要留下一些空间，意味着身体和心灵的合一、大自然和人类的合一。

（三）瑜伽呼吸

呼吸是生命存在的根本，但是有很多人并不知道怎样才是正确的呼吸。瑜伽呼吸是指有意识地延长吸气、屏气、呼气的时间。吸气是接受宇宙能量的动作，屏气是使宇宙能量活化，呼气是去除一切思考和情感，同时排除体内废气、浊气，使身心得到安定。有针对性地进行瑜伽呼吸法的训练，对于身心的改善是很有效果的。

瑜伽呼吸有以下三种呼吸方式。

1. 腹式呼吸

以肺的底部进行呼吸，感觉只是腹部在鼓动，胸部相对不动，这是基本的呼吸法。缓慢有意识地用腹肌呼吸，把手放在腹部，可以感觉到腹部的运动。

动作要领：两手的拇指和食指做出三角状，放在肚脐中心位置。把手放在腹部，两鼻孔慢慢地吸气，放松腹部，感觉空气被吸向腹部，手能感觉到腹部越抬越高，实际上横膈膜在下降，将空气压入腹部底层。吐气时，慢慢收缩腹部肌肉，横膈膜上升，将空气排出肺部。吐气的时间是吸气时间的 2 倍。

2. 胸式呼吸

以肺的中上部分进行呼吸，感觉是胸部的扩张与收缩，腹部相对不动。

动作要领：吸气腹部收紧微微内收上提，横膈肌上提，胸腔扩张，肋骨向两边扩张，双肩被动耸起，呼气时腹部放松，胸腔横膈肌下压，双肩和肋骨下沉，吸要充分，呼要彻底。

3. 瑜伽（完全）呼吸

瑜伽呼吸是把以上两种类型的呼吸方式结合起来完成的。肺部的上、中、下三部分都参与呼吸。腹部、胸部乃至全身都在起伏收缩。练习中会感觉到把滞留在肺部的能量放出去，同时会有新鲜的能量充满肺部。

动作要领：吸气时，慢慢地向腹部区域吸气，让空气充满腹部，腹部微微隆起，然后充满胸部，把腹部充满的空气提升到胸部并将胸部扩张到最大，可以略微提肩，使空气提到喉咙里。呼气时，胸部放松，膈肌下沉，放下肩部，腹部收紧，肚脐处向脊柱处靠拢。整个呼吸过程的连接要柔和、缓慢，不要憋气。

（四）瑜伽体位法

1. 下犬式

【方法】使身体成倒"V"形，双臂前伸，头颈向双手中间的地面延伸，能看到双腿中间

的天空,脚后跟紧挨地面不要抬起。(图 7-3-1)

【益处】消除疲劳,恢复精力,缓解脚跟的僵硬和疼痛,帮助软化脚后跟的跟骨刺;增强脚踝,使腿部更匀称;有助于缓解肩胛骨区域的僵硬和肩周炎,使腹部肌肉得到增强。由于横膈膜被提升到胸腔,因此,练习时心跳速度减缓。

图 7-3-1

【提醒】在练习下犬式的时候,往往会因为力度不够而做不到位,但要记住,瑜伽是在舒展筋骨,因此,应该把筋骨舒展到能承受的最大限度。

2. 平板支撑式

【方法】身体要伸直,肩、背、臀、脚后跟在一条斜线上,颈部放松且向前伸,肩部、手臂垂直向下用力。(图 7-3-2)

图 7-3-2

【益处】使脊柱恢复活力,对于腰部疼痛、坐骨神经痛及椎间盘突出的人有很好的效果,可增强脊柱弹性,缓解背部疼痛。由于胸部得到完全扩张,因此,还可增加肺部弹性,使脊柱区域的血液得到完全的循环,使其保持健康。

3. 骆驼式

【方法】这时的身体应成一个 O 形;头部后仰到最大限度;双肩胛向后伸展;双手扶住脚跟。(图 7-3-3)

图 7-3-3

【益处】伸展强壮脊柱,促进血液循环,对于矫正驼背和两肩下垂等不良体态有极佳的效果。

4. 战士第二式

【方法】战士第二式讲究平衡感,上身一定要竖直,左腿弓步,右腿向后伸直,右脚内勾,弓步不能弓得太靠下,臀部要绷住劲,双臂伸平,头颈摆正。(图 7-3-4)

【益处】使腿部肌肉更为匀称、强健,同时也能缓解小腿和大腿肌肉痉挛,增强腿部和背部肌肉弹性,强化腹部器官。

5. 树式

【方法】树式讲究的是无限的延伸感觉,头颈挺直,胳膊伸直向上,同时肘部向上提。(图 7-3-5)

图 7-3-4

【益处】加强腿部、背部和胸部的肌肉;加强两踝的稳定性和支撑力,改善人体体态的稳定与平衡,增强集中注意的能力;放松两髋部位,且对胸腔区域有益。

6. 三角式

【方法】上身与下身的弧线要顺畅,胯部不能为省力挺起,双臂伸展成"一"字形。(图 7-3-6)

【益处】增强腿部肌肉,缓解腿部和臀部的僵硬;缓解背部疼痛及颈部扭伤,强健脚踝、胸部;有助于消除腰部区域的脂肪。

7. 后仰式

【方法】后仰时的臀、胯、腰部向前挺,可以用手臂支撑出力使臀、胯、腰向前,注意逐步做后仰练习,切忌用力过度,使身体仰过头。(图 7-3-7)

【益处】有助于消除疲劳,使胸部得到完全伸展,伸展两腿、腹部和喉咙,强健两腕、两踝和骨盆,增强肩关节的灵活性,使神经系统得到增强,促进血液循环。

图 7-3-5　　　　　图 7-3-6　　　　　图 7-3-7

8. 蝴蝶式

【方法】此时的双腿就好像是蝴蝶的双翅,要向两边伸展到最大,挺胸抬头。(图 7-3-8)

【益处】对骨盆区域有益,使骨盆、腹部和背部得到足够的血液供应,有助于消除泌尿功能失调和坐骨神经痛,预防疝气,改善月经期不规律问题,孕期经常练习会使分娩更顺利。

图 7-3-8

9. 犁式

【方法】仰卧,手臂置于身体的两侧。吸气,抬起双腿上举越过身体,呼气,将两腿向后放在头的上方。脚趾触地。(图 7-3-9)

【益处】对整个脊柱神经网络极为有益;伸展背部可减轻和消除各种背痛、腰部风湿痛和背部关节痛;有助于消除肩部和两肘的僵硬;增强腘绳肌;有助于消除腰围线、髋部、腿部脂肪,治疗手部痉挛;促进血液循环,滋养面部和头皮;调整甲状腺,使身体新陈代谢得到改善;收缩腹部器官,促进消化功能,有助于治疗便秘和胃胀气。

10. 轮式

【方法】仰卧,双手放在身体两侧。屈腿,脚后跟紧贴大腿后侧。双手移到头的两侧,掌心贴地。吸气,拱起背部,髋部与腹部向上升起。(图 7-3-10)

【益处】这一后弯的体式可增强背部肌群的力量,放松肩关节和颈部肌肉,使脊柱得到完全的伸展,使身体更加柔软,头部供血加强,有助于释放压力。

11. 脊柱伸展式

【方法】双手抓住脚踝,身体尽量接近腿,最终双手手掌可平放在脚边的地面上。(图 7-3-11)

【益处】增强人体的弹性,伸展脊柱;身体前屈有助于强壮双肾、肝脏和脾脏;有助于缓解月经期间下腹与骨盆部位的疼痛;是倒立练习必不可少的姿势,使头脑逐渐适应增加的血流和压力。

12. 脊柱扭转式

【方法】挺直身子坐着，两腿前伸，右边小腿内收，将左脚移过右膝，将右臂穿左腿下方，双手存背后相握。（图7-3-12）

【益处】挤压、按摩脊柱周围的肌肉，刺激、兴奋脊柱神经；使背部肌肉更富有弹性，预防背痛和腰部风湿痛的发生；肝脏、脾脏得到强壮，对双肾起到按摩作用；促进肠胃蠕动，有助于提高消化和排泄功能；调整肾上腺的分泌，增强胰脏活动，有助于治疗糖尿病和轻微脊椎盘错位。

| 图 7-3-9 | 图 7-3-10 | 图 7-3-11 | 图 7-3-12 |

第四节　体育舞蹈教学俱乐部

体育舞蹈

一、体育舞蹈概述

（一）体育舞蹈的起源与发展

体育舞蹈起源于欧洲、拉丁美洲，从民间舞蹈演变而成，人们以前称它为国际标准交谊舞，原名称为"社交舞"。社交舞早在14～15世纪在意大利出现。目前，世界各国将国际标准舞简称为"体育舞蹈"，成为体育运动项目。1997年，国际体育舞蹈总会正式成为国际奥林匹克委员会会员。2000年，体育舞蹈成为悉尼奥运会表演项目。1991年5月，中国体育舞蹈运动协会成立。从1998年开始，体育舞蹈被列入中国文化部"荷花奖"的评奖单项。

体育舞蹈是一项新兴起的体育与艺术高度结合的体育项目。它使运动节奏与音乐完美结合，观赏娱乐性强。其表演具时代特色，给人带来无限的激情和震撼，很适合大学生学习，也是一项很有锻炼价值的健身活动。体育舞蹈内容丰富、风格各异，在音乐的伴奏下，不断变化的舞姿、舞步和动作节奏随之呈现。不仅能提高大学生的灵活性、协调性，使他们在和谐的音乐旋律中，实现思想与情感的交流与沟通，从中获得美的享受。在高校开展体育舞蹈活动，对提高大学生文化品位和交际能力，丰富校园文化生活，增进大学生身心健康、培养高雅气质、陶冶健康向上的情操具有重要意义。

（二）体育舞蹈的特点与分类

体育舞蹈是属于文艺范畴的舞蹈演变而来的体育项目，它兼有文艺和体育的特点，是介于文艺和体育之间的边缘项目，是以竞技为目的，具有自娱性和表演观赏性的竞技舞蹈。

1. 体育舞蹈特点

(1)严格的规范性。规范性表现在技术上的足法、方位、角度的精确要求,以及一个完整的舞蹈系统,它严格到多一分嫌过,少一分欠火。

(2)表演观赏性。体育舞蹈融音乐、舞蹈、服装、风度、体态美于一体,既有观赏的价值,又有参与的可能。

(3)体育表现性。体育表现性一方面体现在竞技性,即比成绩,拿冠军,为国争光;另一方面体现在锻炼价值上,它引起的人的生理变化是明显的,它是陶冶情操,锻炼体魄的一种极好形式。

2. 体育舞蹈分类

体育舞蹈是以男女为伴的一种步行式双人舞的竞赛项目。按舞蹈的风格和技术结构,分为摩登舞和拉丁舞两大类,按竞赛项目可分为三类:即摩登舞、拉丁舞和团体舞。摩登舞包括华尔兹、探戈、狐步舞、快步舞、维也纳华尔兹5种舞;拉丁舞包括伦巴、恰恰恰、桑巴、斗牛舞、牛仔舞5种舞。

(三)体育舞蹈的作用

1. 锻炼身体

体育舞蹈是一项新兴的体育项目,具有运动与艺术的双重性。首先来看看它的运动量,一个身高1.70米的人,他的一步距离一般为85厘米,以跳慢华尔兹为例,舞曲速度每分钟约35小节,每一小节要跳三步,由此不难推算出每分钟应该走的距离大约是90米,一场跳舞按100分钟算,那么运动量相当于步行9000米。在德国,有人对业余体育舞蹈运动员和800米跑运动员做过比较,发现他们的心率并无区别,所以说体育舞蹈的运动量实际上是相当大的。从全身状态来看,由于运动和大脑皮质的兴奋,交感神经的紧张度增高,致使心跳与呼吸次数加快。有学者观察发现,跳慢步舞时,心跳一般每分钟增加5~10次,呼吸增加1~2次,跳快步舞时心跳可增加10~25次,呼吸增加2~5次,长此以往,心肌和呼吸肌都会得到不同程度的增强。从热量的消耗上看,跳两小时可消耗热量约836千焦。另外,由于跳舞时需要很好地掌握身体重心的移动,从而使人体平衡能力得到增强。

2. 促进心理健康

大学生积极参加体育舞蹈活动,不仅能强健身体,同时还可以促进心理健康。体育舞蹈是人们交流思想、抒发情感、消除隔阂的形式之一。在优美的舞姿和轻快的乐曲相伴下,人们的心情得到放松,舞场中融洽、和谐、高雅的气氛亦能增强人们的沟通和交往意识。

3. 培养艺术修养与审美情趣

开展体育舞蹈活动不仅成为大学生建立友谊、陶冶情操、锻炼身体、提高技艺的良好形式,而且具有独特的艺术表演价值,给舞蹈者与观赏者以美的享受,令人身心愉悦,进而提高人们的艺术修养和审美情趣。体态的挺拔标志着健康、教养、礼貌、自尊,给人以愉快、振奋、富有青春活力的感觉,体育舞蹈是培养大学生审美意识和良好的气质与优雅风度的启蒙老师,是一项有益的终身体育活动项目。

4. 提高人际交往能力

体育舞蹈不仅具有健身、健心、培养艺术修养和审美情趣的作用,还具有特殊的社会价值,它是大学生开展社交活动、扩大交际圈的一种有益方式。体育舞蹈是一种国际流行的社交舞,它是沟通不同国家、不同民族情感的一种世界"形体语言",具有广泛的社交性。

二、体育舞蹈的基础知识

(一)基本技术

通过改变舞者舞步的速度、方向、性质,会产生不同的舞种。为了让初学者便于掌握,以下介绍几种常见的基本舞步。

1. 常步

常步也称为散步、走步,可分为前进步和后退步两种。前进时先用脚掌触地,过渡到脚跟擦地向前,着地后过渡到脚趾,身体重心随之移到前腿上。后退时动作相反,先用脚掌触地,然后用脚尖原地向后,脚趾着地后再过渡到脚跟,重心随之移向后腿。

2. 横步

横步分左横步和右横步两种,左横步时,左脚用全脚掌向左旁迈一步,距离约同肩宽,右脚用前脚掌向左脚并拢,重心由左腿移到刚刚并拢的右腿上,右侧横步,动作相反。

3. 并步

并步可分为向前、后、侧三种并步。以前并步为例,左脚向前迈一步,右脚用脚前掌在左脚侧点地,身体重心仍在左腿上。

4. 摇摆步

摇摆步有左右和前后摇摆两种,左脚向前一步,重心前移,然后重心移向后再向前移,再向后移是前后摇摆,向左再向右,再左移再右移是左右摇摆。

5. 舞步与音乐

音乐是舞蹈的灵魂,舞蹈是音乐的再现,舞步能体现舞者对音乐内涵的理解,舞步的变换原则也应以音乐为指导。所以学舞者要养成听音乐的习惯,在舞曲开始的前两小节,从鼓点声与低音提琴的"怦怦"声中找到拍子后再起步。通过反复听、反复练才能使脚步踩在拍子上,才能体会到旋律流动在身体中的那种出神入化的感觉。

(二)体育舞蹈动作引带与配合技巧

1. 站立与持握姿势

正确的舞姿与持握姿势是跳好交谊舞的重要因素,它不仅与动作优美有关,还直接影响双方的协调、稳定和平衡。站立姿态,男女舞伴双足并拢,脚尖正对前方,相对平衡而立。双方将自己的右脚尖对准对方的双脚中线,间距15厘米,女伴偏向男伴左旁1/3,做到肩平、背直、脚挺、膝松弛,女伴上体略向后倾。持握姿势(以闭式姿势为例),男伴先将左手伸出,四指并拢,拇指分开,待女伴右手放在拇指和四指之间后,手指弯曲将女伴的手轻轻握住,握手的高度一般与女伴右耳峰平齐为宜。男伴右手放在女伴左肩胛骨下部,手背向外,五指并拢,其右臂形成一个自然的弧度。女伴左手拇指张开,放在男伴上臂三角肌的部位,拇指在内侧,腕部和前臂放平,并把左手自然地放在男伴右臂上。

2. 正确的舞姿

舞姿是舞蹈的姿态,是跳体育舞蹈时身体各部位规定的姿势,它给人以直观、一目了然的印象,也是一个人内在气质、修养的外在表现。初学者和提高者都应重视正确的舞姿训练,以形成良好的舞姿。舞姿包括预备姿势和舞中姿势,预备姿势有"闭式""半闭式""开式"三种,舞中姿势主要包括整个动作过程中的"行步""花步变化""视觉方向""移动中心""上下肢动作协调"等。

3. 伴带技巧

长期以来,在体育舞蹈中形成了男伴始终处于主导地位,女伴在男伴的引导下,随男伴的舞步变化而变化的习惯,这种男女舞伴之间的伴带关系具有广泛的国际性。男伴的伴带技巧主要通过右手、左手和右肩随身体移动的意识,向女伴传递信息,以有效地控制女伴的身体重心,使舞步和舞姿沿着引带的方向进行与变化。如在前进中右手松弛,右臂和身体稍推向前,后退时右手轻压女伴身体,左手和右肩随着整个躯干向后移动,向女伴传递微小的拉力等。

(三)体育舞蹈基本组合

1. 华尔兹

华尔兹源于德国,也称"慢三步",是摩登舞的一种。舞曲旋律优美抒情,节奏为 3/4 的中慢板,每分钟 28~30 小节,每小节三拍为一组舞步,每拍一步,第一拍为重拍,三步一起伏循环。

2. 维也纳华尔兹

维也纳华尔兹用 V 表示,也称"快三步",是摩登舞的一种。舞曲旋律流畅华丽,节奏轻松明快,为 3/4 拍节奏,每分钟 56~60 小节,每小节为三拍,第一拍为重拍,第四拍为次重拍。基本步法是六拍走六步,二小节为一循环,第一小节为一次起伏。基本动作是左右快速旋转步,完成反身、倾斜、摆荡、升降等技巧。舞步平稳轻快,翻跹回旋,热烈奔放,舞姿高雅庄重。它是源于奥地利的一种农民舞蹈,由男女成对扶腰搭肩共同围成一个圆圈而舞,故被称为"圆舞"。

3. 探戈

探戈源于阿根廷,用 T 表示,是摩登舞的一种。舞曲节奏为 2/4 拍,每分钟 30~34 小节,每小节两拍,第一拍为重拍。舞步有快步和慢步,快步(quick step)占半拍,用 Q 表示,慢步(slow step)占一拍,用 S 表示。基本节奏是慢、慢、快、快、慢(S,S,Q,Q,S)。舞曲节奏带有停顿并强调切分音,舞步顿挫有力、潇洒豪放,身体无起伏、升降、旋转,表情严肃,有左顾右盼的头部闪动动作。它源于阿根廷民间,20 世纪传入欧洲上层社会,后流行于世界各国。

在跳探戈舞时要注意以下几个要领:

(1)基本节奏口诀是 S—S—Q—Q—S。

(2)身体重心垂直在脚上,舞动中不要摆荡和起伏。

(3)行进中注意运用脚内侧和脚外侧。

(4)巧妙地运用上体的转动,在完成各种反身动作中,做好分身动作和闭位动作。

(5)头的闪动规律是欲左先右,同时要与上身的转动相配合,而不要以头动为主。

4. 伦巴

伦巴源于古巴,用 R 表示,是拉丁舞的一种。舞曲节奏为 4/4 拍,每分钟 27~29 小节,每小节四拍,基本节奏为二、三、四、一。二、三拍为移动步,四、一拍为逗留步,即快、快、慢。乐曲旋律的特点是强拍落在每小节的第四拍,舞步从第四拍起跳,由一个慢步和两个快步组成,四拍走三步,慢步占二拍(第四拍和下一小节的第一拍),快步各占一拍(第二拍和第三拍),胯部摆动三次。胯部动作是由控制重心的一脚向另一脚移动而形成向两侧做"∞"形摆动,具有舒展优美、婀娜多姿、柔媚抒情的风格特点。其产生与西班牙和非洲的舞蹈有密切关系,后在古巴得到发展。伦巴舞富于热恋情调,是表达男女爱慕之情的舞蹈。在表现时要充分地运用躯体,才能体现伦巴的风韵和魅力。

5. 恰恰恰

恰恰恰源于墨西哥,用 C 表示,是拉丁舞的一种。舞曲节奏为 4/4 拍,每分钟 34 小节,基本节奏为二、三、四、一。二、三拍为单步,一拍走一步;四、一拍为恰恰卡,二拍走三步。胯部每小节向两侧摆动六次。恰恰恰节奏轻快,动作活泼。舞曲热情奔放,舞步花哨、利落,步频较快,诙谐风趣。它源于非洲,后传入拉丁美洲,在古巴得到发展。恰恰恰富于情趣,节奏轻快,动作活泼。舞动中应强调重心向下踩,胯部动作与伦巴舞相同,但要有力度,节奏准确,才能表现出风格。

> **知识窗**
>
> 体育舞蹈的前身又称国际标准舞,它的发展经历了原始舞蹈—公众舞—民间舞—宫廷舞—社交舞—国际标准交际舞等发展阶段。

第五节　形体芭蕾教学俱乐部

形体

一、形体芭蕾概述

芭蕾是一门古典艺术,是起源于意大利、成长于法国、成熟于俄罗斯、盛行于世界的古典舞种。它是在古希腊人体艺术的基础上发展起来的,在长期的实践中形成了科学的训练体系。芭蕾舞蹈组合是由很多不同性质的舞蹈动作串联起来的,在优美而完整的音乐伴奏下展现舞姿。芭蕾这个词是法文"Ballet"的音译,词源来自意大利文"Ballo"和由此发展而来的"Balletto"(芭蕾托),意为"跳"或"跳舞",最初的意思也只是跳某种样式的舞蹈,后来"Ballet"可表示芭蕾、芭蕾舞、芭蕾舞剧、芭蕾舞团、芭蕾音乐等。

芭蕾最初是欧洲的一种群众自娱或广场表演的舞蹈,在发展进程中形成了严格的规范和结构形式,其主要特征是女演员要穿上特制的足尖鞋,立起脚尖舞蹈。形体芭蕾是由芭蕾发展而来的一种新兴的健身方式,主要分地面素质训练、扶把训练、脱把训练等基本训练方式。形体芭蕾以健身为目的,讲究芭蕾的"开、蹦、直"三要素,在动静结合的运动中有效地消耗多余脂肪,使人练后身材会变得更修长,它能把芭蕾特有的那种优雅内涵融到生活方式中,从而改善不良的身体姿态,提升个人气质。

专业的芭蕾训练难度高,规范严格,要求精益求精,其训练课程是相对枯燥的。而形体芭蕾则以普及、健身和塑形为目的。形体芭蕾比任何一种形体训练都更精细。形体芭蕾课程是以审美的、运动的、直观的方式对学生进行教育,在美化学生的形体和外部动作的同时,它还通过真、善、美的舞蹈形象浸透学生的心理,其训练目的和意义主要是纠正或改善低头含胸、塌腰驼背等某些不良身体形态,规范形体动作和姿态,培养乐感,促进学生身心、气质、风度、仪表等方面的健康发展,从而提升大学生的综合素质。

二、形体芭蕾的基本动作

(一)站姿

站姿是学习芭蕾的第一个动作。正确的站立姿势是芭蕾开、绷、直的先决条件,是舞姿优美、身体稳定和动作灵巧的基础,同时也是挺拔身姿和轻盈步态的根本。

(1)以一位脚站立,就是两脚跟相对,脚尖向外侧展开,双脚尽量呈"一"字型。

(2)膝盖绷直,腿部内侧肌肉收紧。

(3)背部挺直,腹部收紧,不要刻意挺胸,而是感觉整个躯干向上提。

(4)双肩下沉打开,肩胛骨夹紧。

(5)双臂下沉置于身前,肘部轻轻弯曲,双手手臂内侧相对。

(6)抬头正视前方,拉长颈部线条,保持呼吸平缓。

(二)手位

学习手的位置之前必须学好手的形态:大拇指指尖要轻轻地碰到中指的指根处,其他的手指稍弯一些挨在一起放好。这种形态只是在初学时才要求这样做,因为那时学生还不能有意识地支配,控制自己的动作,因而手指容易紧张。之后手的形态变得比较自然,大拇指不必碰中指,而是朝向手心既可。下面介绍七个手位。

1. 一位

手自然下垂,胳膊肘和手腕处稍圆一些。手臂与手成椭圆形,放在身体的前面,手的中指相对,并留有一拳的距离,掌心向上。

2. 二位

手保持椭圆形,双手抬到横膈膜的高度,手心向里,手背向外。(上半身的中部,腰以上、胸以下的位置)在动作过程中,要注意保持胳膊肘和手指这两个支撑点的稳定。

3. 三位

保持二位手的形态,双臂同时向头顶鼻子的上方抬起,手心朝头顶,肘关节略向后用力掰开,双臂仍保持弧形。

4. 四位

左手不动,右手切回到二位,组成四位。

5. 五位

左手不动,右手保持弯度成椭圆形。从手指尖开始慢慢向旁打开。在过程中胳膊肘和手指两个支撑点要保持在一个水平面上。手要放在身体的前面,不要过分向后打开,起到一个延续双肩线条的作用。

6. 六位

右手不动,左手从三位切回到二位,组成六位,形成舞姿。

7. 七位

右手不动,左手打开到旁边,双手放在身体的两边。

8. 结束

双手从七位(手心朝前)划一个小半圈,手心朝下,向两边伸长后,胳膊肘先弯曲下垂,逐渐收回到一位。

9. 七个手位的姿态训练

训练时长：一般 1～3 分钟。

训练要求：保持轻松、自如、柔和、顺畅、不要紧张，手臂保持圆弧，不要见棱角。

训练提示：头眼自然配合七个手位的造型。

训练方式：脚站成小八字或者一位，伴随音乐的旋律变化变换七个手位。

训练目的：通过手位练习，减轻身体僵硬情况，使手臂更加柔软圆顺，生活中举止言行颇具气质和风度。

（三）脚位

芭蕾训练中五个脚的基本位置，是学生最早要学习的动作。不只是因为简单，而是芭蕾课堂上大部分动作都是以这五个脚位之一作为开始和结束姿态。

1. 一位脚

两脚完全外开。两脚跟相接形成一条横线。

2. 二位脚

两脚跟在一位基础上，向旁打开一脚的距离。（根据自己脚的大小）

3. 三位脚

一脚位于另一脚之前，前脚跟紧贴后脚心，前脚盖住后脚的一半。

4. 四位脚

一脚从五位向前打开，两脚相距一脚的距离。前脚跟与后脚趾关节成一条线。

5. 五位脚

两只脚紧贴在一起，一脚的后跟紧挨着另一只脚的脚尖，前脚完全遮盖住后脚。

6. 五个脚位站姿训练

训练时长：一般 3～5 分钟。

训练要求：双腿收紧、双腿外开，主要以"脚位"站立为主。

训练提示：脚位站姿可配合七个手位同时进行。

训练方式：可单手轻扶支撑物，如把杆、墙壁、椅子等，伴随音乐变化五个脚位。

训练目的：保持身体的直立，美化腿部形态；防止倒脚、拇指外翻。

（四）压腿

压腿训练可增强腿部韧带、肌腱、肌肉的伸展性，同时也能增加髋、膝、踝关节的活动范围，促进血液循环及减轻肌肉疲劳感，塑造腿部线条。

图 7-5-1

1. 压前腿

压前腿如图 7-5-1 所示。

（1）将被压腿置于把杆上，主力腿绷直，臀部向内收紧。左手扶杆，右手在不耸肩的情况下举起，保持挺胸状态拉长躯干，脚背绷直。

（2）双手按被压腿膝部，上身尽力向前俯压（或双手掰住脚掌，试着以腹部贴大腿、以胸部贴膝盖，以下颚碰脚尖，量力而为，不能一蹴而就），支撑腿和被压腿始终保持绷直状态，腿后韧带、肌腱和肌肉有明显的拉伸感。

2. 后压腿

后压腿如图 7-5-2 所示。

（1）左手扶杆，右手在不耸肩的情况下举起，保持挺胸状态拉长躯干。在右手带动下向后划弧线，尽量划到右臂指向正后方。

（2）从肩膀、上背到腰部慢慢地向后下腰，臀部保持不动。回到上身直立、举右臂的状态。

图 7-5-2

（五）蹲

1. 一位蹲

两膝对准脚尖，身体垂直地、连贯地往下蹲，以不抬脚跟，蹲到最大限度为半蹲。再继续往下蹲，迫使脚跟微抬起，臀部接近腿跟时为全蹲。全蹲直起时，边起边压脚跟至半蹲，全脚着地，双腿伸直。

2. 二位蹲

一位向旁擦出至二位，做法同一位。二位蹲时，不起脚跟。一位表二位时，重心移到主力腿上，动力腿向旁擦出，压下脚跟成二位。收回时，先推动脚背，脚尖点地，重心移到主力腿上，再擦一位。如果接着做五位蹲，可以直接收成五位。

3. 三位蹲

双手轻扶把杆，全脚站三位，一脚脚跟紧贴另一脚脚心处，双腿内侧肌向外转。保持身体直立，膝盖主动弯曲。下蹲时躯干保持垂直，在腿部外开的基础上往下蹲，胯始终向上提，后背保持挺直。身体重量均匀放在两脚上，双腿保持外开，膝盖向旁对准脚趾间，蹲到最大限度时，脚后跟不离开地面。站起时，推地膝盖伸直。

4. 四位蹲

左手轻扶把杆，全脚站四位，右手七位，一脚脚跟对准另一脚脚尖，双腿内侧肌尽量向外转开。身体保持直立，膝盖向旁对准脚趾尖主动弯曲，下蹲时腿部在外开基础上往下蹲，胯始终向上提着，后背挺直，身体重量放在两脚上，蹲到最低时，脚后跟不能离开地面。站起时，脚推地，膝盖伸直，双腿保持外开，蹲的过程注意保持节奏。

5. 五位蹲

身体保持直立姿态，膝盖朝脚尖方向主动弯曲。先做一个半蹲，在半蹲蹲到最大限度后继续下蹲，往下蹲时，腿部保持外开，躯干保持垂直，后背挺直，胯摆正并始终向上提着，脚后跟在最后不得不离开地面时才提起，蹲到最深处时不能停顿，先落脚后跟，恢复到半蹲的位置，身体重量均匀放在两只脚上，两脚推地向上拉起，转开双腿直至膝盖完全伸直。

6. 全蹲

双手轻扶把杆，全脚站一位，双腿内侧肌向外转开，在躯干保持垂直、在腿部保持外开的基础上下蹲。下蹲时，胯始终向上提着，保持后背的挺直，先做一个半蹲，在半蹲蹲到最大限度后继续下蹲，往下蹲时，在脚后跟实在不能保持在地面时，才稍抬起。身体重量要平均放在两只脚上,蹲到最深处时不能停顿,紧接着先落脚后跟恢复到半蹲的位置,膝盖伸直,双腿用力推地向上拉起,用力转开双腿直到完全伸直。蹲的过程中,膝盖要始终对着脚尖,后背对着脚后跟。(图7-5-3)

图7-5-3

（六）擦地

(1)腿部动作是一种动力腿张开和闭合的摆腿练习,在扶把的辅助下非常容易。擦地练习是芭蕾中几种不同的腿部动作之一,一只脚沿地板向外伸直,以脚尖点地结束。擦地动作可用于腿部的热身训练、腿部肌肉塑造、外开动作改善。擦地动作分为前擦地、旁擦地和后擦地。以五脚位开始,手臂轻轻地搭在扶把上。(图7-5-4)

(2)脚跟外开,一只脚慢慢地滑向前方,身体重心落在主力腿上。脚跟离地、脚尖点地,腿尽力向前方伸展。(图7-5-5)

(3)脚慢慢地滑向一侧,身体重心始终在主力腿上。脚跟离地、脚尖点地,腿尽力向外侧伸展。(图7-5-6)

(4)脚慢慢地滑向身后,身体重心始终在主力腿上。脚跟离地、脚尖点地,腿尽力向外后伸展。(图7-5-7)

(5)脚慢慢地撤回到五脚位的状态,擦地练习完成。

图7-5-4　　　　图7-5-5　　　　图7-5-6　　　　图7-5-7

（七）画圈

画圈是扶把练习中另一个常见的训练动作。画圈是动力腿完全绷直,脚尖在前方轻触地面,沿地面画一个半圆移到后方,或从后方移至前方的摆腿动作。在训练这个动作的时候,动力腿既可触碰地板,也可离地画圈。动力腿由前向后画圈叫正画圈,反之叫反画圈。

(1)手轻轻地搭在扶把上,动力腿完全绷直,脚尖在前方轻触地面,类似于擦地动作。(图7-5-8)

(2)在脚尖的牵引下,腿摆向一边,慢慢地在地板上滑动(图7-5-9)

(3)继续将腿滑向身后,脚尖轻轻地擦拭地面。脚的动作自由而流畅。(图7-5-10)

(4)脚滑动到开始的位置,脚尖始终不离地面,完成画圈动作。反方向亦可。(图7-5-11)

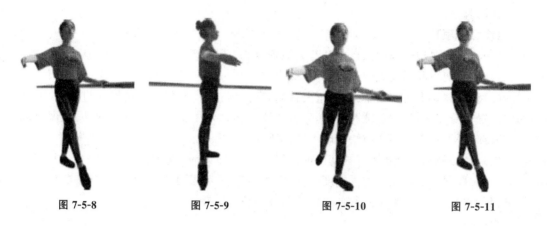

图 7-5-8　　　　　图 7-5-9　　　　　图 7-5-10　　　　　图 7-5-11

（八）小踢腿

小踢腿是一条腿急速踢起抬离地面的动作。主要训练脚踝、脚背的力量以及腿的控制和快速收缩能力，练习腿的速度和爆发力以及后背的力量，为大踢腿和弹跳做准备。

前旁后小踢腿：左手扶把，右手七位准备，站全脚一位。右腿先像擦地一样向前擦出，然后向上抬25°并停留，收回时先落下25°，腿前点地。收回时脚尖点地，擦地收回。

课堂练习

准备姿势：双手轻扶把杆，全脚站一位，身体直立，眼睛平视前方。

1~4拍擦地向前，踢向空中25°，点地，收回至一位；

5~8拍小踢腿向前踢到空中25°，点地，收回至一位。

1~8拍向旁重复以上动作。

1~8拍向后重复以上动作。

1~8拍小踢腿向旁踢到空中25°，快速点地再踢向空中25°，点地，收回一位。

每组动作可多次重复练习，先从右脚开始练习，再练习左脚，还可站五位练习。

（九）大踢腿

大踢腿对于增强腿的力量、增加动力腿活动的幅度，具有很重要的训练价值。

1. 向旁

左手轻扶把杆，全脚站一位，右手放七位，双腿内侧肌向外转开。将重心移到主力腿，经擦地过程向旁踢至90°或高于90°，在经过点地位置擦地收回一位。收回一位时，重心也放回两脚之间。

2. 向前

左手轻扶把杆，全脚站一位，右手放七位，双腿内侧肌向外转开。将重心移到主力腿，经擦地过程向前踢至90°或高于90°，在经过点地位置擦地收回一位。收回一位时，重心也放回两脚之间。

3. 向后

左手轻扶把杆，全脚站一位右手放七位，双腿内侧肌向外转开。将重心移到主力腿，经擦地过程向后踢至90°或高于90°，在经过点地位置擦地收回一位。收回一位时，重心也放回两脚之间。

【注意事项】

(1)动力腿要快速、轻巧、自由和有力地踢至90°或高于90°。

(2)动力腿踢起时要做到开、绷、直,踢出时前、旁、后的方向要准确。

(3)动力腿踢上去力量要猛,落下要控制,在点地位置不停留,经过擦地过程,收回开始的位置。身体保持垂直,腿胯上提,后背收紧结实。要注意主力腿挺立和外开,保持双肩和胯部的平整,重心不要被快速踢出的腿所扯动。

(4)向后踢腿时,上身可以被动向前倾斜,动力腿下降时,身体要主动恢复直立状态。

(5)大踢腿是运动强烈的大幅度运动,在做运动时,不要出现拱腰、身体外转、后背放松、屈膝、重心摇晃、手臂以及脸部肌肉使劲等不正确姿态。

(十)小跳

小跳(一、二、五位)以半蹲为基础,起跳过程,双膝伸直,腰要直立,头顶天花板,依靠韧性和脚背推地力,不能过高。

注意事项:

(1)始终保持身体直立,两腿外开。

(2)强调脚背用力推地,空中绷脚背,外开。

(3)落地先脚掌后脚跟着地。

(十一)压肩

(1)正对把杆半臂距离,双脚站大八字位,两臂放在把杆上。

(2)两臂向前、向下压,肩胸伸展。

(3)上身抻拉,腰背成凹型。

(4)两腿伸直,重心可随压胸动作向前偏移。

形体芭蕾服饰

(1)服装专业舞美设计的练功服。对舞蹈者来说,练功服绝不仅仅是为了漂亮,它们中每一件都有其切实的作用,最基本的要求,是要具有保护作用。紧身衣和紧身裤袜是舞蹈者在练功室最常用的基本练习服,棉和莱卡的结合会同时保有穿着的舒适和足够的弹力。而蓬松的纱裙和华丽的丝缎更多是出现在舞台上。

(2)发式也是舞蹈服饰的一部分。训练者把他们半长的头发在脑后挽成一个髻,用发网将头发固定起来,使头发不易松动和脱散,同时显示脖子和头部的线条清晰、修长,既有助于老师纠正动作,又给人挺拔向上的感觉。

(3)鞋是最重要的,它多是用柔软的薄皮革或帆布制成,大小尺寸须以较紧地包住脚为宜。

第六节 街舞教学俱乐部

一、街舞概述

(一)街舞的起源和发展

街舞的英文名称为 Hip-Hop(中文翻译为"嘻哈")从字面上看,Hip 是指臀部,Hop 是指单脚跳,Hip-Hop 则指轻扭臀部的意思。

街舞具有极强的参与性、表演性和竞赛性。随着全民健身运动的兴起,街舞开始进入各大城市的健身中心。街舞在各个艺术院校、大学校园乃至全国青少年群体中广泛传播。

(二)街舞的分类

1. 按动作类别划分

按动作类别,街舞可分为两大类,即技巧型街舞和舞蹈型街舞。技巧型街舞包括霹雳舞,其要求舞者具有较高的力量、柔韧和协调素质,跳这种类型舞蹈的青少年被称为 B-Boy 或 B-Girl。舞蹈型街舞包括爆舞(Popping)、锁舞(Locking)、电流(Wave)等多种风格,不同于霹雳舞那样需要较高的技巧,但要求舞者的动作更加具有协调性、艺术性以及肢体灵活性和控制力。

2. 按年代发展的顺序划分

按年代发展顺序分类,街舞包括两大类:旧流派和新流派。旧流派包括锁舞、机械舞、霹雳舞、电流等;新流派包括除了霹雳舞以外的各种街舞,一般更"温和",没有太大幅度的脚下移动,只增加了许多头部和手部动作,重视的是身体上半部的律动。同样的一段节奏内,新流派显得更多变而流畅,更加崇尚自然流露,而旧流派音乐节奏较密集。

3. 中国健美操协会对街舞的划分

根据中国健美操协会审定的《全国街舞比赛评分规则》的最新版本,可将街舞分为三类——健身街舞、流行街舞和轻器械街舞,其中流行街舞又分设男子单人、女子单人、集体和斗舞。

健身街舞:在街舞风格的音乐伴奏下,以街舞的基本动作为表现形式,以健身为主要目的。要求动作必须显示身体全面的协调能力,能够体现身体动作的均衡性(包括上、下肢及身体左、右两侧的平衡发展)。动作设计中应包含一种或多种类型的街舞动作,避免重复。动作的设计突出健身目的,要以肢体的大幅度动作和步法移动为主,体现一定的运动强度,应避免长时间的停顿,要遵循健康和安全的原则。动作中不得出现技巧性难度动作和对身体易造成伤害的动作(如关节过度伸展等动作)。

流行街舞:源于美国 Hip-Hop 文化,始于黑人街区的一种自由、松弛、夸张、独特的舞蹈和运动形式。包括集体(Hip-Hop Crew、Breaking Crew),单 A(Dancer 男和女,或 B-Boy 与 B-Girl)、斗舞(Battle)。动作完成轻松流畅,感觉细腻,技术到位。例如,Popping 要求肢体动作灵活,肌肉震动明显,震动方法正确;Locking 要求动作干净利落、舒展有力、张弛有度;House 要求动作轻盈潇洒、协调自如、变化丰富;Breaking 要求动作技术准确、完成到位、没有失误,能充分体现身体的能力;Battle 要求有良好的团队士气和热情文明的作风,善于临场的即兴发挥,体现出街舞自由、快乐、幽默、挑逗等特点和与观众互动的热烈气氛,但不允许与对方有身体接触和出现不健康、侮辱性的动作。

轻器械街舞:在街舞的音乐伴奏下结合街舞的基本动作,运用轻器械(如踏板、健身球、篮球、滑轮等)表现的一种运动形式。动作要求体现出对器械合理和充分的运用,并能够正确地表现出器械的特点。

二、街舞的基本技术

(一)律动技术

律动是街舞的基本动作的技术形式,身体随着音乐起伏和摇摆,胸腔有重拍地连续不断地双向运动,配合气息的运用上下起伏,一般分为重拍向上和重拍向下两种。up 是"上"的意思。所以 up 律动就是整个身体向上拉。这个动作的姿态主要靠胸、腰、腿和手臂的同时配合完成。颈部向上提,下颌向内收;胸部尽量向斜上方挺出;收腹;双腿拉直;手臂半握拳下垂。down 是"下"的意思。down 律动就是整个身体向下压。动作姿态同样是需要颈、胸、腰、腿和手臂的同时配合完成。向下的律动其实就是在向上的基础上把以上身体部位向相反方向做运动。具体动作为颈向下放、下颌上抬;胸部尽量向斜下方收回;腰向前挺出;双腿弯曲;手臂提起,半握拳。

up-down 律动连接:掌握了向上和向下的身体姿态后,就可以把"up"和"down"按照匀速连接起来做。注意每一组"up-down"是用一拍完成,即"up"半拍,"down"半拍,整个躯干在做"up-down"的时候始终呈"S"状。掌握了"up-down"律动后,就可以学习舞步了。

(二)弹动技术

身体弹动有节奏:身体的弹动主要体现在各个关节(踝、膝、髋、肩、肘、胸)等,包括膝关节的弹动、踝关节的缓冲、髋关节的屈伸。动作技术可以让舞者把握住健身街舞的动作特点,尤其是肢体放松,双膝始终处于微屈或弹动的状态,整个身体动作的感觉是结合胸腔的"上下起伏"一起做的,身体其他部位的弹动也要靠相关肌肉的控制及交替收缩来实现,使动作律动感很强且收弛自然。它特别强调舞者的肢体自控能力和极度夸张的表现力,对身体关节起保护作用,避免运动损伤。在教健身街舞动作时,按照教练员的分解动作程序进行,比如先学好下肢的动作,再逐渐加上上肢、头部动作,先慢后快,不急于求成。例如,在最基本的点地和提膝动作中,踝关节的缓冲和髋关节的屈伸动作往往与之协调配合,使动作律动感很强且松弛自然,对关节也起到保护作用。

(三)控制技术

健身街舞的控制技术主要表现在肌肉的用力方式和用力顺序两方面。健身街舞的多数动作有很强的动感和力度美,为了表现这一特色,需要频繁地使用肌肉的爆发力,因此肌肉的紧张与松弛必须协调控制,才可以达到应有的动作效果。

(四)重心的移动和转换技术

健身街舞的重心移动技术主要表现在动作的方向变化上,前、后、左、右的移动,使身体运动的路线发生丰富的变化。健身街舞的重心移动技术主要是靠左、右脚支撑的变化过渡来实现的,除了上肢和躯干的动作之外,这一技术动作占据了很大的比例,它使健身街舞动作具有律动感和技巧性,从而展现健身街舞的基本特色。

三、健身街舞的相关术语

健身街舞的动作包括头颈、肩、胸、腰、髋、上肢、下肢、膝踝、躯干的律动。通过关节的屈伸、转动、绕环、摆振、波浪形扭动等形式连贯组合,既突出各个环节的各部分独立运动,又充分发挥上肢与下肢、腹部与背部、头部与躯干动作的协调配合。

(一)上肢动作基本术语

(1)举:结合身体的上下律动起伏,手臂抬起并固定在某一方位上的姿势,有前举、侧举、后举、侧上举、侧下举、侧前举、斜下举、斜前下举等。

(2)屈:手臂关节角度缩小的动作,胸前平屈、两臂上屈抱头、两臂肩侧依次屈等。

(3)伸:手臂关节角度扩大的动作,有手臂前伸、上伸、侧伸等。

(4)摆动:在某一平面内,自然地由某一部位匀速运动到另一部位,手臂摆动以肩关节或者肘关节为轴,有前后摆动、左右摆动、上下摆动等。

(5)振:手臂做加速度的摆,有臂上后振、臂侧后振等。

(6)绕和绕环:手臂上举或侧举、前举和下垂姿势开始,做向前、向后、向内、向外、向左、向右的绕和绕环。

(7)撑:手和身体某部分同时着地的姿势。

(8)提:由下向上的运动形式,如提肩。

(9)沉:放松下降的动作形式,如沉肩。

(二)躯干动作基本术语

(1)屈:脊柱在矢状面和额状面的角度减小,如上体前屈、左右侧屈等。

(2)倾:身体与地面形成一定角度,如前倾。

(3)转:沿着身体的垂直轴旋转,如上体左转、上体右转。

(4)振:上体做加速度摆动,如前屈振、侧屈振。

(5)含:两肩胛骨外开,胸部内收,如含胸。

(6)挺:胸部和腹部向前展开。

(7)绕环:沿着身体的垂直轴绕环,如上体左右绕环。

(8)波浪:指身体某部分临近的关节按顺序做柔和屈伸的动作,如前波浪、侧波浪、后波浪等。

(三)肢体术语

(1)冠状面:于左右方向垂直将人体分为前后两部分的切面。

(2)矢状面:于前后方向垂直将人体分为左右两部分的切面。

(3)水平面:于水平方向横断将人体分为上下两部分的切面。

(4)冠状轴:左右平行于地面,与矢状面互相垂直的轴。

(5)矢状轴:前后平行于地面,与冠状面互相垂直的轴。

(6)垂直轴:上下方向垂直于水平面的轴。

(7)同侧:同侧上下肢动作的配合,如左腿、左手。

(8)异侧:不同侧上下肢动作的配合,如左腿、右手。

(9)同面：上下肢动作在同一个运动面完成，如下肢侧移动同时手臂侧摆动。

(10)异面：上下肢动作不在同一个运动面完成，如下肢向前移动同时手臂侧摆动。

(11)同时：上下肢同一时间完成动作。

(12)依次：上下肢按顺序完成同一性质的动作。

(13)双侧：双臂同时完成同样的动作或下肢依次做相同的动作。

(14)单侧：单臂完成单个方向的动作。

(15)对称：双臂同时完成相同的动作或下肢依次完成不同方向但相同的动作。

(16)不对称：双臂同时完成不同的动作或下肢依次做不同的动作。

(四)健身街舞基本步法术语

(1)膝步：提膝侧滑拖拽。

(2)恰恰恰：三个交替的右左右步法。

(3)快滑步：并腿，迈出一步同时小跳换脚。

(4)双时步：向前低的踢腿，接后垫步。

(5)海豚式波浪：开腿立，全身波浪式起伏。

(6)疯克踏步：踏步。

(7)疯克提膝步：结合重心起伏提膝。

(8)侧交叉步：向侧交叉步法。

(9)开合步：开并开步法。

(10)珍妮特辗转步：并脚平行转动。

(11)爵士十字交叉步：前踢腿接十字交叉步。

(12)踢点步：前踢腿接侧点地。

(13)上下波浪：两臂之间分九个部位的扭曲而完成的水平波浪、头到脚的垂直波浪、一侧手指到另一侧脚部的交叉波浪、双腿和肩臂之间众多身体部位波浪。

(14)转膝踢步：扭转双膝向斜下方踢腿。

(15)并步：向侧迈步收腿。

(16)侧弓步滑步：弓步向侧滑动。

(17)弓步后蹬：弓步向后蹬。

(18)机器人步：小跳并步。

(19)轴转步：单脚转体。

(20)滚动步：双脚依次压动，跟掌转换。

(21)踢跳接脚跟碾动：小踢腿，跳起，接脚跟碾动。

(22)跳接脚跟拈步：小跳接脚跟脚掌碾动，脚掌向内、外碾动。

(23)太空步：双脚依次后滑。

(24)漫步：双脚依次向前、向后迈步。

(25)蝴蝶步：从站立位置两腿分开，膝关节上提并向内、向外。

(26)蹲：双膝并拢下蹲。

(27)小跳垫步：小跳重心提起下落，右脚后插，左脚后斜前落地。

(28)斜跨步：斜前顶髋胯部。

（五）方向移动术语

(1)原地：动作无移动，地点不发生变化。

(2)移动：身体按照相应的方向运动的方式，地点发生变化。

(3)向前：向着前面参考点的方向运动的方式。

(4)向后：向着后面参考点的方向运动的方式。

(5)向侧：向着身体侧面参考点的方向运动的方式。

(6)转体：身体绕垂直轴转动，可以原地也可以绕着定点完成。

(7)顺时针：动作完成过程的路线与时针运动方向相同。

(8)逆时针：动作完成过程的路线与时针运动方向相反。

第七节　排舞教学俱乐部

一、排舞概述

排舞(line dance)是一项融合各国民间舞蹈的多元文化魅力，将音乐和固定舞步融合在一起，一人或多人通过风格各异的舞步循环，来愉悦身心的国际性体育运动。它通过把各种舞蹈和音乐元素组合优化、融合创新，成为一项内容丰富、风格多样的休闲健身运动。

排舞最早萌芽于美国西部乡村民间社交舞。因此关于排舞的起源，我们可以参考社交舞的演进过程，对排舞的起源、性质和它的发展方向作一个合理的分析。

19 世纪初，社交舞随着欧洲移民传入美国，在发展过程中，美国的一些社交舞者意识到跳舞时可以不用总是按方块或者圆形站位男女结伴跳，大家可以单独或站成一排排跳，这便是排舞的萌芽形式。

20 世纪 80 年代早期，随着西部乡村音乐在美国的大流行，为配合西部乡村音乐的传播，现代排舞正式诞生。20 世纪 90 年代初，排舞进入全面发展阶段。这一时期，排舞逐渐脱离乡村音乐的束缚，开始寻求大量其他风格的舞蹈和音乐。如拉丁舞、嘻哈舞、爵士舞、踢踏舞等多种舞蹈形式，并随着特定的循环节奏交替旋转起舞。

2008 年北京奥运会后，排舞在我国得到迅猛发展，全国 30 余个省、市、自治区都开始了排舞推广普及活动。同年 3 月，全国首期排舞运动培训班在北京隆重举行，这标志着我国开始全民启动排舞运动的推广和普及。目前，我国许多大中小学校已经将排舞列入学校体育大纲，排舞成为学生课间操、课余体育锻炼和学校庆典表演的重要内容。

二、排舞的基本技术

（一）排舞动作方向术语

动作方向是指人体或人体某一部分运动的指向或位置。为了正确辨别身体方向和检查动作旋转的角度，方便理解和记忆套路动作，国际排舞协会规定以时钟的方向作为运动方向。因此，动作方向的参照体前者是时钟，后者是人体。

(1)时钟 12:00 方向：人体直立时胸部所对的方向。

（2）时钟 3:00 方向：人体直立时右肩所对的方向。

（3）时钟 9:00 方向：人体直立时左肩所对的方向。

（4）时钟 6:00 方向：人体直立时背部所对的方向。

（5）顺时针方向：按时钟的 12:00、3:00、6:00、9:00 钟方向依次完成动作的方法。

（6）逆时针方向：按时钟的 12:00、9:00、6:00、3:00 钟方向依次完成动作的方法。

（二）排舞步法技术

表 7-7-1　排舞步法技术

编号	舞步名称	节拍	基本类型	舞步描述
1	跳	1	双脚跳	1. 双脚同时起跳，双脚落地
			爵士跳	1. 单脚起跳，双脚落地
		12	开合跳	1. 双脚起跳，分开落地 2. 双脚起跳，并脚落地
2	扇形步	12	脚尖扇形步	1. 单脚尖向外（向内）平展 2. 脚尖还原
				1. 双脚尖向外（向内）平展 2. 脚尖还原
			脚跟扇形步	1. 单脚跟向外（向内）平展 2. 脚跟还原
				1. 双脚跟向外（向内）平展 2. 脚跟还原
3	摇摆	12	前摇摆	1. 右脚前进；2. 重心回左脚
			后摇摆	1. 右脚后退；2. 重心回左脚
			左/右摇摆	1. 右脚向右一步；2. 重心回左脚
4	旋步	12	左/右旋步	1. 左脚跟、右脚尖同时向右转动； 2. 左脚尖、右脚跟同时向右转动
			跟旋步	1. 双脚跟一起向左（右）转动 2. 双脚跟复位
			尖旋步	1. 双脚尖一起向左（右）转动 2. 双脚尖复位
5	抛锚/支撑步	1&2	左/右抛锚步/支撑步	1. 右脚至左脚跟后成三位脚；&. 左脚原踏地； 2. 右脚原踏地
6	恰恰步	1&2	左/右恰恰	1. 右脚向右一步；&. 左脚并步； 2. 右脚向右一步
7	海岸步	1&2	左/右海岸步	1. 右脚后退；&. 左脚并步；2. 右脚前进
			反向海岸步	1. 右脚前进；&. 左脚并步；2. 右脚后退
			海岸交叉步	1. 右脚后退；&. 左脚并步；2. 右脚前交叉

续表

编号	舞步名称	节拍	基本类型	舞步描述
8	踢换脚	1&2	踢换脚	1. 右脚踢；&. 右脚还原； 2. 左脚原地踏（点、侧点、前交叉等）
			踢侧开	1. 右脚踢；&. 右脚向右一步；2. 左脚向左一步
9	跟掌交叉步	1&2	左/右跟掌交叉步	1. 右脚跟侧点；&. 右脚向右一步； 2. 左脚向左一步
10	锁步	1&	前锁步	1. 右脚进；&. 左脚锁在右脚后
			后锁步	1. 右脚退；&. 左脚锁在右脚前
11	曼波步	1&2	前曼波	1. 右脚前进；&. 重心回左脚；2. 右脚并步
			后曼波	1. 右脚后退；&. 重心回左脚；2. 右脚并步
			左/右曼波	1. 右脚向右一步；&. 重心回左脚；2. 右脚并步
			曼波交叉步	1. 右脚向右一步；&. 重心回左脚； 2. 右脚前交叉
12	水手步	1&2	左/右水手步	1. 右脚后交叉；&. 左脚左踏；2. 右脚右踏
			水手交叉步	1. 右脚后交叉；&. 左脚左踏；2. 右脚前交叉
13	桑巴步	1&2	左/右桑巴步	1. 右脚前交叉；&. 左脚向左一步，重心留在右脚； 2. 右脚原地踏
			桑巴交叉步	1. 右脚前交叉；&. 左脚向左一步； 2. 右脚前交叉
14	剪刀步	1&2	左/右剪刀步	1. 右脚向右一步；&. 左脚并步；2. 右脚前交叉
15	夜总会二步	12&	左/右夜总会二步	1. 右脚向右大侧步； 2. 左脚至右脚跟后成三位脚；&. 右脚前交叉
16	桃乐茜步	12&	左/右桃乐茜步	1. 右脚右斜角进； 2. 左脚锁在右脚后；&. 右脚右斜角进
17	苹果杰克	1&2&	苹果杰克	1. 左脚尖向左同时右脚跟向右；&. 还原； 2. 左脚跟向左同时右脚尖向右；&. 还原
18	趾踵步	1&2&	尖趾步	1. 右脚尖前点地；&. 右脚跟踏下； 2. 左脚尖前点地；&. 左脚跟踏下
			跟趾步	1. 右脚跟前点地；&. 右脚掌踏下； 2. 左脚跟前点地；&. 左脚掌踏下
19	开关步	1&2&	脚尖开关步	1. 右脚尖前（侧）点地；&. 右脚还原； 2. 左脚尖前点地；&. 左脚还原
			脚跟开关步	1. 右脚跟前（侧）点地；&. 右脚还原； 2. 左脚跟前点地；&. 左脚还原
20	杂耍步	1&2&	左/右杂耍步	1. 左脚右前踏；&. 右脚右踏； 2. 左脚跟左前点；&. 左脚并右脚

续表

编号	舞步名称	节拍	基本类型	舞步描述
21	闪烁步	123	左/右闪烁步	1. 右脚前交叉;2. 左脚向左一步;3. 右脚并左脚
22	纺织步	123	左/右纺织步	1. 右脚前交叉;2. 左脚向左一步;3. 右脚后交叉
23	糖果步	123	左/右糖果步	1. 右脚尖点地,右膝关节内收;2. 右脚跟点地,右膝关节外展;3. 右脚前交叉
24	平衡步	123	左/右前进平衡步	1. 右脚进;2. 左脚并步;3. 右脚原地踏
			左后/右后退平衡步	1. 右脚退;2. 左脚并步;3. 右脚原地踏
25	反抑制步	123	左/右反抑制步	1. 左脚右前踏;2. 重心回右脚;3. 左脚左踏
26	查尔斯顿步	1~4	查尔斯顿步	1. 右脚前踏;2. 左脚前点;3. 左脚后踏;4. 右脚后点
			查尔斯踢步	1. 右脚前踏;2. 左脚前踢;3. 左脚后踏;4. 右脚后点
27	骆驼步	1~4	骆驼步	1. 右脚前进;2. 左脚锁在右脚后;3. 右脚前进;4. 左脚锁在右脚后
28	摇椅步	1~4	左/右摇椅步	1. 右脚前进;2. 重心回左脚;3. 右脚退;4. 重心回左脚
			反向摇椅步	1. 右脚退;2. 重心回左脚;3. 右脚进;4. 重心回左脚
29	爵士盒步	1~4	左/右爵士盒步	1. 右脚前交叉;2. 左脚退;3. 右脚右踏;4. 左脚前交叉(并步、侧点等)
30	藤步	1~4	左/右藤步	1. 右脚右踏;2. 左脚后交叉;3. 右脚右踏;4. 左脚前交叉(左脚并、点、刷等)
31	伦巴盒步	1~8	左/右伦巴盒步	1. 右脚向右一步;2. 左脚并步;3. 右脚前进;4. 停顿;5. 左脚经右脚向左一步;6. 右脚并步;7. 左脚后退;8. 停顿
32	兜风步	1~8	兜风步	1. 右脚向右一步;2. 左脚后交叉;3. 右转1/4脚进;4. 左脚进;5. 右转1/2重心放右脚;6. 右转1/4左脚向左一步;7. 右脚后交叉;8. 左脚向左一步
33	钻石步	12&34& 56&78&		1. 左脚左踏;2. 右转1/8右脚后踏1:30;&. 右脚后踏;3. 右转1/8右脚右踏3:00;4. 右转1/8左脚前踏4:30;&. 右脚前踏;5. 右转1/8左脚左踏6:00;6. 右转1/8左脚后踏7:30;&. 右脚后踏;7. 右转1/8右脚右踏9:00;8. 右转1/8左脚前踏10:30;&. 右脚前踏
34	侧滑步	1&.		1. 右脚跟向右旋转同时右脚尖右侧点地;&. 左脚尖向右旋转同时吸右腿
35	侧踹(拉)	1&.		1. 右脚向右踹出同时左脚向左滑动;&. 右脚收回吸腿同时左脚回原位

续表

编号	舞步名称	节拍	基本类型	舞步描述
36	前卡/后卡	1&2&		前卡:1. 右脚向前滑步同时左脚跟前点地;&. 右脚回原位同时吸左腿 后卡:2. 右脚向后一步同时左脚跟向前滑出;&. 左脚回原位同时吸右腿
37	蛇步	1&2&		1. 右脚跟向左前方擦地前进,脚尖翘起;&. 左脚并于右脚后;2. 转动右脚尖向右前方,脚跟擦地前进;&. 左脚并于右脚后
38	搓步	1&2&		1. 右脚向右后滑步同时左脚向左前点地;&. 左脚回原位右转 1/4 同时右脚向后抬;2. 左脚向后滑步同时右脚经左脚内侧搓向斜前方,脚跟点地;&. 右脚回原位左转 1/4 同时左脚向后抬
39	奔跑步	&1&2		&. 吸右腿同时左脚后滑;1. 右脚前落同时左脚后滑;&. 吸左腿同时右脚后滑;2. 左脚前落同时右脚后滑
40	飘步	&1&2		&. 吸右腿同时左脚向左滑步;1. 右脚原地落下同时左脚掌向左后方滑动;&. 吸左腿同时右脚向右滑步;2. 左脚原地落下同时右脚掌向右后方滑动
41	蝴蝶步	&1&2 &3&4		&. 两脚跟同时外旋;1. 右脚向前同时两脚跟内旋;&. 两脚跟同时外旋;2. 左脚向前同时两脚跟内旋;&. 两脚跟同时外旋;3. 左脚向后同时两脚跟内旋;&. 两脚跟同时外旋;4. 右脚向后同时两脚跟内旋
42	太空步	&1&2 &3&4		&. 左脚掌后踏地(重心在左脚);1. 右脚向后滑步;&. 左脚跟落地同时右脚跟离地,重心移至右脚;2. 左脚向后滑动;&. 右脚跟落地同时左脚跟离,地重心移至左脚;3. 右脚向后滑步;&. 左脚跟落地同时右脚跟离地,重心移至右脚;4. 左脚向后滑动
43	飞步	1~4		1. 右脚右后方滑步同时左脚跟左前方滑动;2. 两脚并回原位;3. 左脚左后方滑步同时右脚跟右前方滑动;4. 两脚并回原位
44	平移步	1~4		1. 两脚尖同时向右旋转;2. 两脚跟同时向右旋转;3. 两脚尖同时向右旋转;4. 两脚跟同时向右旋转
45	点转	12		1. 右脚前点;2. 左转 360°并腿
46	走场步	1&	左/右走场步 流动步法	1. 右脚前脚跟脚掌滚动落地,左脚撑地半脚掌 &. 左脚前脚跟脚掌滚动落地,右脚撑地半脚掌
47	撩步	12	左/右撩步	1. 右脚向右一步;2. 左脚抬撩腿
48	踢毽步	12		1. 右脚开膝内踢;2. 右脚还原
				1. 右脚关膝外踢;2. 右脚还原
49	颤步	12		1. 右脚颤膝踏步;2. 左脚颤膝踏步
50	摇篮步	12		1. 右脚前交叉,重心向右移动,左脚外侧着地;2. 重心回左脚,右脚外侧着地
51	退踏步	1&2		1. 右脚后踏;&. 左脚原地踏步;2. 右脚前踏
52	垫步	1&2		1. 右脚踏步,左脚抬起;&. 左脚前脚掌垫,右脚抬起;2. 右脚踏步,左脚抬起

续表

编号	舞步名称	节拍	基本类型	舞步描述
53	端腿转	1&2		1. 右脚向右一步;&. 右脚内勾端腿,右旋转360°;2. 右脚并在左脚旁
54	顿步	&1&2		&. 右后抬腿;1. 右踏步; &. 左后抬腿;2. 左踏步
55	后踢步	&1&2		&. 右小腿后踢;1. 右脚屈膝踏步; &. 左小腿后踢;2. 左脚屈膝踏步
56	踏脚步	&1&2		&. 右脚抬腿,左脚屈膝;1. 右脚旁踩踏,重心移至左脚;&. 左脚抬腿,左脚屈膝;2. 左脚旁踩踏,重心移至右脚
57	花儿步	123	左/右花儿步	1. 右脚向右一步;2. 左脚前交叉;3. 右脚向右一步
58	三步一抬	1~4	右三步一抬	1. 右脚前交叉,脚跟着地;2. 左脚向旁一步脚掌着地;3. 右脚前交叉;4. 左脚向后踢起
			左三步一抬	1. 左脚前交叉,脚跟着地;2. 右脚向旁一步脚掌着地;3. 左脚前交叉;4. 右脚向后踢起
			前进三步一抬	1. 右脚前踏;2. 左脚前踏;3. 右脚前踏;4. 左脚向后踢起
			后退三步一抬	1. 左脚后踏;2. 右脚后踏;3. 左脚后踏;4. 右脚向后踢起
59	旁拐步	1~4	左/右旁拐步	1. 右脚旁勾踢腿;2. 右脚前踏;3. 左脚前踏;4. 右脚前踏
60	秧歌步	1~4		1. 右脚前交叉;2. 左脚前交叉;3. 右脚右斜退步;4. 左脚左斜退步,形成十字
61	拧碾步	1~4		1. 右脚脚跟前点地外拧,左脚前脚掌着地;2. 右脚脚跟内碾,左脚全脚掌着地;3. 右脚后退,左脚脚跟内碾;4. 左脚脚跟外拧,右脚前脚掌着地
62	弦子步	1~4		1. 左脚向右侧一步;2. 右脚向右侧一步;3. 左脚向右侧一步;4. 右腿提膝、小腿、点地、靠等均可

注:所有排舞脚步以右脚为例。

(三)排舞转体技术

表 7-7-2　排舞转体技术

编号	舞步名称	节拍	基本类型	舞步描述
1	定轴转	12	1/4 定轴转	1. 右脚前进;2. 左转90°重心移到左脚
			1/2 定轴转	1. 右脚前进;2. 左转180°重心移到左脚
			3/4 定轴转	1. 右脚前进;2. 左转270°重心移到左脚
2	交叉转	12	左/右叉转	1. 右脚前交叉;2. 左转180°~360°

续表

编号	舞步名称	节拍	基本类型	舞步描述
3	藤转	1～4	左/右藤转	1. 右转 1/4 右脚进；2. 右转 1/2 左脚退；3. 右转 1/4 右脚向右一步；4. 左脚并步(点、刷等)
4	蒙特里转	1～4	1/4 蒙特里转	1. 右脚侧点；2. 右转 1/4 右脚并步；3. 左脚侧点；4. 左脚并步
			1/2 蒙特里转	1. 右脚侧点；2. 右转 1/2 右脚并步；3. 左脚侧点；4. 左脚并步
5	划桨转	1～4	1/4 划桨转	1. 右脚掌前点地，重心在左脚；2. 左转 1/8 重心放左脚；3. 右脚掌前点地，重心在左脚；4. 左转 1/8 重心放左脚
			1/2 划桨转	1. 右脚进；2. 左转 1/4 重心放左脚；3. 右脚进；4. 左转 1/4 重心放左脚
6	三连步转	1&2	三步转 180°～360°	根据节拍，可以用右—左—右脚或左—右—左脚进行不同方向、不同角度的转动
7	全转	12	左/右全转	1. 右转 180° 左脚退；2. 右转 180° 右脚进
8	螺旋转	12	左/右螺旋转	1. 右脚前进，以右脚为轴；2. 左转 360° 重心在右脚

注：所有排舞转体以右脚为例。

知识窗

　　中国的世界排舞吉尼斯纪录：中国杭州，2014 年 11 月 8 日：25703 人。2014 年 11 月 8 日，在国家体育总计体操运动管理中心、杭州市人民政府、全国排舞广场舞推广中心积极组织下，由 13 个国家，13 个省，41 个市，20 个民族的数万排舞爱好者在中国杭州 19 个会场参加了 7′30″ 的排舞表演，其曲目是全国排舞广场舞推广中心原创排舞主题曲《舞动中国》，成功创下 25703 人的"最大规模的排舞"的吉尼斯世界纪录，打破了由美国亚特兰大在 2007 年创造的 17000 多人的排舞吉尼斯世界纪录。

第八节　踏板操教学俱乐部

一、踏板操概述

(一)踏板操的起源与发展

有氧踏板操(step aerobics)于 1968 年在美国曾经出现,并很快风靡世界。踏板操是随着健美操的发展而兴起的,是在健美操中出现最早的一项有氧运动。它是 20 世纪 90 年代兴起的一种健身运动。它具有实效性、趣味性、自娱性等特点,因此深受健身者的青睐。踏板操就是利用一块特制的踏板,做一些踏上踏下、左右移动的练习,通过克服身体的自身重力来锻炼腿部肌肉力量,增强身体控制能力和心肺功能。踏板操运动的优点在于,在增加运动量时,只需保持原有节奏,提高踏板高度即可。

练习踏板操可以避免快节奏和高频率的跑跳运动对脚掌、踝关节、膝关节、髋关节的冲击力,能有效地防止运动损伤。踏板操利用踏板进行练习,增加了运动负荷和难度,因此在音乐的选用上速度应偏慢,一般控制在 10 秒钟 20～22 拍,这样可使练习者不受音乐节奏的限制,随意选用任何高度的踏板做练习。踏板一般长 80～120 厘米,宽 40～45 厘米,最低高度是 10 厘米,每 5 厘米为一级,有多个高度可供练习者根据自身特点选用,练习者可灵活地控制运动强度。

初学者练习时可选用低板,随着身体素质和能力的提高逐渐增加踏板的高度。踏板除做踏板操以外,还具有多种其他功能,可以作为一些其他形式的身体锻炼的辅助工具,如增加下肢高度的俯卧撑,在踏板上做仰卧起坐,在踏板上做各种跳跃等。

(二)踏板操的特点

1. 运动负荷可控性

有氧健身要求运动强度始终保持在中低水平,而踏板操可以通过调整踏板下的垫板高度来调节运动强度。完成同样的动作,踏板高度越高,运动强度越大,能量消耗也大,反之则小。这样,健身者可以根据自身条件和锻炼目的选择不同高度的踏板。增加运动强度的方法有增加踏板的高度,加大手臂的摆动幅度,增加手和脚的组合难度。

2. 安全性好

踏板练习通过提高重心高度,控制臀部和腿部肌肉,达到保护关节和韧带的作用,从而减少运动损伤,为练习者提供了安全保证。

3. 动作变化多,娱乐性强

由于踏板的使用,踏板操的内容大大增加。比如,原来简单的踏、点可变为上下板;可以充分利用踏板的板面以及四个角来完成板上、板下的连接动作或单纯的板上运动;还可以按需要将板摆成不同位置,如横板或竖板,甚至可以在条件允许的情况下同时利用两块或三块板进行组合练习。这样,为踏板操提供了一个全方位、立体的活动空间,使其变化多样而更有趣。

（三）踏板操的功能

1. 增强心肺功能

要克服重力完成同样动作,有氧操练习比在平地上进行运动消耗的能量要多,同时,运动负荷的合理增加有利于心肺功能的提高。

2. 培养良好的方位感

踏板是一个立体物,有高度、长度、宽度,因此利用它进行练习时,就不能像在平地上一样随心所欲。比如,离踏板太近或抬腿不够容易将踏板踢翻;离踏板太远又踏不上板;迈步过大或踩在踏板边缘容易摔倒等。这就需要我们有良好的方位感,包括对自身位置及踏板位置的感觉。另外,踏板的形状接近于一个长方体,练习者在踏板上完成组合动作时,经常会有方向的变化。如果方向把握不准确会导致踏不到正确位置或赶不上节拍,而长期的踏板练习能帮助练习者培养良好的方位感。

3. 对腿部和臀部有塑形作用

在完成所有上下踏板的动作中,主要用力的肌肉是大腿和臀部肌肉。在进行踏板操练习时要克服的阻力相对于练习者的最大力量要小很多。因此,踏板属于长时间的小重量抗阻肌肉练习,能够起到消耗腿部、臀部多余脂肪,突出肌肉线条而又不增加肌肉围度的作用,对塑造健美的腿部和臀部有很好的帮助。

二、踏板操的技术动作

踏板操的基本动作是结合健美操动作而发展变化的。踏板操的动作组合是在基本动作的基本上产生和发展的。

（一）踏板操的三大基本技术

踏板操主要有三大基本技术:重心移动、缓冲及身体控制。

1. 重心移动

在运动中,重心的移动是保证身体安全、平衡和流畅的重要因素之一。运动时身体的重心是随着运动而变化的。要流畅完成板上、板下的过渡,身体重心及时地、准确地移动是这项练习的前提和基础。在完成动作时,双脚的交替用力和身体躯干向脚的动作方向同时跟进,才能使整个身体重心完整移动,这是踏板操中重心移动的关键。

2. 缓冲

缓冲技术是踏板操运动的基础。它是依靠踝关节、膝关节、髋关节的屈伸和弹动而产生的,合理的缓冲技术能够保证身体的安全。例如,下板时缓冲,大大降低了地面对身体的冲击力;上板时缓冲,可使腿部肌肉得到充分的收缩和伸展,使动作和动作之间连续自然且安全。对于踏板操来说,缓冲还能为下一个动作积蓄力量。

3. 身体控制

身体控制是指人体肌肉紧张和松弛的协调配合。在整个运动中身体的基本姿态应得到控制,始终保持身体的自然挺拔。在踏板操中最重要的是腰腹的控制,特别当身体重心在踏板上时,腰腹的控制能起到平衡、固定和保证安全的作用,为下肢完成各种动作打好基础。

（二）组合动作

1. 组合一

（1）第一个八拍。（图 7-8-1）

1～4 拍：左、右脚依次点板一次。两手依次击掌，还原。

5～8 拍：重复 1～4 拍动作。

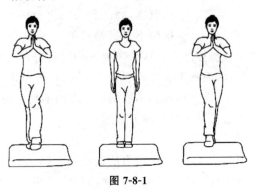

图 7-8-1

（2）第二个八拍。（图 7-8-2）

1、2 拍：左脚向右侧上板，右腿侧抬。1 拍，两臂体前屈肘交叉，两手握拳。2 拍，两臂侧上举，两手成花掌。

3、4 拍：右脚点地，左脚下板并右脚。3 拍，两臂体前屈肘交叉，两手握拳。4 拍，两臂还原至体侧。

5～8 拍：右脚向左侧上板提膝。5 拍与 7 拍两臂屈肘自然摆动，6 拍，右臂上举，两手握拳；8 拍还原至体侧。

图 7-8-2

（3）第三个八拍。（图 7-8-3）

1～4 拍：左脚踏板转身步。两臂握拳，直臂经体前向左侧侧摆。4 拍，右臂体前平屈，左臂侧平举。

5～8 拍：右脚转身步。7、8 拍时下板并脚跳。手臂同上，7 拍击掌，8 拍还原至体侧。

图 7-8-3

（4）第四个八拍。（图7-8-4）

1、2拍：左脚上板，右脚后屈腿。两臂握拳，体前屈伸。

3、4拍：右脚下板，左脚提膝。两臂握拳，体前屈伸。

5、6拍：同1、2拍。

7、8拍：右左脚依次下板并脚。手臂还原至体侧。

第五至第八个八拍同第一至第四个八拍，动作相同，方向相反。

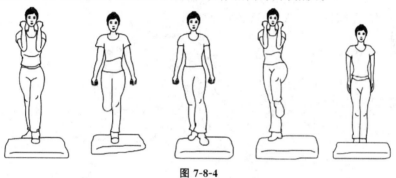

图 7-8-4

2. 组合二

（1）第一个八拍。（图7-8-5）

1～4拍："V"步。两臂屈肘，自然摆动。

5～8拍：跑跳"V"步。手臂同上，8拍手臂还原至体侧。

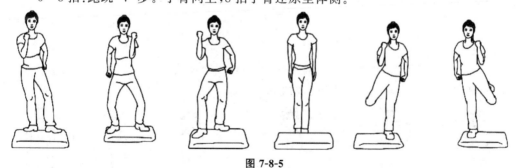

图 7-8-5

（2）第二个八拍。（图7-8-6）

1、2拍：左脚上板提膝，同时右转180°。1拍，左臂握拳于腰间，右臂握拳前冲，拳心向下。2拍，左臂握拳上举，右臂握拳于腰间。

3～5拍：向左前走三步。手臂自然摆动。

6拍：提膝左转180°。右臂握拳上举，左臂握拳于腰间。

7、8拍：向前走两步。手臂自然摆动。

图 7-8-6

（3）第三个八拍。（图7-8-7）

1、2拍，左脚上板提右膝。1拍，两臂握拳直臂前冲。2拍，收回腰间。

3、4拍，3拍，右脚向右侧下板。4拍，右弓步，两臂握拳侧上举。

5、6拍，左脚上板提右膝。5拍，手臂腰间握拳，6拍，两臂握拳直臂前冲。

7、8拍，右、左脚依次下板，手臂还原至体侧。

图 7-8-7

（4）第四个八拍。（图7-8-8）

1～4拍：左脚踏板，横过板。手臂击掌，然后还原至体侧。

5～8拍：绕板走步。手臂置于身体两侧。

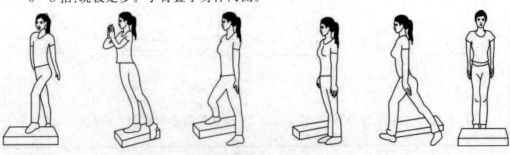

图 7-8-8

第五至第八个八拍同第一至第四个八拍,动作相同,方向相反。

　　踏板操运动与膝关节养护:有氧踏板操是对膝关节冲击较大的运动,所以一定要做好热身运动,充分活动全身关节,尤其是膝关节和踝关节。如果是关节有不适感的运动者,建议先根据身体情况咨询医生的意见,确定该运动对关节或膝盖是否会造成伤害。如果只是利用有氧踏板做一些单纯的塑形运动,不要强迫自己连续做几次或几组的动作,可以分段做,或是先做几次,休息片刻后再继续做。尤其是不要以竞赛的方式来做,这样才不会超过自己的体力负荷,降低身体受伤的概率。

第九节　普拉提教学俱乐部

一、普拉提概述

　　1880 年,约瑟夫·休伯特斯·普拉提先生于德国出生,自小体弱多病,并患有风湿热、哮喘、佝偻病等。为摆脱病痛,他立志要强身健体,还通过学习研究出多种运动疗法。在 14 岁时,他的身材已经能与解剖学图片中的模特相媲美。之后,他通过不断实践,逐步形成系统的运动疗法。1912 年,32 岁的约瑟夫·普拉提迁居英国。在第一次世界大战期间,他利用普拉提(pilates)的独特有效的运动疗法,帮助大批囚犯康复身体,进而受到大众的关注。1926 年,46 岁的普拉提移民到美国纽约,并在前往美国的船上遇见了他的护士未婚妻克拉拉。在纽约第八大道,普拉提夫妇设立了普拉提工作室,专门为著名的舞蹈家、演员、运动员提供针对性的运动疗法训练,由于效果显著,因而誉满美国,逐步获得世界各界人士的认同。

　　1934 年和 1935 年普拉提先生先后出版了两本重要著作 *Your Health* 和 *Return to Life Through Contrology*。直至 1960 年,80 岁的普拉提先生仍然和妻子采取亲自教学的方式经营工作室,工作室仍在原地址,由他的主要学生坚持经营。在此期间,普拉提先生发明了万能滑动床(Reformer)、万得椅(Wunda Chair)、凯迪拉克(Cadillac)、梯桶(Ladder Barrel)、脊柱矫正器(Spine Corrector)等运动器械。1966 年 1 月,普拉提工作室所在大楼发生火灾,普拉提先生投入救火之中,被困火海,因吸入大量烟雾引起肺炎。次年,肺炎引起了一系列并发症,普拉提先生辞世,享年 87 岁。

　　普拉提于 2003 年传入中国,主要以一对一的教授方式出现在健身工作室。在普拉提的训练原则上,现代普拉提训练手段也在不断创新,将普拉提概念与其他运动形式结合起来,譬如瑜伽普拉提、拳击普拉提、探戈普拉提等。2019 年 9 月,闽江学院正式开设普拉提俱乐部。

二、普拉提的基础知识

　　普拉提首先是一种运动,它主要是锻炼人体深层的小肌肉群,保证肌肉募集次序和正确的骨骼排列,维持和改善外观及正常活动姿势以达到身体平衡,增强躯干和肢体的活动能力,增强核心肌肉力量,加强人脑对肢体及骨骼肌肉组织的神经感应及支配,再配合正确的呼吸方法所进行的一项全身协调运动。

(一)普拉提的训练原则

科学研究表明,身体的不良状况不仅会对身心愉悦程度产生很大的影响,还会对其心理状态产生影响。通过普拉提的运动能唤醒沉睡的肌肉细胞,也能激活大脑的细胞。利用对身体的刺激来增强大脑的功能,即肌肉构建大脑。以下的六大原则是普拉提运动体系的本质。

1. 专注原则(concentration)

专注原则是指大脑控制身体的骨骼与肌肉,感受每个动作的细微变化,利用专注力,姿势经过不断地调整会得到很大程度上的改良,从而减少运动损伤,提升对身体的控制力及动作完成的流畅度。

2. 控制原则(control)

专注于动作并配合呼吸能产生很大的控制力。每一个招式的起始需要运用控制力,使身体到达某一个姿势,并在控制力的基础上完成动作的维持,久而久之形成肌肉记忆,肌肉便会得到强化及伸展,进一步重塑身体姿态。

3. 核心原则(centering)

核心,也被称为身体的能量库(power house),维持稳定的、强有力的核心是所有动作的基础。真正的普拉提讲求加强核心控制的动作练习,通过“深度腹肌”的运用,有意识地收缩身体核心的肌肉,才能纠正和保持动作练习的强度。想象你的肩膀两端和骨盆两端这四个点,以直线相互连接,躯干形成一个方形的“盒子”,称之轴心盒子,即为人体的核心区域。

4. 呼吸原则(breathing)

普拉提配合正确的呼吸模式,能够激发腹腔肌肉,使得动作变得更加流畅。吸气协助调整身体的姿势,呼气时将脊柱延展,将肌肉进一步延伸,达到之前没有到达过的动作幅度。

5. 精确原则(precision)

精确原则体现在:①正确理解人体运动链的排列;②正确募集肌肉的次序;③专注于动作细节;④强调动作的精准性。练习者通过大脑控制动作,集中精神不断调整动作,是专注、控制、核心、呼吸这4个要素的完美演绎。通过精确练习,身体细微的差别会呈现截然不同的运动感受。

6. 流畅原则(flow)

流畅原则不仅体现在单个动作的练习,还体现在动作之间的衔接练习。普拉提的所有动作都具有连贯性和节律性,遵守流畅原则能使动作柔和并具有功能性,能使身体成为协调统一的整体,从而提高练习者的控制能力、平衡能力与协调能力。

(二)普拉提的训练运动模式

人体的中枢神经系统控制着机体的运动,对于普拉提运动,也是通过不断的训练使中枢神经系统从泛化到分化,再到自动化的一个循序渐进的过程,而形成肌肉记忆便是无意识的自动化。

错误的身体姿态是由骨骼构造、关节的活动度以及张力不对称等综合因素造成的。由骨骼与关节构造造成的结构性问题是很难改变的。

人体错误的姿态和运动模式,同正确的姿态和运动模式一样,也是长期的训练最终形成的结果,要纠正不良的体态问题,往往要经过以下四个阶段:(1)无意识的错误(unconsciously incorrect);(2)有意识的错误(consciously incorrect);(3)有意识的正确(consciously correct);(4)无意识的正确(unconsciously correct)。从不明确动作而发生错误动作练习,再到大脑知道正确的动作练习方法但实际完成动作是错误的,再到通过大脑的控制正确地完成动作练习,最后是不再需要大脑的控制即可自动化地完成动作。

(三)普拉提的呼吸、中立位与站姿

1. 普拉提的呼吸

据统计,每个成年人一天的呼吸多达两万多次。科学表明,由于每个人的姿态、生活习惯、呼吸肌的强弱、疾病造成的肌肉代偿等诸多因素,每个人的呼吸模式各异,但都可以通过呼吸练习掌握正确有效且适合自己的呼吸模式。

(1)横膈膜呼吸

"横膈膜呼吸"也称为"腹式呼吸",这是一种主要以放松为目的的呼吸方式,可以使练习者集中注意力,也可以强化练习者的横膈膜。

横膈膜是身体主要的呼吸肌肉,也称为"膈肌"。它呈"拱形",隔开胸腔和腹腔。当吸气时,横膈膜收缩,将拱形的顶部向下拉向胸廓的底部。由于负压的作用,肺部容量增加并吸入空气。当横膈膜放松时,拱顶就会向上,空气被挤出肺部,横膈膜呼吸可以直接用于一些放松类的动作。在普拉提练习中,以加强在呼气时的核心控制的练习为主。当呼气时,把腹部吸向脊柱的方向,挤出空气构成了腹横肌、骨盆底肌和多裂肌的自然收缩。

基本练习:仰卧,将手放在腹部上。当吸气时,胸廓保持稳定,感到腹部缓缓往上升起。感受空气慢慢导入体内,呼气时、腹部慢慢下陷。

(2)横向呼吸法

也称"肋间呼吸法",能够协助我们的核心向内收缩,是普拉提练习中较为常用的、经典的呼吸方法。一般在开始正式练习前,经常会先调整呼吸方式进入横向呼吸模式。初学者,尤其对于腹部较为松弛的人士,可以随时随地进行此项呼吸练习,对腰腹部会有良好的塑形效果。

练习方法:①站姿、坐姿或仰卧,双手放在胸腔两侧肋骨旁。吸气时,胸腔扩张,肋骨向两侧横向打开,腹部不要向外鼓起,肩部保持下沉放松;呼气时,肋骨放松还原靠拢。②一侧手放在胸廓上方,另一侧手放在腹部。吸气时肋骨张开,感觉到胸廓的扩张;呼气时,两侧肋骨放松,感觉肋骨向中间收拢下滑,然后下侧手去感受腹部,并控制其向内收缩。

(3)单侧肋间呼吸

单侧肋间呼吸也称为单侧肺部呼吸,能够提高肋骨和脊柱的活动度,改善肺部在侧面屈曲练习体位中的扩张能力,如在"美人鱼侧伸展"(mermaid side stretch)动作中的运用。对于脊柱侧弯者来说,可以运用凹面的"单侧肋间呼吸"来提高脊柱和胸廓的活动度,有效改善不良姿态。

基本练习:坐姿或站姿,两手放在胸廓的下部,每次吸气时只打开一侧的肋骨,将气体吸入这一侧的肺部,当把气吸到一侧的肺部时,感到这一侧的肋骨往外膨胀。练习时要注意:如果一侧比另一侧更容易,说明人体呼吸肌可能存在失衡的问题;如果感觉不明显,则可以采用侧卧位,将毛巾放在上侧肺部进行激活单侧肋间的呼吸练习。

(4)鼻式呼吸

鼻吸口呼,压力大、稳定性强。短促有力的呼吸,配合有频率的冲击性的运动,快速有力的节奏能迅速使身体热起来。例如:百次拍击、侧踢等动作练习;当完全吸气比较困难而需要小口吸气的动作,例如,所有翻滚动作的开始和结束。易出现的错误动作有头晃、手指用力、腹部核心没有收紧等问题。

基本练习:配合动作节奏,进行短促有力的呼吸练习。

(5)后背式呼吸

后背式呼吸主要是通过后肋呼吸肌群的收缩来扩张胸腔容积,以便协助人体呼吸,在普拉提的俯卧位体位的动作练习中,能够更多地感受到这种模式的呼吸。

基本练习:首先可以采用坐姿位,双手环抱自己,感受后背的隆起。采用俯卧体位,双手掌心向下相互交叠,将前额枕在手臂上,肩颈放松。吸气时尽可能地感受后背部的扩张,将气体吸到后背部,呼气时感受后肋缓慢下滑,还原至原始状态。

(6)水泵式呼吸

一种临时性的代偿呼吸,主要是脊柱胸椎摆动的呼吸。除了适合驼背、天鹅宝宝体式外,其他体式避免使用这种呼吸方法。

(7)肩式呼吸

一种临时性的代偿呼吸,大部分人受到惊吓或者跑完步后,会不自觉地耸肩并呼吸。若平时不正确的呼吸,多借助于肩膀呼吸,长此以往容易造成颈椎病。

2. 普拉提的中立位

"中立位"(neutral position),也称为"标准姿势"。其概念从解剖学的角度是指身体骨骼肌均衡收缩,以维持身体脊柱以及骨盆周围压力最为均衡的自然位置。中立位使人体的脊椎骨处于最佳生理排列的状态,是人体最安全也最省力的姿态。

(1)脊椎中立位

人体的脊柱是由颈椎、胸椎、腰椎、骶椎和尾骨组成的,它并不是一根笔直的杆子,而是呈现出"双 S"线条形态。脊柱自然弯曲的形态便是脊椎中立位,脊柱中立位的标志点主要包括以下 3 个:①后脑勺,颅骨的最后端最顶端;②胸椎第 7 节的位置,即胸椎的最高点;③骶骨向后的最高点。

严格意义上的脊柱中立位几乎不存在,所以只能是从形体上去判断脊柱是否处于中立位。当这三点处于同一条直线上,则认定为人体处于脊柱中立位。

常用的判断方法是:让身体靠住墙壁,在自然状态下检查后脑、上背最高点以及骶骨向后的最高点是否处于同一直线。贴住墙面,在颈后和下背部出现两个自然生理曲度。在坐姿、四足支撑位(AH fours)及支架支撑(plank)的普拉提体位练习中,后脑、胸椎最高点以及骶骨向后的最高点应该处于同一直线。

(2)骨盆中立位

骨盆由一块骶骨、两块髋骨和一块尾骨以及连结它们的关节、韧带和软骨构成。由于骨盆和脊柱的连接关系,当骨盆处在中立位时,脊柱可能处在中立位上。如何判断骨盆是处在中立位、前倾位或是后倾位上。可将两手的掌跟放在骨盆前侧上方凸起处即髂前上棘（ASIS）的位置上，然后将双手指尖放在耻骨上，形成一个三角形。观察这个三角形平面是否倾斜。骨盆的髂前上棘和耻骨所形成的三角形所在平面应平行于地面。如果耻骨比手掌跟低，则称之为"骨盆前倾"；如果耻骨高于手掌跟，则称之为"骨盆后倾"。

垂直站立以及坐姿时的骨盆中立位，此三角形所在平面应垂直于地面。而在身体处于俯卧或四足支撑位置的中立位，此三角形所在平面须保持与地面平行，而骨盆前倾和后倾的判断方法与仰卧体位正好相反。

3. 普拉提的站姿

普拉提站姿是指在进行普拉提练习时，双腿和脚步摆放的一种位置。普拉提与舞蹈有较深的渊源，随着体系的发展，在一些动作的创编上吸收了许多舞蹈的元素。普拉提的正确站姿是从骨盆区域启动，收紧臀部，髋关节带动两腿外旋，大腿内侧挤压并拢，双脚脚跟并拢，脚尖打开形成一个"V"形，双脚和小腿应保持一个放松、延长的姿势。这并非为了美观而摆出的优雅姿势，该站姿能够协助核心向内收缩，并能改善臀部及大腿内侧肌肉的松弛。初学者容易犯的错误就是只从膝盖下方来完成动作，而忽略了必须从核心骨盆区域启动动作的站姿要领。

三、普拉提的基本技术动作

所有普拉提的练习动作都是周期性的动态练习，按动作起始时躯干的姿势可以分为以下几种基本类型：仰卧/撑、俯卧/撑、站姿、坐姿、侧卧/坐/跪。普拉提动作复杂多样，本书仅选取一小部分动作进行说明。

（一）入门级动作

1. 背壁运动系列（wall series）

不良的生活方式会改变人体姿态，人体姿态也能反映身体在长期活动后所拥有的骨骼肌压力状况。背壁运动系列是普拉提入门的基础，它能够帮助练习者改善站姿，保持良好的身体姿态。

背壁站立（standing）的动作是纠正姿态的基础练习，通过墙壁给身体的压力反馈，使练习者感受脊柱和骨盆是否处于中立位置，继而找到身体处于中立位时的正确感觉。背部和骶骨均触及墙面，微微收颌，颈部后侧肌肉沿墙壁向上拉长，肩膀放松下沉，提臀收腹，为形成肌肉记忆，可以视情况停留稍长时间。

动作步骤：髋关节微微内旋，让脚尖向前，成"平行站姿"。注意事项：挺胸，避免塌腰和肋骨外翻。在保持自然呼吸后，可尝试进入普拉提的"横向呼吸法"；背部向墙壁方向稍稍后压，颈部或肩膀若有不适感，可以将头部稍稍离开墙壁。在熟练动作练习后，可以离开墙面，但要保持身体位置依旧像靠着墙壁一样。

在背壁站立的基础上，还可以进一步完成"双手画圈""向下卷动""普拉提起蹲"等动作。这些练习具有调动身体核心肌肉、促进骨骼正确地排列、增强脊柱的灵活性等功效。

2. 骨盆活动系列

提高脊柱在各个平面进行精细控制的能力，发展骨盆区域上至骶髂关节，下至连接下肢的髋关节部分的协调性和神经支配能力，增加脊柱和骨盆在各个方向的活动性。

（1）骨盆倾斜（pelvic tilt）

骨盆倾斜是"桥"式卷动(bridge)的启动动作。这个练习可帮助练习者学会启动核心以及正确地控制骨盆的运动。对于下腰部僵硬的人来说,该练习可以拉伸紧张的下腰部肌肉,并提升这个区域的灵活性和协调能力。

动作步骤:仰卧垫上,双腿分开与肩同宽,屈膝90°,保持脊柱和骨盆的中立位;呼气,然后将肚脐拉向脊柱,收腹,同时慢慢抬高臀部,做骨盆后倾。吸气,卷动脊柱还原,在肚脐下方腰背部形成一个拱形弧度,做骨盆前倾。

注意事项:肩颈始终保持放松;由骨盆底肌收缩开始,通过核心力量启动引导动作。控制骨盆不要过度前倾,以免对腰椎形成压力。

(2)"打字机"(typewriter)

"打字机"是一个精细的控制性练习,是左右来回横向的练习动作,即在"桥"式的基础上进行一个冠状平面的平行伸展脊柱练习。

动作步骤:屈膝仰卧,抬高臀部成桥形;保持髋部水平位置,稳定住膝盖和肩膀两侧,将髋部从中间平行移到一边;保持臀部高度不变,再平行移动到另一边;将臀部高度稍微下降一点,继续左右移动髋部。逐层下降,直至落到地面。

注意事项:肩颈始终保持放松。肩部和膝盖保持相对稳定,避免脊柱侧倾或旋转。骨盆保持相对稳定,尽可能让两边的动作均匀一致。

(3)骨盆侧倾(hip dips)

"骨盆侧倾"是骨盆在"桥"位上进行的左右两侧交替的下沉运动,这个练习幅度并不大,却需要非常强的精细肌肉的控制能力。

动作步骤:屈膝仰卧,抬高臀部成桥形;保持肩膀和膝盖稳定,先将一边的髋部下沉;回到原位,再有控制地将另一边的髋部下沉。交替进行。

(4)8字旋髋(Figure Eight)

"8字旋髋"是"打字机"和"骨盆侧倾"的复合动作练习。通过肌肉调节,发展核心控制力,促进骨盆在各个平面的协调运动。

动作步骤:屈膝仰卧,抬高臀部成桥形。保持髋部水平位置,将髋从平行移到左侧,接着右侧髋骨下沉倾斜,左侧髋部随之抬高;沿着倾斜面移动髋部到右侧,接着右侧髋骨上升,左髋随之下沉倾斜。进行8字形循环。

注意事项:肩部和膝盖保持相对稳定,允许脊柱侧伸展和旋转。骨盆保持相对稳定。保持两边的动作均匀一致;核心收紧,肩颈保持放松。

(二)初级动作

1. 四足游泳

腰盆稳定是普拉提运动中的重要原则,需要身体专注于凝聚核心力量,有效地协调神经和深层肌肉来控制在各步骤转换过程中的动态平衡。"四足游泳"英文名本意是对侧手和脚的延伸,它要求练习者保持脊柱的中立位,在伸展四肢的过程中脊柱和腰盆处稳定不动,始终保持动作中的控制。

动作步骤:①四足支撑,手臂和双腿垂直于地面,保持脊柱处于自然中立位。②吸气,将左腿向后延伸然后抬高到髋部的高度,不要改变后背的姿势。同时抬起右手向前延伸,不要改变肩的姿势。③呼气,收缩腹部,将左腿和右手同时收回。④重复练习,交换对侧的手臂和腿部向两侧伸展。

注意事项:练习时肩膀和臀部避免左右摇摆重心;稳定核心,专注于把手和脚向两侧延伸而不是抬高。

动作变化:改变呼吸节奏,更有助于核心稳定。呼气时,延伸手臂和对侧腿部;吸气时,收回对向的手臂和腿部。难度调整①:保持腰盆稳定,手臂不动,只做腿部的伸展动作。难度调整②:保持腰盆稳定,腿部不动,只做手臂的伸展动作。难度调整③:把泡沫轴放在脊柱上方,在保持泡沫轴稳定的状态下,完成动作。

2. 百次拍击

"百次拍击"是普拉提的经典代表动作,通过这个动作练习,身体能得到充分的热身,而且快速有力的鼻式呼吸,会促进血液循环,提高人体的兴奋性。此项练习不仅能增强腹肌力量,还能练习身体在动态过程中保持躯干和背部稳定的能力。对于初学者,要注意颈部不要过度紧张,如果头部位置过低,则会造成颈部的疼痛。该动作能够帮助练习者强化腹肌,锻炼腰腹部核心力量,加强动作的协调性,提升躯干的稳定性。

动作步骤:呼气,收紧腹部,将双腿依次屈膝、屈髋90°抬离地面。依次卷起头和肩,肩胛骨的最低点触地,保持背部稳定;吸气,拍击手臂5次,保持躯干稳定和手臂伸直;呼气,拍击手臂5次;继续拍击,保持动作与呼吸的协调。完成100次动作。

动作变化①:手臂拍击时,两脚平放在地上。动作变化②:为减少颈部压力,交替将一侧手掌放在头后侧,以单手臂拍击。动作变化③:跪姿,收紧腹部,稳定骨盆,以肩为轴双臂拍击。

难度升级①:当手臂拍击时,两腿伸直指向正上方。难度升级②:当手臂拍击时,在保持背部稳定的前提下,尽可能地放低两腿。难度升级③:在手臂拍击时,双腿同时做上下抬高和放低的运动。

辅助器材①:双手拿住弹力带跨过膝盖,保持一定阻力进行拍击。辅助器材②:在头和肩背处垫上普拉提小球,减少颈部的压力。辅助器材③:躺在BOSU球上完成,挑战核心。辅助器材④:在膝盖或脚踝之间夹入魔力圈,强化腿部内侧肌群。辅助器材⑤:魔力圈套在脚踝外侧,直腿进行"百次拍击"。

注意事项:颈部和肩部受伤或感觉疼痛的,可以用动作变化②来调整难度;经期可以用动作变化③来调整,以避免对腹部的压迫;颈部有问题的可以用动作变化②或③来降低对于颈部的压力;椎间盘突出或者骨质疏松者谨慎练习或略过此练习。

3. 长躯席卷

"长躯席卷"是垫上卷腹动作的基础练习之一,要求集中于积极的收腹练习,步骤清晰流畅。当把脊柱一节一节地卷上卷下的时候,腿和髋部都牢牢地贴紧垫子,始终保持动作中的控制。能有效加强腹肌力量,收紧腰腹部,同时增强脊柱的柔韧性和关节的灵活性。

动作步骤:仰卧,手臂向后越过头部。双腿紧紧并拢,保持肋骨贴紧垫子的同时,手臂向后伸展;深深吸气,手臂往上伸向正上方,将头部和肩部卷离垫子。目视肚脐方向,同时收紧大腿内侧肌肉和腹部肌肉;呼气,逐节将躯干卷起并离开垫面,保持上半身的弧线,身体继续往前伸展,伸向脚趾,收腰,把肚脐拉向脊柱;吸气,收紧腹部,同时微微收臀,并把尾骨往里收,开始慢慢舒展脊柱回归垫面,保持背部的弧线;呼气,控制脊柱逐节回归垫面,手臂伸过头部,还原初始姿势。

动作变化:以手辅助——从屈膝开始,当躯干卷起时,双手沿着腿部两侧辅助身体慢慢控制卷起。卷起时伸直腿以使动作连贯,卷下时再慢慢屈膝。

难度升级①:"画框式"卷起——卷起和卷下的时候,头部都保持在两手臂的中间。难度升级②:斜肌参与——变化身体方向让更多斜肌参与身体转向侧而慢慢卷曲向上,或有控制地由侧面慢慢下放。

辅助器材:可以用弹力带绕在脚上,手抓住弹力带的两头。用弹力带来帮助身体卷起。

注意事项:腰腹部核心力量不够的,可用动作变化①来减少难度;如采用辅助力量帮助卷起,注意力需集中在身体腰腹核心的用力上;颈部和肩膀受伤者,如果感觉不适则停止这个动作;椎间盘突出或骨质疏松者谨慎练习或略过此练习。

4. 天鹅宝宝(baby swan)

由于伏案、用电脑、阅读、驾驶等原因,现代人的很多工作、生活方式容易造成圆肩、弓背塌腰等不良姿态。背伸练习对此是一个非常好的反向平衡动作。"天鹅宝宝"是普拉提背伸动作的基础练习,也被视为另一个背伸练习"蛙泳式"的预备动作,所以它也被称为"Breaststroke Prep"(蛙泳的预备练习)。该动作可以强化背伸肌肉,提高脊柱的伸展能力,并有助于增强骨盆和肩胛骨的稳定。

动作步骤:俯卧,双手置于肩膀两侧,肘关节往外,将前臂成"八"字分开,两腿分开与肩同宽;吸气,伸长颈椎和脊骨,肩膀继续下沉,收缩腹部,同时集中后背部的力量抬起上半身伸展背部,头部和颈部保持在一条弧线上;呼气,收缩腹部,身体继续向远端延伸,同时有控制地将躯干放低回到垫上。

动作变化:改变呼吸和动作节奏,吸气时,保持身体静止;呼气时抬起上身,再吸气,在顶端停留,呼气,慢慢下放。难度升级①:打开肘关节角度,使肘关节屈曲约成 90°;难度升级②:将肘关节靠拢身体,在身体抬高和下放时分别加入肩胛下压拉和上提前耸;难度升级③:将两手向后贴于两大腿外侧;难度升级④:在身体抬起时或者抬起后,将两臂抬高。

辅助器材:双腿之间夹住普拉提小球,向内均匀施压,以增强核心向内收缩的本体感受。

注意事项:不要追求抬起的高度,避免从腰部折叠身体;练习中始终由深层核心向内收缩以保持身体稳定,臀肌不要过分收紧;注意在抬起上身时,尽量避免用双臂来作为主要支撑点。腰背痛者更需收紧腹部核心,并减小下背部的伸展幅度,仍感不适者则略过此练习;当身体抬高,若感觉耻骨压痛,则应加厚训练垫或使用专业普拉提垫;椎管狭窄者谨慎练习或略过此练习。

四、普拉提垫上常用辅助器材

在普拉提垫上练习中,加入辅助工具,不仅可以使动作更具乐趣和变化,而且对于某些动作会起到辅助用力的作用而使动作降阶;在另一些动作中可以增设阻力等使得动作难度系数更大,从此促进身体的核心稳定、力量或平衡的协调发展。普拉提辅助小器材的选择性和运用的灵活性强,现节选部分常用辅助器材。

(一)普拉提弹力带(elastic band)

普拉提弹力带为薄片带状,由优质橡胶制成,具有弹性。弹力带起初被用于康复病人的物理治疗，在普拉提练习中，在某些动作练习中使用弹力带，可以增加目标肌肉的阻力，从而提升难度。也可以在学习动作中起到辅助的作用，从而让动作更为容易。

通常弹力带长 1.2 米，宽 15 厘米，厚 0.3～0.5 毫米。弹力带分成不同的颜色，用以区别带子不同的阻力设计。根据阻力从轻到重，将颜色系统分为黄色、红色、绿色、蓝色、黑色。弹力带体积轻巧、携带方便、收纳容易，可随时随地使用。配合普拉提的动作，可使腰腹、手臂、臀部和腿部达到充分的运动效果。

（二）泡沫轴（foam roller）

普拉提泡沫轴由聚氨酯泡沫胶制成，一般长度为 90 厘米，直径为 14～15 厘米，是普拉提练习的小工具之一。泡沫轴非常受普拉提教练和练习者的欢迎，它看起来轻便简单，但将其运用于普拉提训练中，效果非常明显。在专业教练的指导下结合泡沫轴练习，能够强化身体核心力量，提升平衡力和协调性。同时泡沫轴也可以用来做背部、腿部，特别是深层肌肉的伸展和放松练习，让练习充满乐趣，同时又不失挑战。

（三）普拉提魔力圈（magic circle）

普拉提魔力圈，也被称之为阻力圈或魔术圈，它具有重量轻、操作简易、使用安全等特点，在普拉提练习中加入魔力圈，会使训练变得富有挑战，同时增加了训练中的不稳定因素，结合魔力圈能为训练者提供肌张力、肌耐力、身体平衡、身体协调等训练方案，从而使训练效果事半功倍。

（四）平衡垫（balance cushion）

平衡垫为中空，可以充气，所以也称"气枕"。它直径为 3～4 厘米，体积小，携带方便。在普拉提练习中，通常作为一个不稳定的支撑平面来加强动作的难度，放在双脚、单脚、肩背下都非常方便。不稳定的平衡气垫能够迅速调动练习者身体的深层肌肉，强化练习者的核心。对老年人和慢性下背痛者，平衡垫都是一个非常有用的小工具。

（五）普拉提小球（small ball）

专业的普拉提小球大小各异。由于可以直接用麦管吹起使用，充气方便，所以也被称为"麦管球"。一般材质捏上去比较松软，放手后即刻能反弹回原形。在有些普拉提练习中，练习者能够用普拉提小球替代魔力圈放置于双腿之间，用于增加核心的力量。提升核心向内收缩的意识。相比魔力圈，小球提供的阻力要更小。并且当练习者挤压小球时，触感更为温和。如果练习者身体受伤，或者感觉魔力圈的阻力过大，那么普拉提小球会是更好的选择。

（六）普拉提健身球（fitness ball）

普拉提健身球也称为健身球（gymball），是较为熟知的健身小器材。健身球 1963 年诞生于瑞士，故而也称为"瑞士球"（Swiss ball）。健身球由聚乙烯材料制成，中空可充气，其颜色、大小种类繁多。在训练中，一般根据练习者身高以及动作的要求来选择球的大小。除了球的大小不同，球的充气程度也会影响到动作的难易程度。健身球结合普拉提的练习动作，其不稳定性会促使练习者不断调整其神经肌肉系统，发展其平衡和控制能力，使练习者集中注意力在平衡躯体的核心肌群上。健身球能够训练练习者身体的平衡能力及协调性，发展练习者的肌肉力量、柔韧性和平衡能力，并有助于矫正体型、预防背痛。

普拉提运动是一项全身协调运动,带给人体身心愉悦的同时,还具有较强的理疗功效。想要通过普拉提运动获得从内到外的全面发展,训练者应当具有足够的耐心,只有长时间的坚持才会获得改变的效果。

(一)练习禁忌和安全注意事项

(1)如果患有某些慢性疾病,比如心脏病、糖尿病、哮喘、椎间盘突出、骨质疏松等,请咨询医生,获得专业意见,并将必要的急救物品放在身边。

(2)在练习前,要检查自己的练习区域,清除周围所有的锋利物体,以及任何可能踩到,或使自己滑倒、绊倒的物品。地面支撑太硬会让自己脊柱受伤,太软会让我们无法正确完成练习动作。

(3)在身体状况或是精神状态不佳的时候,容易精力分散,避免练习陌生动作或者难度较大的动作,以免发生运动损伤。

(二)练习禁忌和安全注意事项

(1)避免在饱腹或完全饥饿状态下进行练习。

(2)感受身体给你的反馈,不要强迫自己过度地拉伸肌肉和韧带,不要让自己的身体承受超过所能承受的实际范围。为确保练习时的安全,最好在有经验的专业普拉提教练指导下进行练习。

(3)切勿边练习边与同伴聊天,或者在练习时,同时去扭头看书或相关影像资料,以免脖子或脊柱扭伤。

第八章　武术与游泳教学俱乐部

第一节　太极拳教学俱乐部

太极拳

一、太极拳概述

太极拳起源于中国,是综合历代各家拳法,结合古代的导引术和吐纳术,吸取古典哲学和传统中医理论而形成的一种圆活连贯、刚柔相济、内外兼练的拳术。太极拳是中国武术的一个重要拳种,根据我国古代阴阳哲学的原理而命名。太极拳中所有动作的开合、起落、进退、刚柔、蓄发、顺逆、虚实和曲直等,无不和谐地体现出阴阳对立与统一的辩证规律。太极拳在长期的流传过程中逐渐形成了陈式、杨式、吴式、孙式、武式与和式等流派。中华人民共和国成立以后,国家体育总局组织专家创编了 24 式简化太极拳,更适合广大群众普及练习。

传统太极拳主要有陈式、杨式、吴式、武式、孙式、赵堡六大流派。二十四式太极拳是1956 年国家体委组织专家,在传统杨式太极拳的基础上,按由简入繁、循序渐进、易学易记的原则,选取了二十四个经典动作,编创而成。二十四式太极拳又称"原地简化太极拳",是第一套由国家统一规定的太极拳套路,是太极拳教学的必修套路、太极拳爱好者的必学套路。

(一)太极拳的运动特点

中正安舒、轻灵圆活、松柔慢匀、开合有序、刚柔相济,如"行云流水,连绵不断"。经常练习太极拳可亲身体会到音乐韵律、哲学内涵、美的造型、诗的意境。在高雅的享受中,使身心得到放松。

通过生理、生化、解剖、心理和力学等多学科的研究证明,太极拳对防治高血压病、心脏病、肺病、肝炎、关节病、胃肠病和神经衰弱等慢性病有很好的疗效。

(二)太极拳的功法要领

1. 虚灵顶颈

头颈似向上提升保持正直,松而不僵,使身体重心保持稳定。

2. 含胸拔背、沉肩垂肘

其指胸、背、肩、肘的姿势,胸要含不能挺,肩不能耸而要沉,肘不能抬而要下垂,全身要自然放松。

3. 手眼相应,以腰为轴、虚实分明

打拳时必须上下呼应,融为一体,要做到动作出于意、发于腰、动于手,眼随手转,弓步和虚步分明而交替,练到腿上有劲,轻移慢放没有声音。

4. 意体相随,以意发力

如果软绵绵地打完一套拳身体不发热,不出汗,心率没有变化,就失去了打拳的作用。应该随意用力,内功使劲而外表动作看不出来。

5. 意气相合,气沉丹田

其指用意与呼吸相配合,用腹式呼吸,一吸一呼正好与动作一开一合相配。

6. 动中求静,动静结合

其指肢体动而脑子静,意念要集中于打拳,所谓形动于外,心静于内。

7. 行云流水,连绵不断

其指每式动作快慢均匀,各式间连绵不断,全身各部位肌肉舒松协调而紧密衔接。

二、24式太极拳动作名称及图解

(一)24式太极拳动作名称

第一组	(一)起势	(二)左右野马分鬃	(三)白鹤亮翅
第二组	(四)左右搂膝拗步	(五)手挥琵琶	(六)左右倒卷肱
第三组	(七)左揽雀尾	(八)右揽雀尾	
第四组	(九)单鞭	(十)云手	(十一)单鞭
第五组	(十二)高探马	(十三)右蹬脚	(十四)双峰贯耳
	(十五)转身左蹬脚		
第六组	(十六)左下势独立	(十七)右下势独立	
第七组	(十八)左右穿梭	(十九)海底针	(二十)闪通臂
第八组	(二十一)转身搬拦捶	(二十二)如封似闭	(二十三)十字手
	(二十四)收势		

(二)24式太极拳动作图解

第一组:

1. 起势(图8-1-1)

图 8-1-1

2. 左右野马分鬃(图8-1-2)

图 8-1-2

3. 白鹤亮翅(图 8-1-3)

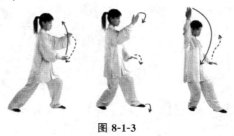

图 8-1-3

第二组：

4. 左右搂膝拗步(图 8-1-4)

图 8-1-4

5. 手挥琵琶(图 8-1-5)

图 8-1-5

6. 左右倒卷肱(图 8-1-6)

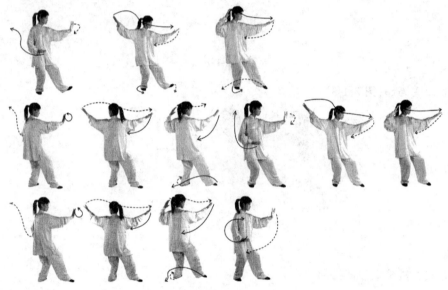

图 8-1-6

第三组：
7. 左揽雀尾(图 8-1-7)

图 8-1-7

8. 右揽雀尾（图 8-1-8）

图 8-1-8

第四组：

9. 单鞭（图 8-1-9）

图 8-1-9

10. 云手（图 8-1-10）

图 8-1-10

11. 单鞭(图 8-1-11)

图 8-1-11

第五组：

12. 高探马(图 8-1-12)

图 8-1-12

13. 右蹬脚(图 8-1-13)

图 8-1-13

14. 双峰贯耳(图 8-1-14)

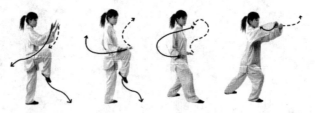

图 8-1-14

15. 转身左蹬脚(图 8-1-15)

图 8-1-15

第六组:

16. 左下势独立(图 8-1-16)

图 8-1-16

17. 右下势独立(图 8-1-17)

图 8-1-17

第七组:

18. 左右穿梭(图 8-1-18)

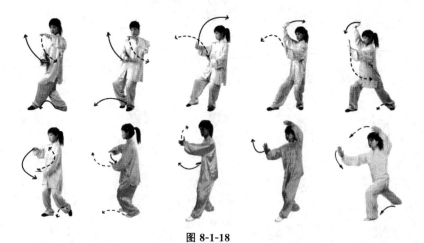

图 8-1-18

19. 海底针（图 8-1-19）

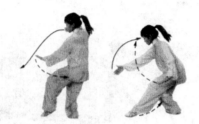

图 8-1-19

20. 闪通臂（图 8-1-20）

图 8-1-20

第八组：

21. 转身搬拦捶（图 8-1-21）

图 8-1-21

22. 如封似闭（图 8-1-22）

图 8-1-22

23. 十字手(图8-1-23)

图 8-1-23

24. 收势(图8-1-24)

图 8-1-24

太极拳的流派

发源于河南省温县陈家沟的太极拳,明末清初,由陈王廷潜心研究创编。之后,太极拳先在陈家沟陈氏家族经历了百余年传承,到了陈氏十四世陈长兴和陈有本时,二人由博归约,分别创编出太极拳大架一路、二路和太极拳小架一路、二路。陈长兴从理论上对太极拳进行总结,著有《太极拳十大要论》《太极拳用武要言》《太极拳战斗篇》等。清代中后期至民国,太极拳开始对外繁衍传播。陈长兴首传外姓弟子河北永年人杨露禅,杨露禅学成回乡后到北京传拳,逐渐衍变创编出杨式太极拳;陈氏第十五世陈清平传拳于温县赵堡镇人和兆元、河北永年人武禹襄、温县陈新庄人李景炎、温县南张羌村人李作智和温县北冷村人王赐信,后五人分别创编出和式太极拳、武式太极拳、太极拳忽雷架、太极拳腾挪架、太极拳忽灵架;清末,满族人全佑师从杨家学杨式太极拳后,传子吴鉴泉,创编出吴式太极拳;河北武清(今天津武清区)人李瑞东师从王兰亭学杨式太极拳后,创编出李式太极拳;民国初期,河北完县(今顺平县)人孙禄堂,师从郝为真学武式太极拳后,创编出孙式太极拳;20世纪50年代,陈家沟陈氏十七世陈发科,在祖传拳械套路的基础上,创编出陈式太极拳新架一路、二路。

第二节 长拳教学俱乐部

长拳

一、长拳概述

长拳是在查拳、华拳、花拳、红拳、炮拳、少林拳等传统拳术的基础上发展起来的一种影响广泛的拳术,是一种拳术流派的总称。中华人民共和国成立后,原国家体委把群众中流传广泛的查、华、炮、洪、弹腿、少林等拳种,根据其风格特点,综合整理创编了长拳。长拳是以套路为主的拳术,既适合基础武术训练,又适合于进行竞赛和技术水平的提高。这类拳术的共同特点是姿势舒展、动作灵活、快速有力、节奏鲜明,并多起伏转折、蹿蹦跳跃、跌扑滚翻等动作和技术。其主要特点是动作舒展大方、姿势雄壮、精神勇往、力法快长。长拳讲究动迅静定、快速灵活、刚劲勇猛、节奏鲜明;在技击上讲究放长击远,出拳要拧腰送肩,以发挥"一寸长一寸强"的优势。其运动均衡全面,能有效地提高人体的柔韧、力量、耐力、协调、灵敏、反应、平衡等身体素质,尤其适合大学生锻炼。

长拳(三路)编创于1957年。全套除了预备式和结束动作,分为四段,来回练习四趟,每段八个动作,合计三十六个动作。套路内容充实,包括了拳、掌、勾三种手型;弓、马、虚、仆、歇五种步型;手法有冲、劈、抡、砸、栽等拳法,推、挑、穿、摆、亮等掌法,盘、顶等肘法;腿法有弹、踹、踢、拍等;还有跳跃和平衡等动作。套路编排合理,由简而繁,由易到难,有利于循序渐进地进行练习;套路布局和路线变化前后呼应,左右兼顾,均匀合理;在强调动作规格化、注重功力的同时,还较好地体现了攻防意识,增强了学习的情趣。

二、长拳(三路)动作名称及图解

(一)长拳(三路)动作名称

1. 预备动作

(1)预备势;(2)虚步亮拳;(3)并步对拳。

2. 第一段

(1)弓步冲拳;(2)弹腿冲拳;(3)马步冲拳;(4)弓步冲拳;(5)弹腿冲拳;(6)大跃步前穿;(7)弓步击掌;(8)马步架掌。

3. 第二段

(1)虚步栽拳;(2)提膝穿掌;(3)仆步穿掌;(4)虚步挑掌;(5)马步击掌;(6)叉步双摆掌;(7)弓步击掌;(8)转身踢腿马步盘肘。

4. 第三段

(1)歇步抡箍拳;(2)仆步亮掌;(3)弓步劈拳;(4)换跳步弓步冲拳;(5)马步冲拳;(6)弓步下冲拳;(7)叉步亮掌侧踹腿;(8)虚步挑拳。

5. 第四段

(1)弓步顶肘;(2)转身左拍脚;(3)右拍脚;(4)腾空飞脚;(5)歇步下冲拳;(6)仆步抡劈拳;(7)提膝挑掌;(8)提膝劈掌弓步冲拳。

6. 结束动作

(1)虚步亮掌;(2)并步对拳;(3)还原。

(二)长拳(三路)动作图解

1. 预备动作

(1)预备势(图 8-2-1)。

(2)虚步亮拳(图 8-2-2 至图 8-2-4)。

(3)并步对拳(图 8-2-5 至图 8-2-8)。

图 8-2-1　　　　图 8-2-2　　　　图 8-2-3　　　　图 8-2-4　　　　图 8-2-5

图 8-2-6　　　　图 8-2-7　　　　图 8-2-8

2. 第一段

(1)弓步冲拳(图 8-2-9、图 8-2-10)。

(2)弹腿冲拳(图 8-2-11)。

(3)马步冲拳(图 8-2-12)。

(4)弓步冲拳(图 8-2-13、图 8-2-14)。

(5)弹腿冲拳(图 8-2-15)。

图 8-2-9　　　　图 8-2-10　　　　图 8-2-11　　　　图 8-2-12

图 8-2-13   图 8-2-14   图 8-2-15

（6）大跃步前穿（图 8-2-16 至图 8-2-19）。

（7）弓步击掌（图 8-2-20）。

（8）马步架掌（图 8-2-21）。

图 8-2-16   图 8-2-17   图 8-2-18   图 8-2-19

图 8-2-20   图 8-2-21

3. 第二段

（1）虚步栽拳（图 8-2-22、图 8-2-23）。

（2）提膝穿掌（图 8-2-24、图 8-2-25）。

（3）仆步穿掌（图 8-2-26）。

（4）虚步挑掌（图 8-2-27、图 8-2-28）。

（5）马步击掌（图 8-2-29、图 8-2-30）。

图 8-2-22   图 8-2-23   图 8-2-24   图 8-2-25   图 8-2-26

图 8-2-27　　　　　图 8-2-28　　　　　图 8-2-29　　　　　图 8-2-30

（6）叉步双摆掌（图 8-2-31、图 8-2-32）。

（7）弓步击掌（图 8-2-33、图 8-2-34）。

（8）转身踢腿马步盘肘（图 8-2-35 至图 8-2-39）。

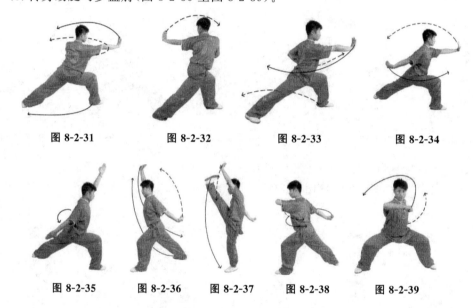

图 8-2-31　　　　　图 8-2-32　　　　　图 8-2-33　　　　　图 8-2-34

图 8-2-35　　　图 8-2-36　　　图 8-2-37　　　图 8-2-38　　　图 8-2-39

4. 第三段

（1）歇步抡箍拳（图 8-2-40 至图 8-2-42）。

（2）仆步亮掌（图 8-2-43 至图 8-2-45）。

（3）弓步劈拳（图 8-2-46 至图 8-2-48）。

图 8-2-40　　　　图 8-2-41　　　　图 8-2-42　　　　图 8-2-43　　　图 8-2-44

图 8-2-45   图 8-2-46   图 8-2-47   图 8-2-48

(4)换跳步弓步冲拳(图 8-2-49 至图 8-2-52)。

(5)马步冲拳(图 8-2-53)。

(6)弓步下冲拳(图 8-2-54)。

图 8-2-49   图 8-2-50   图 8-2-51   图 8-2-52   图 8-2-53   图 8-2-54

(7)叉步亮掌侧踹腿(图 8-2-55~图 8-2-57)。

(8)虚步挑拳(图 8-2-58~图 8-2-60)。

图 8-2-55   图 8-2-56   图 8-2-57   图 8-2-58   图 8-2-59   图 8-2-60

5. 第四段

(1)弓步顶肘(图 8-2-61 至图 8-2-65)。

(2)转身左拍脚(图 8-2-66、图 8-2-67)。

图 8-2-61   图 8-2-62   图 8-2-63   图 8-2-64   图 8-2-65

图 8-2-66　　　图 8-2-67

（3）右拍脚（图 8-2-68、图 8-2-69）。

（4）腾空飞脚（图 8-2-70 至图 8-2-72）。

（5）歇步下冲拳（图 8-2-73、图 8-2-74）。

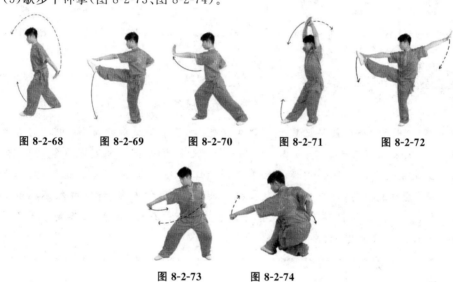

图 8-2-68　　　图 8-2-69　　　图 8-2-70　　　图 8-2-71　　　图 8-2-72

图 8-2-73　　　图 8-2-74

（6）仆步抡劈拳（图 8-2-75 至图 8-2-77）。

（7）提膝挑掌（图 8-2-78、图 8-2-79）。

（8）提膝劈掌弓步冲拳（图 8-2-80 至图 8-2-82）。

图 8-2-75　　　图 8-2-76　　　图 8-2-77　　　图 8-2-78　　　图 8-2-79

图 8-2-80　　图 8-2-81　　图 8-2-82

6. 结束动作

(1)虚步亮掌(图 8-2-83 至图 8-2-85)。

(2)并步对拳(图 8-2-86 至图 8-2-88)。

(3)还原(图 8-2-89)。

图 8-2-83　图 8-2-84　图 8-2-85　　图 8-2-86　　图 8-2-87　　图 8-2-88　图 8-2-89

长拳的历史脉络

　　"长拳"一词最早记载于明朝戚继光《纪效书·拳经提要篇》中:"古今拳家,宋太祖有三十二势长拳。"清朝中叶,又有太极长拳一百零八势的流传。王宗岳的《十三势歌》中说:"长拳者如长江大海,滔滔不绝也。"这里所提"长拳"实为太极拳,与当今长拳内容相差甚远,是两种内容、特点截然不同的拳种。可见,古代长拳与今日流行的长拳并非一种拳种,如今,在各类全国乃至国际武术比赛中,长拳是不可缺少的一种。

第三节　剑术教学俱乐部

剑术

一、剑术概述

　　剑术源于商殷以前,当时古人用的是一种两面有刃、短茎无柄,可握于掌中,凭腕力直刺前方的短剑,御寇且又御兽。剑术的最初形式主要是用于格斗,而不是演练的。春秋战国时期击剑之风盛行,挺剑杀人的击剑格斗常常造成惨重的伤亡,如赵国的剑客在一次连续举行七日的击剑中就"死伤六十余人"(《庄子·说剑》)。人们在剑术实战中认识到击剑的残酷性,因此在吴越春秋时期就有了袁公与越女折竹代剑的试剑。到了三国,曹丕与邓展以甘蔗为杖进行剑术较量,虽然邓展臂中三击,额部又受一截,但都未伤及,这种点到为止的斗智较技,反而使"一坐尽欢"(《典论·自叙》)。由此说明剑术要向以武会友,"搏刺强士体"(《孙子兵法》)的方向发展,首先必须改换所持的剑器,这是矛盾转化的必要条件。折竹代剑、以蔗为杖,正是这种意识的萌芽。经过人们的长期探索,这种友好的剑术交流方式逐渐为后代接受和仿效,形成了近代相击形式的短兵运动。舞练形式的剑术也逐渐分化而出。早在春秋之际,孔子的弟子子路就能"仗剑而舞之"(《孔子家语》),虽然这种舞剑是习戒备、作自卫的,但也具有"习其俯仰诎伸,容貌得庄焉"(《礼记·乐记》)的健身价值。后来的鸿门宴上,借"军中无以为乐""请以剑舞"(《史记·项羽本纪》)的项庄舞剑,则可说是含有娱乐美的成分。在功利之中,人们逐渐滋长健身和美的观念,认识到剑器可以一体多用。于是,剑术在人们强烈的文化意识和需求的驱使下,摆脱了单一的发展方向。

唐代时李白的诗歌、裴旻的剑舞、张旭的草书称为三绝,而三绝中人物的生活和业绩无一不与剑术有关。这可以说首开剑术舞练与艺术美学融会贯通的先河,其辉煌成就被后世景仰和效尤。同时,剑术舞练之中表现出很强的技击意识和技术,给人"兵法攸象,军容是仪"(《短兵篇》)、"用兵之道,其犹然乎"(《说苑》)的感觉,甚至有"一舞剑器动四方,观者如山色沮丧"(《观公孙大娘弟子舞剑器行》)的场面,"今日当场舞,应知是战人"(《剑器词》)就是极好的道白。剑术舞练中浓烈的战斗氛围,古时就有这样真切的描述,今日更应很好地继承了。至明代,"卞庄子之纷绞法,王聚之起落法,刘先主之顾应法,马明王之闪电法,马起之出手法,其五家之剑,庸或有传"(《阵纪》)。

近代剑术的流派、套路灿若星河,如三才剑、七星剑、八仙剑、峨眉剑、青萍剑、通备小剑、螳螂剑、太极剑、达摩剑、武当剑、青龙剑等。而当代更有创新和发展,使剑术演练成为套路运动体系中颇具魅力的一个项目。剑术中主要有点、崩、刺、撩、劈、截、穿、挂、云、抹、绞、带、腕花等方法。运动风格上有行剑、站剑之分,工体与醉体之别。其运动特点是轻快洒脱、身法矫捷、刚柔相兼、富有韵律。

初级剑术是武术短器械套路,其内容丰富,结构合理,动作简单易学易练,适合初学者练习。剑法包括刺、劈、点、撩、挑、崩、截、斩、抹、削、云、挂、架、压等。步型步法有弓步、虚步、丁步、歇步、仆步、插步、坐盘、跃步、跟步、跳步、转闪及提膝、平衡并配合剑指身法。全套主要动作共 32 个。

二、基本技法

剑术,各门各派都有各自沿袭相传的演练技巧与方法,但一般的基本技法大致有以下四点:

(一)轻快敏捷

历来的"剑走轻、刀走黑"之说区别于"剑器轻清,其用大与刀异"(《手臂录》)。虽然刀、剑都具有悠忽纵横、以短乘长的技击特点,但是用法迥然有别。剑器有两面刃,持剑时不能触身,也不宜像刀花一样在身背缠绕,更不能做裹脑缠头的动作。剑术中点、崩、截、绞等剑法都十分注重敏捷、轻巧、准确,力点多在剑尖或剑前端。《手臂录》的论剑诀中有"若唯砍斫如刀法,笑杀渔阳老剑仙",明确指出剑术不能像刀术那样大劈大砍,猛起猛落,而是要按照剑法的运动规律,做到轻快、敏捷才符合剑术演练的基本技巧和方法。

(二)刚柔兼备

刚与柔是武术劲力法则的两大要素。形成剑术流派和风格的不同,劲力的运用往往是其中一种因素。一般说来,剑术的劲力法则应该是有刚有柔,刚柔兼备,参互运用。

有柔有刚主要是指在剑术中刚柔动作的交替变化,由此表现出锐利的攻势和洒脱的风采。刚柔兼备是指在一个剑术动作中或刚中含柔,或柔中寓刚。从剑法来看,诸如穿、抹、撩、带等剑法,运行路线较长,尤能体现洒脱飘逸、刚柔相兼的风格。

剑术运动要求剑力顺达,在轻快的步行、潇洒的腾越、闪展的避让等运动过程中,剑术劲力的运使多柔中含刚,或以柔带刚,或刚中见柔,不仅如此,在敏捷的出击、纵横的劈刺中还要柔而化刚,力透剑器的某一部位。因此,"刚柔相推"(《易·系辞上》),合理地调节剑术运动中的刚与柔,借此发挥"剑器轻清"的特点,这是剑术技法中必须遵守的法则之一。

(三)把活腕灵

剑术很注重剑法的正确性,然而,剑法是在把法的操持下运使的,因此剑法的正确与否跟把法很有关系,而把法的变化又与持剑手的指、掌、腕的辗转收握相关联。

在剑术运动中,剑法需要不断发生各种变化,这只有通过变换把法才能使剑法随之发生变化,如螺把、钳把、刁把、满把等握剑法的运用随剑法不同而灵活变化,否则剑法就不能正确地表达,所以要求执剑手的指、掌虚实多变,手腕灵活转展,恰到分寸地把握剑器。剑术中有不少腕花、剪腕花的动作,这些动作更需要指、掌的灵巧,手腕的灵活。各种剑法都要求轻快、准确,很多变化又与手腕的劲力运使技巧有关,如一点一崩,一缠一截,劲力技巧在于用腕,又如挂剑时须扣腕,回身劈剑则须旋腕等,都依靠手腕的灵活性,使剑与腕协调,达到合理地调节剑法和劲力之变化。

(四)气韵生动

气韵,指的是剑术运动的节奏、气度。剑术运动应起势宏大,洒脱自如。其动静、疾缓应富有鲜明生动的多种节奏变化,起承转合尤应注重韵律。剑谚称剑法"似凤翱翔谐宫商",这就是说剑术应似飞凤翱翔天空,并富有音乐的旋律。剑法的刚柔、张弛、轻重、伸缩、起落,以及移步换形、招式迭逞等是构成剑术节奏的基本因素。而剑法自身的节奏一般除由特定的规格制约外,其剑势变换,又随着战术变换而相异。每一剑法在演练过程中,由于受战术法则的制约和引动,其身法和节奏变化,千姿百态。提高剑术技能、掌握剑术技法中的节奏,自然与剑法规格的内在含义、战术意识紧密相关。练剑要求内外贯通,神形达化。剑术技法,贵在意势会通,三体同功,身械如一。方能达到术中求艺、以意导术、气韵生动的境界。

三、初级剑术名称及图解

(一)初级剑术名称

(1)预备式。

(2)第一段:

(一)弓步直刺　　(二)回身后劈　　(三)弓步平抹

(四)弓步左撩　　(五)提膝平斩　　(六)回身下刺

(七)挂剑直刺　　(八)虚步架剑

(3)第二段:

(一)虚步平劈　　(二)弓步下劈　　(三)带剑前点

(四)提膝下截　　(五)提膝直刺　　(六)回身平崩

(七)歇步下劈　　(八)提膝下点

（4）第三段：

（一）并步直刺　　（二）弓步上挑　　（三）歇步下劈

（四）右截腕　　　（五）左截腕　　　（六）跃步上挑

（七）仆步下压　　（八）提膝直刺

（5）第四段：

（一）弓步平劈　　（二）回身后撩　　（三）歇步上崩

（四）弓步斜削　　（五）进步左撩　　（六）进步右撩

（七）坐盘反撩　　（八）转身云剑

（6）结束动作。

（二）初级剑术图解

1. 预备式

身体正直，并步站立。左手持剑：以拇指为一侧，中指、无名指和小指为另一侧，分握护手盘与剑柄的分界处，掌心贴在护手盘下部，手背朝前，食指贴于剑柄，剑身贴于前臂后侧。右手握成剑指：食指和中指伸直并拢，无名指和小指屈向手心，拇指压在无名指的指甲上，手腕反屈，手背朝上，食、中指内扣指向左下侧。两臂在体侧下垂，两肘微上提，目向左平视。

要点：持剑时，前臂与剑身要紧贴并垂直于地面。两肩松沉，上身微挺胸、收腹，两膝挺直。

（1）预备式1（图8-3-1）

①上身半面向右转，右脚向右上一步，屈膝；左脚前脚掌碾地，脚跟外展，膝盖挺直，成右弓步。在右脚上步的同时，手剑指从身体右侧经胸前屈肘上举，至左肩后向右前方平伸指出，拇指一侧在上，目视剑指。

②上身右转。左手持剑由左侧直臂上举，经头部前上方向右侧划弧，至身前时，拇指一侧朝下做反臂平举；同时，右手剑指屈肘收于右腰侧，手心朝上。

③左脚向右脚并步。左手持剑随之下落，垂于身体左侧；同时，右手剑指向右侧平伸指出，拇指一侧在上。目视剑指。

图 8-3-1

要点：A. 上述的上步剑指平伸、转体持剑向右侧划弧和并步剑指平伸3个分解动作必须连贯起来做。B. 动作过程中，两肩必须放松。C. 持剑转体向右侧划弧时，左臂直臂上举，腰向右拧转，两脚不可移动。D. 左臂向右侧划弧至与肩同高时，肘略屈，使右手剑指从左手背上穿出成立指。左手持剑继而下落于身体左侧，剑身垂直于地面。

（2）预备式2（图8-3-2）

①左脚向左上一步、屈膝；右脚前脚掌碾地使脚跟外展，膝部挺直，成左弓步。上身随之向左转。在左脚上步的同时，左手持剑屈肘经胸前向上，向前弧形绕环，平举于身体左侧，拇指一侧在下。

图 8-3-2

②左腿伸直站立，右脚向前并步。左手持剑随之从身前下落，垂于身体左侧；同时，右

手剑指屈肘沿右耳侧向前平伸指出,拇指一侧在上,目视剑指。

要点:右手剑指向前指出时,肘要伸直,剑指尖稍高过肩;成右弓步时,左腿要挺直,两脚的全脚掌均着地。上身略向前倾,挺胸、立腰。左手持剑伸平,左肩放松。

右脚的前脚掌内扣,上身左转,重心落于右腿;左脚随之移回半步,屈膝,并以前脚掌虚着地面,成左虚步。在左脚移步的同时,左手持剑向胸前屈肘,手心朝外;右手剑指也向胸前屈肘,手心朝里,准备接握左手之剑。目视剑尖。

（3）预备式3（图8-3-3）

①左手持剑由右手剑指上面向前平伸穿出,拇指一侧在下;右手剑指顺左臂下面屈肘收于左肩前,并且屈腕使手指朝上。上身右转;右脚向右侧跨步、屈膝;左脚脚尖随之往里扣,膝盖挺直,成右弓步。目向左平视。

②上身右转,右手剑指经身前向右侧平伸指出,拇指一侧在上。目视剑指。

图 8-3-3

要点:做左虚步时,右实左虚要分明,右脚跟不要抬起。上身要挺胸、塌腰,并稍前倾。两肘要平。剑尖稍高于左肘。

2. 第一段

（1）弓步直刺（图8-3-4）

右手接握左手之剑,左手握成剑指。左脚向前上半步、屈膝;右脚前脚掌碾地,脚跟外展,膝部挺直,成左弓步。同时,上身左转,右手持剑向身前平伸直刺,拇指一侧在上;左手剑指随之伸向身后平举,拇指一侧在上。目视剑尖。

要点:做弓步时,前腿屈膝半蹲,两脚的全脚掌全部着地。上身稍向前倾,腰要向左拧转、下塌,臀部不要凸起。两肩松沉,右肩前顺,左肩后引,剑尖稍高于肩。

（2）回身后劈（图8-3-5）

左脚不动,膝部伸直;右脚向前上一步,膝微屈,上身右转。同时,右手持剑经上向后劈,剑高与肩平,拇指一侧在上;左手剑指随之由下向前上弧形绕环,在头顶上方屈肘侧举,拇指一侧在下。目视剑尖。

要点:上步、转身、平劈和剑指向上侧举必须协调一致。转身后,腰要向右拧转,左脚不要移动。剑身和持剑臂必须成直线。

图 8-3-4   图 8-3-5

（3）弓步平抹（图8-3-6）

左脚向左前方上一步、屈膝;右腿在后,膝部挺直,脚尖内扣,成左弓步。同时,左手剑指由胸前下降,经左下向上弧形绕环,在头顶上方屈肘侧举,拇指一侧在下右手持剑（手心转向上）随之向前平抹,剑尖稍向右斜,目视前方。

要点:抹剑时,手腕用力要柔和。

（4）弓步左撩（图 8-3-7）

上身左转,右腿屈膝在身前提起,左脚脚尖下垂,脚背绷直。同时,右手持剑臂外旋使剑由前向上、向后划弧,至后方时,屈肘使手腕、前臂贴靠腹部,手心朝里;左手剑指随之由头顶上方下落,附于右手腕部（手心朝下）,目视剑身。

图 8-3-6

右腿继续向右前方落步、屈膝;左腿在后蹬直,脚尖里扣,成右弓步。同时,右手持剑由后向下、向前反手撩起,小指一侧在上;左手剑指随右手运动,仍附于右手腕处。目视剑尖。

要点:剑由前向后和由后向前弧形撩起时,必须与提膝和向前落步的动作协调一致,握剑不可太紧。形成弓步后,上身略向前倾,直背,收臀,剑尖稍低于剑指。

（5）提膝平斩（图 8-3-8）

左脚向前上一步,右手手腕向左上翻转、屈肘,使剑向左平绕至头部前上方,右脚随之由后向身前屈膝提起。右手继续翻转手腕。使剑向右平绕至右方后（手心朝上）,再用力向前平斩;左手剑指由下向左、向上弧形绕环,屈肘横举于头部左上方,目视前方。

要点:剑从左向后平绕时,上身必须后仰,使剑从脸部上方平绕而过,不可从头顶绕行,提膝时,左腿必须挺膝伸直站稳,右腿屈膝尽量上提,右脚贴护裆前,上身稍向前倾,挺胸、收腹。

（6）回身下刺（图 8-3-9）

右脚向前落步,脚尖外撇,膝略屈,上身右转。同时,右手持剑手腕反屈,使剑尖下垂,随之向后下方直刺,剑尖低于膝,拇指一侧在上;左手剑指先向身前的右手靠拢,然后在刺剑的同时,向前上方伸直,拇指一侧在上,目视剑尖。

要点:右手持剑要先屈肘收于身前,在右脚向前落步和上身右转的同时,使剑用力刺出;左腿伸直,右腿稍屈,腰向右拧转,剑指。两臂和剑身须成一直线。

图 8-3-7　　　　　　图 8-3-8　　　　　　图 8-3-9

（7）挂剑直刺（图 8-3-10）

左脚向前上一步,屈膝略蹲,右臂内旋先使拇指一侧朝下成反手,然后翘腕、摆臂,使剑尖向左、向上抄挂,当持剑手抄至左肩时,再屈肘使剑平落于胸前,手心朝里;此时左腿伸直站立,右腿随之在身前屈膝提起,左手剑指屈肘附于右手腕处。

以左脚前脚掌碾地,上身右转,右手持剑使剑向下插,左手剑指仍附于右手腕处。目视剑尖。

上动不停,仍以左脚前脚掌为轴碾地,右脚向身后跨一大步、屈膝,上身从右向后转;

左腿在后蹬直,脚尖里扣,成右弓步;同时,右手持剑向前直刺,剑尖与肩同高,拇指一侧在上;左手剑指随之向后平伸,拇指一侧在上,目视剑尖。

要点:挂剑、下插、直刺3个分解动作必须连贯,它们与跨步、提膝,转身、弓步的动作要协调一致。弓步直刺后,两脚全脚掌均着地,上身稍向前倾,挺胸、塌腰。

(8)虚步架剑(图8-3-11)

右手持剑先将剑尖由左向右绕一小圈,臂内旋使持剑手的拇指一侧朝下。同时,以右脚跟和左脚前脚掌为轴碾地,右脚尖外撇,上身从右向后转,左脚向前收拢半步,两膝均略屈成交叉步,在转身的同时,右手持剑反手向后上方屈肘上架;左手剑指屈肘经左肩前附于右手腕处,目向左平视。

右腿屈膝不动,左脚向前进一步,膝盖稍屈,前脚掌虚着地面,重心落于右腿,成左虚步。在右手持剑略向后牵引的同时,左手剑指向前平伸指出,手心朝下,目视剑指。

要点:虚步必须虚实分明,右肘略屈,使剑身成立剑架于额前上方,左臂伸直,剑指稍高过肩。

图 8-3-10   图 8-3-11

3. 第二段

(1)虚步平劈(图8-3-12)

左脚脚跟外展,上身右转,重心移于左腿,右脚跟随之离地,成右虚步。在转身的同时,右手持剑向下平劈,拇指一侧在上,左手剑指即向上屈肘,手心向左上方,目视剑尖。

要点:虚步必须虚实分明,劈剑时手腕要挺直。

(2)弓步下劈(图8-3-13)

右脚踏实,身体重心前移,左手剑指伸向右腋下,右手持剑臂内旋使手心朝下。左脚随即向左前方上步、屈膝;右腿在后蹬直,脚尖里扣,成左弓步。在左脚上步的同时,右手持剑屈腕向左平绕,划一小圈后向前下方劈剑,剑尖高与膝平;左手剑指随之由右腋下面向左、向上绕环,在头顶上方屈肘侧举,上身略前俯,目视剑尖。

要点:劈剑时,右肩前顺,左肩后引,剑尖与手、肩成一直线。

(3)带剑前点(图8-3-14)

右脚向左脚靠拢,以前脚掌虚着地面,两腿均屈膝略蹲。右手持剑向上屈腕,使剑向右耳际带回,肘微屈;左手剑指随之由前下落,附于右手腕处,目向右前方平视。

图 8-3-12　　　　　图 8-3-13　　　　　①　　　　　②　　　图 8-3-14

上动不停,右脚向右前方跃一步,落地后即屈膝半蹲,全脚着地;左脚随之跟进,向右脚并步屈膝,以脚尖点地,呈"丁"字步。同时,右手持剑向前点击,拇指一侧在上;左手剑指即屈肘向头顶上方侧举,手心朝上,目视剑尖。

要点:向前点击时,右臂前伸、屈腕,力点在剑尖,手腕稍高于肩,剑尖略比手低。呈"丁"字步后,右腿大腿尽量蹲平,左脚脚背绷直,脚尖点在右脚脚弓处,两腿并拢。上身稍前倾,挺胸、直背、塌腰。

(4)提膝下截(图 8-3-15)

右腿伸直,左腿退步后屈膝,上身后仰。右臂外旋手心朝上,使剑向右、向后上方弧形绕环;左手剑指不动。

上动不停,右臂内旋使手心朝下,继续使剑向左、向前下方划弧下截,同时上身向前探倾,左腿屈膝提起,目视剑尖。

要点:剑从右向左的圆形划弧下截是一个完整动作,必须连贯。左膝尽量抬高,脚背绷直;右腿挺直,站立要稳。右臂和剑身成一直线,剑身斜平。

图 8-3-15

(5)提膝直刺(图 8-3-16)

右腿略屈膝,左脚向前落步,脚尖外撇;右臂外旋使手心朝上,在左脚落步的同时向上屈肘,将剑柄收抱于胸前,手心朝里,剑尖高与肩平;左手剑指随之下落,屈肘按于剑柄上。此时两腿成为交叉步,目视剑尖。

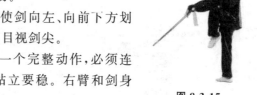

右腿向身前屈膝提起,左腿伸直站立。右手持剑向前平直刺出,拇指一侧在上;同时左手剑指向后平伸指出,手心朝下,目视剑尖。

要点:抱剑与落步,直刺与提膝,必须协调一致。

图 8-3-16

(6)回身平崩(图 8-3-17)

右脚向前落步,脚尖外撇;左脚前脚掌碾地使脚跟外转,屈膝略蹲,同时上身向右后转,成交叉步,右手持剑臂外旋使手心朝上,屈肘向胸前收回,剑身与右前臂成水平直线;左手剑指随之直臂上举,经左耳侧屈肘前落,附于右手心上面。目视剑尖。

上身稍向右转,左腿挺膝伸直,右腿略屈膝。同时,右手持剑使剑的前端用力向右平崩,手心仍朝上;左手剑指屈肘向额部左上方侧举,目视剑尖。

要点:收剑和平崩两个动作必须连贯起来做。平崩时,用力点在剑的前端;平崩后,上身向右拧转,但左脚不得移动。

（7）歇步下劈（图 8-3-18）

右脚蹬地起跳，左脚向左跃步横跨一步，落地后，右腿随即向左腿后侧插步，继而两腿屈膝全蹲，成歇步；在跃步的同时，右手持剑向上举起，并在形成歇步时，向左下劈，拇指一侧在上，剑尖与踝关节同高；左手剑指随着下劈动作，下按于右手腕上面。目视剑身。

要点：成歇步时，左大腿压在右大腿上面，左脚全掌着地，右脚脚跟离地，臀部坐在右腿小腿上。劈剑时，右臂尽量向前下方伸直，剑身与地面平行。劈剑与跃步成歇步动作须同时完成。

（8）提膝下点（图 8-3-19）

右手持剑先使手心朝下成平剑，然后以两脚的前脚掌碾地，上身经右、向后转动，两腿边转边站立起来，右手持剑平绕一周。当剑绕至上身右侧时，上身稍向左后仰，同时剑身继续向外、向上弧形绕环，剑尖接近右耳侧。此时，左手剑指离开右手腕向上屈肘侧举，目视前下方。

上动不停，右腿伸直站立，左腿屈膝提起，上身向右侧下探俯，同时右手持剑向前下点击，拇指一侧在上，目视剑尖。

要点：仰身外绕剑与提膝下点两个动作必须连贯、同时完成。右腿独立时，膝部要挺直，左膝尽量上提。点剑时，右手腕要下曲，剑身、右臂、左臂和剑指要在同一个垂直面内。

图 8-3-17　　　　　　图 8-3-18　　　　　　图 8-3-19

4. 第三段

（1）并步直刺（图 8-3-20）

以右脚前脚掌为轴碾地，使上身向左后转。在转身的同时，右臂内旋并向拇指一侧屈腕，使剑尖指向转身后的身前；左手剑指随之由上经右肩前、腹前绕环，向正前方指出，手心朝下，目视剑指。

左脚向前落步，右脚随之跟进并步，两腿均屈膝半蹲。同时，右手持剑向前平伸直刺，拇指一侧在上；左手剑指顺势附于右手腕处，目视剑尖。

要点：两腿半蹲时大腿要蹲平，两膝、两脚均须紧靠并拢。上身前倾，挺背，落臀。两臂伸直，剑尖与肩相平。

（2）弓步上挑（图 8-3-21）

右脚上步屈膝，同时左脚脚跟稍内转，左腿挺膝伸直，成右弓步。右手持剑直臂向上挑举，剑尖向上，手心朝左；左手剑指仍向前平伸指出，手心朝下。上身稍微前倾，目视剑指。

要点：左臂伸直，左肩前顺，剑指略高过肩；右臂直上举，剑刃朝前后。上身挺胸，直背、塌腰。

（3）歇步下劈（图8-3-22）

右腿伸直，左脚向前上步，脚尖外撇，随之两腿交叉屈膝全蹲，成歇步。同时，右手持剑向前下劈，拇指一侧在上，剑尖与踝关节同高；左手剑指屈肘附于右手腕里侧。上身稍前俯，目视剑身。

要点：与第二段第七个动作相同。

图8-3-20　　　　　　图8-3-21　　　　　　图8-3-22

（4）右截腕（图8-3-23）

两脚以前脚掌碾地，并且两腿稍伸直立起，使上身右转，右腿屈膝半蹲，左腿稍屈膝，左脚前脚掌虚着地面，成左虚步，右臂内旋使拇指一侧朝下，用剑的前端下刃向前上方划弧翻转，随着上身起立成虚步，右手持剑再向右后上方托起，左手剑指仍附于右手腕，两肘均微屈，目视剑的前端。

要点：两腿虚实必须分明，上身稍向前倾，剑身平横于右额前上方，剑尖稍高于剑柄。

（5）左截腕（图8-3-24）

左脚向前上半步，并以前脚掌碾地使上身向左后转，右脚随之向前上一步，前脚掌着地，两腿均屈膝，成左实右虚之右虚步。在右脚进步的同时，右臂外旋，使剑身的前端向左前上方划弧翻转，手心朝上，剑身与地面平行；左手剑指随之离开右手腕，屈肘向上侧举。目视剑的前端。

要点：同上述右截腕。

（6）跃步上挑（图8-3-25）

左脚经身前向前上一步，右脚随之在身后离地，小腿后弯。同时，右臂外旋手心朝里，使剑由右向上，向左屈肘划弧，剑至上身左侧时，右手靠近左侧髋部，拇指一侧在上并向上截腕；左手剑指在右手向左下落时附于右手腕上。目视剑尖。

图8-3-23　　　　　　图8-3-24　　　　　　图8-3-25

左脚蹬地,右脚向右侧跃步,落地后屈膝略蹲,左脚随之离地屈膝从身后伸向右侧方,形成望月式平衡,上身向左侧倾俯。在右脚跃步的同时,右手持剑由左侧髋部旁向下、向右划弧,当剑到达右侧方时,臂外旋并向拇指一侧屈腕,使剑向上挑击;左手剑指即向左上方屈肘横举,拇指一侧在下。目视右侧方。

要点:跃步和上挑动作必须协调一致,迅速进行。挑剑时,腕部要猛然用力上屈。形成平衡动作后,右腿略屈膝站稳,左小腿尽量向上抬起。上身向右拧转,剑身斜举于右侧上方,持剑手略松,便于手腕上屈。

（7）仆步下压（图8-3-26）

右手持剑使剑尖从头上经过,继而向身后、向右弧形平绕,当剑绕到右侧时,即屈肘将剑柄收抱于胸部前下方,手心朝上。同时,右膝伸直,上身立起,左腿屈膝提于身前,左手剑指仍横举于左额前上方。

图8-3-26

上动不停,左手剑指经身前下落,按在右手腕上。左脚随之向左侧落步,屈膝全蹲;右腿在左侧平铺伸直,脚尖内扣,成右仆步。同时,右手持剑用剑身平面向下带压,剑尖斜向右上方,上身前探。目向右平视。

要点:做仆步时,左腿要全蹲,臀部紧靠脚跟,不要凸起,两脚全脚掌均着地。上身前探时要挺胸,两肘略屈环抱于身前。

（8）提膝直刺（图8-3-27）

两腿直立站起,左腿屈膝提于身前,右腿挺直站立。同时,右手持剑向身前平伸直刺,拇指一侧在上;左手剑指屈肘在左侧上举,拇指一侧在下。目视剑尖。

要点:右腿独立须挺膝站稳,左膝尽量上提,脚背绷直,脚尖下垂。上身稍右倾,右肩、右臂和剑身要成一直线,左臂屈成圆形。

图8-3-27

5. 第四段

（1）弓步平劈（图8-3-28）

右臂外旋,先使手心朝向背后、剑的下刃翻转向上,继而上身左转,同时左脚向左后侧落一大步、屈膝;右脚以前脚掌为轴碾地,脚跟稍外转,右腿挺膝伸直,成左弓步。左手剑指随着持剑臂的运行而向右、向下、向左、向上圆形绕环,仍屈肘举于头部左侧上方。同时,右手持剑向身前平劈,拇指一侧在上,臂要伸直,剑尖略高于肩,目视剑尖。

要点:向前劈剑和剑指绕环这两个动作必须协调一致,同时完成,两肩要放松。

（2）回身后撩（图8-3-29）

右脚向前上一步,膝微屈,左脚随之离地,小腿向上弯曲,上身前俯,腰向右拧转。右手持剑随右脚上步而向后反撩,剑尖斜向下方,拇指一侧在下;左手剑指前伸成侧上举,拇指一侧在下,目视剑尖。

要点:右腿站立要稳,左脚脚背绷直,上身挺胸,两肩放松。

（3）歇步上崩（图8-3-30）

右脚蹬地,左脚向前跃步,上身随之向右后转;左脚落地,脚尖稍外撇,右腿摆向身后。在上身转动的同时,右臂外旋,使拇指一侧朝上;左手剑指在身后平伸,手心朝下,目视剑尖。

上动不停,右脚在身后落步,两腿均屈膝全蹲,左大腿压在右大腿上,臀部坐在右腿小腿上,成歇步。同时,右手持剑直臂下压,手腕向拇指一侧上屈,使剑尖上崩;左手剑指随之屈肘在头部左上方侧举,拇指一侧在下。目视剑身。

要点:向前跃步、歇步和剑尖上崩3个动作要连贯协调。跃步要远,落地要轻(前脚掌先着地)。上崩时腕部要猛然用力外展,剑尖高与眉平;歇步时上身前俯,胸要内含。

图 8-3-28   图 8-3-29   图 8-3-30

(4)弓步斜削(图 8-3-31)

左脚脚尖内扣,上身右转,右脚随之向前上步、屈膝,左腿在身后挺膝伸直,成右弓步。右手持剑臂外旋使手心朝上,在转身的同时,屈肘向左肋前收回;左手剑指随之从身前下落,按在剑柄上,上身向右前倾,目视前方。上动不停,右手持剑由后向前上方斜面弧形上削,手心斜向上方,手腕稍向掌心一侧弯曲。同时,左手剑指伸向后方,拇指一侧在上,目视剑尖。

要点:斜削时,右臂稍低于肩,剑尖斜向脸前右上方,略高于头;左臂在身后侧平举,剑指指尖略高于肩部。

(5)进步左撩(图 8-3-32)

右腿伸直,上身向左转,左腿稍屈膝。同时,右手持剑使手心朝里经脸前边转身边向左划弧,剑至体前时,左手剑指附于右手腕内侧,目视剑尖。以右脚跟为轴碾地,脚尖外撇,上身向右后转,左脚随之向前上步,以前脚掌虚着地面。同时,右手持剑反手向下、向前、向上继续划弧撩起,剑至前上方时,肘部略屈,拇指一侧在下,剑尖高与肩平;左手剑指随右手动作,仍附于右手腕上,目视剑尖。

要点:上述两个剑身的划弧动作,必须连贯成一个完整的绕环动作。

撩剑后,右腿微屈,左腿伸直,身体重心落于右腿,剑尖稍微朝下。

图 8-3-31   图 8-3-32

(6)进步右撩(图 8-3-33)

右手持剑直臂向上、向右后方划弧,左手剑指随势收于右肩前,手心朝左,目视剑尖。左脚踏实后以脚跟为轴碾地,脚尖外撇,右脚随之向左脚前上一步,前脚掌虚着地面。同时,右手持剑由右向下、向前划弧抡臂撩起,剑至前方时,肘微屈,手心朝上,剑尖高与头平;左手剑指随之由右肩前向下、向前、向后上方绕环,屈肘侧举于头部左上方,目视剑尖。

要点:同上述进步左撩,唯左右相反。

(7)坐盘反撩(图 8-3-34)

右脚踏实后向前上一小步,随即左脚从右腿后向右侧插一步,两腿屈膝下坐,成坐盘式。在左脚插步的同时,右手持剑向上、向左、向下、再向右上方反手绕环斜上撩,剑尖高过头顶;左手剑指随之经体前向下,向后上方划弧,屈肘横举于左耳侧,拇指一侧在下,上身向左前倾俯。目视剑尖。

要点:坐盘必须与反撩剑动作协调进行。坐盘时,左腿盘坐地面,左脚背外侧着地;右腿盘落于左腿上,全脚掌着地,脚尖朝身前。上身倾俯时胸要内含,剑尖与右臂、左肘、左肩成一直线。

(8)转身云剑(图 8-3-35)

右脚蹬地,两腿伸直站起,并以两脚的前脚掌碾地,使上身向左后转;转身之后,右腿屈膝略蹲,右脚踏实,左膝微屈,前脚掌虚着地面,身体重心落于右腿。同时,右手持剑随身体转动一周后屈肘使剑平举,拇指一侧在下;此时左手剑指附于右手腕处。目视剑尖。

上动不停,上身后仰,右手持剑向左、向后、向右、向前圆形绕一周,剑至身前时,右手心朝上,松把,使剑尖下垂;左手剑指放开,拇指一侧朝上,准备接握右手之剑。此时重心前移,左脚踏实,右腿伸直,上身前倾,目视左手。

要点:转身和云剑动作必须连贯,云剑要平、要快,腕关节放松使之灵活。

6. 结束动作(图 8-3-36)

右手将剑柄交于左手后即握成剑指,左手接剑后反握住剑柄向身体左侧下垂。此时右脚向右前方上步,脚尖内扣,屈膝略蹲,上身随之左转;左脚随之向前移步,以前脚掌虚着地面,膝微屈。在上身左转的同时,右手剑指随之由身后向上屈肘侧举于头部右上方,手心朝上,目向左平视。

要点:重心落于右腿,上身前倾,挺胸、塌腰,两肩松沉,左肘略上提,剑身紧贴前臂后侧,并与地面垂直。

右腿伸直,右脚向左脚靠拢,并步站立。右手剑指下落于身体右侧,手心朝下,恢复成预备式,目向正前方平视。

要点:同预备式。

图 8-3-33   图 8-3-34   图 8-3-35   图 8-3-36

剑术的"四母剑"：古代剑术把击、刺、格、洗四类剑法称为"四母剑"。

1. 击

指用剑刃前端一至三寸处(称三锋)，短促抖腕发力如敲击钟磬。可上下点击，类似现代点剑、崩剑。可左右斜击或平击。其中剑尖向小指一侧方向击出称"正击"，如向下、向左击头、击腕等动作；剑端向拇指一侧方向击出为"反击"，如击耳、扣腕等。

2. 刺

通过臂的屈伸，用剑尖部位沿剑身方向直取对方身体任何部位。剑身呈水平面为平刺，剑身成竖直面叫立刺。结合刺剑的方向和步法、身法，则又有进刺、退刺、独立刺、跳步刺、腾空刺、换手刺、转身刺、连环刺等。

3. 格

阻碍、拦击的意思。用剑尖或剑刃前端挑开对手进攻的兵器。现代多称为挑剑、挂剑。左挂为顺格，右挂为逆格。上挑为冲天格。左挑为左格，右挑为右格或反格。

4. 洗

"洗"为古代剑法，现在已很少用。包括平洗、斜洗、上洗、下洗。在现代剑法中"洗"法已为撩、带、抽、截、斩、扫等剑法所取代。

第四节　散打教学俱乐部

散打

一、散打概述

(一)散打的起源与发展

散打古称"相搏""手搏""卞""弁""白打""抢手"等，是由徒手相搏于台子上，俗称"打擂台"。源于人与兽斗和人与人斗。在原始社会，人类为了生存和获取食物，除了制造和使用简单的器具外，还必须依靠徒手搏斗的技能与大自然相斗。人与兽斗只是单纯的生产劳动，而人与人之间的搏斗，则为武术徒手搏斗的产生奠定了基础。

民国 17 年(1928 年)和民国 22 年(1933 年)两届"国术国考"中，均将徒手较斗称作"散打"，并列为"国术国考"的重点项目。1952 年 5 月，天津市民族形式运动会中，散打被列为竞赛项目，按体重分 3 个级别进行竞赛。1979 年，在南宁市举行的全国武术观摩表演大会上，散打被列为表演项目。同年 3 月，中国掀起"武术热"，散打运动正式开始试点探索，在国内各大院校积极展开。1980 年始，散打被列为竞赛项目。1993 年、1997 年，第七届、第八届全国运动会举行，散打成为正式的比赛项目，并设立了金牌，散打逐步成为全国武术比赛、全国运动会、世界武术锦标赛、亚运会、亚洲杯的正式比赛项目。2008 年 8 月，在奥林匹克体育中心举办了北京奥运会武术散打比赛，其举办使散打项目成为武术比赛的重要项目,对于武术散打项目迈向国际化具有里程碑意义。

(二)散打的特点与作用

1. 民族性

散打作为中国武术的一部分,是中国优秀传统文化的一部分,属于优秀民族文化遗产。散打蕴含了宝贵的民族精神,因此具有很强的生命力。

2. 对抗性

对于散打来说,不讲求过多的招式变化,最终的目的在于取胜,具有很大的灵活性,这也就赋予散打具有对抗的特点。散打要求重、长、稳,对拳脚发力以及舒展性都有要求,需要重心稳定,因此在散打中,输赢只是结局,更多的是在这几方面的博弈。但是,这种对抗不仅体现在力量、技术等方面,还体现在身体柔韧以及智慧上。除了重、长、稳,还追求速度和灵活。除了动作舒展、拳脚有力之外,还要求身体敏捷、动作灵巧、拳腿迅捷,能够随机应变,因此,散打是智慧的体现。此外在对抗过程中,双方势均力敌时无法在短时间内决出胜负,这就对体力提出了考验。因此,散打是一项综合性的对抗项目。

3. 体育性

与大部分体育运动相同,散打的学习是一个漫长且枯燥的过程。练习散打不仅可以锻炼体魄、强身健体,还能磨炼心性。在经历不断的改造之后,散打在规则方面形成了完善的体系。作为一项体育竞技项目,散打具有丰富的体育教育功用。

二、散打运动基本技术

(一)实战姿势

实战姿势通常也叫作预备式或格斗式,是格斗前所采用的临战运动姿势。它不仅能使身体处于强有力的状态,而且有最佳的快速反应能力,利于快速移动发起进攻和防守,并且暴露面小,能有效保护自己的要害部位。

实战姿势分为左实战式和右实战式。下面以左实战式为例:两脚前后开立,前脚跟与后脚尖距离约同肩宽。左脚全脚掌着地,右脚跟稍抬起,前脚掌着地,两膝稍弯曲,自然里扣,身体重心右移(图 8-4-1)。上体含胸收腹扭臀,左臂内曲约 120°,拳眼与鼻尖平行;右臂内曲约 45°,拳置于脖前,两肘自然下垂并稍向里合,下颌内收,目视对方上体(图 8-4-2)。

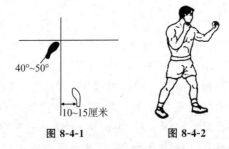

图 8-4-1   图 8-4-2

(二)手型、步法

(1)拳:五指内屈握紧,拇指第一指骨压在食指和中指的第二指骨上。拳心朝下为平拳(图 8-4-3),拳眼朝上为立拳(图 8-4-4)。

要点:握实拳心,拳面要平,手腕要直。

图 8-4-3　　　　　　　　图 8-4-4

(2)基本步法:指散手格斗中身体向前后左右移动的方法。灵活而敏捷的步法,不仅是调节重心、维持身体平衡的关键,也是进攻和防守占据有利位置、发挥最优攻势的基础步法,认真学习和演练是提高实战能力的重要环节。(以下步法均以左实战势为例)

(3)进步:左脚提起,向前进步,右脚迅速蹬地,跟进同样距离。

要点:身体重心平稳,移动迅速,前后脚保持适当的距离。(图 8-4-5)

(4)退步:右脚向后退一步,左脚用力蹬地,迅速后退同样距离。(图 8-4-6)

要点:身体重心平稳,移动迅速,前后脚保持适当的距离。

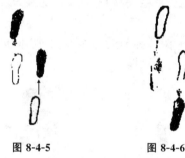

图 8-4-5　　　　　　　　图 8-4-6

(5)闪步:闪步有左右之分,下面以左向为例。左脚向左侧横跨一步,右脚脚脖内侧蹬地,迅速向左侧横跨跟进同样距离。(图 8-4-7)

要点:移动迅速,保持重心平稳,后脚跟进距离不能太大,避免两脚在一条直线上。

(6)跨步:右脚向右前方与左脚平行处上一步,上体向左转体,右肩侧对前方,右臂前伸,左臂后拉并曲肘,左脚蹬地,向右后方弧形滑摆,落于右脚后侧方,成右势实战姿势,依照以上要领,反向做左跨步练习,移动位置呈"三角形"。(图 8-4-8)

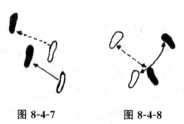

图 8-4-7　　　　　　　　图 8-4-8

要点:移动时上步滑动要与上体协调,两脚要始终保持适当距离,两脚方向平行。

(7)盖步:右脚经左脚前上步,脚尖外摆,两腿成交叉状,随即左脚向前上步,还原成实战式。(图 8-4-9)

要点:上步时身体扭转要协调,保持身体平衡,两脚移动要迅速,均不可离地面太高。

(8)插步:右脚经左脚后向前上步,脚跟离地,两腿略成交叉状,随即左脚向前上步,还原成实战式。(图8-4-10)

要点:同盖步,注意快速、隐蔽。

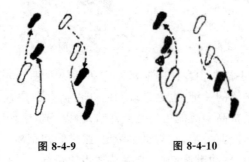

图 8-4-9   图 8-4-10

(9)垫步:右脚蹬地向左脚并拢,与此同时,左脚屈膝提起向前落步,还原成实战式。(图8-4-11)

要点:垫步时要迅速,重心要平稳,两脚不可离地太高,步法移动的距离大小根据对方的情况而定。

(10)换步:前脚与后脚同时蹬地并前后交换,同时两拳也前后交换成右实战式。(图8-4-12)

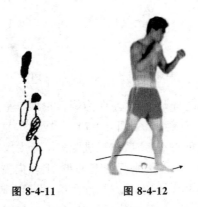

图 8-4-11   图 8-4-12

(三)拳法

拳法技术在散打运动中常用的有直、摆、勾、鞭拳等。在实战中具有速度快和灵活多变的特点,它能以最短的距离、最快的速度击中对手。拳法易于结合进行训练,并且能任意配合其他技术使用。拳法掌握得好、利用得巧妙能给对手造成很大的威胁。

直拳:以左直拳为例,左势站立,右脚微蹬地,身体重心稍向左脚移动,同时转腰送肩,左拳直线向前击出,力达拳面,右拳自然收回额前。实战范例:左右直拳抢攻对方头部。当对方侧弹腿进攻时,左手外挂防守,同时右直拳反击对方头部。(图8-4-13、图8-3-14)

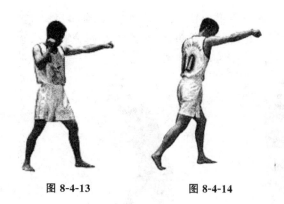

图 8-4-13   图 8-4-14

摆拳（惯拳）：以左摆拳为例，左势站立，上体微向右扭转，同时左臂稍抬起时，前臂内旋向前里弧形出击，力达拳面，大前臂夹角约 130°，右拳自然收回颌前。实战范例：左拳虚晃，右摆拳抢攻对方头部。当对方右蹬腿攻击我中盘时，左手里挂防守，随即用右摆拳反击对方头部。（图 8-4-15、图 8-4-16）

图 8-4-15   图 8-4-16

勾拳：以左上勾拳为例，左势站立，上体稍向左侧倾，重心略下沉，左拳微下落，随即左脚蹬地，上体右转，挺腹前送左髋，左拳由下向上曲臂勾击，力达拳面，上臂与前臂夹角约 90°，右拳自然回收于颌前。实战范例：假动作虚晃，忽然上部靠近对方用上勾拳击其下颌。当对手以下前抱摔时，迅速后退用左勾拳反击其头部。（图 8-4-17、图 8-4-18）

图 8-4-17   图 8-4-18

鞭拳：鞭拳的运动轨迹呈弧线，一般分为平鞭拳、斜下鞭拳、斜上鞭拳三种。以右鞭拳为例，左势站立，以左脚前脚掌为轴，身体向后转 180°，右脚经左腿后插步，身体继续右后转,同时以腰带动右臂向右侧横向鞭击,力达拳轮,左拳自然收于颌前。实战范例:左直拳假装进攻,随即突然用右鞭拳抢攻其头部,对方用左侧弹腿攻我中盘时,左手里挂防守同时以右鞭拳反攻其头部。(图 8-4-19～图 8-4-21)

| 图 8-4-19 | 图 8-4-20 | 图 8-4-21 |

(四)腿法

散打的腿法在实战中有举足轻重的作用,腿法机动灵活、变化多端、攻击力强,是中距离直接击打对手头部、躯干和下肢的主要得分手段,还可以重创对手,取得优势胜利。

散打的腿法主要包括蹬、踹、踢、扫、摆、弹等技术,下文着重介绍蹬、踹、弹最常用的三种腿法。

1. 蹬腿

蹬腿是指身体运动时双腿连续屈伸以锻炼腿部力量的动作,分为前正蹬腿和后正蹬腿。属直线腿法技术,可起到阻击和攻击对手的作用。

(1)前正蹬腿

由基本姿势开始,身体重心移至右腿,右膝微曲,左腿提膝上抬,脚尖勾起;随即左腿伸膝,以脚跟领先向前方蹬出,送胯发力,力达脚跟,击出后原路收回,成基本姿势。

技术要点:提膝要超过自己的腰部,出腿不能向下踏,注意送胯发力。(图 8-4-22～图 8-4-24)

| 图 8-4-22 | 图 8-4-23 | 图 8-4-24 |

(2)后正蹬腿

由基本姿势开始,身体重心移至左腿。后脚蹬地,左膝微曲,右腿提膝上抬,脚尖勾起;随即右腿伸膝,以脚跟领先向前方蹬出,送胯发力,力达脚跟,击出后原路收回,成基本

姿势,属直线腿法技术,可起到阻击和攻击对手的作用。(图 8-4-25～图 8-4-27)

技术要点:后脚蹬地迅速有力,提膝要超过自己的腰部;出腿不能向下踏;送胯时上体不可后仰太多,以免减弱打击力度。

图 8-4-25　　　　　　　图 8-4-26　　　　　　　图 8-4-27

2. 侧踹腿

踹腿的动作是多样化的,而基本技术均以侧踹为主,只要将侧踹法练好之后,于步法、身法的配合中,便可随势变出任何一种踹腿。所以,我们在学习和训练踹腿时,都应该着重于侧踹腿。首先记住,侧踹主要用于攻击对手低段膝关节和支撑脚,也用来阻击对方步法、腿法的进攻,此称为低踹腿。攻击对手中段腹部、胸部、腰部、肋部的侧踹则称为中位踹腿。攻击对手上段的颈部、头部者,称为高位侧踹腿。同时,侧踹腿法以左右脚来分,乃以前后而定,左脚在前时,左脚踹出为前脚踹腿,右脚踹出称为后脚踹腿。

(1)前脚踹腿

从预备姿势开始,重心微微后移,上体稍后转,同时左腿屈膝提起,脚尖勾起微向外翻出,小腿外摆,使脚掌正对攻击方向,迅速由屈到伸向前踹出,力量集中在全脚掌。此时前手放于踹出腿的大腿上方,后手置于腮前方。在侧踹过程中提膝、展髋、踹击的动作要快速连贯。在攻击对方头部或胸部目标时,上体应侧倾,注意保持身体的平稳。(图 8-4-28～图 8-4-30)

图 8-4-28　　　　　　　图 8-4-29　　　　　　　图 8-4-30

(2)后脚踹腿

从预备姿势开始,重心前移,前脚尖外摆,后脚蹬地,上身向左外侧转动,后腿屈膝摆腿,随即展髋,使脚掌正对攻击方向,然后迅速向前踹出,力达全脚掌。在做动作时要求速度快,整体动作一气呵成。在做完侧端后,应迅速恢复原位,尽量避免给对方造成反击的机会。(图 8-4-31～图 8-4-33)

图 8-4-31   图 8-4-32   图 8-4-33

3. 弹腿

(1)侧弹腿

侧弹腿又称鞭腿,在现代徒手搏斗技术中占据重要的地位,目前世界上各种技击术倍受重视的腿法之一。泰国拳称之为"横扫踢",跆拳道称"横踢"或"旋踢",空手道则称之为"弧形腿法",截拳道誉之为"扫踢",在中国现代散打中叫"边腿"。其称呼不一,细微的练习要点各异,但其技击用法没有太大的区别,它的发力是借助于收缩腹腰肌群,接腰转的力量将腿踢出,故力量大。它是用脚背及前胫像鞭子一样横扫击抽打对手,故有攻击面积大之特点。它可以攻击对手上、中、下盘,以出腿速度快、变化无穷而著称于武坛。

(2)前侧弹腿

以左侧实战姿势为例:右脚向前垫步,左腿迅速将膝向正前方提起,重心落于支撑的右腿,接着,右脚跟向前旋转,上体侧倾,左膝关节稍向内,左脚背绷直向外,大小腿夹紧,随之左膝盖向内,快速送髋将小腿弹出,力达脚背。然后收左脚,大小腿稍折叠,髋关节放松,左腿自然落下,两脚同时后撤一步,还原成左实战姿势。(图 8-4-34、图 8-4-35)

图 8-4-34   图 8-4-35

(3)后侧弹腿

以左侧实战姿势为例:左脚向前上一步,右脚屈膝从左脚内侧直线上提,当右膝关节抬起时,支撑的左脚跟向前扭转,上体微侧倾,右脚大小腿折叠夹紧,右脚背绷直向外,紧随扭转腰部发力,并扭转轴心脚,提臀松髋的瞬间,右脚绷紧脚背,快速送髋将小腿向前弹出,同时同侧臂前伸,另侧手护住胸前,随后收脚成提膝,继右旋体,右脚向后收落成左侧实战姿势。(图 8-4-36、图 8-4-37)

图 8-4-36　　　　　　　　　图 8-4-37

（五）摔法

散打的摔法不同于其他项目的摔法,其特点是突出一个"快"字,要在短时间内完成技术动作,不能无限制地抱揉在一起。由于散打选手要戴上拳套,几乎是无"把"可抓,无形中增加了摔的难度。但由于摔法是散打中明显得分的手段,因而逐渐被散打教练和运动员所重视。摔法不仅可有效地消耗对手的体力。同时还可给对手造成巨大的精神压力。随着散打技术的不断发展,散打摔法也日新月异,出现了多种技术、流派的融合。

散打的摔法大致可分为主动摔和接腿摔两类。主动摔法有夹颈过背摔、插肩过背摔、抱腿前顶摔等摔法;接腿摔法包括接腿别腿摔、接腿涮摔、接腿上托摔、接腿转压摔等技术。

夹颈过背摔:在对方用后摆拳攻击你头部时,应快速用前臂向外格挡并搂抓对手的手臂,随即上后脚落在对方的右脚前,同时右臂屈肘夹其颈部,随即向前转体,前脚背和右脚平行,背转向对方,两腿屈膝,用后侧臂部抵顶对方腹部。动作不停,两腿蹬伸向下弓腰,低头将对方背起摔倒。(图 8-4-38)

图 8-4-38

插肩过背摔:甲方用前手臂从乙方所相对后臂腋下穿过,背后(前)步至与前(后脚)平行,两腿屈膝,同时,后手固定住乙方另一手臂,随后两腿蹬直,向下弓腰、低头,前手臂由侧后方向前发力,将乙方摔倒。在完成此动作时,插肩要快且要固定紧,背步转身要协调快速,低头、弓腰、蹬腿要连贯有力。(图 8-4-39)

图 8-4-39

抱腿前顶摔：甲方上步下潜，两手搂抱住乙方双膝关节处，用力回拉，同时用前肩前顶对方大腿根或小腹部将乙方摔倒。在完成抱腿前顶时，要注意下潜速度要快，抱腿要紧，两臂后拉时要与肩顶动作协调一致。（图 8-4-40）

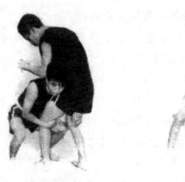

图 8-4-40

接腿别腿摔：甲方接住乙方左（右）腿，用一手将乙方的踝关节固定住，用另一手搂抱住乙方的膝关节部位，用左（右）腿伸至对方支撑腿侧后方别对方，同时胸部向外，向下压对方被搂抱的腿，摔倒对方。做此动作时，要快速、准确，要迅速把对方被固定的腿牵向自己的右（左）肘部，使用别腿方向。在别腿、压腿时动作要协调一致。（图 8-4-41）

图 8-4-41

接腿涮摔：甲方接住乙方的左（右）腿，用双手将其固定住，防止其挣脱。甲方的左（右）腿向侧后方撤一步，并固定住乙方的腿往怀里带，并用双手固定住乙方的腿向下、向左(右)、向上做弧形的牵引,将对方摔倒。做此动作时应注意的是要抓"把"牢固、准确,划弧牵引的动作幅度要大,动作连贯顺畅,使对方重心不稳而摔倒。(图8-4-42)

图 8-4-42

接腿上托摔:当对手用右正蹬腿攻击你的胸部时,快速用两手接住对方小腿或踝关节,随即屈臂上抬,两手托对方左脚后,则向前上方猛力推托,将对方摔倒。完成该动作时,抓脚要迅速准确连贯,推托迅猛有力。(图8-4-43)

图 8-4-43

接腿转压摔:当对手用左侧弹腿攻击你的腹部时,快速上步用左手抄抱对方左膝后面,右手搂抓其小腿下部,右脚撤步,收腹含胸,向右转体,同时右手向内扳压,左肩前顶对方大腿内侧,将对手摔倒,动作要快速连贯、协调一致。(图8-4-44)

图 8-4-44

（六）防守技术

防守是一种可以节制和削弱对方的攻击，保护自己并使自己处于反击位置的方法，最终目的是在于防守和反击。准确巧妙地防守，不但能保护自己，而且能为攻击创造更好的条件。可分为接触防守（拍挡、挂挡、里抄、外抄、提膝、截击等）与闪躲防守（后闪、侧闪、下潜、上跳等）。

（1）拍挡：以左拍挡为例，左手掌心向里贴，向里横拍并稍右转体。（图8-4-45）

（2）里抄：左右手臂微屈并外放，紧贴腹前，手心向上，同时左右手屈臂，紧贴胸前立掌，掌心向外。（图8-4-46）

（3）挂挡：左右手屈臂向同侧头部或肩部挂挡。（图8-4-47）

（4）外抄：左右手臂外旋弯曲，上臂紧贴肋部。（图8-4-48）

（5）提膝：重心右移，前腿屈膝起，后腿支撑，上体姿势不变。（图8-4-49）

图8-4-45　　　　图8-4-46　　　　图8-4-47　　　　图8-4-48　　　　图8-4-49

（6）截击：当对方准备进攻时，使手截腿阻截对方攻势。（图8-4-50）

（7）后闪：重心后移，上体略后仰闪躲。（图8-4-51）

（8）侧闪：上体向左侧或右侧闪躲或用左右闪步防守。（图8-4-52）

图8-4-50　　　　　　　　图8-4-51　　　　　　　　图8-4-52

（9）下潜：屈膝降低重心，同时低头缩颈向下闪躲两手护头。（图8-4-53）

（10）上跳：两脚蹬地，使身体向上跳闪。（图8-4-54、8-4-55）

图 8-4-53　　　　　　　　图 8-4-54　　　　　　　　图 8-4-55

三、散打运动基本战术

散打战术是根据比赛双方的具体情况,为战胜对方而采取的计策和方法。散打比赛不仅是技术水平的对抗,也是心理意志和智慧的较量。散打的战术训练,首先应该确立正确的战术指导思想,遵循散打技术的规律和竞赛规则,注重实用性和灵巧性。正确运用战术的基础是必须掌握战术原则、战术形式和发挥战术作用的条件。良好的战术意识应体现在复杂多变的条件下,积极观察场上情况,随机应变,快速准确地决定自己的战术行动,掌握场上的主动权。另外,战术意识还反映在行动的预见性、动作的隐蔽性、配合的一致性、战术的灵活性等几方面。

（一）战术原则

战术原则,指战术计划方案必须遵循的准则。

1. 遵循散手的技术动作功能设计战术

战术是通过一定的技术动作来执行的,不同的技术动作的组成方案,表达了不同的战术思想,因此,遵循散手的技术动作功能设计战术是合理、有效地发挥技术的战术原则。

2. 遵循攻防兼备的原理设计战术

一味求攻,一味死守,都是散打战术所不提倡的,因为"一而再,再而三,三而竭",当你"力竭"之时,将会遭到对手的有力反击,而只有防守则不能得分并战胜对手。正如拳谚所讲"攻中有守不丢手,守中有攻人难走"。所以,只有做到攻中有守,守中带攻,攻守兼备,在激烈的对战中临危不乱,才能抓住时机战胜对手。

3. 遵循灵活多变的原理设计战术

战术实施依赖于技术,每一种技术都有自身的长处和短处,不可一味使用某一个动作而被对手识破、化解,甚至反击得手,从而失去比赛的主控权,同样道理,固定单一的战术,也很容易让对手摸到规律而陷入被动局面。因此,在设计战术时,需要多套战术穿插运用,要充分利用规则,给自己提供更加宽泛的战术空间,以突显战术的时效性,同时力戒华而不实。

4. 遵循"知己知彼"的原理设计战术

"知彼知己,百战不殆"是军事家确定作战方案的先决条件,只有正确地认识自己,清楚地了解对手的实际情况,才能百战不殆。要想战胜对手,就要了解对手的优缺点,根据其实际情况设计相应的战术,实现运筹帷幄。

(二)战术形式

散手的战术形式是指为了完成战术意图而由各种技术动作组成的具体方法。

(1)强攻战术:是指硬性突破对方防守后发出的攻击。运用强攻战术时不要蛮干,要通过这一战术发挥己之长来攻克对方之短。

(2)先得分战术:是指比赛中利用对方立足未稳,还没有适应比赛的机会,主动进攻对方先得分。得分后根据实际情况选择继续扩大战果或防守反击以保住得分。

(3)直攻战术:直攻战术是指在没有假动作的掩护下,使用方法直接进攻对方。

(4)佯攻战术:佯攻战术也称为假动作战术,即比赛中有目的地利用假动作造成对方错觉,把对方引入歧途,实现真实进攻。佯攻战术也是散打比赛中最常见的战术之一。

(5)防守反击战术:是指利用自己反击能力较好的特点,待对方进攻时给予有力的回击,运用防守反击战术时,可以以防守反击为主,主动进攻为辅,以主动进攻掩盖自己的反击战术意图。刺激对方,使其更加急躁,为反击战术创造条件。

(6)迂回战术:迂回战术是指利用步法移动从侧面进攻。

(7)制长战术:是使用相应的方法控制对方的技术专长,使其不能够正常发挥的战术形式。每名运动员都有自己的技术专长,如果针对对方专长制定战术,使其专长不能发挥,从而被迫采用其他动作,这无疑起到制彼所长的作用。

(8)制短战术:是指在比赛中集中力量专门进攻对方的薄弱环节,制其所短。每一名运动员在具备优点的同时也有缺点,比赛中要善于发现对手的缺点,如,有的运动员防拳能力差,有的运动员防腿能力差,有的运动员防摔能力差。

(9)技术战术:是指利用技术全面、熟练、有效的特点,综合运用各种技术达到控制场上的主动权,抑制对方的进攻,从而取得比赛的胜利。

(10)多点战术:是指进攻点立体交叉,全方位地攻击对方。在比赛中遇到技术水平较好的运动员时,单一的技术进攻很难奏效,应采取上、下、左、右、拳法、腿法、摔法综合运用,针对对手的情况实施立体的攻击。

(11)重创战术:是指比赛中利用自己的技术专长或对方失误的机会,准确击中对方要害,使对方因被击倒或被击伤而丧失比赛能力。

(12)体力战术:是指耐力好的运动员发挥自己体力比对方好的优势,在比赛中让对手和自己一直处于不断的运动中,消耗对方的体力,使对方因体力不支而影响技术和战术的发挥甚至被击倒。

(13)边角战术:是利用比赛中对方退到擂台边缘怕掉下去的心理状态进行攻击的战术。

(14)下台战术:是指比赛中采用方法迫使对方掉下擂台的战术手段。下台战术按其形式可分为牵引下擂和逼打下擂两种。牵引下擂是指借用对方的力量,引进落空来达到使对方下擂的目的。逼打下擂是指当对方退至警戒线时,使用动作连续进攻将对方打下擂台。

(15)突袭战术是针对对方自然产生的习惯动作,采用相生相克的方法进攻对方。

(16)心理战术是通过一些特定的方式和措施,给对方造成心理上的压力,从而取得比赛胜利的方法。

(17)规则战术:竞技散打比赛是在一定规则限制的前提下进行的,但规则也有限制模糊或介于基本允许的地方,比赛时要认真研究比赛规则寻找漏洞,使用各种制胜的办法攻击对手。

散打战术绝不是一成不变的,需要运动员根据场上自身的判断,依据自己的技术及专业素养,迅速做出决定并果断执行。

知识窗

(1)每场比赛开始前介绍运动员时,运动员向观众行抱拳礼。

(2)每局比赛开始前,运动员上台后先向本方教练员行抱拳礼,教练员还礼;运动员之间再相互行抱拳礼。

(3)穿戴散打护具进行对抗实战时,规范的情形是双方都是赤足(或者带护踝护脚背)进行踢打。不能穿普通的硬底鞋训练。

第五节　跆拳道教学俱乐部

跆拳道

一、跆拳道概述

跆拳道是现代奥运会正式比赛项目之一,是一种主要使用手及脚进行格斗或对抗的运动。1973 年 5 月,世界跆拳道联合会在汉城(今首尔)成立了,1980 年,该组织得到国际奥委会的正式承认

1988 年,跆拳道在韩国汉城奥运会首次亮相后,为了适应国际重大比赛,其技术在不断地变革和发展。2000 年悉尼奥运会,跆拳道成为正式比赛项目,设有男子四个级别和女子四个级别的比赛,共计 8 枚金牌。跆拳道也是亚运会、泛美运动会、全非洲运动会等一系列国际重大赛事的正式比赛项目。

二、跆拳道基础知识

(一)跆拳道动作的使用部位

1. 拳法

拳法在跆拳道竞赛中主要使用正拳(直拳),在品势中则有正拳、勾拳、锤拳等。

(1)正拳:四指并拢卷曲并握紧,拇指紧扣于食指和中指的第二关节处,拳面要平。用拳的正面击打。(图 8-5-1、图 8-5-2)

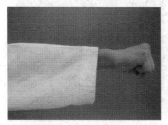
图 8-5-1　正拳侧面图

图 8-5-2　正拳正面图

(2)勾拳:握法同正拳,使用食指和中指指根的突起部分击打。(图 8-5-3 至图 8-5-5)

图 8-5-3　勾拳防守姿势　　　图 8-5-4　勾拳向下摆动　　　图 8-5-5　向上勾拳

（3）锤拳：握法同正拳，用小指和手腕间的肌肉部分进行击打。（图 8-5-6）

图 8-5-6　锤拳

2. 掌法

（1）手刀：手指伸直，拇指弯曲紧靠食指。用小指侧的手掌外延攻击对方，常见于品势中（图 8-5-7 至图 8-5-9）。

图 8-5-7　手刀手心图　　　图 8-5-8　手刀侧面图　　　图 8-5-9　手刀正面图

（2）背刀：握法与手刀相同。用食指一侧的手掌外延攻击对方，常见于品势中。

（3）贯手：中指微屈，以四指指尖戳击对方的眼、喉等部位，常见于品势中（图 8-5-10、图 8-5-11）。

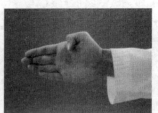

图 8-5-10　贯手手背图　　　图 8-5-11　贯手手心图

3. 臂部

(1)腕部:用于防守格挡。

(2)肘部:用肘的鹰突关节攻击,仅限于品势中使用。

(3)前臂和上臂:主要用外侧防守和格挡,前臂的格挡经常在跆拳道竞赛中使用。

4. 脚部

(1)脚面:用脚的正面部分攻击对方(图 8-5-12)。

图 8-5-12　脚面

(2)足刀:用脚的外侧攻击对方(图 8-5-13 至图 8-5-15)。

图 8-5-13　足刀俯视图　　图 8-5-14　足刀侧面图　　图 8-5-15　足刀正面图

(3)脚尖:用脚趾前端的部位攻击对方。

(4)脚跟:用脚跟攻击对方,如后踢(图 8-5-16)。

图 8-5-16　脚跟

(二)准备姿势

准备姿势也称实战姿势或预备姿势,是竞技跆拳道比赛中双方开始时的基本站立姿势。准备姿势应便于进攻和防守反击以及步法的移动。

【动作方法】两脚前后站立,双膝微屈,重心稍向前倾,后脚尖着地,脚后跟抬起;同时两手半握拳,两臂自然垂于体侧,下颌微收。左脚在后为左架准备姿势,右脚在后为右架准备姿势。两脚之间的距离和重心的高低可以根据具体情况进行调整,以尽快调整好身体重心为准(图 8-5-17 至图 8-5-20)。

图 8-5-17　准备姿势正面图

图 8-5-18　准备姿势侧面图

图 8-5-19　准备姿势左侧面图

图 8-5-20　准备姿势右侧面图

（三）基本步法

1. 上步

右架准备姿势（以下简称右架）站立，右脚向前上一步，变为左架准备姿势（以下简称左架）。主要通过向左拧腰转髋来完成动作，两臂在体侧自然地上下移动，重心上下起伏不要过大（图 8-5-21 至图 8-5-23）。

图 8-5-21　右架准备姿势

图 8-5-22　右脚向前上一步

图 8-5-23　左架准备姿势

2. 后撤步

右架站立，左脚向后撤一步，成为左架。也是主要通过向左拧腰转髋来完成动作，两臂在体侧自然地上下移动，身体重心要保持平稳（图 8-5-24 至图 8-5-26）。

图 8-5-24　右架准备姿势

图 8-5-25　左脚后撤

图 8-5-26　左架准备姿势

3. 前跃步

右架站立,两脚同时向前跃进一步,保持左架。两脚稍离开地面即可,身体重心保持平稳(图 8-5-27 至图 8-5-30)。

图 8-5-27　右架站立　　图 8-5-28　两脚同时前跃　　图 8-5-29　落地　　图 8-5-30　右架站立

4. 后跃步

右架站立,两脚同时向后回撤一步,保持右架。两脚稍离开地面即可,身体重心保持平稳(图 8-5-31 至图 8-5-34)。

图 8-5-31　右架站立　　图 8-5-32　两脚同时后回撤　　图 8-5-33　落地　　图 8-5-34　保持右架站立

5. 跳换步

左架站立,两脚原地前后交换,换成右架站立。两脚稍离开地面即可,重心保持平稳,不宜起伏过大。

6. 侧移步

右脚先向右(或向左)侧移动一步,随之左脚迅速向右(或向左)侧移动一步。身体重心一般位于前脚,有利于进攻(图 8-5-35 至图 8-5-40)。

图 8-5-35　右架站立　　　　图 8-5-36　左脚向左侧移动　　　　图 8-5-37　左撤移步

图 8-5-38　右架站立

图 8-5-39　右脚向右侧移动

图 8-5-40　右撤移步

7. 垫步

右架站立,右脚向左脚内侧上步,同时右脚迅速抬起以便进攻和防守(图 8-5-41 至图 8-5-43)。

图 8-5-41　右架站立

图 8-5-42　右脚向左脚内侧上步

图 8-5-43　保持右架站立

(四)基本腿法

1. 前踢

右架站立,重心移至左腿。提起右大腿同时髋部略向左转,膝盖朝前,脚面绷直,双手握拳自然垂放在身体两侧。髋关节前送,右大腿向前抬起,当大腿抬至水平或稍高时,向前弹出小腿用脚面击打目标,在小腿弹出的一瞬间,要有一个制动的过程,使小腿产生鞭打的效果。向右转髋使右小腿折叠快收回原位,然后后撤右腿还原(图 8-5-44 至图 8-5-49)。

图 8-5-44　右架站立(正面)

图 8-5-45　提起右大腿(正面)

图 8-5-46　前踢(正面)

图 8-5-47　右架站立(侧面)　　图 8-5-48　提起右大腿(侧面)　　图 8-5-49　前踢(侧面)

2. 横踢

左架站立,提起左腿时,大小腿夹紧,从前方迅速提至腰部。提起左腿后,髋部略左转。为保持重心,躯干稍向右后倾,以配合快速转髋。通过腰腿的力量,将小腿用力由外向内横踢出去。击打时脚面稍绷直,但踝关节要放松。小腿弹出后,在弹直的一瞬间,要有一个制动的过程,使脚面产生鞭打的效果。提膝应尽量随着转髋同时进行,不能在完全转髋后再提膝,这样会造成膝盖过早偏向外侧。右脚应积极配合髋部的转动,转动时可稍有一点踮起(图 8-5-50 至图 8-5-55)。

图 8-5-50　右架站立　　　图 8-5-51　提起右腿　　　图 8-5-52　髋部略左转

图 8-5-53　小腿横踢　　　图 8-5-54　收回小腿　　　图 8-5-55　保持左架站立

3. 后踢

左架站立,重心移至右腿。以右脚尖为轴,右脚跟外旋,身体向左后方转动,同时提起左腿,大小腿折叠。左腿向后平伸蹬出,在腿蹬直前膝盖稍向外翻。用脚跟击打对方胸部和腹部。击打后左脚自然落下(图 8-5-56 至图 8-5-62)。

图 8-5-56　左架站立　　　　图 8-5-57　身体向左后方转动　　　　图 8-5-58　提左脚

图 8-5-59　提左脚侧面图　图 8-5-60　左脚后蹬　图 8-5-61　左脚后蹬侧面图　图 8-5-62　保持左架站立

4. 劈腿

　　右架站立,重心移至左腿。提起右大腿,同时向左转髋,使右腿膝盖尽量与胸部接近,身体重心向上。右脚高抬过头,右腿伸直,身体保持正直或稍前俯。右脚脚面稍绷直,右腿快速下压,用脚掌或脚后跟下砸对方的头部,身体重心前移至右腿上。身体稍后仰以控制身体重心。击打后,右脚自然下落(图 8-5-63 至图 8-5-74)。

图 8-5-63　右架站立　　　　图 8-5-64　提起右腿　　　　图 8-5-65　右脚伸直高抬过头

图 8-5-66　右腿快速下压　　　　图 8-5-67　落下　　　图 8-5-68　保持右架站立(劈腿正面图)

图 8-5-69　右架站立

图 8-5-70　提起右腿

图 8-5-71　右脚伸直高抬过头

图 8-5-72　右腿快速下压

图 8-5-73　落下

图 8-5-74　保持右架站立(劈腿侧面图)

5. 侧踢

　　左架站立,重心移至右脚,同时右脚内旋。提左腿,大小腿折叠,同时向右转髋,身体左侧侧对对方。勾脚面,左腿向外平蹬,用脚掌外侧攻击对方。左腿自然下落,并撤回原位(图 8-5-75 至图 8-5-80)。

图 8-5-75　左架站立

图 8-5-76　提左腿

图 8-5-77　侧踢正面图

图 8-5-78　左架站立

图 8-5-79 提左腿

图 8-5-80 侧踢侧面图

6. 后旋踢

右架站立,以左脚尖为轴,左脚跟外旋。身体向右后方转,同时提右腿,向斜后方向蹬伸,头部向右后方转动。身体继续旋转,右腿向后画一个水平弧线,快速屈膝用脚掌击打对方头部。右腿自然下落,还原为右架站立(图8-5-81至图8-5-87)。

图 8-5-81 右架站立

图 8-5-82 向右后方转

图 8-5-83 提右腿

图 8-5-84 向斜后方向蹬伸

图 8-5-85 快速屈膝攻击

图 8-5-86 回收左腿

图 8-5-87 右腿自然下落

7. 前横踢

左架站立,左脚向前垫步,将身体重心移至左腿。提起右腿,向前送髋,大小腿稍折叠。绷紧脚面,右膝向内,快速弹出小腿。右腿自然落下,两腿同时后撤一步,还原成左架(图8-5-88至图8-5-93)。

图 8-5-88　左架站立

图 8-5-89　左脚向前垫步

图 8-5-90　提右腿

图 8-5-91　快速弹出小腿

图 8-5-92　收回小腿

图 8-5-93　保持左架站立

8. 推踢

右脚蹬地屈膝提起，身体重心前移至左脚，左脚以前脚掌为轴内旋约 90°；同时右脚迅速向前方推踢，力点在脚掌，推踢后迅速屈膝，身体重心前落，成左架站立（图 8-5-94 至图 8-5-103）。

图 8-5-94　右架站立

图 8-5-95　提右脚

图 8-5-96　右脚向前推踢

图 8-5-97　收回右腿

图 8-5-98　下落成左架站立
（推踢正面图）

图 8-5-99　右架站立

图 8-5-100　提右脚　　图 8-5-101　右脚向前推踢　　图 8-5-102　收回右腿　　图 8-5-103　下落成左架站立(推踢侧面图)

9. 双飞踢

左架站立,重心移至右脚,提起左腿使用横踢。在左脚未落地时立即用右腿横踢。击打后,两脚自然落下,两腿交换时,髋部要快速扭转。小腿弹出后,在弹直的瞬间,要有一个制动的过程,使踢出的动作产生鞭打的效果。用双飞踢主要攻击对方的胸腹、两肋和面部(图 8-5-104 至图 8-5-108)。

图 8-5-104　提起左腿　　图 8-5-105　左腿横踢　　图 8-5-106　提右腿

图 8-5-107　右腿横踢　　图 8-5-108　下落保持左架站立

10. 旋风踢

左架站立,以右前脚掌为轴脚后跟外旋,重心移至右腿。身体左后转约 360°,左腿也随之向后转动。身体稍后仰,左腿下落的同时右脚蹬地使用右腿横踢技术(图 8-5-109 至图 8-5-113)。

图 8-5-109　左架站立

图 8-5-110　身体左后转

图 8-5-111　左腿横踢

图 8-5-112　踢右腿

图 8-5-113 右腿横踢

（五）跆拳道防守技术

1. 躲闪防守

躲闪防御是利用躯体的形变与位移来完成的自我保护技术。其在"型以正""刚来刚对"的传统跆拳道中很少见到，躲闪防护是在后来的竞技跆拳道中逐渐形成的技术。

躲闪防护主要是由体前屈式的降低高度的技术和侧屈式的位置移动与躯体偏转的技术所组成的。体前屈式的躲闪防护主要是针对敌方对我方头部实施的攻击。侧屈式的躲闪防护则是在对付器械时应用较多，但是因为对施用者自身的技术要求和心理素质、距离感等基础要求较高，故侧屈式防护较体前屈式防护的使用频率要低得多。

2. 贴近防守

贴近防守即迫前防护，主要是抢在对手动作完成前主动缩短距离，使对手的动作无法奏效。此动作的关键是破坏对手完成攻击动作时必需的距离。此动作要求施用者具备良好的技术基础和反应能力，否则极有可能正好撞到对手的攻击时机上。

3. 格挡防守

（1）向上格挡

【动作方法】右架站立，左手握拳由下至上，用左前臂上架格挡，或是右手握拳，用右前臂上架格挡。手臂上架的同时肘部有一个向上并向外横拨的动作，主要用于防守对方的劈腿进攻。

（2）向左（或右）斜下格挡

【动作方法】右架站立，左手握拳由上至下，用左前臂向左斜下方格挡，或是右手握拳，用右前臂向右斜下方格挡。主要用于防守对方击打腹部的横踢、前横踢进攻。

（3）向左（或右）斜上格挡

【动作方法】右架站立，左手握拳由下至上，用左前臂向左斜上方格挡，或是右手握拳，用右前臂向右斜上方格挡。主要用于防守对方针对我方胸部、头部的高横踢、高前横踢、后旋踢、双飞击头进攻。一般来说，使用左前臂格挡对方的进攻，有利于后腿（右腿）的进攻，如横踢击腹或击头、劈腿等；使用右前臂格挡对方的进攻，有利于前腿（左腿）的进攻，如前踢、横踢、侧踢、劈腿等。

4. 进攻防守

利用进攻动作进行防守就是在对方进攻的同时，防守者同时进行进攻，即以攻代守。

（六）腿法组合技术

1. 右横踢＋左后踢

【动作要点】右横踢进攻的最佳时机有：在对方原地换位的一刹那使用横踢进攻；在对方上步时使用横踢；用身体晃动调动对方，在对方后撤步时使用横踢进攻。

2. 右横踢＋左后旋踢

【动作要点】击打动作要果断，把鞭打力量打出来；同时要注意击打的第一点落空后，后续第二点的后旋踢进攻动作要连贯。

3. 右横踢＋左劈踢

【动作要点】如果击打第一点落空，要快速跟上使用左劈踢技术。因为全力打击后的动作一般是被动的，所以在击打出任何技术动作时要留有 3％ 左右的力量，这样可以在观察对方的反应后再采取进攻或防守。

4. 右劈腿＋左后踢

【动作要点】由于动作路线长，所以在双方近战时可以以少换多，就是在近距离时让对方得点，而自己使用下劈腿击打对方的头部，得两点或三点。

5. 左前横踢＋右后踢

【动作要点】可以先用左腿横踢佯攻对手，然后再用后踢击打对方。使用后踢的技术关键是身体不能前倾，另外后蹬要充分。

6. 左前横踢＋右劈腿

【动作要点】前横踢进攻主要用于吸引对手，并在对手进攻的同时，用后下劈重击对手。

7. 右横踢＋右侧踢

【动作要点】前横踢结合前腿侧踢反击技术主要是用于阻击对手或是进攻对手，使其不得不后撤，为自己进攻或反击赢得时间和机会。

（七）实战

熟练掌握了跆拳道的技战术后，要按照规则进行不断的实战练习，逐步提高技战术的应用能力。只有在对抗中将技战术充分发挥出来，才能在实际比赛中战胜对手，获取比赛的胜利。

知识窗

　　跆拳道的特技：特技跟实战是有所差别的，与实战相比，特技更注重的是观赏和表演性。跆拳道根据级别的不同，每个阶段的特技难度也不同，跆拳道特技的精彩取决于弹跳、柔韧、动作的标准熟练程度。因为那些动作不是偶尔做出来的，也没有任何虚假成分，全部都是真功夫。跆拳道特技包括基本动作、套路、对打、防身术等，技法包括手技、脚技、步法等。要想做出很漂亮的特技，对基本功的要求很高。比如说韧带、体能、爆发力和身体的协调性等。跆拳道特技最需要的不是身体，而是心理，克服心理障碍，慢慢练习不能急于求成。要不断创新才能使跆拳道的特技越来越精彩，其次与人交流和切磋也是一个取得进步的阶梯。

第六节　游泳教学俱乐部

游泳

一、游泳概述

　　游泳运动是男女老幼都喜欢的体育项目之一。关于游泳运动的产生，根据现有史料的考证，国内外较一致的看法是产生于居住在江、河、湖、海一带的古代人。他们为了生存，必然要在水中捕捉水鸟和鱼类作为食物，通过观察和模仿鱼类、青蛙等动物在水中游动的动作逐渐学会了游泳。

　　现代游泳运动起源于英国。17 世纪 60 年代，英国不少地区的游泳活动就开展得相当活跃。1828 年，英国在利物浦乔治码头修造了第一个室内游泳池，1869 年 1 月，在伦敦成立了大城市游泳俱乐部联合会（现英国业余游泳协会前身）并把游泳作为一个专门的运动项目正式固定下来。1908 年在英国伦敦举行第四届奥林匹克运动会，成立了国际游泳联合会（简称国际泳联），审定了游泳的各项世界纪录，并制定了国际游泳比赛规则。随着各种游泳锦标赛、国际大型比赛不断推动着竞技游泳的发展，游泳的技术动作不断完善，创造了一个又一个优异的成绩。

　　我国近代游泳运动始于 19 世纪中叶。1887 年，广州沙面修建了 25 码室内游泳池，1913 年，我国参加了在菲律宾马尼拉举行的第一届远东运动会。中华人民共和国成立后，在党和人民政府的领导和关怀下，我国游泳运动员频繁参加国际性比赛，取得了不俗的成绩。1982 年，在印度新德里举行的第九届亚运会上，我国游泳金牌实现"零"的突破，1992 年在巴塞罗那举行的第二十五届奥运会游泳比赛中，中国游泳实现了奥运会游泳金牌"零"的突破，而且还破了两项世界纪录。2021 年，在日本东京举行的第三十二届奥林匹克运动会游泳比赛中，我国名将汪顺、张雨霏领衔的游泳军团，取得了 3 金 2 银 1 铜的优异成绩，在女子 4×200 米自由泳接力中，中国队创造了新的世界纪录。

二、游泳基本技术

(一)蛙泳

蛙泳整个动作与青蛙游水十分相似,所以取名为蛙泳。蛙泳的特点是游时省力、容易学,游动时动作全部在水下,声音较小,头部可以露出水面呼吸,视野开阔。

1. 身体姿势

游蛙泳时,身体呈水平俯卧于水中,两臂向前伸直并拢,两腿自然向后伸直并拢,同时上体稍挺起,头略抬,使身体和前进方向成 5°～10°角,这种流线型的姿势,既能减少前进的阻力,又可以充分发挥手、臂、腿的作用,加快游速。

2. 腿部动作

腿部蹬水动作是蛙泳推动身体前进和加快游速的主要动力来源。腿部动作可分为滑行、收腿、翻脚和蹬水 4 个动作阶段。

(1)滑行:是蛙泳的开始姿势,当身体借助惯性力向前滑行时,两腿并拢向后伸直,身体成水平姿势,下肢放松,只靠腿部肌肉的适当收缩,把脚跟稍稍提向水面,为收腿做好准备。

(2)收腿:是蹬腿的准备动作,路线要短,阻力要小,要为蹬水创造有利条件。收腿时,两腿稍微内旋,使脚跟分开,膝关节随腿的下沉向前,边收边分。收腿结束时,大腿和躯干之间角度为 130°～140°,小腿尽量靠近臀部(图 8-6-1),并藏于大腿的投影之中,两膝的距离约与肩同宽,两脚掌几乎是平行向前收,靠腿的内旋使脚跟分开与臀部同宽。

(3)翻脚:指从收腿到蹬夹水的一个过程,是收腿的继续、蹬水的开始。蹬水效果的好坏,取决于翻脚技术是否正确。

为了增长蹬夹的路线,随着收腿的结束,两脚应继续向臀部靠紧,大腿内旋使两膝内压的同时,小腿向外翻,接着脚尖也向两侧外翻,使脚掌内侧正对蹬水方向。整个翻脚的动作由内收腿、压膝、翻脚三个连贯动作组成(图 8-6-2)。

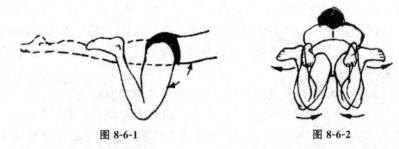

图 8-6-1　　　　　　　　　　图 8-6-2

(4)蹬水:翻脚后,立即以腰腹和大腿同时发力向后蹬水。先伸髋,再伸膝,以大、小腿内侧和脚掌向后做急速而有力的蹬夹动作。在蹬夹腿过程中,当两腿并拢时略向下压,以形成前后鞭打动作。蹬夹是推动身体前进的重要动力来源。

为了增长有效的蹬夹动作路线,要在两腿蹬直之后再伸直踝关节,而不要过早地伸直,否则会缩短蹬水的有效距离。因此,踝关节的灵活性对提高蹬水效果特别重要。

3. 臂部动作

蛙泳的臂部动作可分为滑行、抓水、划水、收手、伸臂等 5 个连续的动作。

（1）滑行：伸臂结束后，身体向前滑行，这时两臂向前伸直，手指并拢，掌心向下，两手尽量接近水面，使身体在较高的位置上保持稳定，整个身体呈流线型。

（2）抓水：是滑行后进入划水前的动作，如果立即开始做划水动作，其动作方向会向外下方，不仅不利于推进身体，还会造成身体过分起伏，所以从滑行到划水之间要有一个准备划水的抓水动作。抓水时，肩保持前伸，两臂内旋，使两臂和掌心转向斜外下方，屈手腕成150°～160°角。结束抓水时，两臂和水平面及前进方向成15°～20°角，肘关节伸直。

（3）划水：抓水后紧接着划水。划水路线是向后偏外下方，划至与前进方向约成80°角。划水时，肩部向前伸展，保持高抬肘的姿势。整个动作过程是肘高于手并前于肩，在手带动前臂和上臂向后划水的过程中，肘关节的角度为120°～130°。划水是用手掌加速内拨的动作，这个动作带动前臂收至超过垂直部位并开始降肘，掌心从外后转向内后急促拨水而结束划水，这也是蛙泳划水最有效的阶段。

（4）收手：划水结束即开始收手。收手就是结束划水后，手掌在向内上移动的同时，上臂外旋、向前推肘的动作过程。收手时，要尽量把两臂收在身体的投影之中，以发挥划水造成的推进惯性作用，减少水对臂前移的阻力。

（5）伸臂：收手后继续推肘伸臂。推肘不是先伸肘关节，而是伸肩关节的同时伸肘关节。两手先向前上、再向前伸。两臂伸直后即恢复成滑行姿势。伸臂时不能有停顿的动作。

4. 呼吸和完整动作的配合

蛙泳的呼吸方法有两种：一种是早吸气，一种是晚吸气。早吸气在两臂抓水时抬头用力呼气，在划水过程中吸气，在收手过程小闭气低头，伸臂滑行时慢慢吐气。晚吸气是划水将要结束时才开始抬头用力呼气，在两臂结束划水和收手过程中，身体达到最高点时吸气，结束收手时闭气低头，在伸臂的后阶段直至划水过程中慢慢吐气。

一般优秀运动员多采用晚吸气的方法，因为这种方法能保持身体平衡，动作连贯，前进速度均匀，对提高成绩很有帮助。但是晚吸气动作要求严格，吸气时间比较短促。所以建议一般游泳爱好者和初学者，从学习早吸气开始，它比较简单易学。

完整配合动作如图8-6-3所示。

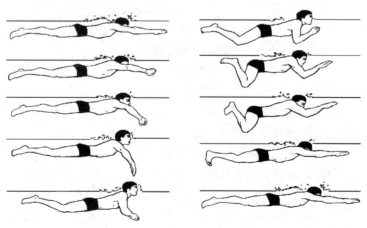

图 8-6-3

（二）爬泳

爬泳又称自由泳。由于这种姿势的两臂轮换划水很像爬行,所以被称为爬泳。在自由泳比赛中,规则规定可以采用任何一种姿势。因为爬泳的速度最快,所以在自由泳比赛中,一般都采用爬泳这种姿势。

1. 身体姿势

游爬泳时,身体平直地俯卧在水中,身体的纵轴与水平面保持 3°～5°角,微微抬起,这种平直的姿势能缩小前进时的截面,有助于减少阻力。颈部自然后屈,与水平面成 20°～30°角,两眼注视前下方。两臂轮换前伸向后划水,两腿上下交替打水、身体保持平直,既不要收腹提臀,也不要挺胸塌腰,但在游进中身体可以绕身体纵轴有节奏地转动,这种转动一般在 35°～45°角。

2. 腿部动作

爬泳的打腿,主要使身体保持平衡,有利于划水,在整个爬泳的配合技术中有着重要的作用。

爬泳的打腿是两腿不停地上下交替摆动。向下时,腿自然伸直,用髋关节发力,大腿带动小腿。打水的幅度,一般两腿间距 30～45 厘米。向下打水时,动作要快而有力,向上提腿时应放松一些。在向下打水时,由于惯性作用,此时小腿和大腿仍继续向上移动,而使膝关节有些弯曲,弯曲程度一般在 140°～160°角。在打水时,脚尖自然伸直,在向下打水时,两脚应自然向里转一些。

打水的次数,一般是一个完整的划臂动作配合 6 次打水,但也有人采用 4 次打水和 2 次打水,这要根据个人的特点来定。

3. 臂部动作

爬泳的手臂动作是产生推进力的主要动力。整个手臂动作可分为入水、抱水、划水、出水和空中移臂 5 个不可分割的部分。它们之间并没有明显的界限,而是一个完整的动作。

(1)入水:在完成空中移臂后,手应向前,自然放松地入水,入水点一般在身体纵轴和肩关节的前方延长线之间。入水时,手指自然伸直并拢,通过臂内旋使肘关节抬高,弯成 130°～150°角,使肘关节处于最高点,掌心斜向外下方。这种姿势阻力较小。

(2)抱水:臂入水后,手掌从向斜外下方转向斜内后方,并开始屈腕、屈肘,保持高抬肘姿势。抱水时,上臂和水平面约为 30°角,前臂与水平面约为 60°角,手掌接近垂直对水,肘关节屈成 150°左右的角,整个手臂像抱个圆球似的。

(3)划水:划水是整个臂部动作产生推进力的主要环节。在抱水的基础上,划水时臂与水面成 35°～45°角。

划水时应采用屈臂划水,屈臂的程度可根据自己的身体条件而定。臂长、臂力弱的可以屈臂程度大些,反之则可以屈臂程度小些。

开始划水时,屈肘 100°～120°角。此时前臂移动快于后臂,当划至肩下垂直面时,屈肘 90°～120°角。前臂迅速向后推水至侧腿旁,结束划水。在划水过程中,手掌微凹。

(4)出水:划水结束后,臂借助推水后的速度惯性,利用肩三角肌、肩带肌的收缩及身体沿纵轴的转动,将肘部向上方提起,并迅速将臂部提出水面,这时臂部和手腕应柔和放松。

(5)空中移臂:是臂部在一个划水周期中的休息放松阶段。移臂时,肘稍屈,保持比肩和手部都要高的位置(图 8-6-4),不要直臂侧向挥摆,也不要以手来带动臂成屈肘移臂,这样导致动作紧张,也不正确,达不到放松的目的。

宽平移臂:半径长　　　　　高肘和移臂:半径短

图 8-6-4

(6)两臂配合:爬泳两臂是否协调配合,是前进速度均匀性的重要条件。两臂配合,通常有三种方法。

①前交叉:是指一臂入水时,另一臂处在滑下阶段,这是一种带滑行阶段的技术(图8-6-5 之 1)。

②中交叉:是指一臂入水时,另一臂已经进入划水阶段的中间部分(图8-6-5 之 2)。

③后交叉:是指一臂入水时,另一臂已经进入划水阶段的后半部分(图8-6-5 之 3)。

对一般游泳爱好者来说,以学习前交叉为宜,因为前交叉能更好地保持身体平衡,也可以节省体力,减少疲劳。

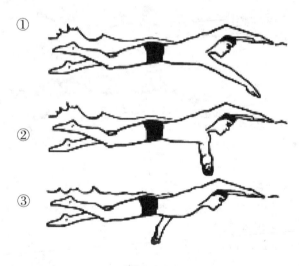

图 8-6-5

4. 呼吸与臂部动作的配合

爬泳的呼吸是利用头向左侧或右侧的转动,用嘴呼吸的。如以向右呼吸为例:右手入水以后,嘴和鼻开始慢慢地呼气,划臂划至肩下向右侧转头,呼气量开始增加,当右臂推水即将结束,呼气量进一步加大。右臂出水时,马上张嘴吸气。移臂到一半时,吸气就结束,并开始转头复原。此时,又闭气,继续转头和移臂,脸部向前下方。头部姿势稳定时,右臂又入水开始下一次呼吸。如此反复循环呼吸。

5. 呼吸和完整动作的配合

爬泳腿、臂、呼吸的配合动作,一般采用两手各划水 1 次、呼吸 1 次和两腿打水 6 次的配合方法。为了充分发挥手臂作用,提高游进速度,也有采用两臂各划 1 次水,呼吸 1 次和打腿 4 次的配合方法。

完整的配合动作如图 8-6-6 所示。

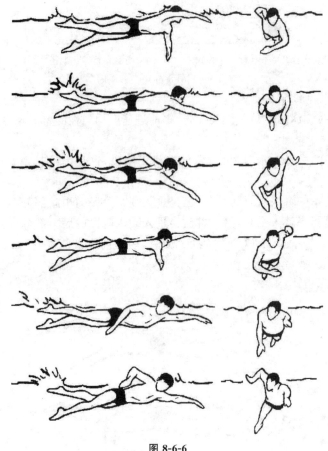

图 8-6-6

6. 爬泳的完整技术配合

(1)滑行打腿,一臂前伸,一臂划水。划时不要太快,但划水路线要长,以推水为主。

(2)滑行打腿,两臂分解配合。

(3)滑行打腿,两臂轮流划水,做前交叉配合。

(4)臂与呼吸配合,滑行打腿,单臂划水,向同侧转头呼吸。掌握技术后再做两侧呼吸。

(5)完整配合游。距离可以逐渐加长,在长游中改进和提高技术水平。

(三)仰泳和蝶泳

1. 仰泳

仰泳是人体仰卧在水中进行游泳的一种姿势。仰泳技术由于头部露出水面,呼吸方便,躺在水面上,比较省力,学习起来比较容易,因此深受中老年人和体质较弱者喜爱。

仰泳技术的产生和发展有较长的历史,1794 年就有了关于仰泳技术的记载,但是直到 19 世纪初,游仰泳时仍采用两臂同时向后划水。两腿做蛙泳的蹬水动作,即现在的"反蛙泳"。1902 年开始有人采用类似爬泳的两臂都后划水的游法。但是直到 1921 年才初步形成了现在的仰泳技术。

2. 蝶泳

蝶泳技术是在蛙泳技术动作基础上演变而来的,是四种竞技游泳姿势中最后发展起来的泳姿。由于它的腿部动作酷似海豚,所以又被称为"海豚泳"。

蝶泳的身体姿势与其他泳姿不同,它没有固定的身体位置。在游进中躯干各部分和头不断改变彼此间的相对位置。头和躯干有时露出水面,有时潜入水中,形成波浪形式上下起伏的变化位置。

蝶泳在游进中,以横轴(腰际)为中心,躯干和腿做有节奏的摆动,发力点在腰腹部。然后以大腿带动小腿,两腿一起做上下的鞭状打水动作。而这些动作与头和臂部的动作紧密联系在一起,形成蝶泳所特有的波浪动作,因此前进时身体的阻力较小。

知识窗

　　国际游泳联合会简称国际泳联,1908 年由比利时、丹麦、芬兰、法国、德国、英国、匈牙利和瑞典等国倡议成立,秘书处设在美国。国际泳联是国际单项体育联合会总会成员,正式用语是英语和法语,工作语言为英语。国际泳联总部设在瑞士洛桑。1949 年以前,中国就是国际泳联会员,1958 年退出,又于 1980 年 7 月恢复会员资格。

第九章 休闲与传统体育项目教学俱乐部

第一节 龙舟教学俱乐部

龙舟

一、龙舟概述

赛龙舟是中国端午节的节日民俗活动之中。龙舟就是船上画着龙的形状或做成龙的形状的船。赛龙舟是中国民间传统水上体育娱乐项目,多在喜庆节日举行,是多人集体划桨竞赛。赛龙舟最早兴起于汉代。赛龙舟不仅是一种体育娱乐活动,更体现出我国悠久的历史文化和人民的集体主义精神。

(一)龙舟的起源

提起龙舟的起源,人们自然就会想起纪念屈原。其实,龙舟的出现比屈原所处的年代要早得多。据专家考证,进行龙舟竞渡是在产稻米和多河港的地区,这正是我国南方地区的特色。古代典籍有关龙舟起源的记载,最早出现在东汉。据此可以推测,端午的习俗最初可能只在长江下游吴越民族中流行,后来吴越文化逐渐和中原文化交流融合,这种习俗才传到长江上游和北方地区。

(二)中国龙舟的发展

龙舟运动于1983年被列为全国正式体育竞赛项目,同年全国第一届屈原杯龙舟赛开始举办。1985年,中国龙舟协会成立,开始了中国龙舟运动发展的新纪元。30多年来,中国龙舟运动由我国长江以南的省市地区,不断向北方省区市扩展,"南舟北移"使龙舟运动得到了长足的发展。

> **知识窗**
>
> 中国龙舟协会,1985年成立于湖北宜昌,现总部设于北京市。该会是中华全国体育总会下辖的单项运动协会之一,是中国龙舟运动的全国性群众组织,现为国际龙舟联合会会员。

二、龙舟基本技术

(一)划手技术

(1)选桨:桨由重量轻、韧性强、桨杆细的碳铝合金材质制成,握桨感觉舒适,握桨处以前后呈椭圆形为好。通常以队员的形态决定划桨长度,表9-1-1中的数据供参考。

表 9-1-1　身高与桨长

身　高	桨　长
1.80 米以上	1.25 米
1.75～1.80 米	1.20 米
1.70～1.75 米	1.15 米
1.65～1.70 米	1.10 米

（2）坐姿：髋关节紧贴船舷，外侧腿紧蹬前隔舱板底部，采用转体技术法，在划高桨频时，内侧腿放前、放后、放内侧均可，这样可充分发挥腿部大肌肉群的力量。

（3）握桨：右手握桨即为拉桨手，通常低位手握于桨颈处上一个把位。双手不要握得太死，稍稍放松。

（4）插桨：双手松弛握桨，桨从前方队员腋下伸出，低位手尽量向前伸直，向左转体。高位手屈肘握桨于头正前靠右上方，外侧腿弯曲，从侧面看，桨杆紧靠船舷与水平面成45°角入水。

（5）拉桨：发力应从腰开始，高位手应保持稳定支撑，用适度的力往下压，使桨稳稳抓住水。低位手的中指、无名指、小指开始紧握桨杆，直臂拉桨。拉桨发力时桨叶与水平面的角度成50°～52°。

（6）出桨：桨拉至膝盖后结束出水，不应再往后拉。双手向上提桨出水的同时，高位手向上、向内、向前随着身体转动提桨出水。

（7）回桨：出桨之后，双手松弛握桨，腿、腰、背、肩、臂都要放松，桨下缘贴近水面，桨叶外侧边朝侧前方，向前呈小弧形到达插桨位置。回桨不要提得太高或弧度太大，如遇风大浪高，可适当提高桨高度。

（二）鼓手技术

鼓手是全队最重要的人物，比赛时，一个队的实力是否能够正常发挥，在很大程度上取决于鼓手。有一个好鼓手，全队就有希望划出好成绩，增加必胜信心。鼓声应一声重，一声轻，重桨入水，轻声桨出水。鼓声力度大、节奏快能有效刺激划手中枢神经的兴奋性，调动情绪，使之奋力划进。反之船速则会降下来。

（三）舵手技术

舵手对一个队的成绩有重要影响，一个好的舵手，有助于提高全队的自信心。

舵手技术是龙舟技术的重要组成部分。船能否走得直、船速是否快与舵手都有关系。舵手应明确一点，船在水里会产生摩擦阻力，对速度有影响。

1. 舵手年龄与形态要求

舵手年龄应以 25～40 岁为适宜。年龄小的舵手，如果心理素质突出，或有比赛经验，头脑灵活反应快，也可考虑参与比赛。形态以表 9-1-2 为参考。

表 9-1-2　舵手的身高、体重要求

项　目	男　子	女　子
身　高	1.65～1.70 米	1.55～1.60 米
体　重	50～55 千克	45～50 千克

2. 舵手专项技术

(1)点式技术:舵入水中很快就提出水面称为点式。这种技术适用于龙舟在行进过程中方向改变较小时采用。应全神贯注,非常敏锐地感觉到船体方向微小的变化。当船稍微有点偏航时采用点式技术效果较好。

(2)拨式技术:当船偏航较大时,选中水中一个点,迅速下桨朝相反方向横向拨桨打舵称为拨式。水中这个点的选择,应视偏航大小灵活掌握。此技术主要应用于在风平浪静情况下的龙舟掉头、靠岸,以及龙舟进入航道时摆正航向。

(3)拖式技术:船在行驶中,舵叶始终在水中控制方向称为拖式。当船体方向改变较大时就采用此技术。此技术为民间龙舟普遍采用。它能有效控制方向,比较稳定。但因舵长时间拖在水中,对船的速度影响较大,故建议在比赛中尽量少采用此技术。

原则上,不论舵手采用何种技术都应尽可能小地影响船速。

3. 舵手要求与注意事项

起航前应将龙舟对直航道,起航时不要下舵桨;比赛时、起航前控制好船与船之间的距离,避免串道;熟知训练场与赛场水域情况;注意风向,要有良好的辨别风向和风力等级的能力,要熟知不同的风向对龙舟泊船与行进时的影响力。

4. 龙舟偏航的原因

龙舟偏航的原因通常有以下几种:左右桨手总体重、总力量的差别太大导致;左右桨手在技术上的差别导致;桨手重心控制不好,重心在外,导致船不稳定;左右桨手没有靠近船舷边下桨,产生分力导致;受风向、水流、暗流、漩涡、侧浪的影响导致;舵桨支点松弛,舵叶吃不住力而导致。

(四)配合技术

1. 核心人物

一支龙舟队应有一位核心人物,没有核心人物的龙舟队如同一盘散沙,缺乏战斗力。教练员在组队初期,就应物色一位有威信、有凝聚力、能准确理解教练员意图、能协助教练员完成训练任务和比赛任务的得力助手。

2. 领桨手的形态与素质要求

(1)形态要求。(表 9-1-3)

表 9-1-3　领桨手的身高体重要求

项　目	男　子	女　子
身　高	1.70～1.75 米	1.65～1.70 米
体　重	70～80 千克	60～70 千克

(2)素质要求。

领桨手通常是全队最出色的队员,是全队的顶尖人物。领桨手的力量素质、耐力素质要突出,节奏感、速度感要强,水感要好,要能有效地控制桨频。

3. 桨位安排

任何一支龙舟队,在刚下水训练时,都面临着桨位安排的问题。桨位安排得好坏对一个队的成绩具有重要作用。在桨位安排的问题上教练员应注意以下几点。

(1)在桨位安排前,应进行一次形态、素质和机能测试。

(2)熟知每个桨位需要什么形态、素质、机能的人方能胜任。

(3)是左撇子就划左桨。但左撇子毕竟少,也需要右撇子的队员划左桨。右桨技术差的队员可改划左桨。左桨手与右桨手在划分桨位后,在总体重、总力量方面差距越小越好,前5个桨位与后5个桨位重量接近,或者后5个桨位重量稍大于前5个桨位,这样可减少偏航因素。

(4)1号桨位要安排力量大、耐力素质好、节奏感突出、速度感强但拉桨速度并不一定很快的、个头稍矮的队员。

(5)4号桨位安排拉桨速度快、插桨抓水比较稳的队员。

(6)5号桨位可安排技术最差、水感最差、体能方面最差,尤其是下桨带入气泡较多的队员。

(7)如果竞赛规程不要求上锣手的话,桨位安排应尽量紧凑,中间不留空桨位,这样可使动力更为集中。

(8)5号桨位与6号桨位之间是锣手,因而空一个桨位,6号桨位是第二领桨手,故6号桨位应安排手臂较长、体重大、技术好、拉桨速度快的队员。7号桨位可安排身体素质稍次之,技术较差的队员。

(9)9、10号桨位是非常重要的桨位,应安排手臂较长、坐高较矮、力量较大、技术不一定很好,但头脑灵活、反应快、能够善于帮助舵手控制方向的队员。

4. 划手间的整体配合技术

一个队若是个个队员都很出色,但是配合技术较差,仍然是一支没有希望的队。

(1)从上往下看,所有桨手均应靠船舷发力,除1、2、10号桨手的划水路线不在一条直线上外,其他桨手的划水路线均应在一条直线上,两条并行前进的直线。

(2)从侧面看,下桨同时,出桨同时,下桨角度一致,不拍水,出桨一致,不带水花。

(3)从前往后看,插桨时,全体队员重心在船舷边;回桨时,全体队员重心在舱内。整个插桨、拉桨、出桨、回桨过程桨弧一致,桨杆角度一致。

(4)7、8、9、10号桨位队员要把力量送上去。

(5)前面的划手桨入水时不要拍水,桨出水时桨叶不要往上挑,不然桨叶扬起的水花会使后面的队员睁不开眼。

(6)注意力集中,眼睛盯住前方下桨位置。

(7)桨与人应合为一个整体,贯穿于整个技术动作;人与船应合为一个整体,贯穿于整个训练与比赛之中。

5. 鼓手与划手的配合技术

鼓手击鼓信息的传递,事先与划手应有约定,如平桨、举桨、停桨、预备、冲刺、进入航道时的手势与鼓声、提高与降低桨频、转向与掉头等。1号划手要与鼓手密切配合。对于体力分配、速度快慢、用力大小、桨频快慢,1号划手感觉最敏锐,1号划手应时时将感觉反馈给鼓手,提醒鼓手击鼓频率是升还是降。鼓手与划手应随时保持信息的传递与沟通。每个划手心里要有鼓点声,下桨抓水要恰好落在鼓点上。

6. 舵手与划手的配合技术

龙舟在行驶中如遇有横浪和大风大浪等特殊情况时,仅靠舵手一人难于使船处于理想状态,这时就需要舵手与划手之间协助配合。目前有两种技术是大家常用的。

(1)向左转:当船向右偏而使船向左行进时,左前桨1、2、3号桨手,右后桨8、9、10号桨手同时由外向内拉,舵手可同时采用拨式技术。

(2)向右转:当船向左偏而使船向右进行时,右前桨1、2、3号桨手,左后桨8、9、10号桨手同时由外向内拉,舵手可同时采用拨式技术。

(五)起航技术

良好的开端是成功的一半。每次比赛,起点是出问题最多的地方,因此起航技术尤为重要,特别是短距离赛。起航是否成功,取决于全队配合技术和比赛经验。

1. 无风浪时的起航技术

(1)鼓手应指挥与控制龙舟进入航道的速度和方向,由1、2号划手控制进入航道的速度,使龙舟置于航道正中。

(2)鼓手应注意和指挥与相邻的龙舟保持适当的距离,由1、2、3号划手控制好船,使龙头置于起点线后。

(3)起航前全体队员切不可看热闹、东张西望、分心分神。

(4)当听到枪响后,充分运用腰、躯干、背、肩大肌肉群的力量,配合蹬腿。直臂拉桨。

(5)起航时前五桨划距要大,拉全桨。

2. 有风浪时的起航技术

(1)顺风:在顺风情况下起航,所有的划手可适当减少前倾的幅度,舵手可站立打舵,以身体作帆,利用风力起航,增加动力。

(2)逆风:逆风时起航,运动员身体应尽量前倾,舵手坐低身子打舵,以减少风的阻力。

(3)侧风:在遇有左前侧风或右后侧风的情况下,泊船时应把船向右摆。由左后8、9、10号三个桨手严格控制泊船角度和方向。

三、龙舟比赛规则简介

(一)比赛场地与设施

1. 航道

(1)赛场应设在静水水域,各航道都应是同样的宽度,航道线必须与起航线和终点线相垂直。

(2)航道本身所需要的长度、宽度,必须是经过专业人员测量的,并有精确的平面图纸。

(3)根据报名队位数量和场地条件设4或8条航道,每条航道的宽度至少12米。航道的编号以最接近终点裁判为第1道,其余以此类推。

(4)禁止使用固定的木桩、竹竿和类似的东西标记航道。航道内不能有水草、暗礁和其他障碍物,航道两边应各留有6米以上的安全水域。

(5)航道内最浅的地方水深不得少于3米。

(6)航道应设置浮标,航道浮标间距不得大于50米,使用黄色浮标。每250米处使用红色浮标并设立分段距离标志。距终点100米范围使用红色浮标,间距不得大于25米。最后一个浮标设在终点线内2米处。浮标的直径为0.35米,它的表面应较薄软,颜色选用红色和黄色。

（7）起点线和终点线两端的延长线上（6米以外）必须设有高出水面3米清晰可见的标志杆,终点线远端则应设置高出水面3米、宽0.5米（中间0.1米为黑色、两边各0.2米为黄色）的终点瞄准牌。

（8）起点、终点处必须列明每一航道的编号。起点编号牌为1米×0.6米（白底黑字）,安置在起航平台上,终点编号牌为高1米、底长0.6米（白底黑字）的三角标,安置在终点线外3米浮标的延长线上（终点裁判远侧）。有条件可在终点线后3米、高5米处悬挂空中航道牌（规格与起点相同）。

（9）航道的一侧要留有20米以上的水域作附航道,供龙舟划至起点或做准备活动使用。

（10）根据航道全长,在起、终点线后至少各留100米准备区域和缓冲区域。

（11）航道两侧若离岸较近应有消浪设施。

2. 码头

（1）登舟码头的建成以有利于龙舟靠岸、运动员登舟、裁判的工作开展为宜。

（2）登舟码头长度一般不得少于40米,可供三组龙舟停靠。通往登舟码头的路面必须平整。

（3）属于陡岸条件设立登舟码头,必须搭建水上平台码头,每个平台长20米,宽5米,高于水面约0.25米,平台之间的距离为10米。

3. 起点发令台和起航台

（1）起点发令台安置在起航线一侧0米处,距最近航道线6～10米,高于水平面3米,面积约10平方米,并配备遮阳和避雨设施。

（2）起航平台应坚固、稳定,有利于比赛正常进行。起航平台（4或8航道,长12米,宽2米,高出水平面约0.4米）,安置在起航线后约20米处。

（3）在条件不允许的情况下,也可使用活动起航方式。

4. 终点裁判台

终点裁判台根据赛场具体情况确定位置,应清晰可见2个标志杆重合,并设阶梯式工作台。

5. 比赛器材

（1）龙舟。

总长:18.40米（含龙头、龙尾）,允许误差±5厘米;舟长:15.5米,允许误差±3厘米;舟宽:1.1米（中舱最宽处）,允许误差±1厘米;重量:因龙舟制作材料不受限制,龙舟本身重量不设统一标准。但要求同一次赛事使用的所有比赛龙舟最重与最轻的差距不得超过5千克（含龙头、龙尾和舵桨）。

（2）舵桨。

舵桨采用固定式,固定装置设在尾舱左侧船体上。舵桨总长2.5米,其中桨叶长75厘米,桨叶前沿宽20厘米,上端宽16厘米,弧形斜口延伸15厘米,允许误差±3毫米。桨叶的边缘厚度为0.7～1厘米;桨杆直径下端5厘米,上端3.5厘米;桨柄长15厘米,直径3.5厘米。

(3)划桨。

划桨长度为 105～130 厘米,其中桨叶长 48 厘米,弧形斜口延伸 12 厘米,其中距末端 36～48 厘米是桨叶的肩。桨叶前沿最大宽度为 18 厘米,长 12 厘米处宽 16.75 厘米,长 24 厘米处宽 15.4 厘米,长 36 厘米处宽 14.05 厘米,允许误差±1 毫米。桨叶的边缘厚度为 0.4～1 厘米。桨杆直径 2.5～3.5 厘米,桨柄长 57～82 厘米。

龙舟(含龙头龙尾)、舵桨、划桨的制造材料不受限制,但在同一次赛事中竞赛规程规定由大会统一提供的器材必须用同样材料和相同工艺制造。

(二)比赛规则简介

1. 运动员

(1)运动员必须身体健康、会游泳,在没有辅助救生设备的情况下,能穿着比赛服装游泳 100 米以上。

(2)在无年龄限制的组别中,如选手的年龄未达到 12 岁,须由父母一方或指定的责任人在船上陪同且必须穿上救生衣。

(3)参赛选手为 24 人,其中登舟比赛队员划手 20 人,鼓手 1 人,舵手 1 人,替补队员 2 人。如参加传统龙舟竞赛,每支队加锣手 1 人,共 25 人。

(4)上场比赛选手中划手不得少于 18 人。

(5)每队设队长 1 人,比赛时队长佩戴大会统一提供的队长标志。

(6)各队参赛队员中,上场时为正式队员,在场下则为替补队员,正式队员资格在检录登舟前由本队教练确定,登舟后不准替换。

2. 检录

(1)比赛队必须按检录裁判通知的时间到检录集合处报到,参加该组比赛航道、船号抽签,接受裁判点名、身份验证和服装检查。

(2)检录时,若队长声明上场队员有减员时,可允许划手中少 2 人参赛,但减员不包括混合组比赛规定的女子划手以及鼓手和舵手。

(3)赛队必须按检录裁判的指令上船,不得自选龙舟。检录裁判将确保各队得到抽签或分派的龙舟。

(4)赛队不得在龙舟上外加附着物,不得携带通信器材、动力器材、测速仪、心率表、抽水泵等与竞赛不符的物品登舟。

(5)各队登舟后在裁判员指挥下驶离码头,按规定的航道划向起点,不准中途靠岸,不得影响正在进行的比赛。

3. 起航

(1)赛前 5 分钟,各队根据起点裁判的指令进入规定的航道起点处,赛前 3 分钟进行点名,此时未能进入起航位置的队将受到黄牌警告,此等警告将作为抢航犯规一次计算,赛前 2 分钟取齐员开始排位。

(2)各队舵手紧握好裁判调船绳(或杆),指挥划手按取齐员的要求调整好龙舟的位置,将龙舟、龙头前沿稳定在起航线上,此时有不服从裁判指挥或有意拖延时间者,将受到黄牌警告,此等警告也将作为抢航犯规一次计算。

(3)各队准备就绪后在赛前 1 分钟时间内,发令员可以组织出发,发令程序为"各队注意"(运动员做准备姿势),"预备"(运动员处于静止状态),鸣枪或大会规定出发信号(笛声),各队出发。发令员通知"各队注意"时未准备好的赛队,鼓手应把手高举过头并且不停摆动,发令员将视情况延时发出"预备"口令。此时如属有意延误比赛也将受到黄牌警告,此等警告作为抢航犯规一次计算。发令员发出"预备"口令时,舵手才能松开裁判调船绳(或杆)。"预备"至鸣枪之间相差时间为2~5秒。

(4)发令员发令(鸣枪)前,凡划桨划动或利用敲鼓、吹哨、呼喊指挥划手者,均判罚为抢航犯规。

(5)赛队发生抢航后,起点裁判将以连续鸣锣或鸣枪等大会规定的信号以示抢航犯规,途中裁判艇进行拦截,召集各队回到起点。

(6)同组比赛两次受到黄牌警告的赛队、一项黄牌警告又抢航一次的赛队、连续两次抢航的赛队、发生抢航后拒绝裁判召回至起点的赛队均被红牌判罚,取消该项比赛资格。

(7)每组比赛的起航次数不得超过3次,若发令员组织第3次起航时发生抢航犯规,该组将不再召回,比赛继续进行,只通知途中裁判第3次起航时抢航犯规的参赛队的所在航道,由途中主裁判出示红牌,令其退出航道,取消该项比赛资格。

4. 途中

(1)起航后,各队应自始至终在本航道划行,龙舟任何部分均不得超越本航道。若发生串道并以领先优势在其他龙舟之前时,不论相撞与否,实质上已对其他赛队造成了影响,则该队被红牌判罚,取消该项比赛资格。发生串道时,串道之龙舟落后于此航道的龙舟,未影响在此航道正常比赛的龙舟队之成绩,并能划回本航道时,判罚规则不在此例,包括中间航道的赛队串道处于其他龙舟之后,且又确实未曾接触及影响(包括舟的尾浪的影响)其他龙舟的正常划行,并划回本航道者,可不判犯规。

(2)各队鼓手应积极有节奏地敲鼓指挥划手,可以吹口哨配合鼓声指挥划手,未曾积极敲鼓的赛队将被罚加时五秒,此规定在起航50米之后生效。

(3)各队鼓手、舵手不得持桨划水,包括不得使用划水器械利用一只手划水。若因此占得优势,该队将被红牌判罚取消该项比赛资格。

(4)各队有责任爱护比赛器材。比赛中如故意将龙舟翻转或损坏,除负责打捞、赔偿外,该队还将被红牌判罚,取消该项和余下项目比赛资格。

(5)比赛中如发生两条或两条以上龙舟相撞,根据下列情况判罚和确定是否中止比赛。

①预赛发生此等事件,犯规队被红牌判罚,取消该项比赛资格,其他队比赛继续。

②复赛至决赛的赛事在比赛半程内发生此等事件,途中裁判长将发出中止比赛信号(鸣锣)并拦截,犯规队被红牌判罚,取消该项比赛资格,其他队立即回起点重赛。

③复赛至决赛的赛事在比赛过半程发生此等事件,犯规队被红牌判罚,取消该项比赛资格,其他队比赛继续,由总裁判长指令确已受到影响的队重赛(重赛时间安排在下一轮赛事之前)。该组比赛则以成绩确定名次。

5. 终点

(1)龙舟(龙头)前沿到达终点线,即为划完全程,由终点裁判根据龙舟通过终点线的先后顺序判定名次。

(2)龙舟到达终点后,应及时回码头接受裁判员的检查和交还器材,未接受检查之前队员不准上岸,不得与外界接触。

（3）发生下列情况视为终点犯规，成绩无效，名次取消。

①龙舟未从本航道通过终点。

②龙舟到达终点时所载队员数目与检录登舟时不同。

③龙舟上配套器材、设备短缺。

④发现严禁携带的违禁物品。

第二节　健身跑教学俱乐部

一、健身跑概述

（一）健身跑的起源与发展

健身跑是近几年来盛行的有氧运动之一。我们所说的有氧运动，是指人体在进行锻炼时氧气能够得到充分的供给，简而言之，即体内的氧气供应可以达到一种平衡的状态，达到人体自然需求的状态。其特点是强度低、持续时间长、有节奏、有规律。而健身跑是有氧运动项目中难度低、要求简单、易于开展的项目之一，深受广大人民群众喜欢。健身跑是在走、跑基础之上结合了有氧运动理论而形成的一种运动模式。因其自身具有运动强度适中、轻松自如、易于掌握、运动成本低、不受运动场地限制的特征，成为全民健身普遍采用的一种健身方法。

在全民健身的发展过程中，健身跑的风格也日趋多样化，除了慢跑快走之外，还出现了踏石走、水中跑等形式，使得健身跑呈现出丰富多彩的运动形态。虽然健身跑的运动形式多种多样，但其基本的动作要领、动作规则、注意事项要求都是大同小异的，因此，我们在锻炼过程中不会受到繁文缛节的影响，锻炼起来更加轻松自然。

（二）健身跑的特点

健身跑是一种类似于跑步的健身运动，这是一种以慢跑和快走为主的健身运动。其运动形式比较简单，不拘泥于场地环境的限制，每个人都可以根据自己周边的环境进行锻炼，它是一种行之有效的有氧运动。

健身跑的特点是慢、远、长，即速度要慢、距离要远、时间要长。

二、健身跑锻炼前的准备工作

我们在进行健身跑锻炼前该做好哪些准备工作呢？任何运动或体育锻炼，在练习前都有一个预热时间，也就是锻炼前的准备活动，这样做主要是为了预防健身运动过程中身体某一肌肉组织和部位因未活动开而发生损伤情况。在进行健身跑锻炼前要做好以下几个方面的准备工作。

（一）健身跑服装的准备

在进行健身跑运动时，腿部和两臂的摆动幅度比较大，尤其是腿部运动比较频繁，因此选择服装时可以选择短裤和短袖上衣，或者是比较宽松的裤子，要求材料比较柔和，透气性比较好，这样可以减少腿部之间的摩擦，减少腿部的损伤。对于鞋子方面，一般情况下,要选择比较柔软的鞋子,穿着要舒服,富有弹性,有很好的防滑性,最好是鞋面有鞋带的,这样在锻炼过程中不至于造成鞋子脱落,而且可以很好地保护自己的脚。

(二)健身跑运动前的准备及其注意事项

1. 注意穿衣、预防感冒

在秋冬季节进行锻炼时一定要穿好衣服,不能穿着单衣就出去运动,这样很容易感冒,我们要让身体先去适应环境。另外,出去锻炼时要穿一些宽松的外套,等做完了准备活动、身体发热以后再把外套脱了,锻炼后也要及时地把自己的外套穿上,回到家里及时地换上干燥的衣服,预防感冒。

2. 注意及时补水

秋冬季节,天气特别干燥,人体极容易缺水,如果在锻炼过程中不及时补水,就极易造成口干舌燥、嘴唇干裂、喉咙难受等现象发生。因此在运动前要适度喝水,运动后要及时补水,在锻炼后可以适量地饮用糖水,这样可以缓解因为低血糖造成的头昏、四肢无力等运动症状。

3. 做好锻炼前的准备活动

无论做任何运动,准备活动都是不可缺少的步骤之一。锻炼前的准备活动,可以有效缓解肌肉紧缩、韧带过紧的状况。人在正常情况下血管处于收缩状态,关节的灵活度也比较低,脑部神经系统对身体的调节性也比较差,如果不做好锻炼前的准备活动,很容易造成肌肉拉伤、韧带拉伤等情况,严重的话还会影响到我们日后的正常生活。只有做好准备活动,我们的身体在进行正式的锻炼时才能更好地适应各种动作,这样才能让我们的锻炼更有效果,也能更好地保护我们的身体。

4. 锻炼要适度

做任何事都要有个度,即我们所说的适度原则。那么锻炼身体同样也需要坚持一个适度原则。可能有人感觉运动量越大对身体越好,越能起到强身健体的作用,其实,过度锻炼和过度工作是一样的,不仅不利于我们的健康,而且还会损害我们的身体。

5. 预防损伤

在运动过程中,一定要注意做好自我保护。除了做好正常的准备工作外,在运动过程中要把握好自己的运动强度、运动时间,使用正确的运动方法,不要做超出自己能力范围的动作,尤其是一些高危动作、难度系数比较大的动作,应该根据自身情况进行适当的锻炼。

6. 不要空腹进行晨练

大多数人都有晨练的习惯,早上起来便出去跑步,等到锻炼后再回来吃早餐,这样其实对身体是不好的。因为我们在运动时身体需要不停消耗能量,而我们在锻炼前又没有任何的营养补充,前一天的营养早就被身体所消耗,所以身体没有充足的能量,如果我们在自身空腹的情况下运动,很容易发生低血糖。运动后也不可立刻进食,一般情况下,应休息半个小时后再进行饮食活动。

7. 注意选择环境

健身跑需要不停地进行呼吸,可以强化我们的心肺功能,而新鲜的空气对锻炼而言更是不能缺少的。如果在马路边进行锻炼,极易把灰尘颗粒吸入肺部,时间长了会造成肺部感染,不仅不会起到锻炼身体的作用,还会危害我们的健康,因此进行晨练时要选择好的环境,一般可以选择附近的公园或离公路较远的地方进行锻炼。

8. 保证足够的睡眠

不管要进行怎样的锻炼,最好选择在好的精神状态下进行,如果在睡眠不足或者心情非常郁闷的情况下进行锻炼,可能会加重我们各器官的负担,严重的话还会损伤我们的运动机能。

9. 注意饮食,补充营养

锻炼的前提是营养充足,只有在自身营养比较好、营养充足的前提下进行锻炼,才能给我们的运动提供充足的能量。另外,一定要注意合理饮食,不可暴饮暴食,这样不仅会让我们的锻炼功亏一篑,对我们的身体也会造成严重的伤害。只有营养充足、能量足够,才能起到锻炼身体的作用。

健身跑锻炼中的误区

误区一:每次锻炼都让自己气喘吁吁、大汗淋漓

在健身跑的过程中,我们始终建议能够结合自身情况,给自己定一个合理的目标,尤其是在锻炼中不能让自己超负荷地运动,因为在锻炼中出汗过多会让自己的体温下降,也会让自己体内严重缺水,并且超负荷运动对身体健康不利,更别说想通过几次的锻炼就达到减肥的效果。超负荷运动只会让自己过度疲劳,让自己虚脱,出现腿部酸痛等不良反应,因此要坚持适当锻炼。

误区二:身体很健康,不用天天锻炼

能够坚持锻炼说明我们已经养成了良好的锻炼习惯,养成了好的生活方式。有人感觉自己身体很健康不必天天锻炼,每隔一段时间锻炼一次,其实我们在日常生活中确实不可能做到天天锻炼,因为我们可能有时确实非常忙,但我们如果了解一些基本的运动常识就会知道,我们在锻炼中如果停止锻炼,特别是肌肉如果停止锻炼,就会很快地失去力量,会造成腿部的酸痛不适应,因此我们在日常生活中,最好都坚持按一定频率锻炼。

三、健身跑的技术要求及训练方法

健身跑是一种比较简单的运动方式,不受年龄、时间、地点、场地及性别的限制,人们可以根据自己的情况进行锻炼。它和竞技长跑不同,是一种有氧运动,坚持长期锻炼对人体健康非常有益。经常进行健身跑的人,脉搏跳动可以降低到每分钟 60～66 次,比一般的人每分钟要低 10～18 次。

(一)健身跑的技术要求

1. 腿部动作要求

前行的过程中用脚跟着地,然后从脚跟处向前滚动式地与地面接触,前脚与后脚的距离约 20～30 厘米,前脚落地时不要过于明显,凭借弹性迅速向前。后脚往前蹬的同时前腿不要摆动得过高，大小腿的弯曲应该顺其自然，身体重心保持不变。

2. 上身动作要求

目视前方，手指半握成拳状，头部自然，自然摆动两臂。

3. 呼吸要求

一般情况下，跑步的节奏要与呼吸的节奏相一致，通常情况下是两步一吸、两步一呼或三步一吸、三步一呼。呼吸时用嘴和鼻子配合进行，口要微张，舌尖微微顶住上腭。

（二）健身跑的训练原则

1. 自愿原则

在健身跑训练当中，我们要坚持自愿自觉的原则，积极主动进行练习。一件事的成功与否不仅取决于外部环境，更在于内因，在练习中我们要坚定意志，勇敢克服环境因素的影响。我们在锻炼中一定充分发挥内驱力，避免懒惰的情况发生，要做就要做好，要做就要做到底。

2. 递增原则

所谓递增原则，是指在运动过程中要把握好运动的强度，要做到循序渐进，在锻炼时必须控制好自己的运动量和运动强度，一般情况下生理方面的反应是以脉搏跳动为主，范围是每分钟110～160次。一般情况下练习强度可以分为以下几个等级。（表9-2-1）

表 9-2-1　健身跑的强度

强　度	一　级	二　级	三　级	四　级
脉搏跳动（次·分）	110	120	140	160
时间（秒）	60	60	60	60
强度百分比（%）	50	60	70	80

（三）训练方法

由于每个人的体质、健康状况不同，所以在健身跑运动中可以根据自身情况选择不同的训练方法，针对不同人群，主要有以下几种训练方法可供选择。

1. 跑走结合法

所谓跑走结合，是指在跑步的过程中可以与走路练习相结合。这种方法主要适用于初练者和体质较弱的中老年人。例如，刚开始锻炼时可以先跑 300 米，然后走 100 米，这样反复练习三四次，之后逐步缩小走步的距离，增加跑步的距离就可以了。

2. 定距法

定距法是指给自己规定一定的距离，然后不限定跑步的速度和跑步的时间。这样在锻炼中可以根据自身的健康状况合理调整跑步状态。可以有效地缓解跑步压力，并且可以轻松地朝着自己的目标跑去。

3. 定时法

定时跑就是给自己规定一个跑步时间，不限定跑步距离和跑步速度。应当注意的是，在刚开始锻炼时时间不要太长，初练者一般在 15 分钟左右就行，以后可以根据自己的情况逐步加长时间。

4. 变速法

变速法是指在跑的过程中把慢跑和快速跑结合起来交替进行。这样在跑步中可以节省自身体力,达到劳逸结合,有利于完成自己的跑步计划。一般进行变速跑时,可以进行10分钟的慢跑运动,当感觉身体各方面适应之后,再进行快速跑,一般慢跑的速度是每秒2米左右,快跑的速度在每秒5米左右,这个速度,不同年龄的人群可以根据自己的情况进行调整,只要是比慢跑的速度快一些就可以,这样反复进行几次练习。

5. 重复法

重复法是指给自己规定一段较短的距离,然后进行重复的训练。例如,一个500米的距离,每当跑完一次就进行几分钟的休息,然后接着跑,重复多次。这样可以缓解因连续跑而造成的体力不支、气喘吁吁的现象发生,可以很好地完成锻炼目标。

6. 领头法

领头法主要是针对多人的一种练习方法。具体是跑步的全体人员排成一个纵队,然后在跑的过程中,最后的那名队友从右侧加速向前跑到第一位,成为整队的领跑者,然后依此类推,后面的不断向前。这种方法主要适用于多人练习,有利于增加跑步时的乐趣,提高练习者跑步的动力,让练习者在娱乐中不知不觉地完成锻炼。在进行领头法健身跑的过程中,一定要控制好整个队伍的连贯性,在进行超越的过程中,可以缓慢地进行,一定要确保超越途中的安全。

7. 越野法

越野法一般要求在自然环境下进行,要求场地高低起伏,主要是在跑步的过程中可以加入上下坡锻炼,可以随时变换自己的跑步速度。在进行越野法的练习过程中,我们要注意自身的安全,因为在越野法的训练过程中,需要不断地进行上下坡的练习,所以在训练过程中要时刻关注运动场地的情况。

8. 抬腿健身跑法

抬腿健身跑法主要适合于青少年或者身体素质比较好的中年人锻炼,因为这项运动对于身体素质要求比较高,且难度系数大。抬腿健身跑就是指在跑步的过程中加入高抬腿的运动。

具体流程如下。

①调整好身体重心,身体保持平稳,在重心平稳的前提下左腿抬起来,大腿的位置要与腰部平行,小腿自然向下。②上身手臂要呈现跑步时的姿态,手掌半握拳,紧贴腰部。③把左腿放下,右腿开始做同样的动作,与此同时手臂要做跑步的动作。这样反复地往前跑就可以了,也可以进行原地抬腿健身练习,进行此项锻炼时,抬腿的速度可以由慢到快,开始可以每秒3次,等身体适应了可以加快频率,每秒6次。另外,此项运动的锻炼时间不宜过长,距离也不宜过长,以200米为宜。

(四)注意事项

①要做好准备活动,尤其是腿部肌肉要得到充分的锻炼。②在跑步的过程中速度要放慢,抬腿的动作要到位。③在训练过程中要保持身体重心的平稳,注意安全。④如果锻炼中出现身体不适等现象,应该暂时停止这项运动,检查自己的身体状况,等恢复或者没问题了再进行锻炼。

第三节　保健与康复教学俱乐部

一、体育保健与康复概述

我国是世界上最早运用体疗康复的国家。中国传统的中医认为,人体患病常常与体内各脏器功能失调和体外环境的平衡被破坏有关。从历史记载中可以了解到,早在公元前 700 余年,我国就已经有用舞蹈、导引治病的文件记载。在中国古代医疗体育的显著特点就是"肢体活动与意识、呼吸、按摩"相互协调,相互使用,形成完善的治疗策略。在《庄子·刻意》中表述的吐故纳新、熊经鸟伸,《行气玉佩铭》中行气方法和《后汉书·华佗传》中的五禽戏,以及"气功"就是后人将意识和呼吸锻炼方法相结合的结晶。以肢体运动为主的锻炼方法逐步发展成为八段锦和体操练习。按摩逐步发展成为现代的按摩物理疗法,用来治疗各种慢性损伤和机体康复、缓解疲劳等。

在其他国家和地区也有大量的关于体疗康复方法和发展的记载,最早的记录见于希腊历史。罗马医师盖伦等人通过研究,使得体育疗法在具体的操作方法上发展迅速,但与我国的体育疗法不同,这些疗法仅仅强调了肢体的功能锻炼而对于其他的相关疗法涉及甚少。

中国的体疗康复发展因为人民生活水平的提高得到了较快的发展,使得医疗体育业出现了新进展。新时代的医疗体育不但很好地继承了我国传统的基本功法,同时通过借鉴西方的锻炼方法和先进的器械治疗等,使得新的医疗体育在心血管系统、呼吸系统、神经系统和运动系统等的疾病治疗方面取得一定的成果。

二、五禽戏

(一)五禽戏概述

五禽戏是模仿虎、鹿、熊、猿、鸟五种禽兽的动作创编而成的健身术,由东汉华佗在"流水不腐,户枢不蠹"的思想指导下创编而成。五禽戏是古代导引术之一,它要求意守、调息和动作协调配合。从现有资料来看,南北朝时的名医陶弘景所著的《养性延命录》最早用文字描述了五禽戏的具体动作。清代曹无极在《万寿仙书·导引篇》中均较详细地描述了五禽戏的练习方法。五禽戏发展至今,形成了不同的流派,但是总的来说,都是根据"五禽"的动作,以活动筋骨、疏通经络、防病治病、修身延年为目的。

(二)五禽戏的功效

根据中医的脏腑学说,五禽配五脏。虎戏主肝,能疏肝理气,舒筋活络;鹿戏主肾,能益气补肾,壮腰健胃;熊戏主脾,能充实两肢;猿戏主心,能养心补脑,开窍益智;鸟戏主肺,能补肺宽胸,调畅气机。但是,人体是一个有机整体,五脏相辅相成,所以五禽戏中任何一戏的演练,既主治一脏的疾患,又兼顾其他各脏,所以能达到治病强身、延年益寿的作用。

(三)五禽戏的规定动作

1. 基本手型

虎:五指张开,虎口撑圆,第一、二指关节弯曲内扣(图 9-3-1)。

鹿角:拇指伸直外张,食指、小指伸直,中指、无名指弯曲内扣(图 9-3-2)。

熊掌:拇指压在食指端上,其余四指并拢弯曲,虎口撑圆(图 9-3-3)。

猿钩:五指指腹捏拢,屈腕(图 9-3-4)。

鸟翅:五指伸直,拇指、食指、小指向上起,无名指、中指并拢向下(图 9-3-5)。

握固:拇指抵无名指根节内侧,其余四指屈拢收于掌心。

| 图 9-3-1 | 图 9-3-2 | 图 9-3-3 | 图 9-3-4 | 图 9-3-5 |

2. 基本步型

(1)弓步:两脚前后分开一大步,横向之间保持一定宽度,右(左)腿屈膝前弓,大腿斜向地面,膝与脚尖上下相对,脚尖微内扣;左(右)腿自然伸直,脚跟着地,脚尖稍内扣,全脚掌着地。

(2)虚步:右(左)脚向前迈出。脚跟着地,脚尖上翘,膝微屈;左(右)腿屈膝下蹲,全脚掌着地,脚尖斜向前方,臀部与脚跟上下相对。身体重心落在左(右)腿。

(3)丁步:两脚左右分开,间距 10~20 厘米,两腿屈膝下蹲,左(右)脚脚跟提起,脚尖着地,虚点地面,置于右(左)脚脚弓处,右(左)腿全脚掌着地踏实。

(4)平衡:

提膝平衡:左(右)腿直立站稳,上体正直;右(左)腿在体前屈膝上提,小腿自然下垂,脚尖向下。

后举腿平衡:右(左)腿蹬直站稳,左(右)腿伸直,向体后举起,脚面绷直,脚尖向下。

3. 动作图解

(1)虎戏。

练虎戏最重要的是要有虎威:神发于目,威生于爪,神威并重,啸声惊人。要有动如雷霆无阻挡、静如泰山不可摇的气势。既要做到刚劲有力,又要做到刚中有柔,达到动静相兼、刚柔并济。

①虎窥。

两脚并拢直立,两手垂于体侧;眼平视前方。呼吸自然(图 9-3-6)。

身体重心移向右腿,左腿向上抬起,左大腿与地面平行;同时两手成虎爪状沿体侧上举至胸前,掌心向下。配合吸气。

左脚向前跨出一大步,成左弓步;同时两手由上下落至左膝两侧,稍比肩宽,掌心向下;两眼向前方平视,眼神威猛。配合呼气(图 9-3-7)。

身体向右后转动,以腰带肩,同时两手随转体向右后画弧摆动。配合吸气(图 9-3-8)。

再向左转体,以腰带臂,两手向体前画弧,身体转正;眼随手动。配合呼气。右脚向右前方迈步,做右式,动作同图 9-3-7、图 9-3-8,只是左右相反。

学练要点:要表现出虎的威猛。提膝要高,落步轻灵,两掌下按时意贯虎爪,力达指尖。上体竖直,颈随体转,目光炯炯,虎视眈眈,似出洞猛虎寻食。

图 9-3-6   图 9-3-7   图 9-3-8

②虎扑。

接上动。以右脚为轴,向左转体90°,左脚收至右脚内侧,成左丁步;两腿屈曲,两手随转体摆至两脚前,稍比肩宽,掌心向下(图 9-3-9)。

上体抬起后仰,两腿由屈变伸,两膝微屈;两手沿体侧向上收至胸前侧,掌心向下。配合吸气(图 9-3-10)。

左脚快速向左前方跨出一大步,成左弓步;同时两手向前下猛扑至左膝下两侧,掌心向下;眼视前下方,配合快速呼气,发出"吼"声(图 9-3-11)。

以左脚为轴,向右转体90°,右脚收到左脚内侧,做右式,动作同图 9-3-9 至图 9-3-11,只是左右相反。

图 9-3-9   图 9-3-10   图 9-3-11

学练要点:练虎扑时应轻灵敏捷,先柔后刚。前扑时发声吐气,以声催力,力达指尖。

虎戏作用:练虎扑时,配以"吼"字诀,"气自丹田吐",能开张肺气,强腰固肾,并能使周身肌肉、筋腱、骨骼强壮。在虎戏的各种步法变换中,可增强关节的灵活性,对防治慢性支气管炎、神经衰弱、腰背痛、关节酸痛、颈椎综合征等病有一定疗效。

(2)鹿戏。

练习鹿戏时要舒松自然,动作轻捷奔放,不能有丝毫的勉强和拘束。想象在山坡、草原,群鹿行游,自己身为其中一员随群进行各种活动。

①鹿兴。

右腿提膝直立,左腿屈膝提起,小腿自然下垂,成右独立式;同时两掌变鹿指,由体侧上举过头,两臂伸直,掌心朝前。配合吸气。(图 9-3-12)

左脚向前迈出,挺膝踏实,右脚尖点地;两臂屈肘,大拇指架于头顶两侧,呈鹿角状;眼向后看。配合呼气。(图 9-3-13)

右脚屈膝上提,成左独立式,做右式,动作同图 9-3-12、图 9-3-13,只是左右相反。

学练要点:独立要稳,脚趾屈勾抓地。两臂上举,神态舒展昂扬。落步回头眺望,躯干和后面腿成一斜线,颈部尽量后拧。

图 9-3-12   图 9-3-13

②鹿盘。

接上动。上体直立,转体向左,同时左脚由后向前上步至右脚前,前脚掌着地,成左高虚步;两臂由头侧下落,左臂屈肘,上臂靠近身体左侧,前臂约与地面平行,掌心向上,右手举至头顶右上方,两掌心斜相对;眼视左手。(图 9-3-14)

左脚稍回收,再向前迈一步,脚尖稍外展踏实,屈膝,右脚向前经左脚内侧,摩擦地面而过,脚尖略扣,如此连续沿一圆圈共走八步(即八卦步);眼始终注视圆心。(图 9-3-15)

走完八卦步,以两脚为轴,身体左转约 270°之后屈膝下蹲,成左歇步;两手中指和眼神始终对圆心(图 9-3-16)。

身体直立,同时向右转体约 270°,成右高虚步,做右式,动作同图 9-3-14 至图 9-3-16,只是左右相反。

图 9-3-14   图 9-3-15   图 9-3-16

学练要点:八卦步要匀速走在圆弧上,走转时两膝适度弯曲,身体下坐,使力量贯注两腿,脚尖扣摆转换,前时如蹚泥状,全脚掌平落地面,五趾抓地。眼视圆心,心舒体松,神情怡然,自然呼吸。

鹿戏作用:鹿戏善运尾闾,有助于打通任、督二脉,有强筋骨、固腰肾的作用,对腰背痛、腰肌劳损、阳痿、月经不调、痛经等病症有疗效。鹿兴、鹿盘使身体各关节灵活,肌肉得到充分锻炼和牵拉,使肌肉力量增强。鹿盘使脊柱充分拧转,可增进脊柱的灵活性和稳定性,有延缓衰老和防治脊柱畸形的作用。

(3)熊戏。

练习熊戏要表现出熊的浑厚、沉稳、性情刚直、勇敢和不怕困难的意志。练熊戏外观上笨重拖沓,实际内含无穷气力,在沉稳中又有轻灵敏捷。同时练习熊戏时要松静自然、气沉丹田。

①熊行。

左脚向前迈一步,成左弓步;上体稍向前倾,含胸拔背,同时拧腰向右,左肩前靠内旋,松肩、松肘、松髋,由腰带动向前下摆动至左膝前,右臂稍向前摆动,之后再后摆至右髋后侧,两手成熊掌状。配合呼气(图9-3-17)。

身体转正,重心后移,拧腰晃膀,带动两臂前后摆动。配合吸气(图9-3-18)。

身体重心前移,成左弓步;左臂摆至体前,右臂摆至右后侧。配合呼气(图9-3-19)。

右脚经左脚内侧向右前方迈一大步,成右弓步,做右式,动作同图9-3-17至图9-3-19,唯左右相反。

学练要点:上步轻灵,落步稳重。重心前后移动,连贯均匀;两臂顺势前后摆动,如风吹杨柳;前靠时须用内劲。

图 9-3-17　　　图 9-3-18　　　图 9-3-19

②熊攀。

接上动。左脚向前上步,相距同肩宽,成开立步;同时两掌收至体侧,再经体前上举至头上方,掌心向前,成握物状;抬头,眼向上看。配合缓缓吸气(图9-3-20)。

两臂屈肘,两手慢慢下拉至肩前;同时,身体上引,脚跟慢慢提起(图9-3-21)。

脚跟慢慢落地,上体前屈同时俯身;两手变掌落至两脚前。配合缓缓呼气(图9-3-22)。上体徐徐抬起,同时两手成熊掌状经两腿前,再上提至腹前。配合吸气。之后两拳变掌,下落至体侧,配合呼气。

图 9-3-20　　图 9-3-21　　图 9-3-22

学练要点:两手上攀时,身体尽量伸展;两手下落时,身体尽量前屈,两腿不能弯曲。

熊戏作用:练习熊戏有改善脾胃的运化功能、滋养脏腑和增强肌力的作用。熊戏中用腰带动身体的晃动,使全身都得到运动,促进血液循环,活跃全身生理机能,有滑利脊柱和髋关节、增强腰腹肌力量、调理脾胃的功效。熊戏中,下肢动作在各种步法变换之中,可以对髋、膝、踝三个主要关节起着活利的作用,有利于疏通经络,改善腿部血液循环,强壮筋骨。

(4)猿戏。

猿生性好动,机智灵敏,善于纵跳,攀枝蹬树,躲躲闪闪,永不疲倦。这是由于猿性极静而动的特点所致。练习猿戏,外练肢体运动的轻灵敏捷;内练其精神的宁静,方能达到动静兼修的境界。

①猿采。

左脚向左前方跳一小步，右脚快速跟至左脚内侧，成右丁步；同时左手呈猿勾状收至左腰侧，勾尖向后，右手经体前弧形上举至额前，掌心向下，指尖向下；眼注视右前方，眼神机敏（图9-3-23）。

右脚向右前方跨一步，踏实，上体前倾，左腿向后平举过腰，脚掌心向上；同时，左勾手向右前方平伸屈腕，摆至头前，呈摘采式，右手由额前向下画弧至身体右后侧，掌变勾手，勾尖向上（图9-3-24）。

右脚蹬地，左脚下落向左后方跳回，右脚收至左脚内侧，成右丁步；同时左臂屈肘，手收至左耳旁，掌心向上，成托桃状，左臂屈肘，手掌捧托在右肘下（图9-3-25）。

左脚蹬地，右脚向右前方跨一步，左脚快速跟至右脚内侧，成左丁步，做右式，动作同图9-3-23至图9-3-25，唯左右相反。

学练要点：摘采之前，眼睛先要注视前上方，好似发现树上有桃，摘采收回要快速敏捷。身体前倾摘采，要保持平衡。自然呼吸。

图9-3-23　　　　　图9-3-24　　　　　图9-3-25

②猿摩。

接上动。左脚向左前方跳一步，右脚跟至左脚内侧呈右丁步，上体稍前倾；同时两手向两侧画弧，收至背后，掌心向外，之后沿腰背部做上下按摩数次（图9-3-26）。

同时做左右转颈、眨眼、叩齿动作。右脚向右前方跳一步，左脚跟至右脚内侧，成左丁步；同时两手由背后向前画弧再收至背后，同时做左右转项、眨眼、叩齿动作。动作同图9-3-26，唯左右相反。身体直立，两脚并拢，两臂自然下垂，呈站立姿势。

学练要点：两手上下摩擦腰脊两侧，以肾俞穴为主，摩擦幅度要大，摩背、叩齿、眨眼、窥视要同时进行。自然呼吸。

猿戏作用：久练猿戏能健神，增强肢体的灵活性，进而达到体健身轻和延缓衰老的作用。猿戏的攀登跳跃可增强腿部的肌肉力量及各关节的灵活性和柔韧性。猿戏中的平衡动作能增强人的平衡能力。

（5）鸟戏。

鹤是鸟类的代表。鸟戏要表现出鹤的昂然挺拔、轻盈安详、悠然自得的神韵。"熊经鸟伸，为寿而已矣"。"鸟伸"这里指的是练鸟戏时要舒缓伸展，用鹤的形象练功，取其轻灵敏捷。

①鸟伸。

左脚向前一步，身体重心前移，右脚跟抬起，脚尖点地；同时右手由体前向上撑起，左手下按，两手呈鸟翅状；眼平视前方。配以吸气（图9-3-27）。

两臂同时向前立抡一周，上体前俯，两腿屈膝，再右手下落摸左脚尖，左手后抬；眼视右手。配以呼气（图9-3-28）。

左腿挺膝蹬直,右腿伸直向后抬起,脚掌向上,抬头、挺胸、塌腰;两臂伸直后摆,掌心向上,成燕式平衡;眼视正前方。自然呼吸(图9-3-29)。

右脚落下,上步踏实,左脚跟抬起,左手上撑,右手下按,做右式,动作同图9-3-27至图9-3-29,唯左右相反。

学练要点:两臂上撑后推,拔长两肩。向前立抡幅度要大,两臂协调进行。平衡要稳,保持数秒。

图 9-3-26　　　图 9-3-27　　　图 9-3-28　　　图 9-3-29

②鸟翔。

接上动。左腿下落,收至右脚内侧,脚尖点地,两腿稍屈;同时两手由体侧下落,左手在外;眼视两手。配合呼气(图9-3-30)。

右腿伸直,左腿提起,大腿与地面平行,小腿自然下垂;同时两臂在体侧向上平举;眼视前方。配合吸气(图9-3-31)。

左脚下落踏实,右脚跟抬起,脚尖点地;同时两手下落至体前交叉,右手在外;眼视两手;配合呼气(图9-3-32)。

图 9-3-30　　　图 9-3-31　　　图 9-3-32

左腿伸直,右腿向上提起;两臂在体侧向上平举;眼视前方。配合吸气(图9-3-33)。

右脚下落踏实,左脚跟抬起,脚尖点地;同时两手下落回收至体前交叉,左手在外;眼视两手。配合呼气(图9-3-34)。

右腿伸直,左腿向上提起;同时两手交叉,由体前举至头的前上方,右手在外。配合吸气(图9-3-35)。

左脚下落踏实,右脚跟抬起,脚尖点地;同时两手由上向体侧弧形下落,至体前交叉,右手在外;眼视两手。配合呼气(图9-3-36)。

左腿伸直,右腿向上提起;同时两手交叉由体前举至头的前上方,左手在外。配合深长吸气(图9-3-37)。

右脚落于左脚内侧踏实,屈膝深蹲,上体前俯;同时两手弧形下落触摸脚外。配合深长呼气(图9-3-38)。

　　身体直立,两臂摆动,幅度要大,轻松自如,开合升降与呼吸紧密配合。手脚变化协调一致,同起同落。

图 9-3-33　　　　图 9-3-34　　　　图 9-3-35　　　　图 9-3-36　　　　图 9-3-37　　　图 9-3-38

　　鸟戏作用:鸟戏中的伸展运动可以加强呼吸的深度,使肺的功能得到充分发挥,也可以使胃肠、心脏等内脏器官功能加强,从而改善人体全身的生理机能;鸟戏中的步法变换较多,能起到活跃关节、增强肌力的作用。

知识窗

五禽戏动作要领

　　(1)全身要放松:练习时首先全身要放松,情绪要轻松乐观,动作不僵硬,使气血通畅。

　　(2)呼吸要调匀:呼吸要自然平静,用腹式呼吸,均匀舒缓。呼吸时,口要合闭,舌尖轻抵上颚,用鼻吸气,用嘴呼气。

　　(3)精神要集中:要排除杂念,精神专注,根据各戏意守要求,将意念集中于意守部位,以保证意气相随。

　　(4)动作要自然:五禽戏动作不同,如虎之凶猛刚健,猿之轻便灵活等,练习时,应根据其动作特点而进行,动作宜自然放松,舒展大方。

第四节　花样跳绳教学俱乐部

花样跳绳

一、跳绳概述

(一)跳绳运动的起源与发展

跳绳在中国已有1000多年的历史。在唐朝称跳绳为"透索",宋朝称"跳索",明朝称"跳白索",清朝称"绳飞",清末以后才称"跳绳"。跳绳原属于庭院游戏类,后发展成民间竞技运动。明代《帝京景物略》中记载:"二童子引索略地,如白光轮,一童子跳光中,曰跳白索。"这段话的意思是二童摇绳配合得很熟练,把长绳摇得犹如一轮白色光轮,在中间跳绳的孩童就好像在光轮中跳,非常形象地将两人摇长绳、一人中间跳的情景描述出来。

(二)跳绳运动的锻炼价值

(1)跳绳可以锻炼多种脏器。跳绳能增强人体心血管、呼吸和神经系统的功能。研究证实,跳绳可以预防诸如糖尿病、关节炎、肥胖症、骨质疏松、高血压病、肌肉萎缩、高血脂、失眠症、抑郁症、更年期综合征等多种疾病。

(2)跳绳可以全面提高身体素质。跳绳看似简单,却是一种全身运动,可使手腕、上肢、腿、腰、足踝都得到锻炼,使力量、速度、灵敏、耐力等各项身体素质都得到提高。

(3)跳绳能培养学生的注意力。在跳绳运动的花样跳绳中,学生在每个动作的落地瞬间往往要去判断下一个动作,这就需要大脑注意力的高度集中。经常进行跳绳练习,可以有效锻炼学生集中注意力。

(4)跳绳有助于培养练习者的合作意识和团队精神。

二、花样跳绳基础知识

(一)基本动作

(1)站立姿势:并脚站立,两膝关节并拢,两脚踝稍错开;两手握绳柄,将绳置于身后,绳的中央位于脚踝处;两上臂贴紧身体两侧,前臂自然弯曲,前臂与上臂成约120°夹角。

(2)握绳方法:正握、反握、绕手握三种。正握比较常用,反握一般不常用,在交互绳速度跳的摇绳中可以使用反握。有绳柄握法:大拇指与食指捏住绳柄后端,其余三指并拢后贴住绳柄。绕手握法适合于没有绳柄的绳,将绳的两端分别绕在手上,用大拇指和食指捏住绳子。这种握绳方法,便于调整绳子的长度,但如果长时间练习,容易磨伤手指。

(3)摇绳方法:两手握绳,两臂自然屈肘,以肘关节为轴,用两前臂和手腕协调用力,由后向前摇动绳子。熟练后可仅用手腕用力。

(4)跳跃方法:双脚跳起落地时,一定要用前脚掌着地,压地后自然弹起。切勿用脚后跟着地,避免力量直接传至大脑。

(5)绳的长度:指长度适合于个人练习,一般分为花样绳和速度绳两种。花样绳适合跳各种花样,一般稍长,单脚踩住绳子中心,绳柄达至两腋下为标准长度。速度绳以速度跳为主,一般稍短,头和脚能顺利过绳即可,绳柄达至腰腹部为标准长度,但个人绳长短因人而异,因动作而异,技术水平高者可用稍短一些的绳子。

(二)基本技术

1. 个人花样

(1)左右甩绳

技术动作:两手臂向前摇绳至一边体侧甩绳,绳子不过脚;接着甩绳至另外一边体侧,一拍一动,左右边各四次,完成左右甩绳。(图9-4-1)

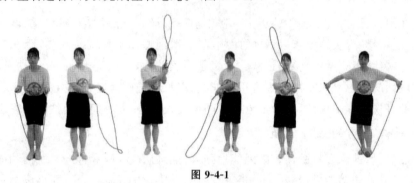

图 9-4-1

(2)并脚跳

技术动作:两手持绳向前摇绳,双脚并拢跳跃过绳,绳子绕过身体一周,一摇一跳,连续完成并脚跳(图9-4-2)。

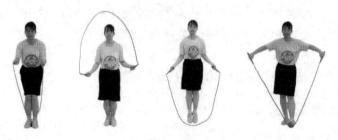

图 9-4-2

(3)双脚交换跳

技术动作:两手持绳向前摇绳,双脚分先后依次向前抬起跳跃过绳;一摇一跳,左右各四次,连续完成双脚交换跳。(图9-4-3)

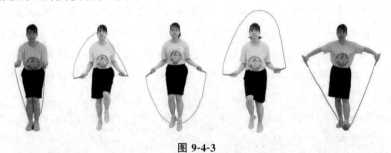

图 9-4-3

（4）开合跳

技术动作：两手持绳向前摇，当绳子过脚置于空中时，两脚跳跃成开步，膝盖微弯曲状态，当绳子快打地时，两脚成合并跳绳过绳，一拍一动，完成开合跳。（图9-4-4）

图 9-4-4

（5）弓步跳

动作技术：两手持绳向前摇，当绳子过脚置于空中时，两脚分开成前后弓步动作，当绳子打地快过脚时，双脚并拢跳过绳。一拍一动，左右边各四次，完成弓步跳。（图9-4-5）

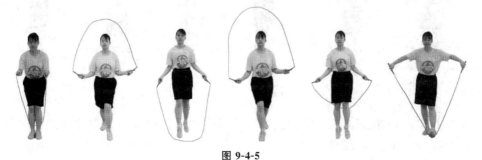

图 9-4-5

（6）并脚左右跳

动作技术：两手持绳向前摇，当绳子过脚置于空中时，双脚并拢向右、左边跳，一拍一动，左右边各四次，完成并脚左右跳。（图9-4-6）

图 9-4-6

（7）基本交叉跳

动作技术：两手持绳摇，此动作分成两拍完成，第一拍两手为直摇绳，第二拍两手为交叉摇绳，一拍一动，开与合各四次，完成基本交叉跳。（图9-4-7）

图 9-4-7

（8）勾脚点地跳

动作技术：两手臂向前摇绳，其中一只脚勾脚同时向前点地，另外一只脚直立跳跃过绳，接着交换另外一只脚做同样动作，一拍一动，左右各四次，完成勾脚点地跳。（图 9-4-8）

图 9-4-8

（9）弹踢腿跳

动作技术：两手持绳向前摇，踝关节绷直与小腿向前方弹踢，左右脚交替进行，一拍一动，左右各四次，完成弹踢腿跳。（图 9-4-9）

图 9-4-9

（10）后屈腿跳

动作技术：两手持绳向前摇，当绳子过脚置于空中时，一脚向后折叠后踢，另外一脚直立跳跃过绳，反之为另外一脚折叠后踢，一脚直立跳跃过绳，一拍一动，左右边各四次，完成后屈腿跳。（图 9-4-10）

图 9-4-10

（11）吸腿跳

动作技术：两手持绳向前摇，当绳子过脚置于空中时，一腿提膝与身体成90°角，另外一腿直立跳跃过绳，反之为另外一腿动作，一拍一动，左右边各四次，完成吸腿跳。（图9-4-11）

图 9-4-11

（12）钟摆跳

动作技术：两手持绳向前摇，当绳子过脚置于空中时，一脚向同一侧摆动，另外一脚直立跳跃过绳，反之为另外一脚动作，一拍一动，左右边各四次，完成钟摆跳。（图9-4-12）

图 9-4-12

（13）踏跳步

动作技术：两手持绳向前摇，双脚做踏跳跳跃，一摇一跳，完成踏跳步。（图9-4-13）

图 9-4-13

（14）左右侧摆直摇跳

动作技术：两手持绳向前摇绳至左边体侧甩绳，再向右边甩绳，接着两手打开成直摇姿态，双脚并拢跳跃过绳，完成一个完整动作。（图9-4-14）

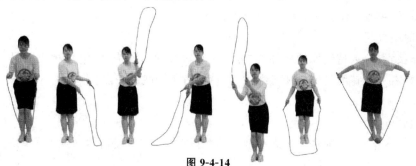

图 9-4-14

（15）手臂缠绕绳跳

动作技术：两手持绳向体侧甩绳缠绕同侧手腕一圈，再稍转体摆至另一侧反向打开所缠绕的绳子；相同动作反向再做一遍，完成一个八拍。（图9-4-15）

图 9-4-15

（16）前后转换跳

动作技术：完成此动作须分成两拍，第一拍为两手持绳向前摇绳，双脚并拢跳跃过绳一周，第二拍为双手持绳从身体的一侧随身体转动180°，成后摇绳姿态，接着再转成正面180°直摇绳，动作总共三个面（即正反正面），变成前后转换跳。（图9-4-16）

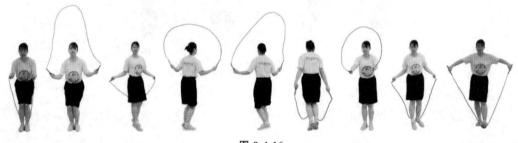

图 9-4-16

2. 朋友跳

在跳绳运动中，两人以任何方式协同跳一根绳子，称为朋友跳，又叫作两人一绳花样跳。朋友跳动作多样，极具娱乐性和互动性，特别适合同事、同学、朋友等跳绳爱好者共同练习。

（1）时空旅行

动作技术：一人持绳，绳足够长，称为"旅行者"；另一人与旅行者平行面对面站立。旅行者手握两绳柄，将绳由后向上向前摇动绳子套过站立者，站立者判断时机跳跃过绳；绳过脚后，旅行者向左侧跳跃，单独跳绳1~2次，然后向右跳跃套过站立者；过绳后，旅行者向右侧跳跃，单独跳绳1~2次；重复以上过程。

（2）时空穿梭

动作技术：一人持绳原地单摇跳（可两弹一跳节奏），称为"时空穿梭机"；另一人称为"时空穿梭者"，从持绳者一侧跳进绳中，跟持绳者共同跳跃一次，再从另一侧跳出，可重复进行。

（3）钻洞

动作技术：一人持绳带另一人原地单摇跳（两弹一跳节奏）；两人面对面跳跃，钻洞者一边跳绳,一边从摇绳者体侧腋下钻过至摇绳者体后;钻洞者继续跳跃从摇绳者另一侧腋下钻过至摇绳者体前,重复钻洞练习。

(4)带人跳

动作技术:带人者持绳,两人协调配合,绳子同时过两人身体即为完成一次动作。两人可面对面站立,也可同向站立;跳绳者可位于带跳者体前或体后;可同时单摇跳或双摇跳。

3. 车轮跳

车轮跳,又名中国轮,是花样跳绳的一个特色项目,它是一种两人或两人以上相互配合轮流进行跳绳的新型跳绳方法。由于是轮流跳绳,从侧面看就像车轮在转动,故得其名。在车轮跳运动中,跳绳者把转身、换位、挽花、胯下和双摇等动作按照合理顺序相互融合形成元素多样的复杂动作,称为车轮跳复杂花样。车轮跳花式繁多,所有的符合设置运行轨迹的动作,加以努力都可以完成,关键在于跳绳者的创新。

(1)同步单摇

动作技术:两人并排站立,相近把柄交叉相握,将绳置于身后;两人同时向前摇动绳子,同时跳跃过绳,跳跃一次,绳子过脚一次,重复进行。两人必须节奏一致,交叉的绳子不可打结。

(2)同步双摇

动作技术:两人并排站立,相近把柄交叉相握,将绳置于身后;两人同时向前摇动绳子,同时起跳过绳,起跳一次,绳子过脚两次,重复进行。

(3)同步挽花

动作技术:两人并排站立,相近把柄交叉相握,将绳置于身后;两人同时向前交叉摇动绳子,同时跳跃过绳,起跳一次,绳子过脚一次,可直飞一次,挽花一次练习,也可连续挽花练习。

(4)车轮抡绳练习

动作技术:两手各握一绳,在立圆方向依次向前轮动,两绳始终相隔180°,一上一下,一前一后,重复练习;或者三人一组,旁边两人各握一绳柄,中间人手握两绳柄,在立圆方向依次向前轮动,两绳始终相隔180°,一上一下,一前一后,重复练习。

(5)基本车轮跳

动作技术:两人并排站立,相近绳柄交叉相握,绳置于身后;一绳向前摇动,当摇至最高点时另一绳开始向前摇动,两人依次跳跃过绳,两绳始终相隔180度,一上一下,一前一后,看上去像"车轮"在转动。

4. 交互绳

交互绳,俗称双绳,最早起源于17世纪的荷兰,至今已有300多年的历史,也叫作"荷兰双绳跳",后流传到美国、加拿大、比利时、澳大利亚等国,成为风靡欧美的一项时尚运动。交互绳运动有助于提高练习者的心肺功能、平衡能力、灵敏协调能力、节奏感和力量,同时它还是一项特别注重培养合作精神的团队项目。摇绳者要正确且恰到好处地摇绳,及时调整自己的位置以保证跳绳者在绳子的中间跳跃,并辅助跳绳者成功进出交互绳;跳绳者要跟随节奏变换自身节奏和位置。

（1）基本进绳花样

动作技术：跳绳者可站在摇绳者任意一侧，跳绳者位于绳外，靠近跳绳者的绳为内侧绳，远离跳绳者的另一根绳为外侧绳。以站在摇绳者右侧为例，跳绳者数外侧绳，当闪过内侧绳、外侧绳打地时开始起跳，内侧绳下落时进绳中。

（2）出绳花样

动作技术：出绳有两个方向，一为同侧出（进绳侧），二为异侧出（于进绳相反侧）。一般从异侧出绳：进绳后开始数节拍，数到单数时可从异侧出绳，数到双数时可从同侧出绳。或者进绳后左右跳跃，始终记住从相反方向出绳，即跳左绳后下一次从右边跳出，跳右绳后下一次从左边跳出。

跳绳在历代的称谓

唐代：称跳绳为"透索"。

宋代：据高承的《事物纪原》中记载，跳百索源于汉代的一种以朱索装饰门户以辟邪的习俗："故汉五月五日，以朱索五色即为门户饰，以难止恶气。"

明清时代：跳绳称为"跳白索""跳百索""绳飞"。刘侗在《帝京景物略》中记载："二童子引索略地，如白光轮，一童子跳光中，曰'跳白索'。"由此可见，百索之名实因绳索摆动后似"跳白光轮"或百条绳在动之故。跳百索游戏多在正月十五日左右举行。

清代：《乐陵县志》载："元宵期间，女子以跳绳为戏，名曰跳百索。"《松风阁诗钞》对当时的跳绳活动有这样的描述："太平鼓，声咚咚，白光如轮舞索童。一童舞索一童唱，一童跳入光轮中。"清代的《有益游戏图说》一书中，称跳绳为"绳飞"，大概是由于绳子来回转动，像是在空中飞动，所以得名。清代儿童跳百索，经常用有节奏的歌谣加以伴唱，娱乐性很强。

第五节　轮滑教学俱乐部

一、轮滑概述

轮滑,又称滚轴溜冰、滑旱冰,是穿着带滚轮的特制鞋在坚硬的场地上滑行的运动。现如今,多数的滚轴溜冰者主要都使用直排轮,又称刷刷、66(直排旱冰爱好者对这项运动的别称来源于溜冰中轮子和地面摩擦时所发出的声音,同时也称溜冰鞋为"刷子",称在马路上溜冰为"刷街",而 66 与溜溜同音,更有趣味顺口,多为爱好者的互称)。因此,直排轮也几乎成为轮滑运动的代名词。

轮滑运动最早建立国际组织是在 1924 年,当时的英国、法国、德国和瑞士四国代表在瑞士蒙特勒成立了国际轮滑联合会,但至 1935 年才举行首次轮式滑冰大赛,1942 年,出现了旱冰曲棍球运动。1977 年,在捷克首都布拉格举行的国际奥委会会议上,认定国际轮滑联合会为非奥运会体育组织之一。

1980 年,中国轮滑协会成立,同时加入国际轮滑联合会,在全国各地相继修建了轮滑场馆,从此我国的轮滑运动进入了一个蓬勃发展的时期。由于轮滑具有速度的刺激和令人炫目的花样技巧,特别受到青少年的欢迎。近几年我国的轮滑运动技术水平飞速提高,还出现了极限轮滑,将速度、翻转、翻腾等技巧融为一体,展现了这项时尚运动的风采。

2010 年,花样轮滑运动进入了广州亚运会比赛项目,共设 9 块金牌。

轮滑的分类

现代轮滑运动分为极限轮滑、速度轮滑、花样轮滑、自由式轮滑和轮滑球五大项。

1. 极限轮滑

极限轮滑也叫特技直排轮,很受现在年轻人的追捧。主要分为街式和专业场地,专业场地分道具赛和半管(U 型池)。

轮滑是一项休闲运动,但同时也是竞技项目,随着它的不断完善,已形成多项轮滑竞技项目。

2. 速度轮滑

速度轮滑是以单排、双排轮滑鞋为比赛工具的竞赛项目,分场地跑道比赛和公路比赛两种。世界锦标赛场地跑道正式比赛为:300 米计时赛、500 米淘汰赛、1000 米积分赛、5000 米积分赛、10000 米积分赛、20000 米积分赛;公路比赛包括女子 21 千米半程马拉松赛、男子 42 千米马拉松赛。场地跑道像自行车场一样呈盆形。

3. 花样轮滑

花样轮滑的开创,其实最早是为了能让花样滑冰选手在无冰的情况下也能够训练,而后才发展成了一项独立的运动。其分为规定图形滑、自由滑、双人滑和双人舞4个项目。比赛在不小于50米长、25米宽的场地上进行。参赛各队每项比赛可以参加3人,男女总计12人。根据动作的难易程度、舞姿的优美程度打分,从而确定胜方。

4. 自由式轮滑

自由式轮滑中最有代表性的是平地花式(简称平花)。其他还包括速降、FSK自由轮滑、休闲、花式刹停、跳高和轮舞。

平地花式包括花式绕桩和速度过桩。其是在障碍滑雪的基础上融入轮滑特有的元素。

速降,是一种相对较刺激的类似速滑的轮滑形式。一般选择在比较陡峭的公路或山路进行。速降者在佩戴好全套护具之后,靠路面的倾斜给予动力,人体自由下落,感受风驰电掣般的刺激。

休闲轮滑就是俗称的"刷街",是一种穿着轮滑鞋漫步于室外,感受轮滑带给人的轻松、愉快和自在的轮滑形式。它主要以休闲健身为目的,放松自我,舒畅心情。

FSK是一种由多种轮滑形式混合而衍生出的一种特殊的轮滑形式。它集合了速降、休闲、刷街、花式刹车、花式跳跃和旋转等元素,大致分为野街和场地两种玩法。野街就是在刷街的过程中融入速降、花式跳跃等其他轮滑形式,使得野街的魅力无穷。

二、轮滑基本技术

(一)站立、平衡和移动

1. 站立姿势

(1)"丁"字形站立:将左脚跟紧靠在右脚的内侧(或将右脚跟紧靠在左脚的内侧),使双脚形成"丁"字形。双膝微屈,重心稍偏于位置居后的脚上,上体略前倾,抬头,目光平视前方,两臂在体侧自然打开,以控制身体平衡。(图9-5-1)

(2)"八"字形站立:双脚成"八"字形自然分开,双脚跟靠近,双膝微屈。上体微屈,身体重心放在两脚之间,保持身体平衡。(图9-5-2)

(3)平行站立:双脚分开,与肩同宽。两脚尖稍内扣,上体微前倾,双膝微屈。身体放在两腿之间,保持身体平衡。(图9-5-3)

图 9-5-1　　　图 9-5-2　　　图 9-5-3

2. 原地移动重心

方法要点:在双脚平行站立的基础上,上体向一侧移动,并逐步将身体重心完全移至一条支撑腿上,待平稳后,上体再向另一侧腿上移动,并将身体重心完全移到该腿上。反复练习。

3. 原地踏步

方法要点:在"八"字形站立的基础上,重心移到一脚上,另一腿微屈上抬,使脚离地面5～10厘米再落下,重心移至另一脚,交替练习。

4. 原地蹲起

方法要点:在双脚平行站立或"八"字形站立的基础上,做下蹲、起立动作,身体重心放在两腿之间,两臂自然打开。(图9-5-4)

图 9-5-4

5. 两脚原地前后滑动

在平行站立的基础上,做一脚向前、一脚向后的来回滑动练习,两臂前后摆动,像走路一样配合双腿运动。

6. 向前"八"字走

方法要点:在"丁"字步或"八"字步的基础上,一脚向前迈出一小步,脚尖向外侧,成"八"字形落地,同时身体重心迅速跟上,当重心完全落到前脚上时,后脚再抬起向前迈,两脚交替进行,移动身体重心。(图9-5-5)

7. 横向迈步移动

方法要点:在平行站立的基础上,一腿向侧迈出一步,随之身体重心迅速跟上,另一腿收回,在内侧靠拢着地,并承接重心,然后换腿练习。

图 9-5-5

(二)滑行

1. 双滑行练习

在学会"八"字走的基础上,连续走几步,然后双脚迅速并拢,两脚由"八"字形变为平行,借助惯性向前滑行。动作的关键是重心保持在两脚之间。

2. 低姿交替蹬地滑行

方法要点:两脚"八"字形站立,膝踝微屈,两脚同时向外侧蹬地,使双脚同时开始向前滑行,重心随之偏向左脚,左腿成支撑腿。右脚在稍加蹬地后迅速回收,向左脚靠拢,脚尖向外侧,落地自然成"八"字步,同时重心向右腿上移,左脚开始蹬地,如此交替进行。(图9-5-6)

图 9-5-6

3. 高姿交替蹬地滑行

方法要点:在低姿势交替蹬地的基础上,右脚侧蹬地,重心随之移向左脚,成左脚支撑滑行。右脚蹬地结束后放松收腿,当右脚靠近左脚时,重心开始回移,左脚开始蹬地。右脚落地后成右腿支撑滑行,然后收左腿,两脚交替蹬,交替滑行。

4. 向前直线滑行

方法要点:原地两脚成"丁"字形站立,左脚在前,右脚在后,两膝稍弯曲,用右脚内侧蹬地,重心慢慢移至左脚;右脚蹬直后右腿蹬离地面;成左脚向前滑行,然后右脚在左脚的侧面落地后,左脚重复上述动作,成右脚向前滑行。两脚交替向前直线滑行,在整个滑行过程中,两手自然向侧分开,帮助维持身体平衡。

5. 蛇形向后滑行

方法要点：平行站立开始，两脚分开（约一脚距离），两腿弯曲。用右脚内侧蹬地，身体重心移向左侧，成左脚向后滑行；右腿在体前伸直，随即右脚放在左脚侧面，恢复成开始姿势，然后用左脚蹬地，重复上面动作。在做蛇形向后滑行时，要注意在滑行中上体始终保持前倾姿势，两膝保持弯曲，两手在体侧分开侧举。

（三）滑行停止法

1. "八"字停止法

方法要点：在获得一定向前滑行的速度后，两脚平行分开站立，随后脚尖内转，两脚以内侧轮柔和压紧地面。两膝弯曲，上体稍前倾，臀部下蹲，两臂前伸维持身体平衡。

2. "T"形停止法

方法要点：左脚向前滑行开始，右脚在左脚后跟处成"T"形放好后，将右脚慢慢放在地面上，以内侧轮柔和压紧地面，减缓向前滑行速度，直到停下来为止。（图 9-5-7）

图 9-5-7

3. 双脚急停

方法要点：在向前滑行时，两脚同时做顺时针（或逆时针）方向急转，左脚以内侧轮、右脚以外侧轮与滑行方向成 90°角压紧地面，同时身体向右急转，重心移到右腿上，两膝弯曲，两臂前侧伸，滑行即可停止。

4. 倒滑停止方法

在向后滑的过程中，将两脚变为前后开立，身体重心移到前脚的前方，同时抬起两脚脚跟，后轮离地，制动脚着地与地面摩擦而停止下来；停止时，身体稍前倾，两臂侧举以维持平衡。

（四）弯道滑行

弯道滑行技术跟直道滑行技术有很大的区别，弯道滑行技术的特点在于练习者用交叉步滑行，由于向心力的作用，上体不仅前倾，而且还要向后侧倾。

1. 走步转弯

在向前做"八"字走或半走半滑时，如向左转弯，在每一次脚落地时脚尖都向左转动一点，身体也随之向左转动一点，逐渐成弧形的走滑路线，如向右转，动作方向相反。

2. 惯性转弯

在滑行获得了一定的速度后，两脚平行稍靠近些，如向左转，则左脚略靠前，右脚靠后，重心落在两脚之间 1/3 处，前腿略弓，后腿伸直，身体重心压在左脚和右脚的左侧，利用惯性向左侧滑一较大的弧线，如向右转，动作相反。

3. 短步转弯

在学会慢的转弯技术的基础上，身体姿势较低，重心完全落在左腿上，甚至超出左腿的支点，右脚向右侧蹬后迅速收回，靠近左脚落地做非常短暂的支撑；此时左脚迅速向左稍转脚尖，右脚再迅速向侧蹬出，连续做此动作就可以加速转弯，如向右转，动作相反。（图 9-5-8）

图 9-5-8

4. 左脚支撑,右脚连续蹬地滑行

从站立姿势开始,左脚用外侧蹬地后迅速与右脚并拢,接着右脚再做一次蹬地动作,左脚继续做前外曲线滑行。

5. 在圆弧上不连贯的以交叉步滑行

在圆弧上用直线滑行方法,中间插入弯道交叉步,当左脚有稳定的平衡时,右脚向左脚左侧前方迈一小步。只要右脚有短暂的滑行之后,左脚就迅速从右腿后方收回,同时右脚蹬左脚直线滑行,反复练习。

三、平地花式轮滑

平地花式轮滑动作是在桩与桩之间完成的轮滑动作,之所以被称为平地花式是因为在动作初期所有的技术动作都是在地上进行的,但是随着动作技术难度的不断提升,一些跳跃类动作在平地花式动作中也逐渐被认可。

(一)平地花式轮滑的道具

平地花式轮滑的道具非常简单,就是一些类似纸杯大小的角标。在平地花式的规则里,桩与桩之间的距离是有规定的,分为 50 厘米、80 厘米和 120 厘米三种不同距离,每排桩有 20 个,一般来说,80 厘米的桩距比较常见,被称为标准桩。

(二)平地花式轮滑的动作

随着平地花式项目的发展、动作的增多,对于动作级别的限定也就有了明确的要求,现行的平地花式规则里面分为 F、E、D、C、B、A 六大级别,每一级别里面又分为跳跃类、蹲坐类、单轮类、旋转类和其他类。

1. 脚与桩的方位

脚与桩的方位见图 9-5-9。

图 9-5-9

2. 平地花式 F 级动作教学

F 级动作可以说是所有平地花式动作的基础,主要以交叉动作和"S"形路线动作为主,练习熟练后对于以后的动作进阶和动作组合连接帮助很大。F 级动作较多,我们只对部分动作进行介绍。

(1)Fish 滑行。

像动作的名字一样,Fish 这个动作是将双脚并排在一起,在桩与桩之间滑行。

动作方法:双脚并排,膝关节夹紧;膝关节要有明显弹性;脚力量踩在脚跟,靠前脚掌左右摆动来完成穿桩动作。Fish 滑行路线轨迹如图 9-5-10 所示。

图 9-5-10

(2)Cross 滑行。

Cross(俗称正交叉)是一个很花哨的动作,也是初学平地花式必须掌握的动作之一。

动作方法:先让两脚进行强制性交叉,重心压至左脚(以右脚在前做动作为例),右脚从左脚前面跨步呈双脚交叉姿势,双腿膝关节自然弯曲,双脚脚尖相对脚跟分开,两脚尖成60°左右。此时两脚外刃接触地面,身体重心由两脚分担,双脚力量压在脚跟,交叉步稳定后,身体重心暂时压至左脚,右脚沿脚尖延长线方向伸出,当右脚最后一个轮子滑过左脚脚尖延长线路径后,左腿膝关节伸直使左脚伸出,然后右脚向右脚脚尖的延长线继续滑行,左脚则保持原位等待右脚的滑过。当右脚最后一个轮子滑过左脚脚尖延长线路径后,左脚向脚尖方向推出实施交叉,右脚也要将脚尖向滑行方向靠拢,保持右脚脚尖与滑行方向相一致,此时双脚完成交叉。Cross 滑行路线轨迹如图 9-5-11 所示。

图 9-5-11

第六节　攀岩运动教学俱乐部

一、攀岩概述

2007 年 4 月 28 日,国际攀岩联合会被批准正式加入国际单项体育联合会总会,成为世界体育运动中的一员。2007 年 10 月 10 日,国际奥委会通过决议,批准国际攀岩联合会为"暂时承认"项目,并欢迎其成为奥运大家庭的一员。2017 年 6 月,国际奥委会通过决议,将竞技攀登纳入 2020 年东京奥运会正式比赛项目。

攀岩运动也属于登山运动,攀登对象主要是岩石峭壁或人造岩墙。攀登时不用工具,仅靠手脚和身体的平衡向上运动,手和手臂要根据支点的不同,采用各种用力方法,如抓、握、挂、抠、撑、推、压等,因此对人的力量要求及身体的柔韧性要求都较高。攀岩时要系上安全带、保护绳、配备绳索等以免发生危险。

二、攀岩基本知识

(一)攀岩种类

1. 按地点分

(1)自然岩壁攀登。

定义:在野外攀爬天然生成的岩壁;一般是开发和清理过的难度或抱石路线,也称为传统攀登。

优点:可以接近自然,充分体会攀岩的乐趣;岩壁角度、石质的多样性带来攀登路线的千变万化;由于岩壁固定,路线公开且可长期保留,所以自然岩壁的定级可经多人检测对比后确定。

攀岩运动

缺点:野外岩场地处偏僻,交通不便,时间和金钱花费都较大;路线开发也比较费力。路线开发时间长后岩壁会老化。

(2)人工岩壁攀登。

定义:在人工制造的攀岩墙上攀登,包括室内攀岩馆和室外人工岩壁,多为训练和比赛使用的攀登方式,因此又称竞技攀登。

优点:对攀岩者安全性较高;交通方便,省时省力;不可预见因素少,可以定期训练或进行专项训练;人员密集,便于交流切磋;另外,人工岩壁可以对路线进行保密性设置。人工岩壁攀登成为攀岩比赛的主要形式。

缺点:缺少特殊地形,创意性少,自由发挥余地小;支点的可调性使得人工岩壁路线常变,定级主观性更强,准确度偏低。相对自然岩壁,线路问题会比较尖锐,人工线路难度越大,对力量要求越高。

2. 按攀登形式分

(1)自由攀登。

定义:不借助保护器械(主绳、快挂、铁锁等)的力量,只靠自身力量攀爬。

特点:此种攀登形式在中国占主导地位,较符合体育的含义范畴,考验人体潜能。

(2)器械攀登。

定义:借助器械的力量攀登。

特点:在大岩壁攀登中较为常用,对于难度超过攀登者能力范围的路线有时也借力于器械。其意义存在于攀登者的项目目标和活动历程中,而不在于攻克难度动作。对器械操作的要求较高。

(3)顶绳攀登。

定义:在岩壁上端预先设置好保护点,主绳通过保护点进行保护,攀登者在攀登过程中不需进行器械操作。

特点:安全,脱落时无冲坠力,适合初学者使用;但对岩壁的要求苛刻,岩壁必须高度合适(8~20米)且路线横向跨度不大,由于需要绕到顶部进行预先操作,架设和回撤保护点的工作都比较烦琐。有时为方便初学者,可在先锋攀登的路线上架设顶绳。

(4)先锋攀登。

定义:路线预先打上数个膨胀钉和挂片,攀登过程中将快挂扣进挂片成为保护点并扣入主绳保护自己,攀登者需要边攀登边操作。

特点:在欧洲尤其法国最为盛行,它比传统攀登安全性高,可以降低心理恐惧对攀爬的影响,从而全力以赴突破生理极限,挑战最高难度;另外,在角度较大或横向跨度较大的路线中,先锋攀登方式比顶绳保护有更大的便利,可以让攀登者脱落后很容易地重新回到脱落处,对难点进行反复练习。

3. 按竞赛方式分

(1)室内攀岩。

室内攀岩是在一个高而大的房间内设置不同角度、不同难度的人工岩壁(通常6~8米高),在上面装有许多大小不一的岩石点,供人用四肢借助岩点的位置,以手攀脚登来完成攀岩的体验。室内攀岩的难易程度可由人直接控制。

（2）难度攀岩。

以攀岩路线的难度来区分选手成绩优劣的攀岩比赛。难度攀岩的比赛结果是以在规定时间里选手到达的岩壁高度来判定的。在比赛中,队员下方系绳保护,带绳向上攀登并按照比赛规定,有次序地挂上中间保护挂索。比赛岩壁高度一般为 15 米,线路由定线员根据参赛选手水平设定,通常屋檐类型难度较大。

（3）速度攀岩。

按照指定的路线,以时间区分成绩优劣。

（4）抱石比赛。

线路短小,难度较大,需要较好的爆发力和柔韧性。比赛设置结束点和得分点,抓住得分点并做出一个有效动作得分,双手抱住结束点 3 秒得分。比赛一般设 4～6 条线路,一条线路 5 分钟。判定名次首先看结束点的多少,如果结束点同样多,看得分点数量,最后看攀爬次数。

4. 按技术分类

根据不同的地貌特点,可将攀登技术分为岩石作业和冰雪作业两大类。其中,岩石峭壁的攀登技术简称攀岩技术。攀岩是从登山活动中派生出来的一项运动。登山者即使选择最容易的路线攀登几千米的高峰,在途中也免不了要遇到一些悬崖峭壁,所以说攀岩也是登山运动的一项基本技能。

(二)攀岩的基本要领

抓:用手抓住岩石的凸起部分。

抠:用手抠住岩石的棱角、缝隙和边缘。

拉:在抓住前上方牢固支点的前提下,前臂贴于岩壁,抠住石缝隙或其他地形,以手臂和前臂使身体向上或向左右移动。

推:利用侧面、下面的岩体或物体,以手臂的力量使身体移动。

张:将手伸进缝隙里,用手掌或手指屈曲张开,以此抓住岩石的缝隙作为支点,移动身体。

蹬:用前脚掌内侧或脚趾的蹬力把身体支撑起来,减轻上肢的负担。

跨:利用自身的柔韧性,避开难点,以寻求有利的支撑点。

挂:用脚尖或脚跟挂住岩石,维持身体平衡,使身体移动。

踏:利用脚前部下踏较大的支点,减轻上肢的负担,移动身体。

(三)攀岩的基本方法

1. 身体姿势

攀登岩石峭壁时身体要自然放松,以 3 个支点稳定身体重心,而重心要随攀登动作的转换移动,这是攀岩能否稳定、平衡、省力的关键。要想身体放松就要根据岩壁陡缓程度,使身体和岩壁保持一定距离。靠得太近,会影响观察攀岩路线和选择支点,但在攀登人工岩壁时要贴得很近。在攀登自然岩壁时,上下肢要协调舒展,攀岩要有节奏,上拉、下蹬要同时用力,身体重心一定要落在脚上,保持面向岩壁、三点固定支撑、直立于岩壁上的攀登姿势。

2. 手臂的动作

手在攀登中是抓住支点、维持身体平衡的关键。手臂力量的大小直接影响攀登的质量和效果。因此,一个优秀的攀岩运动员必须有足够的指力、腕力和臂力。对初学者来说,在不善于充分利用下肢力量的情况下,手臂的动作就显得更为重要。手臂如何用力,在人工岩壁攀登和自然岩壁攀登时情况不同,前者要求第一指关节用力抠紧支点的同时,手腕要紧张,手掌要贴在岩壁上,前臂也要随手掌紧贴岩壁而下垂。在引体时,手指(握点)有下压抬臂动作,其动作规律是,重心活动轨迹变化不大,节奏更为明显。但攀登自然岩壁时其动作变化就很大,要根据支点不同采用各种用力方法,如抓、握、挂、抠、扒、捏、拉、推压、撑等。

3. 脚的动作

一个优秀攀岩运动员的攀登技术发挥得好坏,关键是看两腿的力量是否能被充分利用。只靠手臂力量攀登不可能持久。脚的动作要领是,两腿外旋,大脚趾内侧贴近岩面,两腿微屈,以脚踩支点维持身体重心,在自然岩壁支点大小不一和方向不同的情况下,要灵活运用。但切记,膝部不要接触岩石面,否则会影响到脚的支撑和身体平衡,甚至会造成滑脱而使膝部受伤。另外,在用脚踩支点时,切忌用力过猛,要掌握用力的方向。

4. 手脚配合

凡优秀攀岩运动员,上下肢力量是协调运用的。对初学者或技术还不熟练的运动员来说,上肢力量显得更为重要,攀登时往往是上肢引体,下肢蹬压抬腿来移动身体。如果上肢力量差,攀登时就容易疲劳,表现为手臂无力、酸疼麻木,逐渐失去抓握能力。失去抓握能力后,即使有好的下肢力量,也难以继续维持身体平衡。所以学习攀岩,首先要练好上肢力量,上肢又要以手指、手腕和手臂力量为主,再配合以脚腕、脚趾以及腿部的力量,使身体重心随着用力方向的不同而协调地移动,手脚动作配合也就自如了。

(四)练习技巧

1. 出手越晚越好

攀岩初学者常常会在进行动态动作时过早出手,这样做会让你的身体离开岩壁的时间变长,比起过晚出手,更容易损耗你的大部分冲力。正确的做法应该是尽可能地做“向上腾跃”的动作,即试着让身体尽可能向上伸展,直至到达最高点时再松开手。

2. 拍墙和拍点

刚开始尝试动态动作时,可能会很难完成,基本碰不到手点。这时千万不要放弃,可以选择从拍墙开始,循序渐进地练习,跳着让自己拍到尽可能高的地方,拍到后再定新的目标,按照这个方法训练下去,一遍遍重复练,让目标越来越接近原定的手点,直到最终能跳起来抓到它。

3. 练习完整的动作

进行动态动作时,要调用全部的肌肉,而非仅仅在开始阶段用到的肌肉。当你能够抓住目标手点时,在手上微微发力,即使时间很短,也能够协调到抓点的肌肉。如果你自己抓不到目标手点,就需要用绳子或者请别人帮助自己来完成,尽量重复练习。

4. 用脚推

请记住,在动态动作中,绝大部分的力量都来自你的双腿。试着把重量尽可能多地放在支撑脚上,也就是之后你实际要跳起的脚点。尽量选择足够软的鞋子,可以让你更有效地运用脚部肌肉。

5. 好好利用弹簧动作

为了获得更多的跳跃力量,每次做动态动作之前,应该先做垂直方向的运动,先上后下,类似弹簧进行延伸和压缩。惯性力量会让你最大限度地接近目标岩点。如果没有足够的空间进行弹簧动作,也可以依靠摆动身体来获得冲力。

6. 攀岩的身体要求

攀岩运动对运动员身体形态的要求虽不如篮球、排球、投掷等项目高,但也有其自身明显的特征要求。在攀岩比赛中,当支点间跨度较大时,身高、臂长者会占有明显优势。过重的体重会直接破坏攀岩的灵活性,增大了身体和各部位的惯性,从而降低了肌肉收缩的能力,所以攀岩运动员要有与身高成比例的相应体重,才能取得事半功倍的效果。攀岩运动员的最佳体重(千克)＝[身高(厘米)－110]×90％。

7. 攀岩的注意事项

室内攀岩在保护员一对一的帮助下,可以保障攀岩者的安全。但是不做好准备活动,在攀爬过程中,还是很容易受伤的。比如,进行大幅度的跨越时,肌肉和韧带非常容易被拉伤。正确穿戴护具也颇有讲究。护具绑得不能太紧,也不能太松,与腿间宽度保持一个食指的距离是最好的。护具绑得太紧,会影响到攀爬的姿势,而护具绑得太松,则容易造成脱落。攀爬之前,攀岩者应先观察面前的岩壁,想清楚一会上去的路线。速降时,虽然有保护员在下面帮助调节绳索,但如果不留心,还是有可能发生危险。特别是当你的绳索与岩壁间的距离太靠近时,一定要面朝岩壁,身体微向后倾斜,向下降落。同时,你也可以用脚蹬岩壁的方式掌握下降的方向和速度。

第七节　素质拓展教学俱乐部

一、素质拓展概述

(一)素质拓展的起源与发展

素质拓展也被称为拓展培训,英文为 Outward Bound,意为一艘小船驶离平静的港湾,义无反顾地投向未知的旅程,迎接一次次挑战,战胜一个个困难!这种训练起源于第二次世界大战期间的英国。当时大西洋商务船队屡遭德国人袭击,许多年轻海员葬身海底。人们从生还者身上发现,他们并不一定都是体能最好的人,但都是求生意志最顽强的人。于是汉思等人创办了"阿伯德威海上学校",训练年轻海员在海上的生存能力和船触礁后的生存技巧。战争结束后,拓展训练的独特创意和训练方式逐渐被推广开来,训练对象由海员扩大到军人、学生、工商业人员等群体。训练目标也由单纯体能训练、生存训练扩展到心理训练、人格训练、管理训练等。拓展活动并非体育加娱乐,而是对正统教育的一次全面提炼和综合补充。通过训练课程能够有效地开发学生的潜能,提升和强化个人心理素质,激发团队精神,增强团队凝聚力,增强自信心,改善自身形象;克服心理惰性,磨炼战胜困难的毅力;启发想象力与创造力,提高解决问题的能力;认识群体的作用,增进对集体的参与意识与责任心;改善人际关系,更为融洽地与群体合作;学习欣赏、关注和爱护自然。

1995年,人众人教育机构(GROUP)将"拓展训练"引入中国内地,在北京创立国内第一家专业的体验式培训机构——北京拓展训练学校,这是中国内地最早开展拓展课程的培训学校,也是中国内地拓展培训的起点;1998年,中国地质大学率先在学校公选课中开设了"野外生存体验"课程;1999年清华大学率先将体验式培训引入MBA、EMBA的教学体系中,"清华大学MBA拓展训练基地"建成;2002年人众人成为在京六家顶级商学院"教学长期合作伙伴"。随后北京大学光华管理学院、中欧国际工商学院、中山大学岭南学院、浙江大学、中国工商管理学院、暨南大学等高等院校开始将体验式培训导入MBA、EMBA、MPA教学体系和学生的课程体系;全国多所高校开始将拓展培训纳入人才培养方案,在本科、专科等不同的学历段纳入教学或第二课堂的教育内容。高校将拓展培训与体育课程结合,作为体育课程的一部分实施,将这种体验式教学应用到学生的在校人才培养过程中,作为学校学生素质教育的一环,而不仅仅是定位于体育课程。

(二)素质拓展的特点与分类

1. 素质拓展的特点

(1)综合活动性。拓展训练的所有项目都以体能活动为引导,引发出认知活动、情感活动、意志活动和交往活动,有明确的操作过程,要求学员全身心投入。

(2)挑战极限。拓展训练的项目都具有一定的难度,表现在心理考验上,需要学员向自己的能力极限挑战,跨越"极限"。

(3)集体中的个性。拓展训练实行分组活动,强调集体合作。力图使每一名学员竭尽全力为集体争取荣誉,同时从集体中吸取巨大的力量和信心,在集体中显示个性。

(4)高峰体验。在克服困难、顺利完成课程要求以后,学员能够体会到发自内心的自豪感,获得人生难得的高峰体验。

(5)自我教育。教员只是在课前把课程的内容、目的、要求以及必要的安全注意事项向学员讲清楚,活动中一般不进行讲述,也不参与讨论,充分尊重学员的主体地位和主观能动性。即使在课后的总结中,教员只是点到为止,主要让学员自己来讲,达到了自我教育的目的。

(6)通过拓展训练,参训者在如下方面有显著的提高:认识自身潜能,增强自信心,改善自身形象;克服心理惰性,磨炼战胜困难的毅力;启发想象力与创造力,提高解决问题的能力;认识群体的作用,增进对集体的参与意识与责任心;改善人际关系,学会关心,更为融洽地与群体合作;学习欣赏、关注和爱护大自然。

2. 素质拓展的分类

关于拓展项目的分类有很多种,按照拓展培训开展活动的空间位置分类,可分为地面、低空、高空拓展培训项目。

(1)团队支持下的个人挑战项目

这类项目的主要目的是强调个人用积极的心态与行动面对挑战,感受队友的支持。项目强化了自信与互信的感受。

项目范例:信任背摔、高台演讲等。

(2)低风险的团队挑战项目

这类项目的主要目的是通过使用平面的团队活动科目使队员树立团队共同面对困难与战胜困难的信心,加强组织内的有效沟通,增强所有队员之间的合作意识与合作技巧,明确分工与领导行为在团队中的作用，了解完美团队的决策方式，了解层级管理、领导授权、监督机制、统筹学习、团队思维、细节与目标的关系，了解个人目标与团队目标的关系，树立勇于为团队牺牲自我的精神等。

项目范例：盲人方阵、穿越电网、扑克风云、疯狂七巧板等。

（3）较高风险的个人高空挑战项目

这类项目的主要目的是帮助个体了解自己在团队中的作用、发掘自身的潜力、培养自立自强、勇于面对困难的心态、培养抗挫折能力、学习自我激励方式、学会换位思考、了解处理目标管理的技巧等。

项目范例：高空断桥、高空抓杠、攀岩、速降等。

（4）较高风险的团队挑战项目

这类项目训练的主要目的是培养个体的团队意识与团队合作精神、提高工作效率、营造和谐环境、学会换位思考培养创新意识、学习团队相处的人际交往技巧、强调信任在团队中的作用、体会懂得感恩等。

项目范例：天使之手、协力天梯、毕业墙等。

（三）素质拓展的作用

拓展培训的主要目的是"磨炼意志、陶冶情操、完善人格、熔炼团队"。从起初单纯的体能训练、生存训练扩展到心理训练、人格训练、管理培训等，与传统的知识培训和技能培训相比，少了一些说教和灌输，多了一些运动中的体验和感悟。它能有效地提高参训者在沟通、协作、执行、抗压等各方面的素质和能力；它能激发个人潜能，培养参训者乐观的心态和坚强的意志，提高沟通交流的主动性和技巧性，树立相互配合、相互支持的团队精神，极大增强合作意识，从而达到提高学生心理素质的目的；它能培养参与者克服困难的毅力、健康的心理素质、积极进取的人生态度和敢于挑战自我极限的勇气，同时更有利于参与者个人潜能的挖掘和团队精神的培养。

拓展培训主要通过设定个人、团队两个层面的训练目标来实现拓展培训价值。在个人方面，通过拓展项目、拓展培训师、参训人员、拓展情境等的交互作用，促使个人来重新认识自我潜能，增强自信心，改进自身形象，克服心理惰性，磨炼战胜困难的毅力，调整身心状态，更直观地面对学习与生活挑战，启发想象力与创造力，提高解决问题的能力；改善人际关系，学会关心他人，更为融洽地与集体合作，加强学生对团队的向心力和凝聚力，使参训学生在今后的工作岗位上表现出更佳的领导与管理才能。

拓展训练（综合素质拓展训练课），这是一种体验式教育模式，对大学生的综合素质能够进行很好的锻炼。结合大学校园的实际情况，对提高大学生挑战自我、熔炼团队具有极其重要的作用。它通过布课、体验、反思、分享、总结、提升和应用七个环节，培养同学们积极的自我挑战能力和良好的团队协作能力，具体可以在以下几方面给同学们带来提高：良好的身体适应能力，动手能力，身心的控制能力，受挫力，沟通能力，自我的再认识、自我激励和自我超越的能力，领导力，承担责任、诚信、团队合作等。本课程完成以下课程任务：

（1）通过课程提高大学生在"五维体育观"要求下的健康理念，尤其注重心理与社会适应能力的锻炼。

（2）通过课程提高大学生全面认识"体验式学习"，理解"大体育、大文化"的教育目的。

（3）通过课程提高大学生对体育素质教育的认识，掌握运用体育知识全面提高自身素质的能力。

二、素质拓展项目介绍

(一)超音速

1. 项目引入

说起超音速你会想到什么？超跑汽车,高速火车,波音飞机……其实我们全部人都在人生的单行路上以最高的速度行进着,有超越、有落伍、有阻滞。而在这迅速发展的时代,我们找到合适自己的速度才能取胜。这是一场团队与团队之间的竞争,为了你的团队希望同学们拿出自己的超音速!

2. 项目要求

在规定的时间内按顺序找出本队的 13 张牌,在各队竞争的情况下,用时最短的团队取胜。

3. 详细规则

(1)每个小组会得到不同花色的 13 张扑克牌,老师会在团队每个小组起点 10 米以外放置 13 张扑克牌,摆出不规则的一个图形,团队小组以大循环的形式从小到大把这 13 张扑克翻过来,看哪个小组最先把这 13 张扑克牌翻过来,为获胜小组。

(2)每个参加的小队要依据次序站成纵队,听到开始口令,依据次序进行出发,不得乱了次序。

(3)每个同学只能翻一张牌,正确纸牌正面朝上,错误再扣上,翻完任意一张牌后,返回通过接力的形式换下一名队员。

4. 注意事项

(1)全体队员卸下身上硬物;

(2)身体不适者,心脏病、高血压患者可以不参加;

(3)老师根据具体认定不能参加的队员,若身体状况还可以,可协助教师充当裁判员职务。

5. 活动目标

学会把握人生每一秒,合理的运用时间就等于节约时间,团队只有每一个人付出才有好的收获。超音速项目是需要团队成员保持沟通,信息的传递与传递的准确性是项目取得胜利与否的关键,找出规律也是必不可少的,不论教师摆出什么样的图形,都能有序解题。

(二)团队"8"字长跳绳

1. 项目引入

"8"字长跳绳的游戏大家一定都不陌生,它能够有效增加参与人员的默契度。

2. 项目要求

分为 4～6 组,每组 2 人摇绳,其余组员按"8"字环绕接力跳绳。在规定时间内跳绳次数越多的小组获胜。

3. 详细规则

摇绳两名学生面对面站好,主要用小臂摇动长绳,摇绳时,使绳形成一个椭圆,如此连续摇,比赛队员要从绳子的一边按顺序依次跳过绳子到另一边。如果跳绳者不能通过绳子,不计数但比赛继续进行,退回到出发位置重新跳。通过练习一段时间进行2分钟长跳绳测试,跳绳累计次数多的小队获胜。

4. 注意事项

(1)跳绳时,穿运动服或轻便服装,穿运动鞋。

(2)跳绳是一项比较激烈的运动,练习前一定要做好身体各部位的准备活动。

5. 活动目标

八字绳考验学生跑、跳的灵活性和整体运动的连贯性。锻炼摇绳和跳绳学生的配合、跳绳学生之间的默契度。

(三)不倒森林

1. 项目引入

植树是件容易的事吗？城市生活中我们可能很少接触到植树造林这项工程,而现在,试着想象我们每个人手里的PVC管都是一棵小小的树苗,每组成员都要尽可能地守护组里的"森林"。

2. 项目要求

小组围成圆形,左右移动,尽量保持身前的PVC管不倒。

3. 详细规则

每组围成一个圆,面向圆心站立,半径为PVC管的长度,各小组的学生均匀地分布在圆周上。左手放背后,右手掌心压住PVC管的顶部,使其竖立起来(不得用手抓PVC管)。游戏开始时集体按照顺时针移动,做到人动、管不动,并且保证管不能倒、不能离地。移动过程中,左手始终在背后,不得触碰管。移动过程中,右手不得抓握PVC管,始终只能用手掌压住管的顶部。如此移动连续10次不倒、不违规者为胜利,否则将重新开始。同理顺时针练习完成,再练习按逆时针移动。

4. 注意事项

(1)学生不得持PVC管互相打闹,应爱护道具,发现道具倒下,不要故意去踩踏道具。

(2)可根据情况提醒学生适当改变操作方式。

5. 活动目标

培养团体间的高度默契;建立相互支持、鼓励的团队氛围;锻炼大家的身体素质、肢体协调能力;学会用平常心对待新的挑战,做到注意力集中,不受外界干扰。

(四)珠行万里

1. 项目引入

我们常常看到小溪细水长流,看到湖面碧波荡漾,看到水龙头的水滴滴答答地流,而今天,我们每个团队要去守护你们各自的一滴"水珠",安全护送它到达指定的水杯。

2. 项目要求

团队成员互相接力,将小球滚入杯子。

3. 详细规则

所有人排成一列,每个队员手拿一根半圆形的球槽,将球连续传动(滚动)到下一个队员的球槽中,并迅速地排到队伍的末端,继续传送前方队员传来的球,直到球安全到达指定的目的地为止。

4. 注意事项

接力时注意站位,小心绊倒。

5. 活动目标

感受团队成员有效的配合以及自我控制能力,为共同的目的做好每一个环节。

(五)挑战"NO.1"

1. 项目引入

挑战 NO.1 是个团队协作项目,队员需要相互协作,在 150 秒时间内连续顺序完成三个综合挑战任务(激情节拍、珠行万里、不倒森林)。

(1)激情节拍:所有队员围绕成一个密闭的圆,通过拍左右同伴肩膀的形式,依次逐增一个字,直至说完"我们是最棒的小队"。

(2)不倒森林:所有队员每人都用掌心按住一根 1.5 米长的木棍,木棍组成一个圆形。之后以一个队员的站立点为准,所有队员顺序交换位置并保证木棍不能倒下,直到这个队员回到原地结束。

(3)珠行万里:所有队员每人手持一根 0.6 米长的空心 PVC 管,用双手持管并将管相接排成一列,之后将一个乒乓球从管中传递至规定地点结束。

2. 项目要求

学生融入团队、团队协作、流程管理在最短的时间内完成各项挑战。

3. 详细规则

(1)激情节拍。

全员进行规定动作。

(2)不倒森林。

要求:队员只能有一只手操作;移动过程中不能让木棍(或 PVC)倒地,否则本项重新开始;完成后将木棍(PVC)摆放成原样方能进入下一个挑战。

(3)珠行万里。

传递过程中最后一名队员传递后跑向队前继续链接传递管道;双手不能直接将相邻的 PVC 管接头握住;中间若乒乓球从管道中掉落,则回到起点重新开始此项挑战;此项允许安排一名队员检查监督。

4. 注意事项

场地及学生身上不要有尖锐物品;当学生移动时注意相互提醒,避免摔倒受伤;不可在活动中随意挥舞 PVC 管;及时提醒学生远离危险。

5. 活动目标

帮助学生养成严谨细致、不怕挫折、持续努力的学习态度;培养全体学生建立科学流程的意识;提高学生的团结协作能力,强化协作意识;加强团队有效沟通,帮助学生快速融入团队,发挥自身价值。

(六)极速"60 秒"

1. 项目引入

60 秒的时间内,你能按规则找出多少张卡牌?个人的智慧也许并不够用,团队间集思广益才能在这个项目中做到最好。

2. 项目要求

学生在规定时间内找出相应的卡片,并按顺序排列。这个项目能培养学生的创造性思维;提高他们分工和沟通协作的能力、高压环境下的判断力;提升团队士气,培养团队精神。

3. 详细规则

(1)布置场地,圈定一块直径约为 2 米的圆形区域,将 30 张卡片散布其中;

(2)将学生分成人数均等的若干小组,每组人数不超过 16 人;

(3)每轮比赛开始前,选派一名学生,站在事先布置好的圆形区域内,其他队员不得进入;

(4)学生在队友的帮助下,在圆形区域内按照从小到大的顺序依次寻找出 30 张卡片,并交给老师检查;

(5)圆形区域内的学生是唯一可以接触卡片的人,其他学生只能站在区域外用语言和肢体指挥;

(6)每轮比赛的时间是 60 秒,时间一到,全队返回起点;

(7)每轮比赛后,各组有 3 分钟休息与组内讨论时间,不得进行组间交流;

(8)几轮比赛后,找出全部卡片且用时最少者获胜,若所有团队均未能找出全部卡片,则找到最多卡片者获胜。

4. 注意事项

(1)其他学生不得进入圆圈或碰到卡牌;

(2)若出现违规情况,每出现一次,下一回合减少 5 秒比赛时间;

(3)每轮比赛后,不得进行组间交流;

5. 活动目标

团队的智慧源于个体的差异,这些差异凝结在一起将给团队带来极大的成功。

(七)绳结教学

1. 项目引入

绳结自古以来都有着十分广阔的实用价值和应用场景,而我们现代人的生活中也少不了它。日常生活中你认识哪些绳结呢,你又会系多少种绳结?

2. 项目要求

(1)初步学习认识绳结的种类、功能、特点;

(2)初步学习简洁实用的绳结的基本打法,体验动手创造的乐趣。

3. 详细打法

(1)布林结(图 9-7-1):被称为绳结之王,使用范围广泛,在日常生活中频繁地被使用。

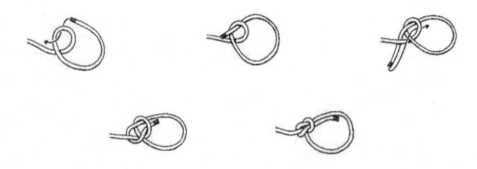

图 9-7-1　布林结

用途：当绳索系在其他物体或是在绳索的末端结成一个圈圈时使用。

特征：宜结宜解、安全性高、用途广泛。

(2)"8"字结(图 9-7-2)：打法简单、易记。

图 9-7-2　"8"字结

用途：可作为固定的绳圈连接绳子和安全带；单"8"适合作为固定简单中止、制动点或拉绳索的把手。双重"8"字结，具备耐力强、牢固等优点，在安全方面非常值得信赖；经常被登山人士作为救命绳结使用，也可用于接绳。

缺点：当结被拉得很紧或弄湿时很难解开。

(3)渔人结(图 9-7-3)：作为其他绳结的开头和结束之用。

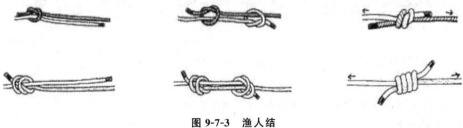

图 9-7-3　渔人结

用途：通常应用在两端施力均等的物品上，适用于水平拉力之下，可用于连接相同材质、直径的绳子。

特征：具备极高的安全性，但如果只在绳索的一端使力的话，双套结的结目可能会乱掉或松开。

(4)平结(图 9-7-4)：将同一条绳的两端绑在一起。适用于连结同样粗细、材质的绳索；但不适用在直径较粗、表面光滑的绳索上。

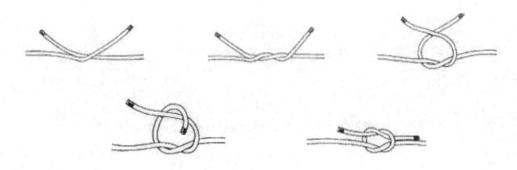

图 9-7-4　平结

特征:缠绕方法一旦发生错误,可能会成为一个活结,用力一拉结目就会散开。其结目如果拉得太紧,就不太容易解开;不过如果双手握住绳头,朝两边用力一拉,就可轻松解开。在包扎过程中常用到平结。

秘诀:上就上,下就下;左搭右、右搭左。

(5)蝴蝶结(图 9-7-5):又名电工环结,晾衣结。

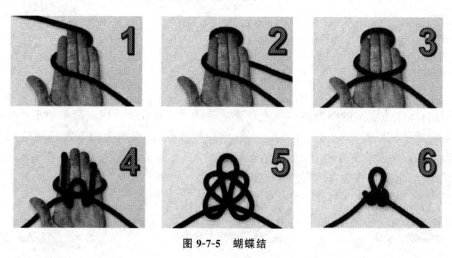

图 9-7-5　蝴蝶结

用途:结组时可用中间直接套在中间队员安全带上作保护作用。

4. 注意事项

要根据实际的应用及优缺点来选择所需绳结。

5. 活动目标

通过实践操作,提高学生动手能力,培养学生分析问题、解决问题、交流、协作、总结、分享等的能力。

(八)"疯狂"七巧板

1. 项目引入

大家小时候一定都玩过七巧板吧,但团队组合用七巧板拼成各种图案,不再是一个人的奇思妙想,这时候你还能圆满完成任务吗?

2. 项目要求

一个团队分成七个工作组,模拟企业中不同部门或各个分支机构,通过团队完成一系列复杂任务。

3. 详细规则

把团队学生分成七组,分别带到摆好的椅子上坐好,并宣布七组的编号,在项目进行过程中,所有人的身体不得离开所在的椅子,七巧板和任务书只能由第七组传递,任务写在任务书上,完成任务会有积分,全队在规定时间内总分达到 1000 分,团队才算项目成功。项目结束时,计算各组分数和团队总分。

4. 注意事项

使用七巧板时注意安全,只能手递手传递,严禁抛扔。

5. 活动目标

体验沟通、团队合作、信息共享、资源配置、科学决策等管理主题。

(九)高台演讲

1. 项目引入

有人说:"演讲是领导力最重要的组成要素。"演讲是锻炼自己在特殊情况下的逻辑思维和语言表达能力的重要方式。大多数人都难以自如地在公众面前表达自己缘于内心的畏惧和恐惧。

2. 项目要求

在设定的高台上,面对众人,按照既定题目利用规定的时间方式进行演讲,以此锻炼自己的逻辑思维和语言表达能力。

3. 详细规则

所有同学轮流站到高台上进行演讲,时间为 1～2 分钟,2 分钟内必须停止演讲。用 30 秒讲讲你的过去,30 秒讲讲你的现在,30 秒讲讲你规划中的未来,还有 30 秒可以随便讲讲其他感兴趣的话题。当学生在高台上进行演讲时,台下的学生要全神贯注地听,演讲结束时,大家要以掌声对刚刚进行演讲的学生进行鼓励,并以更热烈的掌声欢迎下一名演讲者。

4. 注意事项

(1)注意高台上学生的安全。

(2)鼓励团队间加油打气克服紧张情绪。

5. 活动目标

锻炼学生在公众面前的语言表达能力、对时间的掌控和感觉能力,体验压力下的语言组织能力,培养学生的倾听能力。

(十)同心鼓

1. 项目引入

"同心",顾名思义,即是要求大家同心协力。一支小队,一面鼓,一个球,鼓上颠球,你能完成吗?

2. 项目要求

8～10 人围成圈,各牵绳子一头,通过拉绳击起不断下落的排球。球体可掉地五次,每掉一次减去 10 秒完成时间。保持时间最长者获胜。

3. 详细规则

每组学生拉紧鼓的八条绳子,绳子拉直部分不能低于一米(即绳子的一半),开始颠球,人要随球动,球离开鼓面至少20厘米,重新达到鼓面后方可记为一个有效球,球若碰到鼓的边缘不计数。每组选一名安全员,负责捡球,若比赛中途球掉到地面,可以把球捡起来放到鼓面上重新颠球,累积计数,直到计时结束。

4. 注意事项

(1)不得随意拿球嬉戏打闹。

(2)若有队员不慎扭脚或出现其他安全隐患,应立即停止比赛并进行安全引导。

(3)提醒队员将身上所有物品统一放在远处。

5. 活动目标

引导学生学会分解目标和建立责任感,教会学生发现问题及时做调整和改进。

(十一)盲人方阵

1. 项目引入

你体验过盲人的世界吗? 当眼睛不再能为身体提供方向感,这时你要怎样完成排好方阵的艰巨任务呢?

2. 项目要求

所有队员被蒙上眼睛,在规定时间内,队员们将一根绳子拉成一个最大的正方形,并且所有队员都要均分在四条边上。

3. 详细规则

先让所有队员戴上眼罩,12个人一组,但大家彼此不知道自己队友都有谁。每队发一根绳子,每个人必须用手拉住,每队协通过协调,将绳子围成一个正方形(或其他形状),并且所有队员必须平均分配到绳子的每一条边上,限时20分钟。

4. 注意事项

(1)若有队员不慎摔倒要及时停止项目。

(2)适当对蒙着眼的队员进行方向引导。

5. 活动目标

一个有领导、有配合、有能动性的队伍才能称之为团队,练习本项目可提高队员的团队合作能力。

(十二)穿越电网

1. 项目引入

小组成员要从被关押的监狱逃亡,唯一的出路被一个巨大的电网封锁。小组成员必须从电网的缝隙中钻过去,网与洞口之间没有空隙。所有队员必须在规定时间内相互协助,共同穿过电网,从电网的内侧到达外侧,实现逃生。

2. 项目要求

要求场地地面平整,没有尖桩、利石,面积大约100平方米。网孔要求适合全体队员体型特征,避免全部都是圆形并大小统一的网孔,以不规则的网孔为佳。网孔包括大小适合穿越及大小不适合穿越两种情况,可以穿越的网孔数量比参与培训的人数多一个即可。

3. 详细规则

(1)过网的唯一通道就是未封闭的网孔,要求所有队员必须在规定时间内通过。

（2）每个网孔只能通过一人次,通过后即封闭。

（3）队员身体的任何部位都不能触网（衣服,头发）,协助穿越的队员身体也不能接触电网。凡触网,正在通过的队员立即退回原地,所有队员立刻接受教师规定的惩罚。

（4）队员可以相互协助,但是在没有人到达网的另一边时,队员不能绕过网去协助,只能是过网后在另一边协助。

（5）不可飞身冲钻绳网。

（6）凡是有队员在规定时间内没有穿过电网逃生,即视为全队任务失败。

4. 注意事项

（1）敦促学生取出身上携带的影响安全操作的物品。

（2）检查场地是否有尖锐物体,确以绳网牢固可靠。

（3）当队员被托起后,安全员应时刻站在被托起的队员附近并确保能用手及时拽住队员,直至确认队员安全着地。

（4）对队员贸然尝试蹿跃通过电网的动作时应及时予以制止;

（5）安全员要时刻观察全局安全,及时纠正学生的危险动作。

5. 活动目标

培养队员注重细节、统筹规划、统一行动、紧密协作的思维方式及行动习惯;培养队员充分利用资源和对资源进行合理配置的能力;帮助队员认识合理分工与服从组织安排的重要性;培养团队的科学决策能力和严谨细致的工作作风;在体验中强化合理节约时间、提高执行力的概念。

（十三）毕业墙

1. 项目引入

所有队员必须在规定的时间内,不借助任何工具,仅依靠相互协作,攀越高 4.2 米、平滑的毕业墙。为什么是 4.2 米高的墙呢？其实包含了一个有趣的故事。在第 46 期西点军校中,一次水上巡逻的失误操作导致了巡逻艇撞上了一艘邮轮。面对即将沉没的巡逻艇,艇上的学员必须爬上 4.2 米高的邮轮甲板才能逃生。在没有任何外力和器械帮助下,学员们靠着搭人梯的方法爬上了甲板。后来学员们把事件经过报告学校,西点军校也受此启发,在学校的训练场上搭起了高达 4.2 米的墙,每一期学员以 60 人为单位必须在 15 分钟内全部爬上高墙才能获得毕业证书,这就是毕业墙的由来。

2. 项目要求

场地平整,面积大概 100 平方米,墙面牢固坚实,墙后有站立平台,有上下楼梯。

3. 详细规则

（1）不能使用器材帮助,只能依靠团队人员的互相协作完成任务;

（2）按要求登上毕业墙顶部的人不得从墙后的安全通道下来再次帮助其他人攀登;如果一定要帮助其他人,必须从墙正面下来才能再次参与帮助;

（3）注意安全保护,有队员在越墙的时候,其余队员应伸出双手准备保护可能滑落的队员。

4. 注意事项

（1）敦促队员取出身上携带的可能影响安全操作的物品;检查场地是否有尖锐物体。

（2）当队员被托起后,安全员应时刻站在被托起的队员附近并确保能用手及时拽住队员,直至确认队员安全越过墙体。

(3)队员的上衣要扎入裤腰中。有队员在翻越墙体时,其他队员不要直接拉衣服、拉手或拽拉手指。

(4)如果采用搭人梯的方法,注意腰部用力挺直,要有人专门扶住人梯队友的腰部,用手臂弯曲推墙固定保持人梯牢固,攀爬时要注意不要踩到搭人梯队友的头部或者颈部;

(5)安全员要及时纠正队员的危险动作。

5. 活动目标

培养学生的团队意识,时刻牢记自己是团队的一员,全力以赴。

(十四)信任背摔

1. 项目引入

背摔,又叫信任背摔,是一项心理素质拓展的活动。通过这个活动能帮助学员建立起彼此间的信任关系。同时,这个活动还可以锻炼学员的心理素质,帮助其克服恐惧。每一位学员依次从一座高约 1.7 米的背摔台上直身向后倒下,其他学员在背摔台下平伸双臂做保护。

2. 项目要求

场地布置必须在队员进入培训场地之前,要求场地地面平整,没有尖桩、利石,面积大约 100 平方米,开始前身上的手机、钥匙等硬物一律应取下。

3. 详细规则

(1)挑战者两臂前举,双手外旋,交叉,十指相扣,内旋然后紧紧地靠向身体,脚后跟超出台面少许,两脚并拢,脚尖相靠,膝关节绷直,臀肌收紧,下颌微收略含胸;站好以后,高声询问台下的保护队员"准备好了吗",若听到"准备好了"以后,高声数 1、2、3,数到 3 时直体倒下;倒下时尽量保证身体笔挺,以肩部的运动作为身体运动的导向。

(2)保护者手臂和大腿组成一层保护网,头后仰,时刻关注挑战者。

4. 注意事项

(1)安全员要防止背摔队员向后窜跃或垂直向下跳;

(2)严禁队员身上携带坚硬物品;

(3)背摔人员个子太高时,需要稍微退离背摔台一定的距离(以背摔者身高的实际情况调整);

(4)台下队员要根据身高情况合理站位;

(5)任何时刻,所有队员都不可以撒手、撤退或鼓掌;

(6)当队友倒下来后,防护人员要先把队友的脚放下着地后,再将身体扶正;

(7)在承接几轮队友背摔后,防护人员需调整前后站位。

5. 活动目标

(1)建立团队内部的信任感,理解信任和承诺的重要性和力量;

(2)学习换位思考,以更好地理解他人;要有面对变革的勇气和对变革前景的信心;

(3)理解信任建立的基础,信任来自对他人的能力和品质的肯定以及工作流程的合理设定。

> 素质拓展,是一种体验式教育模式,能帮助大学生提高综合素质。结合大学校园的实际情况,对大学生挑战自我、熔炼团队具有极其重要的作用。它通过布课、体验、反思、分享、总结、提升和应用七个环节,培养同学们积极的自我挑战能力和良好的团队协作能力,可以提高同学们的身体适应能力、动手能力、身心控制能力、受挫力、沟通能力、自我激励和自我超越的能力等。

第八节　极限飞盘教学俱乐部

一、极限飞盘运动概述

(一)极限飞盘的起源与发展

极限飞盘诞生于 20 世纪 60 年代的美国,1950 年 Walter Morrison 制作了第一个塑料飞盘,开始大量生产并取名为"Frisbee"。1967 年,极限飞盘运动在美国新泽西州的哥伦比亚高中发展起来,并制定了飞盘橄榄球的规则。飞盘橄榄球也就是现在被大家公认的"极限飞盘"。在此之后,极限飞盘运动在许多欧美国家得到许多年轻人的青睐,逐渐演变成大众化的户外娱乐项目。

大学校园是极限飞盘运动的发展摇篮,美国大学生飞盘联赛的大学分部共有 10 个分区,赛程比较复杂,发展相对成熟。目前,已经有超过 800 支高校飞盘队伍参加了美国大学生飞盘联赛。加拿大大学极限飞盘联赛(Canadian University Ultimate Championship, CUUC)始于 1995 年,由两个联赛即加拿大东部大学极限飞盘联赛(Canadian Easter University Ultimate Championship, CEUUC)和加拿大西部大学极限飞盘联赛(Canadian Western University Ultimate Championship, CWUUC)组成。每年 10 月初,CEUUC 和 CWUUC 在两个不同的城市同时举行。

20 世纪七八十年代,极限飞盘传入中国。出现得最早的极限飞盘赛事是 2000 年举办的上海公开赛。随后,北京、天津、深圳、香港等城市迅速出现了飞盘俱乐部,也陆续举办中国大学生极限飞盘联赛和地区公开赛。在公益社团组织、飞盘厂商、飞盘体育公司、外国友好人士及飞盘爱好者的共同推动下,据统计,目前全国每年约举办 100 场极限飞盘赛事,主要为全国性比赛和区域性比赛。据保守估计,目前我国飞盘运动的参与者大约有 5 万人,经常性参与者约为 1.5 万人,总体上属于小众运动。参与者主要分布在北京、上海、广州、深圳、南京、成都、西安、重庆、长沙、武汉等一、二线城市,参与者以高校学生为主。

(二)极限飞盘的特点

1. 纯粹的团队运动

极限飞盘融合了多项运动特点,有篮球的轴转和传切、橄榄球的摆脱和得分、足球的跑位和配合等,是一项融合多种运动项目元素的七对七团队运动项目。极限飞盘以飞盘传递为竞技内容,通过队友与队友之间在场地上传递飞盘至得分区,队友在得分区成功接住盘而得分。这样的规则决定着极限飞盘的得分必须是两人或两人以上才能完成,与足球、篮球、橄榄球等团队运动相比,是更纯粹的团队运动。

2. 允许男女同场对抗

极限飞盘设单性别比赛和混合性别比赛,其中混合性别比赛允许男女运动员同场参加比赛,是目前少有的允许男女同场竞技的团队项目之一。上场男女比例通常是 5：2 或者 4：3。

3. 无身体接触

无身体接触也是极限飞盘与其他团队运动最大的不同。在比赛过程中,场上队员之间不允许有身体故意接触,如果故意发生身体接触,则为犯规。这条规则在有效降低运动风险的同时,能够使运动员将更多的精力放到比赛中,能够使更多人参与到此项运动中来,也是保证男女同场竞技安全的重要因素。

4. 自主裁决

极限飞盘比赛的最大特点就是自主裁决,比赛场上 14 名队员都有权裁决,不再另设裁判,这样的规则使队员们能够全心全意参与此项运动,体验不一样的运动感受。当出现违例或犯规时,当事双方本着飞盘精神(SOTG)和规则友好协商解决。

二、极限飞盘的基本知识

(一)极限飞盘的基本手法

1. 握盘方法

飞盘运动是以手抓握飞盘的方式进行传接的,学会正确握盘方法是掌握飞盘技术的前提条件。飞盘技术中的握盘方法种类虽多,但基本握法只有正手和反手两种,其他握法均是在此基础上的变体。

(1)反手强力型握盘法。

大拇指按压在盘顶面海德瑞克线上,手掌紧贴飞盘外沿 3 点钟位置处(图 9-8-1),其余四指自然弯曲并紧扣飞盘内沿(也有人将食指伸直贴于盘外沿,以维持盘面稳定,见图 9-8-2)。反手强力型握盘法有利于手腕和手指力量充分作用到盘上,尤其适合中远距离掷盘,例如比赛中的长传及比赛开始时的大力发盘。

图 9-8-1　反手强力型握盘法　　　　图 9-8-2　反手强力型握盘法 II

(2)反手温柔型握盘法。

大拇指按在防滑线上,在食指根部到小鱼际之间,用手掌紧贴盘外沿,其余四指自然弯曲如扇形,指向盘心并撑住盘底面(图 9-8-3)。此法适合于中近距离传盘,比如通常所说的 Dump 技术、传高降盘技术等。

图 9-8-3　反手温柔型握盘法

(3)正手"持枪"握盘法。

手指手掌呈持枪状,夹紧盘外沿 9 点钟处,盘顶面朝上,大拇指按压在盘顶面海德瑞克线上,中指与食指并拢,中指指腹压紧盘内沿沟处,无名指与小指并拢顶住盘外沿,四指平行排列,依托中指与无名指夹紧飞盘内外沿以维持飞盘稳定(图 9-8-4)。

图 9-8-4　正手"持枪"握盘法

2. 接盘方法

(1)上下式双手夹接法。

当来盘高度在腰颈之间时,接盘人两只手掌上下张开,如鳄鱼嘴,垂直夹住来盘,形如三明治,又名"三明治"法(图 9-8-5)。此法接盘稳定,不易掉盘。其缺点是接盘后再掷盘时,需转换手型,影响出盘时机。

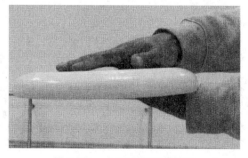

图 9-8-5　上下式双手夹接法

（2）左右式双手夹接法。

来盘高度在腰膝之间时，两手虎口自然张开，同时夹住来盘的左右两边沿（图9-8-6）。此法接盘后，可以直接以正手或反手快速出盘，不需要再转换成持盘手法，有利于争取进攻时间；缺点是虎口张开空间窄，导致接盘准确性较低。

图 9-8-6　左右式双手夹接法

（3）上手式双手、单手钳接法。

当来盘高于肩膀高度时，通常采用上手式单手或双手钳接法接盘。要求大拇指和四指张开，四指平行在上，大拇指在下，利用虎口及手指夹住来盘（图9-8-7）。此法适宜于接高盘或高跃后单手接盘，缺点是虎口空隙狭窄，容易错过飞盘导致接不准。当双手高位接盘时，宜双手平行放置，虎口张开对准来盘。

图 9-8-7　上手式双手、单手钳接法

（4）下手式双手、单手钳接法。

当来盘低于膝关节高度时，采用下手式单手或双手钳接法接盘。具体是将大拇指和四指张开，四指平行在下，大拇指在上，利用虎口和手指夹住来盘（图9-8-8）。此法适宜于接低盘。如果采用双手低位接盘，注意双手平行放置，两手虎口同时张开对准来盘。

图 9-8-8　下手式双手、单手钳接法

（二）极限飞盘的基本技术

1. 反手掷盘技术

反手掷盘技术是指掷盘惯用手的手背朝前、手臂由后向前挥摆的动作技术。反手掷盘技术动作的发力方式比较符合人体投掷习惯，相对于正手掷盘技术动作而言，更易被掌握，因此在飞盘教学逻辑体系中，反手掷盘技术动作教学常被优先安排。

（1）动作技术。

①准备姿势。以右手掷盘为例，两脚前后站立，重心在两腿之间，膝关节微屈，以左腿为轴心，转体、转肩对准目标区，眼视飞行方向，右手水平握盘于胸腹之间并向后引，右腕稍屈，左手辅助扶盘或自然下垂于体侧（图 9-8-9）。

图 9-8-9　反手掷盘基本姿势

②动作要领。准备姿势做好后，转体转肩挥臂抖腕出盘，一气呵成。具体来说，降低重心，腰与下肢先发力，转体转肩挥臂作反手鞭打，手臂手腕保持一定的柔韧性，最后快速抖腕，当手掌手指直立指向目标时，将盘瞬间旋转掷出（图 9-8-10）。

图 9-8-10   反手掷盘技术动作

对于新手,可按照"平""稳""准"三要素来评价反手掷盘动作技术的质量。其中"平"是指飞盘呈水平直线飞行,关键要保持盘面与地面平行;"稳"是指飞盘在飞行中维持快速自转,主要依靠快速甩腕来实现;"准"是指飞盘能飞向指定目标,主要依赖手臂手腕指向目标时的及时制动来实现。

(2)动作特点。

适合人体发力方式,易于掌握,适合短、长传,尤其适合长传。

(3)易犯错误。

①握盘错误:盘与手心有空隙,手指僵直,手腕外翻。

②轴心脚拖动移步或抬起离地。

③眼睛未看接盘者或掷盘目标。

④重心未降低,没有转体转肩。

⑤挥臂时手臂外旋。

⑥出盘时未快速抖腕。

⑦甩腕后未及时制动。

⑧掷盘时身体前倾,后脚跟离地拾起。

(4)纠正方法。

①认识飞盘结构,弄懂飞行原理。

②掌握反手握盘方法(可参照前面的反手握盘法)。

③提醒轴心脚不能移动,以免违例。

④强调瞄准接盘人与掷向目标,可用语言提示,例如"头部锁定、下巴朝向右肩、眼睛紧盯接盘人"等。

⑤强调掷盘时重心下降、屈膝,体会腰腿部先发力。

⑥提醒盘离手时,手掌面与地面垂直并指向目标区;若落点偏左(以掷盘者为准)则出手过早,落点偏右则出手过晚。

⑦强调出盘时保持飞盘与地面平行,手指不要挂或拉盘内沿,前臂不要外旋。

⑧记住顺口溜"飞盘转不转,关键靠手腕",体验徒手快速抖腕动作。

2. 正手掷盘技术

投掷惯用手的手心朝前,手臂由后往前挥摆,我们称之为正手投掷。掌握正手掷盘技术,在此赛中能获得更多传盘空间和机会,并能有效利用正、反转换等假动作来干扰防守者,为己方创造更多传盘和得分机会。

(1)动作技术。

①准备姿势。以右手掷盘为例,两脚分开左右站立,躯干与地面基本垂直,重心在右腿上,右膝微屈成弓步,以左腿为轴心脚,躯体右转,右手握盘转肩向后引臂,右腕稍伸,左肩对准接盘人,眼视目标方向(图 9-8-11)。

图 9-8-11　正手掷盘基本姿势

②动作要领。做好准备姿势后,转体转肩挥臂抖腕出盘,一气呵成;具体来说,重心下降,腰与下肢先发力,自下而上转体转肩挥臂做正手鞭打动作,手臂手腕保持一定的柔韧度,最后快速抖腕,当手掌平面接近掷盘目标时,让盘瞬间脱手(图 9-8-12)。

对于新手来说,正手掷盘动作技术也可以"平""稳""准"三要素来评价。其中"平"是飞盘飞行轨迹呈水平直线,要求出盘时保持盘面与水平面平行,即飞盘前端仰角为 0 度;"稳"是指飞盘飞行中保持快速自转,主要依赖出盘时快速抖腕来实现;"准"是指飞盘能飞向指定目标,主要依赖手臂手掌及时制动来实现。

图 9-8-12　正手掷盘技术动作

（2）动作特点。

相对反手而言，正手掷盘力量较弱，发力方式较难掌握；但正手掷盘灵活，路线多，适合中远距离传盘。

（3）易犯错误。

①持盘常见错误：虎口握盘处有空隙，中指未顶紧盘内沿沟处，中指与无名指未夹紧盘沿等。

②上肢僵硬，上臂紧贴身体。

③身体或头部歪斜，轴心脚发生移动。

④未抖腕或抖腕力量不够。

⑤飞盘未水平飞行。

⑥飞行方向偏左或偏右。

⑦眼睛不看掷盘目标。

⑧重心未下降。

（4）纠正方法。

①认识飞盘结构，弄懂飞行原理，学会正确握盘方法。

②强调转肩、向后引臂才有利于发力。

③强调轴心脚移动是违规的，出盘时重心落在非轴心脚。

④上肢及手腕保持一定柔韧度，转体、转肩带动手臂由后向前挥臂抖腕，一气呵成。

⑤强调出盘时，手掌平面指向目标，手指不要挂拉盘沿。

⑥理解飞盘落点与出手时机的关系：以右手正手掷盘为例，落点偏左则出手时机偏晚，落点偏右则出手过早。

⑦语言提示紧盯接盘人或目标区。

⑧保持掷盘基本姿势：两膝微屈、重心下降、转体、向后引臂。

3. 接盘技术

(1)读盘技术。

接盘前与传盘人保持眼神交流,通过挪盘人的出盘方式、盘的自转方向、盘的飞行速度与角度,预判飞盘的飞行轨迹。

(2)靠近盘。

①技术动作。准确读盘后,应选择合理的跑动路线、跑动方式、跑动速度靠近盘。如图 9-8-13 所示,若接盘者跑向边线时,传来一个速度适中的外侧曲线盘,若直线跑位,接盘点会在 B 点附近;若跑向 C 点附近接盘,人与盘的相对速度会比较低,此处接盘会轻松一些,但盘飞行慢,较容易被拦截;如果跑向 A 点附近接盘,人与盘相对速度较快,此处接盘相对难一些,但接盘时机会提前,不易被截断。

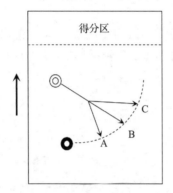

图 9-8-13　接盘跑位线路示意图

跑位时如果判断盘传短了,一定要及时转向,朝盘的方向跑,并积极伸手去抓盘,以防被断或够不着盘。

②目的。第一,方便正向迎面接盘,侧面接盘不仅较难且易掉盘。第二,方便用身体隔开防守者,以免盘被拦截。第三,制造良好的接盘角度。一般来说,慢速盘比快速盘要好按。比如当迎面跑向盘时,人与盘的相对速度是两者之和,需要更快的反应和夹盘动作;反之顺着盘跑时,人与盘相对速度较小,容易抓住盘。

(3)接盘。

根据来盘情况,采取相应接盘方法。接盘技术可参考前面的接盘方法。

4. 传切技术

传切技术是极限飞盘比赛中常见的进攻配合形式之一,由传盘、接盘和跑位三部分技术有机组成,需要两人及两人以上配合完成;以传盘者为例,按照传盘方向分为三大类:横传类、纵传类、斜传类。

(1)横传类。

①横传斜切,即飞盘横向传出,接盘人斜线跑位接盘(图 9-8-14)。横传斜切在比赛中应用较多,横向传盘可使多个方向跑来的队友接盘。

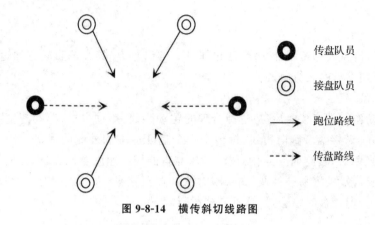

图 9-8-14　横传斜切线路图

②横传横切，指传盘手朝接盘者跑来的相向方向传盘，此时接盘手要接到迎面飞来的盘（图 9-8-15）。横传横切中的盘速一般较快，可以提高学生的接盘能力，适合有一定飞盘基础的学生练习。常见于进攻方后场接盘者与切盘者之间的配合。

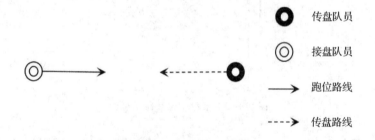

图 9-8-15　横传横切线路图

③横传纵切时传盘方向与接盘者跑位方向呈 90 度（图 9-8-16），常用于站于后侧的队友上切接盘，也可以回传给纵切回来接应的队友。

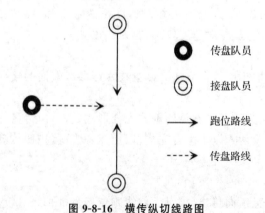

图 9-8-16　横传纵切线路图

（2）纵传类。

①纵传斜切，是飞盘比赛中较为经典的两人传切纵向推进配合技术，持盘者直线传盘，常用于沿边线纵向传盘，队友斜向切入接盘（图 9-8-17）。

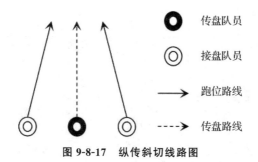

图 9-8-17　纵传斜切线路图

②纵传横切,类似于纵传斜切,只是跑位者的切入路线是横向的,并平行于得分线(图 9-8-18)。在实际的比赛中,这两种传切完全可以归为一类。但是,纵传横切的接盘者的接盘难度相对大一些,多用于靠近得分区时的进攻配合。

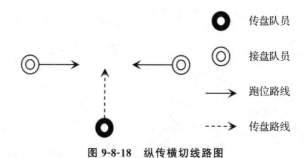

图 9-8-18　纵传横切线路图

③纵传纵切技术中,传盘方向与接盘手跑位方向一致(图 9-8-19),基本上属于传切配合中最难的进攻配合,容易使队友做出飞扑动作。基于盘的飞行速度可能快于同伴的跑位速度,掷盘者出手后,常大声喊出"Up",以提示切位者提前做出接盘准备。建议在学生有较高的传切配合能力后,再去练习此项技术。一般用于防守方防守压力过于靠前、后方空虚时。

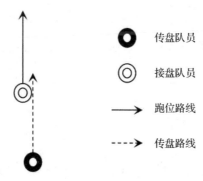

图 9-8-19　纵传纵切线路图

(3)斜传类。

①斜传纵切时,传盘者斜向传盘,接盘手直线向前跑位接盘(图 9-8-20)。常见于跑位者回切接应失败,迅速折返下底跑位时,掷盘者斜向传盘至跑位者身前;也常见于靠近得

分区域,接盘手向前直插接盘得分。

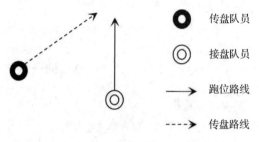

图 9-8-20　斜传纵切线路图

②斜传横切,也是常见于靠近得分线的进攻配合(图 9-8-21)。类似于纵传横切,常见于防守方的通向,或是持盘者对防盘者的调动情况,以及跑位者的摆脱情况。

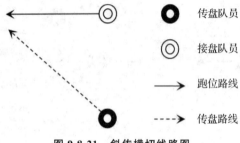

图 9-8-21　斜传横切线路图

③斜传斜切:当防守队员靠近得分区时,两个控盘手可利用此配合,短距离推进或牵制防守,常见于两个控盘手的短传配合进攻(图 9-8-22)。

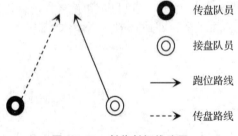

图 9-8-22　斜传斜切线路图

(二)极限飞盘的基本战术

1. 竖排进攻战术

竖排进攻战术就是指在极限飞盘比赛中,通过不同的竖型队列,切盘手从竖排中不断跑出和跑回,创造向前推进的机会,一步步靠近得分线,最终实现得分的进攻战术,通常被称为竖排(Vertical Stack)。

(1)竖排阵型。

竖排阵型通常由两个控盘手和五个切盘手构成,五个切盘手在离控盘手 10 米左右站成一竖排。排在队伍最前面的接盘者负责举手示意,并根据两个控盘手的位置来判断并决定竖排队列位置与阵型,其他四个切盘手按照排头切盘人的示意迅速排好竖型队列,切盘手与切盘手之间有适当距离,不能太近也不能太远。当切盘手切出来接盘之后,先拿住盘,在场上找到控盘手,当然控盘手也会最先主动去接应,所以尽量把飞盘传回给控盘手。

①基础竖排。

通常把进攻队列靠近场地中央区域的竖排阵型称为基础竖排(图 9-8-23)。当两名控盘手靠近比赛场地中央时,就可使用基础竖排;此种进攻阵型的队伍排列靠近场地中央区域,两侧空当面积大致对称,有利于向左右两边区域传接盘、跑位以及保持队伍快速推进,易被初学队伍掌握和运用。

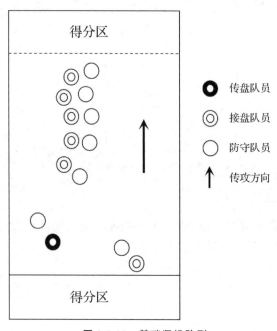

得分区

○ 传盘队员
◎ 接盘队员
○ 防守队员
↑ 传攻方向

得分区

图 9-8-23　基础竖排阵型

②边线竖排。

通常把靠近场地边线的竖排阵型称为边线竖排(图 9-8-24)。当两名控盘手靠近比赛场地右侧时,可选择边线竖排阵型。通常当控盘手靠近右侧边线附近时,则左侧的空当面积较大,此时有利于进攻方在此区域实施个人或集体特殊战术,常见于较高水平的队伍使用。

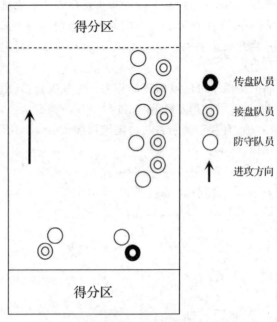

图 9-8-24　边线竖排阵型

③斜线竖排。

竖排方向与进攻方向成某一角度的阵型安排称为斜线竖排(图 9-8-25)。当控盘手持盘靠近比赛场地左侧时,可选择斜线竖排阵型。

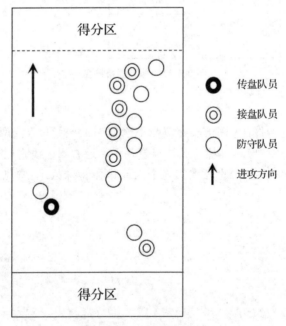

图 9-8-25　斜线竖排阵型

2. 横排进攻战术

横排进攻战术是指控盘手与切盘手各成一横排,且与得分线平行站立,切盘手相互配合呈菱形跑位接盘,控盘手传盘后协助推进,最终实现得分的进攻战术,通常称为横排(Horizontal Stack)。

横排进攻中最常见的站位就是 3—2—2 站位,"3"指的是三个控盘手,两个"2"分别是 2 个中锋、2 个前锋(图 9-8-26)。横排战术还有 3—3—1、2—3—2、3—4 等,其实都是横排基本站位的变化。依据队员能力及特点,可以变化出更多的横排站位和跑位方法。

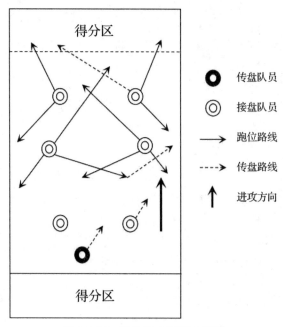

图 9-8-26　横排战术阵型示意图

3. 人盯人防守战术

在极限飞盘比赛中,人盯人(man-to-man)防守战术是指防守方每位队员负责防守对方一位运动员的战术;按照被防守对象来分,防守战术可以分为防掷盘人(thrower)战术和防切盘人(cutter)战术。

4. 防竖排战术

竖排的防守,是以逼向为主的防守策略。在比赛中,防守队员会着重防守控盘手的反手方向,逼迫其传正手盘。如果防守队员防第一控盘手的反手侧,其他队员防跑位者的正手位跑位路线,理论上是封堵了所有的传盘路线(图 9-8-27)。但需要注意的是,此时防持盘人一定要严防持盘人的反手出盘,最靠近防盘的防守队员应重点防守副控盘手的回切,竖排队列中的最后一个防守运动员需防进攻队员的下底。

5. 防横排战术

横排的防守,以区域防守为主要策略。通常由 3 人组成"杯子"防守阵型,来干扰或阻断控盘手的纵向传盘,要求"杯子"整体横向移动能力强,协同防守控盘人纵向传盘线路;由 2 名运动员防守中锋的跑位区域,其余 2 人防守前锋的下底(图 9-8-28)。

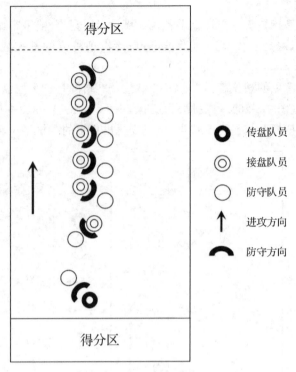

图 9-8-27　竖排防守战术示意图

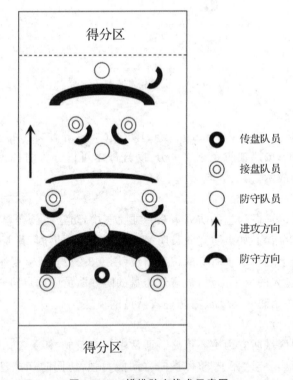

图 9-8-28　横排防守战术示意图

三、极限飞盘比赛场地、设施及竞赛规则简介

(一)比赛场地、设施

1. 比赛场地

正式比赛场地为长100米、宽37米的长方形,两端各有长37米、宽18米的得分区。两个砖头点在比赛场地正中,离两条得分线中点各18米处(图9-8-29)。

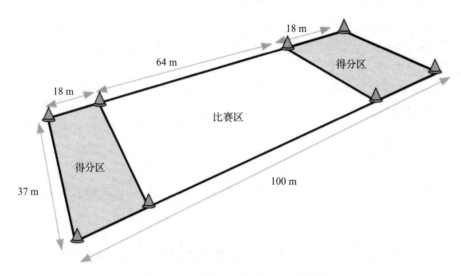

图 9-8-29　极限飞盘比赛场地示意图

2. 比赛飞盘

极限飞盘运动对飞盘器械的形状、大小、重量、密度和材质都有特定要求,既要符合飞行器的空气动力学原理,保证飞盘高速旋转,又要具有足够的空气穿透力,保持相当距离的飞行性能。从外形上看,飞盘如圆碟或圆盘,由一个平面和一个附有边沿的圆环组成,是以聚氯乙烯(PVC)为主要原料制成的高科技塑料盘。

世界飞盘联合会对极限飞盘比赛用盘有明确的分类和规格要求,并委托美国极限飞盘协会(USAU)对比赛用盘进行严格监制和认证。根据不同年龄阶段的比赛,通常将飞盘规格分为以下几种:

(1)成人赛制规格。

重量175 g(±3 g),规格直径272 mm±3 mm),高度32 mm(±2 mm)

(2)青少年比赛用盘规格。

世界飞盘联合会在青少年飞盘手册中对校园青少年用盘规格作了如下规定:重量110～130 g,直径20～25 cm。

(二)竞赛规则

1. 开盘

上场选手以横排方式站在各自防守得分区内,防守队伍将盘扔给进攻队伍,通常称之为开盘。开盘前需向对方举盘示意,待对方做好准备、举手示意回应后方可开盘,盘出手后则比赛正式开始。

2. 得分

正在进攻的队伍将盘传进对方防守的得分区域里并成功被自己队友接住盘,就算得1分;成功得分后,失分方走到对面区域,由得分方发盘,开始下一回合比赛。

3. 传盘

场上选手可以向任何方向传盘给自己的队友,不允许拿着飞盘跑动,也不能自传自接或直接将盘递到队友手里;传盘人有 10 秒钟时间出盘,防守队员在 3 米内才能开始计数。

4. 失误

当进攻方在传盘过程中出现失误,如飞盘落地、出界、被抢断或被阻断,持盘权立即交换,防守方成为进攻方。

5. 换人

只有得分成功或选手受伤之后才允许换人,对于所换人数没有限制。

6. 无身体接触

场上选手之间不许有任何故意身体接触;当身体接触发生时,可视场上具体情况来判定是否犯规。

7. 犯规

如果由犯规导致传接盘失误,飞盘将还给被影响的选手;如果犯规的选手觉得他没有犯规,双方争执不下时则将飞盘还给前一位拿盘选手,然后再继续进行比赛。

8. 自判

比赛没有裁判,选手应尊重飞盘精神并依据规则,通过平等协商来解决场上出现的问题。

9. 出界

接盘后落在界外则以界外论,接盘后才冲出或跌出算是界内。得分时亦然。

10. 胜负

七人制使用 175 g 的标准飞盘,时长 90 分钟。一场比赛可分为上下半场,当有一方得分首先达到或是超过了得分上限一半的时候,中场开始休息;当比赛双方有任意一方首先取得分数上限时,那么比赛就正式结束,首个得分达到得分上限的队伍获胜。如果在规定的时间内,比赛双方都没有达到得分上限,则得分高的队伍获胜。得分上限和比赛时间都需要在赛前确定。

知识窗

(一)飞盘精神的概念

飞盘精神是参赛队员在赛前、赛中和赛后都应铭记于心的观念与行为。飞盘精神,既是极限飞盘的精髓,也是其根基,是保障运动员熟知规则、执行规则、相互尊重、享受比赛的信念,也是这项新潮运动不同于其他项目的魅力。多年来,世界飞盘联合会不断完善飞盘规则,宣扬飞盘精神,推行赛后飞盘精神评分制度,旨在创造更加公平、公正、和谐的比赛环境。飞盘精神是极限飞盘专有名词,世界飞盘联合会将飞盘精神浓缩为"SOTG"图标进行标识宣传,把每年 12 月的第一个星期六定为世界飞盘精神日,以提醒玩盘者在这一天通过各种飞盘活动来铭记和尊重飞盘精神。

（二）飞盘精神的内容

极限飞盘比赛是一项没有身体接触的自我裁判的运动,场上队员需要尊重他人、遵守规则,既要约束好自己,又要监督好他人,共同维护比赛的公平公正与和谐。因此,极限飞盘比赛依靠"极限飞盘精神"来让每个队员自律、他律、相互尊重地进行比赛。飞盘精神存在的逻辑起点是,相信选手不会故意犯规,相信选手会遵守规则,所以对于犯规行为并没有过于严厉的处罚。飞盘精神内容具体包括:对规则的了解和践行、避免身体接触、自行裁决时表现出的诚实与公正、积极地沟通表达。飞盘精神包括五个方面内容:熟知规则、友好交流、保持公平公正、避免身体接触和享受比赛。

1. 熟知规则

规则就如一把尺,熟知规则就是用这把尺去丈量自己、队友与对手的关系。只有熟知规则,才能知道将自己置于怎样的位置去完成一场比赛,如何识别犯规与违例。尤其针对极限飞盘"自我裁判"的特点,每位队员既是运动员又是裁判员,要求更加熟知规则,以保证比赛的公平、公正。正确的理念是,当你确信对方犯规时,大胆喊出来;如果你可以清楚地解释当时发生的情况及相应的规则,坚持己见并没有什么不妥。

2. 友好交流

在激烈竞赛中,争议是难以避免的,而"自行解决争议"是极限飞盘的明显特点之一。当胜负欲彻底被点燃时,要做到心平气和的确较难,不要说吵架,打架都有可能。但在飞盘赛场上,这种行为不被允许。即使面临赛点,仍需要保持冷静,好好想想是否真的违规了,组织好语言再去与对手沟通,及时化解争议,通过这种方式甚至有可能把比分堂堂正正拿回来。友好交流的关键点是要做到冷静、聆听、表达和沟通。

3. 避免身体接触

激烈的足球、篮球比赛,允许身体合理接触,这也增加了受伤风险;而极限飞盘比赛虽然也很激烈,但不存在这种担心,因为极限飞盘比赛规则要求"不能有身体接触",攻防时防守者与掷盘人应至少保持一个飞盘的距离。要是有故意性身体接触,则视为违例。

极限飞盘比赛规则规定,任何与已经占据一定合理位置的对方队员产生身体接触的行为可称之为故意性身体接触。"合理位置"是指站定的位置及基于对方队员速度和方向有可能到达的位置。

4. 享受比赛

享受是一种发自内心的感受,是需要全身心投入而不是只盯着结果才会出现的状态。胜负心太强,眼里只有分数的影子,或太随便以至于难以融入其中,这都难以享受比赛。而极限飞盘,更像绅士运动,男女也可以一起团队作战,赛事过程中无故意性身体接触,出现争议时保持尊重的态度去沟通解决,使队员享受比赛。

5. 保持公平公正

　　每个参赛队员都有责任管理和遵守规则。极限飞盘依靠"极限飞盘精神"来让每个队员自觉、公正、公平地进行比赛；队员需要熟悉 规则、讲诚实、使用文明语言、给对手合理的发言机会、用尊重的语言尽快解决争端。

【兴趣拓展篇】

第十章 时尚（兴趣）类运动

第一节 台 球

台球

一、台球概述

台球是球类运动项目之一。台球指运动员在台球桌上，用超过 91.4 厘米长的球杆，按照一定的规则，通过击白色主球，使目标球入袋的一项体育休闲项目。台球运动始于 14 世纪，到了 19 世纪初，台球运动的发展开始走向成熟阶段，在技术提高的同时，设备用具也随之发展，许多大大小小的改进和发明创造不断涌现，如在 1827 年左右，开始采用石板做成的球台台面，到 1831 年用橡胶取代毛屑或棉花来包裹球台的台边，再到 19 世纪初在木制球杆的秃头加一块皮头。

1986 年，我国成立了中国台球协会，各省市也相继成立地方台球协会。1987 年，中国国际台球大赛在北京举行，在我国掀起了一股台球热。在许多体育场馆、俱乐部、娱乐中心、大宾馆、饭店都设有台球厅、台球室，许多村镇、大街小巷常可见到台球桌。我国台球选手丁俊晖职业生涯共获得 14 次排名冠军，2018 年入选斯诺克名人堂。我国职业台球花式九球打法选手潘晓婷被誉为"九球天后"，是中国体育界第一位获得世界锦标赛冠军的选手，是十次九球世界冠军纪录保持者。

二、台球基本知识

（一）握杆和身体姿势

1. 球杆重心

拿到球杆时，你首先要了解球杆的重心位置，然后由重心点向杆尾处移动约 40 厘米，在这段距离内握住球杆是比较合适的。

当然，根据主球离库边的远近，需要不同力度出杆等情况，握杆的位置可以偏前或偏后。比如：主球贴库时，要握接近杆的重心位置；主球较远时，可以握杆靠近尾部的位置；如需要大力击球时，握杆手亦可以往后握，以加大握杆和出杆的距离，便于发力。

2. 握杆方法

握杆的方法正确与否直接影响到出杆的好坏。正确的握法是：拇指和食指在虎口处用轻力握住球杆，其余 3 个手指要虚握。这样握杆的优点在于保证手指、手腕和整个手臂适度放松，便于肌肉能更协调地工作；另外，手指、手腕和整个手臂的适度放松，有利于手指、手腕和整个手臂在运杆时的流畅,充分地感觉出杆触击球一刹那间杆头与球的撞击效果,给手指、手腕以及手臂肌肉本体感受器更丰富的信号,便于正确学习掌握技术动作以及及时发现和纠正训练过程出现的错误动作。握杆时手腕要自然下垂,既不要外翻,也不要内收。一个正确的手腕位置对于一位球手的成功击球十分重要,但这并不意味着所有优秀的台球选手握杆时手腕位置都一模一样。一般来讲,握杆时的手腕位置有差异,是由如下因素决定的:手腕和手臂在解剖结构上有所差异;个人长期养成的不同的用力习惯;握杆的方法、肘部位置、肩部位置、身体姿势、站位有差异。总之,在台球训练中,应当时刻注意"手腕位置要自然垂下,既不外翻,也不要内收"的基本要求,这个基本要求不是一个绝对值,而是一个有限定的范围。

斯诺克选手要比美式台球选手更加重视这一要求。因为斯诺克台面大,袋口相对球而言比美式台球小,所以对准确性的要求更高。

3. 身体姿势

击球的方向是由站位和身体位置来决定的,保持正确的身体姿势有助于完成正确的击球动作。

(1)站立位置:握好球杆后,面向球台,向用主球击打目标球的方向站立,球杆指向主球,握杆手置于体侧,同时对击打目标球的下球点和主球将要走的位置进行确定。

(2)脚的位置:当身体位置确定后,握杆的手保持在体侧不动,左脚向左侧前方迈出一小步,与右脚距离大约与肩同宽。左腿稍微弯曲,右腿保持自然直立。

(3)上体姿势:站好脚位置后,上体向右侧转并向下弯身,使肩部拉起,上体前倾,与台面接近,头微微抬起,下颌正中部位与手或球杆相贴,双眼顺球杆方向平视。

(4)面部位置:尽量使球杆保持在额头中轴线上,双眼保持水平前视,使面部之中线与球杆和后臂处在一个较为垂直的平面上。

(二)球杆与杆架

1. 球杆

球杆是台球击球时使用的工具,如图10-1-1所示。它由皮头、杆头、杆前部、中轮、杆后部、杆尾组成。一般长137~147厘米、重450~650克。选择球杆首先要考虑适用和不弯曲,长度以从脚量起,使杆垂直,杆头能到下颚附近为宜。杆头应平整,接口要牢,否则不利于瞄准击球。

2. 杆架

杆架是击球时辅助用的工具。当本球位于球台上较远处、不便于用手架杆时,就需要用金属制的杆头杆架。杆架有高、中、低三种,如图10-1-2所示。

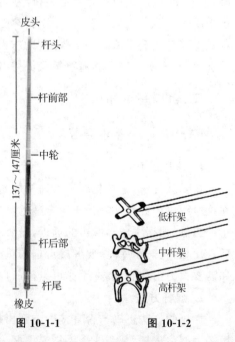

图 10-1-1   图 10-1-2

（三）握杆与架杆

1. 握杆方法

先用左手测试出球杆的重心点，然后在重心点后约 8 厘米处握杆。握杆时拇指和食指自然分开，虎口钳住杆身，其他 3 指并拢，自然弯曲，轻轻握住球杆。握杆的手臂和手指不要附加用力，握杆的上臂应离开身体的腋下。（图 10-1-3）

2. 架杆

架杆指击球前，为了架稳球杆，在瞄准时用非持杆手作支撑，把球杆放在其上的一个动作。目前流行的基本架杆方法是，掌心向下，先将 4 指伸开，使指肚按在台面上，手掌略呈拱形，拇指翘起，靠紧食指跟部之间形成"V"形，然后将球杆架在"V"形槽内，击球时使球杆在槽内作直线滑动。（图 10-1-4）

3. 环形架杆

左手手指张开，指尖略向内弯，置于台面上，小指、无名指和中指向内弯曲，使其起到支撑作用。拇指和食指扣成一个指环，将球杆穿过该指环，支撑好球杆，在杆与环接缝处，不能留有晃动的余地。（图 10-1-5）

图 10-1-3　　　　　图 10-1-4　　　　　图 10-1-5

环形架杆须注意以下几点。

（1）手指充分伸展；

（2）手指贴紧台面，手掌拱起；

（3）大拇指翘起呈"V"形；

（4）前臂自然扶在桌面上；

（5）架杆前手距主球 15～50 厘米（根据个人身高与习惯）。

（四）站位与击球

1. 站位

正确站位有助于完成正确击球动作。右手握杆，以右脚为轴，左脚略向侧前方迈出一步，两脚分开不宜过大，身体保持平衡。身体位置与球杆的关系保持上体前倾，脸的中心保持在球杆上，架杆的手臂肘关节充分伸展。架杆手的位置应与本球保持约 15 厘米距离。（图 10-1-6）

站位须注意以下几点：①两脚略前后分开，处在合理位置；②身体保持平衡。

2. 击球动作

以肘部作为支点，像钟摆一样前后晃动，球杆向前移动时要平稳，直线前移，不宜上、下、左、右晃动。肘的动作要像一条链，前臂像一个钟。（图 10-1-7）

图 10-1-6　　　　　　　　　　　　图 10-1-7

（五）击球杆法

台球的击球杆法是指台球击球时,使球得分或落袋所使用的正确撞击方法。

1. 跟球杆法

用撞点为中上部的杆法击球。本球碰撞目标球后,目标球被撞走,本球随之向前行进。(图 10-1-8)

图 10-1-8

2. 缩球杆法

用撞点为中下部的杆法击球。本球碰撞目标球后,目标球被撞走,本球随之向后行进。(图 10-1-9)

3. 反弹球杆法

反弹球杆法是利用碰岸后反弹使球落袋。它是落袋台球比赛的基本技术之一。因为落袋台球要求打指定球的时候多,所以使用反弹球的机会也较多。反弹球的原理,与前面讲过的碰岸打法一样,应用入射角与反射角的原理。(图 10-1-10)

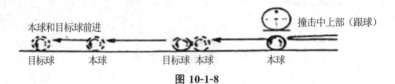

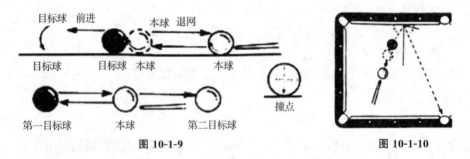

图 10-1-9　　　　　　　　　　　　图 10-1-10

4. 薄球杆法

打薄球是比较难的技术,若打得不正确,碰撞得太厚,本球就不能沿着正确路线行进。瞄准方法是将本球与靠近目标球边缘连成线,以目标球侧面不到一个球的地方为瞄准点,然后对着本球撞击。这时可采用中下杆打法,这种杆法可避免乱出杆,防止碰撞目标球太厚。薄球杆法如图 10-1-11 所示。

5. 空岸球杆法

本球先碰岸一次,然后再碰撞目标球。它的基本原理是以岸边撞击本球的中心,使入射角等于反射角,如图 10-1-12 所示。

6. 贴岸球杆法

当球贴岸时,应离开球的半径瞄准,使主球在撞击目标球时也撞岸边,即可送球落袋,如图 10-1-13 所示。

图 10-1-11　　　　　　图 10-1-12　　　　　　图 10-1-13

7. 综合撞击杆法

本球瞄准目标球撞击,被撞击的目标球又撞击另外的目标球,并使其落袋,叫作综合撞击。

8. 扎杆杆法

扎杆是使球杆立起来撞击本球的一种击法,属台球的一项高级技术。扎杆杆法的姿势如图 10-1-14 所示。

扎杆前先靠近球台,两脚稍微分开,上体略前倾,脸部比杆稍向前些,面颊内收,将球杆立起约 70°,击球时从球的上方给球以逆旋的力,使本球沿着弧线运动的同时,还向前移动。扎杆的撞点范围应在球的 6/10 同心圆内撞击,如图 10-1-14、图 10-1-15 所示。

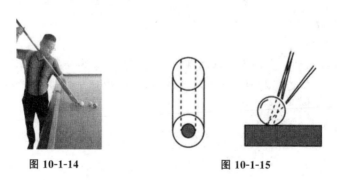

图 10-1-14　　　　　　　图 10-1-15

第二节　壁　球

一、壁球概述

壁球(Squash)是在用墙壁围起的场地内,按照一定的规则,用拍子互相击打对手击在墙壁上的反弹球的一项竞技体育运动。

早期的壁球场地受地域限制,规格无法统一。1923 年,位于伦敦巴斯俱乐部内的——于 20 世纪初建的一块场地被选作标准场地。它的概念是一个封闭的室内长方形空间,长 9750 毫米,宽 6400 毫米,前墙高 4570 毫米,后墙高 2130 毫米,净空高度应不低于 5600 毫米;分前后场,后场又分成左右两个半场。场地系统包括:前墙,两面侧墙,玻璃后墙,木质地板,照明系统、空调及通风系统,空调系统的送风口应位于靠近前墙的房顶内。

进入 20 世纪,壁球运动得到了广泛的普及,技战术也有所革新,世界壁球权威的管理机构国际壁球联合会也正式成立。1998 年,壁球被列为曼谷亚运会的正式比赛项目。

二、壁球基本知识

(一)握拍方法

1. 正手握拍法

左手先握住球拍颈部,使拍面与地面垂直,右手虎口对正拍柄右上侧楞,拇指环绕球拍柄至与中指接触,大鱼际和小鱼际贴在拍柄上面,食指向上一些与中指分开,无名指和小指附于拍柄上面。

2. 反手握拍法

在正手握拍的基础上,左手向顺时针方向转动球拍,使右手虎口对准拍柄左上侧楞。

技巧:拇指与中指相紧扣,食指与中指间预留一指的空间,手腕不应放松下垂,保持球拍头高于手腕。

(二)基本姿势

两脚自然开立与肩同宽,两膝微屈,重心放在双脚掌,上体略前倾,双手持拍置于腹前,采用正手握拍方式。目视对手及来球路线,判断其击球意图,对来球方向、速度及力量做出预判。同时,双脚可不停地轻微跳动,使身体重心随时可以向任何方向启动,呈现一个轻快而富有弹性的站立姿势。

(三)基本站位

单打比赛中,运动员在场上的基本站位一般在接发球线与后壁之间,也有人喜欢站得靠前一些。因为此位置相对便于接发球或击球,故比赛双方都设法牢牢占据这个位置,同时把对手挤出该区域。

(四)接球与发球技术

1. 发球技术

(1)发平快球

发平快球是一种大力、快速的发球技术。这种发球球路较低,飞行快速,落点在角落,而且反弹路线不固定。如果发得好,可具有相当大的攻击性,往往可以直接得分,或者迫使对手回球较弱。但因这种回球力量较大,对球路及落点的控制有一定的难度,发球过长过短是常事。平快球一般在第一发球时使用。

①基本姿势与位置

发平快球时所站基本位置在发球区左右壁中间,姿势是面向右侧壁,左脚在前,右脚在后,两脚紧贴后发球线内侧。发球时应喊出比分并看看对方是否准备好接球时再发。

②发球动作

发球时左脚向前壁迈出一步,同时左手将球落于左膝内侧不超过膝的高度,右手向后挥拍,发球动作和正手基本击球技术完全相同。

③球路及落点

击球后,球飞向前壁,其目标是前壁中间靠左半米左右,向左后角发球,约胸部高度。球从前壁反弹后飞向左后脚,在接发球线附近击地,然后反弹角落。

④发球后动作

发球后迅速退几步,占据接发球线与后发球线之间的中间位置,同时注视对手的动作及球路,准备回球。

(2)发折线球

发折线球主要用球路的变化来迷惑对手,使其判断不准而无法到位接球、发折线球的好处是可快可慢,可高可低,并且球最后反弹时会横向移动,十分难接。但折线球也有弊病,一是容易失误。因为发球时前壁上的目标很难接近侧壁,一不小心发到侧壁上便会违例。二是球落点和发球者在一条直线上。若对手打直线球回球,则发球者常常会被打到。

①基本姿势与位置

发直线球的位置是在发球区靠近侧壁1米左右。向左后角发球时靠近左侧壁,向右后角发球时靠近右侧壁。发球姿势如同发平快球。

②发球动作

发直线球的动作与发平快球相似,只是在跨步方向上不同,向左后角发球时,左脚向右侧壁与前壁的墙角迈步。向右后角落发球时,左脚向左侧壁与前壁的墙角迈步。如果发快速折线球,则动作如同发平快球。如果发高折线球,则动作同折线击球。

③球路及落点

击球后,球飞向前壁,其落点是在前壁靠近侧壁半米之内。非快速折线球的落点目标在胸部高度,发高折线球的落点目标则靠近顶棚两三米处。球从前壁折回后立即打到邻近侧壁上,然后穿越场地,在着地后打到另一侧壁上,最后与后壁平行反弹回来或冲向后壁。

④发球后动作

发球后应注视对手及球路,要占据最佳位置以备回球。切不可只面向前壁站立。

(3)发高球及半高球

发高球和半高球都是着重于控制落点的发球技术。这两种发球的速度都很慢,因而比较容易控制球的飞行方向及落点。这两种球看起来很容易回。因此对手往往等到球反弹后才开始移动回球,可是他们常常发现这种球都落在角落里,很难挥拍回球,因而发球者可直接得分或迫使对方回球软弱。

①基本姿势与站位

发高球及半高球的基本站位如同发平快球。但也有人转过身来,用反手发球。

②发球动作

发高球及半高球的动作如同击高吊球。从基本姿势开始,左脚向前壁跨步击球,击球时主要用手臂动作,少用腕力,以保证稳定的球路及落点。发高球速度很慢,发半高球则要快一些。

③球路及落点

发高球的目标、飞行路线及落点与击高球相似,目标在前壁左侧高度,飞行弧度大,落点在角落里。

（4）发球后动作

发高球或半高球后,迅速占据中场位置,准备回球。同时注视对手动作及击球路线。

2. 接发球技术

（1）接平快球

①用杀球。如能移动到位并且球的位置很好,则可用各种杀球技术将球一拍打死。

②用远球。如果时机、位置不允许杀球,则可用各种远球技术将对手调离中间位置,以创造下次进攻机会。

③用顶棚球及高吊球。如果位置不好,球的落点又高又难以控制,则最好用顶棚球及高吊球将对手调到后场,并且可利用此时调整自己的位置。

④用挡球或撩球。如果球速非常快,接球者认为球反弹后自己没有时间回球,位置也不合适时,应快速把球挡撩回去,以待下次机会。

⑤用后壁球。如果球已超过接球者,则接球者应迅速转身,用后壁球将球击回。

（2）接折线球技术

①攻击性回球。如果接球者位置较好,则应用杀球或远球直接回球得分迫使对方回球软弱。

②防御性回球。如果接球者位置不好或时机不好,则可用高球回球,以待下次机会将对方调离中间位置。

（3）接高球或半高球

①攻击性回球。若对方发球质量不高,接球者应使用杀球、远球技术以直接得分,或迫使回球软弱或失误。

②防守性回球。若接球者位置、时机不好,则应使用高球、顶棚球等防守性技术先将球击回,以待下次机会。

③挡球。若对方发球路线及落点刁钻,则接球者应在球反弹之前将球挡回。这样虽然攻击性不强,但至少不会陷于被动或失误。

（五）击球技术

正反手基本击球技术是各种击球技术的基础。换句话说,各种发球、接发球及进攻或防御性击球技术,都只是正反手基本击球技术的变化和应用而已。初学者应该努力先掌握这两项技术。

各种技术动作都分为两个阶段:准备阶段和击球阶段。书中所提技术均以右手击球为例。

1. 正手击球

（1）准备阶段

正手击球是壁球运动中使用率最高的击球方法,也是壁球运动员必须掌握的技术。当判断出来球方向是你的正手时,要迅速移动双肩,身体向右转。

（2）击球阶段

向后引拍,在移动到位的同时,击球者左脚在前,左臂屈肘前伸,协助转体与保持身体平衡。击球是应以上臂挥动带动前臂、手腕以及球拍,后脚蹬地内转,身体重心前移,向左转肩,右臂前挥,手腕后屈,手在前、拍在后。击球时要在基本击球点击球。基本击球点位于前脚内侧约两个球拍处,高度在膝与地面之间。球拍面在整个击打过程中,应保持与地面基本垂直。球飞行路线与地面平行。球拍与球撞击后继续向前充分随挥,拍子的打势结束在左肩的上方。在完成整个击球动作过程后,迅速回到基本姿势,以准备回击下一个球。移动到位和确定基本击球点是技术中最重要的一环。

①后挥拍。在移动到位的同时,击球者左脚在前,身体右转,右手挥拍,目视来球。

②前挥拍。后脚蹬地内转,身体重心前移,向左转肩,右臂前挥,手腕后屈,手在前、拍在后。

③击球。手臂继续前挥,同时手腕内屈加速,按击球点将球击向前壁,球拍与地面垂直,飞行路线与地面平行。

④后随动作。身体继续左转,右手持拍在击球后自然向左肩上挥动。在完成整个击球动作过程后,迅速回到基本姿势,以准备下一个球。

(3)正手侧墙球

其是令对手移位的一种打法,使用这种打法可以令对手在场内四处走动。

技术要求:①面向侧墙而背部转向前墙。②肩膀需转向侧墙并指向球打在墙上的位置。③打球时需利用球在侧墙反弹的角度和轨迹,使球碰到前墙。一般是将球击向45°角的侧墙方向。④如球以狭窄的角度弹离侧墙,而位置较高,这时击球的力量也应减小。相反,如球弹离侧墙的位置较低,这时击球的力量也应较大。

2. 反手击球

(1)准备阶段

观察判断对手的动作、意图。

判断来球的路线、速度及落点,迅速移动到位。反手击球点位于右脚内侧约一个球拍处,高度在膝与地面之间。

(2)击球阶段

①后挥拍。在移动到位的同时,注视来球,身体向左转,右手引拍至左肩前,手腕内扣。同时右脚开始向前跨步。

②前挥拍。左脚蹬地,身体重心向前移动,身体开始向右转,同时右手开始向前挥拍。

③击球。右肩继续右转,右手继续向前挥拍,击球瞬间手腕展开并加速,将球平行击向前壁。

④后随动作。身体继续右转至面向前壁。右手继续挥拍至右肩侧,然后回到基本姿势,准备接下一个球。

⑤正反手击球在比赛中各有用途。正手击球的力量比较大,而且比较容易控制球,因而大多数杀球及发球均用正手。相比之下,反手的力量与控制力都要弱一些,因而反手主要用来防御性地将球挡回去,以求这一回合不输掉,而后再找机会用正手杀球,但高水平运动员正反手均能杀球。

(3)反手侧墙球

技术要求:

①要点是面向侧墙而背部转向前墙。

②肩膀需转向侧墙并指向球打在墙上的位置。

③打球时需利用球在侧墙反弹的角度和轨迹,使球碰到前墙。

④若球以狭窄的角度弹离侧墙,而位置较高,这时击球的力量也相应较小。相反,若球弹离侧墙的位置较低,这时击球的力量也大。

3. 进攻性击球

进攻性,一般指比赛中抓住时机或创造时机,通过加力、加速、控制落点和球路几种方法,一拍把球打死的击球技术。进攻性击球技术主要在自己处于良好的位置而有占主动时使用。进攻性击球技术的特点是快而短。进攻性击球技术包括两类技术。一类称为杀球,主要有直线杀球、角落杀球、吊球三项技术。其主要功能是以刁钻的落点得分。另一类称为远球,主要有直线球、斜线球、折线球三项技术。其主要功能是以刁钻的球路得分。这两类技术的击球方式类似正手、反手基本击球技术。

(1)杀球

①直线杀球。直线杀球是直接把球打到低处,使其在对手接到以前反弹两次以上。直线杀球有几个要领。

A. 击球点要低。杀球前一定要耐心,待球落到膝以下时才击球,击球太早很难控制球的落点。

B. 拍面与前壁平行,这样落点就不会太高。

C. 连续击球要有速度和力量。

②角落杀球。角落杀球是指把球打到前壁的角落上,再打到侧壁的角落上,或打到侧壁前下角靠近地面与前壁的角落上,然后不着地直接打到前壁的角落上。

③吊球。当对手在后场,而击球者在前场时,击球者可以将球轻轻地吊到角落里,而使球死在那里。打吊球的动作很轻,用力小,拍子半斜,将球削向角落,这样球便不会反弹得很远很高。

(2)远球

远球的得分方式是击球时让球路远离对方,以使对方来不及到位回球。打远球不需要很大的力量,但对球在前壁上的落点要求很高。只有将球控制在一定的范围内,才能保证球在反弹时远离对手。

①直线球。直线球打法,是在对手战局中间位置或靠近另一面侧壁时将球顺壁直线击回。直线球远离对手,对方很难及时到位击球。即使是勉强到位,回球也毫无攻击性,而且很容易为自己创造出下一个进攻机会。直线球的动作如同基本击球技术,拍面应尽量与前壁平行,球反弹回来时应与侧壁平行。

②斜线球。斜线球打法是当对手占据后场中间位置或与击球者靠近同侧位置时,击球者将球经前壁击到另一侧,穿过场地,远离对手。穿球场的动作如同基本击球,拍面对准前壁中央,这样球就会反弹到另一侧。球路可低可高,如果球路较低,还可同时利用杀球技术,使对方更难以防守。

③折线球。折线球打法是指当对手占据中场中间位置时,将球击到侧壁上折射到后场,以绕开对手的拦击。折线球的球路要低,这样对手一旦接不到球就再无机会。若球路太高,飞行时间长,则对手在拦不到球时仍可转身等球从后壁反弹回来时再次击到球。

4. 防御性击球

防御性击球技术是指在比赛中,击球者已失去了有利位置或时机,已无法运用进攻性击球技术时所采用的被动防守性的击球技术。击球者可以利用球在空中的飞行时间重新回到中心位置。

（1）顶棚球

顶棚球是指在比赛中击球者向顶棚靠近前壁的位置上击球，球随即弹到前壁并以高弧度落向发球区，再高弹起来从防守者的头上落到角落。这种球飞行高，常常把对手赶到角落上去回球，而减少其杀球的机会。顶棚球的一种变化方式是先将球击向前壁高处，球马上弹到顶棚，然后下落并反弹到角落。不过这一顺序改变会减慢球的速度并缩短运行距离，使得防守者易于回球。顶棚球有高手、低手击球动作之分。低手击球如同基本击球技术，只是拍面要对准顶棚靠前壁处。高手击球动作类似于羽毛球中击高远球的动作。

（2）高吊球

高吊球的功能类似顶棚球。击球者将球击向前壁高处，球反弹回来时从防守者的头上经过，落于角落。迫使对方去角落力回球，或跳起来在空中拦球，这两种情况都会大大减少对方的回球攻击性。高吊球的击球动作如同顶棚球，可用低手击球或高手击球，具体采用哪种击球方式，要看来球位置而定。击球时用力较小，可以更好地控制球的飞行路线及落点。

（3）折线球

折线球是将球击向前壁靠近顶棚的侧壁处，球从前壁立即反弹到侧壁并以高过头顶的飞行路线飞向另一侧壁，然后球再以与后壁平行的路线折向原侧壁。折线球的作用是利用球的折线运动使对方难以预测球的飞行路线及落点，从而使对方难以迅速移动到位回球。另外，折线球的高飞路线亦使对方杀球困难。折线球的击球动作亦如顶棚球，击球时要比较用力，以使球有较高的飞行路线及较远的距离。更主要的是要控制球的落点。

（4）绕场球

绕场球的作用如同折线球，也是利用球的折线飞行使对方难以预测球的落点，从而使对方不能及时到位。绕场球的飞行路线是先击到一面侧壁上，然后继续向高飞击到前壁，再由前壁稍向下飞向另一面侧壁，然后落向后场。绕场球的击球动作亦如顶棚球。击球时要较用力，以保证飞行得高而远。击球时亦可变换方向，忽而先击左壁，打乱对手的击球节奏。

（5）后壁球

后壁球是指当球越过击球者，落在击球者与后壁之间时，击球者已无法直接将球击向前壁，也无法通过侧壁击向前壁，而不得不采用的通过后壁将球击向前壁的击球技术。由于击球者已失去了有利位置，故大多数情况下只能勉强回球，因而对球路及落点的控制就较差。击后壁球的要点是击球时拍面要向上偏斜，这样击的球就会向上飞行，如同高吊球。这样会使球有足够的飞行高度，以保证球能到达前壁。击球时不必很用力，但是要控制好球路，切忌击球时用力平行击球，这种球由于飞行路线太低，大都到不了前壁。

第三节　定向运动

一、定向运动概述

定向运动起源于瑞典,最初只是一项军事体育活动。"定向"这两个字在 1886 年首次被使用,意思是在地图和指北针的帮助下,越过不被人知的地带。

定向运动本身作为一种体育项目开展是在 20 世纪初的北欧,到 20 世纪 20 年代已在芬兰、挪威、瑞典和丹麦普及。1932 年举行了第一次世界定向运动比赛。1961 年,国际定向越野联合会(IOF)在丹麦哥本哈根成立。国际定向越野联合会是世界定向运动的行政实体,是国际体育联合会总会之一。定向运动也是国际承认的奥林匹克体育项目。

世界公园定向运动组织(PWT)是于 1995 年在国际定向越野联合会注册的一个国际组织,每年在世界各地公园举行职业定向精英巡回赛,并设总奖金及排名。它的设定宗旨是创造一种全新的定向运动概念,即定向运动不仅可以在野外进行,也可以在城市的公园或大学的校园里举行,力争使定向运动成为一种任何人在任何地方都可以从事的群众性体育运动。

二、定向运动基本技术

(一)标定地图的方法

1. 概略标定

定向地图上的方位是上北、下南、左西、右东。当在站立地正确地判别了方向之后,只要将定向地图的上方对向站立地的北方,地图即已标定。

2. 指北针标定

先使指北针的红色箭头朝向地图上方,并使箭头与定向地图上的指北线重合,然后转动地图,使指北针的北端对正磁北方向,地图即已标定。

3. 直长地物标定

首先应在图上找到直长地物,对照两侧地形,使图与现各地形点的地物方向一致,地图即已标定。

4. 明显地形点标定

从地图上找到明显地形点的位置时,可以利用明显地形点标定地图。先选择一个图上与现地都有的远方明显地形点,然后转动地图,使图上的站立点至目标的连线与现在的站立点至目标的连线相重合,此时地图即已标定。

(二)确定站立点

1. 直接确定

当自己所在的位置是明显地形点时,只要从图上找到该地形点,站立点即可确定。

2. 综合分析确定

利用位置关系法确定站立点,主要依照两个要素:一是站立点至明显点的方向;二是站立点至明显点的距离。

3. 交会法确定

当站立点附近无明显地形点时,可以利用90°法、截线法、后方交会法。90°法是指当待测点位于线状地形上时,如果在与运动方向相垂直的方向上能找出一个明显的地形点,线状地形符号与垂直方向线的交点即为站立点。当测点位于线状地形上,但在其与运动方向相垂直的方向上没有明显的地形点时,可以采用截线法。当测点上无线状地形,而且地图与现地相应的都有两个以上的明显地形点时,可采用后方交会法。

(三)确定前进方向

定向运动每次出发时,首先必须判明出发点的图上位置,明确前进方向和目标点,然后标定地图选准前进方向,向目标点进发。

(四)定向跑的技术

定向跑是一种长距离的间歇式赛跑,要求能够尽可能地减少人体能量的消耗,又要根据比赛的情况保留一定的加速能力。定向跑的姿势主要采用身体微向前倾或正直的姿势;最好用鼻子与半张开的嘴共同呼吸;体力分配根据选择的路线状况、比赛的阶段和自身体能状况的不同来确定;速度不宜过快。

第四节　健　美

健美

一、健美运动概述

健美运动是一项通过徒手或利用各种器械,运用专门的动作方式和方法进行锻炼,以发达肌肉、增长体力、改善形体和陶冶情操为目的的运动项目。健美与人的形体美密切相关,健美是形体美的基础。人体有对称的造型、均衡的比例、流畅的线条、坚强的骨骼、匀称的四肢、丰满的躯体、弹性的肌肉、健康的肤色等是形体美不可缺少的条件。健美还要求具有充沛的精神、愉快的情绪、青春的活力。

2000多年前,古奥林匹克竞技会上,古希腊人全身涂上橄榄油,进行裸体角逐,以显示其身体的健美。近代健美运动是19世纪末在欧洲兴起的,国际健美联合会于1946年成立,并于1969年加入国际单项体育联合会总会,1998年得到国际奥委会的临时承认。中国健美协会于1985年加入国际健美联合会。

健美运动是举重运动的一个分支。在长期的发展过程中,广义的举重运动已经一分为三,发展成为三个相对独立的运动项目。即竞技举重,又称奥林匹克举重,通称举重;健美运动,又称健身运动;力量举重。健美运动作为一个运动项目,除了具有一般体育活动所共有的能锻炼身体、增进健康、增强体质的作用外,还特别能发达全身各部位的肌肉,增长体力,改善体形体态,以及陶冶美好的情操。它不仅强调"健",而且强调"美",把体育和美育融为一体。健美运动不仅包括以比赛为目的的竞技健美(包括规定动作、自选动作),也包括以减肥或改善体形体态为目的的群众性健美操活动。

二、健美运动基本知识

以下将详细介绍各主要肌群的最佳训练方法。

（一）胸部肌群

1. 仰卧推举（图 10-4-1）

器械：杠铃（哑铃）、长凳。

要领：宽握距（肘关节成 90°角），挺胸、沉肩，推至两臂基本伸直即可。

2. 仰卧飞鸟（图 10-4-2）

器械：哑铃、长凳。

要领：下降到极限时，肘间角度成 100°～120°角，在整个动作过程中，要保持肩、肘、腕始终在同一垂直面内。

图 10-4-1　　　　　　　　　　　　　　　　　图 10-4-2

（二）背部肌群

1. 重锤平拉（图 10-4-3）

器械：联合器械。

要领：两臂屈肘贴身向胸腹部拉引，拉到小腹处时，上体与地面的角度略大于 90°角，同时挺胸收腹。

2. 重锤下拉（图 10-4-4）

器械：联合器械。

要领：分为向前拉和向后拉。向前拉至胸前，同时上体稍后仰，尽量抬头挺胸；向后拉至极限，尽量低头。

图 10-4-3　　　　　　　　　　图 10-4-4

（三）肩部肌群

1. 坐姿推举（图10-4-5）

器械：杠铃、推举架。

要领：垂直向上推至两手臂完全伸直。可分为颈前推举（锻炼三角肌前中束）和颈后推举（锻炼三角肌后束）。

2. 立正划船（图10-4-6）

器械：杠铃。

要领：沿体前上拉,拉至锁骨处时,两臂尽量向耳部靠拢。窄握距锻炼三角肌前束；宽、中握距锻炼三角肌中束。

图10-4-5 　　　　　　　　　　　　　　　图10-4-6

（四）腹部肌群

1. 上腹部（图10-4-7）

锻炼上腹部的技术动作主要是采用各种各样的仰卧起坐。

搁凳仰卧起坐 　　　　　　　　　　　　　跪姿屈体

踏地仰卧起坐

图10-4-7

2. 下腹部（图10-4-8）

锻炼下腹部的技术动作主要是采用各种各样的举腿。

仰卧举腿   坐姿举腿

图 10-4-8

（五）上臂部肌群

1. 肱二头肌

（1）站立弯举（图 10-4-9）

器械：哑铃、杠铃。

要领：上臂保持固定不动，以肘关节为轴弯起前臂。

（2）俯坐弯举（图 10-4-10）

器械：哑铃。

要领：上体前俯，持铃手的肘关节顶在同侧大腿内侧上 1/3 处，前臂与大腿成 45°角，以肘关节为轴弯起前臂。

图 10-4-9   图 10-4-10

2. 肱三头肌

（1）站立臂屈伸（图 10-4-11）

器械：杠铃、哑铃。

要领：窄握距，两臂伸直上举，上臂与地面垂直，并始终保持靠近耳侧。向颈后弯曲，直至极限后，伸直手臂。

（2）俯立臂屈伸（图 10-4-12）

器械：哑铃。

要领：俯立（或站在凳边一侧，一腿跪凳上，同侧手支撑）屈肘持铃，上臂紧贴体侧，持铃向后上方举起直至手臂完全伸直。

图 10-4-11　　　　　　　　　　　图 10-4-12

（六）大腿肌群

1.股四头肌

锻炼方法:颈后深蹲(图 10-4-13)。

器械:杠铃,应在脚后跟垫 3～5 厘米高的垫木。

要领:始终保持抬头、挺胸、紧腰的身体姿势,下蹲至大腿与地面平行即可。蹲起时,杠铃要始终保持垂直向上运动。

2.股二头肌

锻炼方法:腿弯举(图 10-4-14)。

器械:举腿架。

要领:躯干紧贴凳面,两手抓住固定物,脚后跟钩住脚托,将小腿向上弯起,尽量靠近臀部。

（七）小腿肌群

锻炼小腿肌群的技术动作主要是采用各种各样的提踵,可利用联合器械、杠铃、哑铃等。

图 10-4-13

图 10-4-14

第五节　冰　壶

一、冰壶运动概述

冰壶(Curling)又称掷冰壶、冰上溜石,是以队为单位在冰上进行的一种投掷性竞赛项目,被大家喻为"冰上的国际象棋",它考验参与者的体能与脑力,展现动静之美、取舍之智慧,属于冬奥会比赛项目,冰壶曾 6 次被列为冬季奥运会的表演项目。1998 年在日本长野举行第 18 届冬季奥运会时被列为正式比赛项目。

冰壶运动于 14 世纪起源于苏格兰。在苏格兰至今还保存着刻有 1511 年字号的砥石。最初,冰壶是苏格兰人在池塘或河堤内进行的一种类似地滚球的游戏。最早的冰壶比赛出现于 16 世纪中。18 世纪,冰壶运动随着英国移民传入北美。1795 年,第一个冰壶俱乐部在苏格兰创立。1838 年,著名的苏格兰冰壶俱乐部为这项运动制定了正式的比赛规则。从此,冰壶作为一项冬季运动,在欧洲和北美洲逐渐开展起来。20 世纪初,冰壶运动在加拿大兴起,冰壶俱乐部和地区性的冰壶协会纷纷建立。特别是通过加拿大冰壶爱好者的努力,使这项运动的比赛规则和方法日趋完善,并且由室外逐渐移入室内。1927年,加拿大举行了首次全国性的冰壶比赛,当时称为麦克唐纳·布赖尔(Macdonald Brier)锦标赛,1980 年该比赛更名为拉巴特·布赖尔(Labatt Brier)锦标赛。1955 年冰壶运动传入亚洲。

世界冰壶锦标赛开始于 1959 年,最初的比赛称为苏格兰杯赛,1968 年改为加拿大银扫帚锦标赛,1986 年正式定名为世界冰壶锦标赛。1966 年国际冰壶联合会(ICF)成立,1991 年改名为世界冰壶联合会(WCF),同时获得了国际奥委会的承认。到 1992 年,已有31 个国家和地区加入该组织。其中开展较普及、运动技术水平较高的国家和地区是:加拿大、苏格兰、瑞典、美国、瑞士、挪威、德国以及丹麦。

二、冰壶基本技术

冰壶比赛时,运动员需身着运动服,脚穿比赛鞋。一双比赛鞋的底部不同,蹬冰脚的鞋底部为橡胶,而滑动脚的鞋底是由在冰上容易滑行的塑料制成。

投掷冰壶时,蹬冰脚踏在起蹬器上,身体下蹲,用灵活而有力的手持砥石,另一手持冰刷。冰刷的底部贴放在身体外斜前方冰面上,以帮助保持身体平衡。投掷开始,滑动脚先略向前移,同时向前推动砥石,身体抬起,重心由蹬冰腿移向滑动腿。然后,滑动腿收回,重心后移,并将砥石拉回至体侧后方。接着,蹬冰腿用力蹬冰,滑动腿膝部弯曲,脚尖外展,两腿成弓箭步,向前滑出。砥石在身前,用伸直的手臂推动并控制砥石向前滑动。当砥石接近前卫线时,将手松开,使砥石边旋转边画着适当的曲线向前移动。一般情况下,以砥石转动一圈半至两圈半到达目标最为理想。

另外,在投掷时必须使砥石越过对方的前卫线而不超过后卫线,否则将失去比赛资格。在投掷过程中,为了使砥石滑行得更远并准确地到达目标,同队可有两名队员手持冰刷,在砥石运行的前方用力向左右擦刷冰面,以改变冰壶滑行的速度。当对方投掷时,为使其砥石滑离圆心更远,也可以在砥石的前面擦扫冰面。为获取比赛的胜利,运动员在力求将砥石投向圆心的同时,也可以根据战术需要,在主力队员的指挥下,将对方的砥石撞出营垒或将本队的砥石撞向圆心。

三、冰壶比赛场地及规则简介

(一)比赛场地(见图 10-5-1 冰壶比赛场地)

冰壶的比赛场地为长方形。场地四周设有 2 英寸高、4 英寸宽的木框(1 英寸＝2.54 厘米),以防砥石滑出界外。从木框的内缘算起,场地长 44.5 米,宽 4.32 米。冰壶比赛用的标准砥石是由苏格兰产的不含云母的花岗岩凿琢而成。砥石的直径为 29 厘米,厚度为 11.5 厘米,重 19 千克。

为减少砥石同冰面的摩擦,比赛前要用喷洒器向冰面均匀地喷洒水珠,以使冰面形成点状麻面。在场内有 6 条与端线相平行的横贯全场的蓝线,中间的两条称前卫线,两端的两条称后卫线。前卫线的宽度为 4 英寸,后卫线的宽度为 1 英寸。在前卫线和后卫线的中间有一个纵横交叉的十字线,称丁字线。丁字线的交叉点即营垒的中心点。以中心点为圆心,向外分别各画一个半径 0.15 米、0.61 米、1.22 米以及 1.83 米的同心圆圈,外面的两圈之间涂为蓝色,里面的两圈之间则涂为红色。在场内的两端距离端线 1.22 米处中心线上各安装有一个高 2 英寸、宽 18 英寸用木螺丝固定在木块上的斜面橡胶起蹬器。

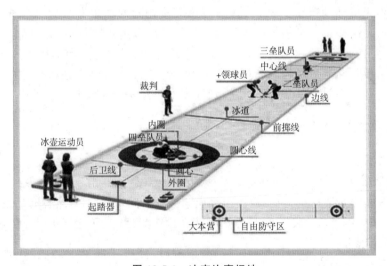

图 10-5-1 冰壶比赛场地

(二)比赛规则

冰壶比赛每场有两队参加,每队由 4 人组成。比赛共进行 10 局。方法是:比赛双方按一垒队员、二垒队员、三垒队员以及主力队员的顺序,先交替各投一次,然后再依次投第二次。比赛开始时,两队投掷砥石的顺序通过抽签决定,从第二局开始,则由上局的优胜队首先投掷。每局以两队的砥石距离大本营(亦称营垒)圆心的近远决定胜负,假如 A 队有两枚砥石距离圆心比 B 队离圆心最近的一枚砥石还近,则 A 队得 2 分。比赛结束时以得分多的队为胜。

第六节　高尔夫球

高尔夫

一、高尔夫球概述

高尔夫球运动是利用不同的高尔夫球杆(club)将高尔夫球打进球洞(hole)的一项运动项目。高尔夫球运动是一项具有特殊魅力的运动,让人们在优美的自然环境中锻炼身体、陶冶情操、修身养性、交流技巧,被誉为"时尚优雅的运动"。中国历史上记载南唐有类似的"捶丸"游戏。高尔夫球起源于 15 世纪的苏格兰,早期的高尔夫球运动多在王公贵族中进行。随着高尔夫球具的普及发展,高尔夫运动开始向中层阶级流行。至 20 世纪,高尔夫球的比赛规则与制度建立,国际性的高尔夫赛事得以广泛开展。19 世纪 20 年代,高尔夫运动传入亚洲,高尔夫球传入中国则是在 1896 年,其标志是中国上海高尔夫球俱乐部的成立。2015年,第 21 届沃尔沃中国公开赛在上海落幕,吴阿顺获得冠军,这是中国内地球手第一次获得欧巡赛月份最佳球手的奖项。美国高尔夫球协会和英国圣安德鲁斯皇家古老高尔夫球俱乐部被公认是解释和修订高尔夫球规则的权威机构。世界性较重要的高尔夫球比赛有世界杯赛、美国公开赛、英国公开赛、美国名人赛、美国职业高尔夫球协会锦标赛等赛事。

高尔夫球运动是在球场上,球员用自己的球杆打各自的球,追求用最少杆数将球击入球洞,从而取得成绩的运动。世界上没有两个完全相同的高尔夫球场。球场随着时间早晚、季节转换、气候不同,呈现各种变化和挑战性。所以高尔夫球运动不仅是球员的自我对抗,也是球员与球场的比赛。参与高尔夫球运动,除了锻炼充沛的体能和纯熟的技巧外,球员还需要不断地思考判断和集中注意力。高尔夫球运动既适合各年龄层的人又具备社交功能,在国内虽然起步较晚,但受到许多人的喜爱,日渐流行。

二、高尔夫球基本知识

(一)握杆

握杆是指球员手握住球杆的位置和方法。可以说握杆的正确与否,取决于杆面瞄准的方向,而球击出后飞行的方向,取决于杆面瞄准的方向。因此,想要拥有精准的击球,就一定要建立正确的握杆方式。90％的业余球手握杆都存在着问题。因此,初学高尔夫球者绝对不可忽视握杆。

目前常用的握杆方式有三种。

(1)棒球式握杆:左手大拇指对着球杆握柄上的标志,右手并排握在左手上方,右手的大拇指和食指之间的虎口对着握柄上的标志。(图 10-6-1)

(2)重叠式握杆:将右手小指和左手食指重叠的握杆方法。(图 10-6-2)

(3)互锁式握杆:将右手小指和左手食指勾住。(图 10-6-3)

图 10-6-1　　　　图 10-6-2　　　　图 10-6-3

重点:必须将左手食指和右手中指、无名指关节放在同一直线上。

练习方法:将球杆举到胸前,双肘弯曲。握杆时,两手分开,但两手手指必须保持平行。

小贴士:握杆正确的时候感觉手腕灵活,与此相反,握杆错误时手腕会感觉比较吃力。

(二)击球准备姿势

1. 侧面动作

①抬头挺胸,双脚打开,垂直拿着球杆;②慢慢放下球杆,在腋下碰到身体时停止动作;③慢慢倾斜髋关节以上的上半身;④维持手臂的角度,身体更往前倾,双膝轻松舒适地弯曲。保持腋下和膝盖的位置在拇指肚之上。(图10-6-4)

2. 正面动作

①左臂保持放松,自然下垂握住球杆;②右手从旁握出,轻松地握杆;③双脚的宽度根据球杆做调整,球杆越短,双脚距离越小。例如:握6号铁杆,双脚与肩同宽。(图10-6-5)

图10-6-4　　　　图10-6-5

(三)挥杆

挥杆分为以下6个部分。(图10-6-6)

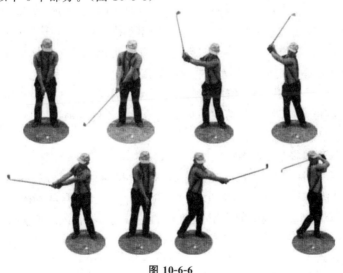

图10-6-6

1. 起杆

开始拉动球杆的动作是挥杆的关键。注意运用肩部的力量带动左腕挥杆。

2. 上杆顶点

在做该动作时,左脚、左膝和左肩成一条直线。注意要大幅度转动上半身。注意挥杆的节奏,不可以突然变快,不可以用手挥杆。脸稍微右转,大幅旋转上半身,用开始挥杆时的速度将球杆带到上杆顶点。感觉将左肩从左脚拉开般大幅旋转。

3. 下杆

在回转点时不要转动腰部,保持平行移动。上杆顶点是挥杆的回转点。接下来要做下杆,但是这时不能用手臂的力量挥杆。先让腰平行移动到目标方向,左膝回到准备动作的位置,让重心移到左脚后再挥杆。

4. 击球瞬间

集中精神将速度传到目标方向。在身体往左移动的过程中,想象把球笔直地击到目标方向是一种有效提高球杆动作效率的方法。这和击球姿势及杆头的加速感有关。

5. 送杆

将球杆加速挥向因腰部转动而产生的左边空间。击球瞬间后,杆头会像是要超越双手般加快速度,腰部持续保持转动,这时身体在左侧会产生空间,使球杆在击球后继续向内侧挥动。但是,不能过度挥动造成左腋下产生空间。在右手不勉强的情况下,将右手放在左手前挡住左手的力量,肩膀便会顺畅地跟着转动。

6. 收杆

左脚站立,重心全放在左脚上。收杆是挥杆的终点。这时是否保持身体平衡将会决定击球的效果。重心全放在左脚上,右脚脚尖着地,胸部、右膝和右脚背朝向目标方向做好动作。收杆的动作稳定,挥杆也会跟着稳定。

（四）开球

开球不仅要将球打远,同时要因地制宜地根据赛场的情况,采取不同的方法击球入洞。对于高尔夫爱好者来说,开球杆杆身最长,能够增加杆头速度,将球击得更远,但也最难控制。开球可以使用1至4号杆,许多职业选手都会选用1号杆来开球,但1号杆杆头最小,几乎没有倾斜面,容易出现失误。因此,初学者可以选用2号杆来开球。

1. 左脚的位置是决定能否准确击中球的关键

在做准备动作时,注意身体和球之间的间隔。保持前倾姿势,右手持球杆,球杆保持自然的角度,之后再依左脚、右脚的顺序决定好站姿。不论任何人,左脚一定要保持不动,根据要打的球路调整右脚的位置。

2. 用身体承受球杆的加速度

1号开球杆是球杆中最长,离心力最大的球杆。换句话说,就是最能表现出速度的球杆。铁杆的开球速度不如开球杆,因此,需要注意转动身体。开球杆的话,身体必须承受力量,用身体来承受球杆的运动能量是很重要的。因此,球杆是主,身体是从(只注意转动身体会导致挥杆变慢)。

3. 开球的站姿

双脚比双肩稍宽,保持下身的稳定。在扭转身体的时候,右膝保持微屈,要有弹性。挥杆转肩的幅度比铁杆大。

4. 梯架高度

正确的梯架高度是杆面上缘与球的中线等高。

（五）铁杆

铁杆是进攻目标的球杆,想要打好铁杆必须要建立稳定的击球准备姿势,然后找出每只铁杆的站姿及球位。

1. 铁杆的站姿

理想的双脚站立位置须取决于所使用球杆的杆身长度。使用 3 号铁杆时,双脚与球的距离最远,背部挺直。相比之下,6 号铁杆由于杆身长度比 3 号铁杆短,所以站立位置离球近些,腰身弯曲的幅度也相对较大一点。至于杆身更短的 9 号铁杆,脚则须站得离球位更近,腰身也必须弯曲以营造出陡直的高挥杆轨道。

2. 铁杆的球位

使用击远距离球效果最好的 3 号铁杆时,球位和使用木杆相似。9 号铁杆触击时的击球面倾斜角度须较小,所以球位要往后移一些,才能扎实地击出球。至于 6 号铁杆需要的击球面倾斜角度介于两者之间,球位的选择也位于两者间。参考上述步骤,也能找出其他铁杆的最佳球位。

（六）劈起球

劈起球指进攻果岭的高飞球,落地后滚动幅度不大。劈起杆使用的范围为距果岭 20～60 码(18.288～54.864 米),适用于旗杆在沙坑前,或是果岭太陡想把球打在旗杆附近时使用,可以使用高抛挖起杆、沙坑挖起杆、劈起杆,甚至 9 号铁杆,但根据杆面角度的不同,距离会有所改变。使用角度大的杆击球,球会飞得高且落地柔和,但是距离比不上角度小的杆击出来的球。

劈起球要正确地判断目标的远近,以适当的挥杆幅度及力量来控制距离。

（1）击球准备动作:站姿窄于两肩,采取开放式站姿,右脚尖要打开 30°左右。左脚后移 5 厘米左右,球位在中间,杆身和左手手臂成一条直线,但要对准目标,握杆稍短。

（2）上杆:采用陡峭上杆方式,注意屈腕时机,视上杆幅度而定,一定要完成屈腕动作。

（3）击球与送杆:下杆击球,保证平顺地加速以维持良好的击球节奏,击球后,顺势送杆,注意轻松握杆。

（4）落点选择:一般从球位至目标,被击起的球飞行 70% 的距离,滚动 30% 的距离。不同情况下有不同的选择;地硬时落点可距目标远些,地软则近些;下坡落点应距目标远些,上坡则近些。

（七）起扑球

起扑球是先低飞再滚动的球,通常适用于球洞在果岭边缘地区,同劈起球不同的是起扑球在空中停留的时间相对较短,之后在地面上向球洞方向滚动的距离比较长。(图 10-6-7)

（1）击球准备动作:球杆要握短,杆身和左臂成直线,杆面对准目标,开放式站姿,60% 重心在左脚上,球位偏右后移、重心向前。

（2）上杆:以杆头上杆的幅度来控制距离,上杆幅度较低。上杆幅度低时,球低飞,滚地距离长。上杆幅度稍大时,球往上飞,滚地距离短。如果想让球飞得更高,可用开球杆击球。

（3）击球与送杆:击球时手腕伸直,用肩膀的旋转来挥杆,上杆的角度和收杆的角度要一致。身体要随着手臂的摆动跟着转动,这样才能保证动作的协调。

图 10-6-7

(4)练习方法:

培养距离感:①以窄的站姿打约 9 米的距离;②双脚距离稍开一些,打出约 28 米的距离;③再将双脚距离拉开些,打出约 46 米的距离;④反复重复①~③的练习。

培养方向感:①缩短两脚之间的间隔,两脚尖朝向正面;②右手拿球杆,杆面保持方正;③以两脚跟为中心,将两脚尖移向左边;④用以上姿势做准备动作。

(八)沙坑球

沙坑球是高尔夫球场专为球员击球时设置的障碍,一般都设在果岭的周围和球道途中,这些沙坑被故意设置成大小不一、沙质各异、深浅不同的样子。打沙坑球用的是沙坑挖起杆。(图 10-6-8)

(1)击球准备动作:眼睛瞄准球后方 2~5 厘米的点,把杆面打开,可以少挖一些沙,握短球杆。在身体的正面用两手握杆,以开式杆面进行握杆。双脚稳固地站在沙中。

图 10-6-8

(2)击球与送杆:击球时用扑球 2~3 倍的力量挥杆。在击球的瞬间要充满力量,把周围的沙一起打起来。

(3)练习:在沙上画线击球。在练习沙坑球时,打沙也会有很好的效果。①在沙上画一条直线;②以线为中心做准备动作;③打沙练习;④重复以上练习。注意:不管是在线上还是在线的前方挖沙,如果杆头下去的地方不一致,实际在打沙坑球时也会出现打不出球的现象。

(九)推杆

推杆是将球送入球洞的关键技术,得分约 4 成是推杆得来的,也是球杆中使用频率最高的。

(1)击球准备动作:眼睛置于球正上方,杆面与目标线垂直。将手腕固定,用肩膀的旋转来击球。

(2)击球与送杆:保持肩膀、手臂和推杆为一体,然后以匀速击球。由上而下会让球路不稳定,降低准确率。推杆的动作像钟摆一样,水平移动匀速击球。

(十)礼仪

(1)应随时注意自己及球友的安全。打球偏离球道要高声提醒其他球友。

(2)下场时不可穿着无领或无袖的上衣,不可穿着牛仔裤。必需穿着软钉鞋或软底运动鞋。

(3)击球时按顺序从最远离果岭的球友开始击球。

(4)球场上保持安静,同组球友击球时,应避开挥杆区域静立,避免干扰球友击球。

(5)协助其他球友注意落球点。

(6)击球者应该随时修补因击球造成的草皮损坏和果岭上落球的球痕。

(7)沙坑击球后要用沙耙抹平脚印和球痕。

(8)在果岭上看球线不可踩到别人的球线。

(9)不要让自己的影子落在推击球员的视线内,影子的晃动会干扰球员推杆。

(10)打完后将旗杆插回球洞后迅速离开,不干扰下一组击球。不要在果岭上计分、讨论或练习。

第十一章　民族民间传统体育运动

第一节　舞　龙

一、舞龙运动概述

舞龙运动是指舞龙者在龙珠的引导下,手持龙具,随鼓乐伴奏,通过人体的运动和姿势的变化完成龙的游戏、穿、腾、跃、翻、滚、戏、缠、组图造型等动作和套路,充分展示龙的精、气、神、韵等内容的一项传统体育项目。中华民族是世界上人口最多的国家,世界上凡是有华人居住的地方都把"龙"作为吉祥之物,在节庆、贺喜、祝福、驱邪、祭神、庙会等期间,都有舞"龙"的习俗。龙是海中神物,在古代被看成能行云布雨、消灾降福的神奇之物。数千年来,炎黄子孙都把自己称作是"龙的传人"。舞龙,在民俗上与龙有着紧密的联系,只是地方不同,风俗有所不同,这也充分体现了我国幅员辽阔,民间民俗文化充满多样性。

舞龙俗称舞龙灯。舞龙之俗由来已久,据记载距今已有两千多年历史。有史料考证,舞龙祈雨早在先秦时期开始流行,到了汉代已具有相当规模,且各地风格各异、独具特色,形式也十分讲究。

在近代,随着华人的迁移,舞龙之俗又传播到世界各地。当今凡有华人聚居的地方,每到庆典和佳节均有舞龙助兴。舞龙作为中华民族的文化,也逐渐为世界各国所接受,进而演变为颇具特色的舞龙运动。由于舞龙运动不仅场面壮观,具有很强的观赏性,而且对锻炼身体的协调性、灵活性、力量和耐力等素质有很大益处。所以,近几十年来,东南亚许多国家和地区将舞龙发展成为一项竞赛活动。国际性的舞龙比赛也日益增多。

在我国,自 1995 年起,每年都会组织全国舞龙比赛。随着中国龙狮运动协会的成立,舞龙活动已发展为竞技舞龙。2001 年,国际龙狮运动联合会制定并推出了国际舞龙竞赛规则和裁判法,推动了世界各国舞龙运动的蓬勃发展,并使舞龙运动在保持传统风格的基础上,走上了规范化、科学化和国际化的轨道。

舞龙的主要道具是"龙"。龙是用草、竹、木、纸、布等扎制而成。龙的节数以单数为吉利,多见有 9 节龙、11 节龙、13 节龙,多者可达 29 节。15 节以上的龙体大而重,不宜舞动,主要是用来观赏,其特别讲究装潢,具有很高的工艺价值。

舞龙中龙珠、龙头、龙身、龙尾由 10 个人在音乐伴奏下以大幅度的舞动来表现龙的各种腾跃加滚翻。珠引龙走,龙跟珠行,节节相随,快慢有序,组成各种巨龙腾跃的优美形态。

二、舞龙基本知识

舞龙的技术动作主要划分为五大类，"8"字舞龙类动作、游龙类动作、穿腾类动作、翻滚类动作、组图造型类动作。根据动作完成的难易程度又可划分为 A 级难度动作、B 级难度动作、C 级难度动作。

（一）"8"字舞龙动作

舞龙者将龙体在人体左右两侧交替做"8"字环绕的舞龙动作。"8"字舞龙动作包括原地"8"字舞龙和行进间"8"字舞龙，而且，其动作可以结合伴奏锣鼓的节奏而快慢变化。同时，也可以充分利用舞龙者的身体姿势变化，如单跪、靠背、跳步、抱腰、绕身等身体姿势下，做各种不同的"8"字舞龙。做"8"字舞龙时，龙体的运动轨迹要顺畅、圆润，人体的各种造型姿势要优美，快速舞龙要突出速度、力量，并保持龙体运动轨迹流畅。做"8"字舞龙动作时，容易出现动作不圆顺，队员的速度不一致，龙体运动与人体不协调、不统一，造成人龙脱节、龙体触地、舞动速度太慢等问题。（图 11-1-1）

原地"8"字舞龙　　　　　　　　　行进间"8"字舞龙

图 11-1-1

（二）游龙动作

游龙是舞龙者在快速奔跑游走过程中，通过龙体运动的高低、左右、快慢的起伏行进，充分展现龙的婉转回旋、左右盘翻、屈伸绵延等龙的动态特征。游龙动作主要包括直线行进、曲线行进、走圆场、起伏行进、行进中越障碍等动作。龙体在行进中应遵循圆、弧、曲线的运动规律，舞龙者应协调地随龙体起伏。（图 11-1-2）

游龙圆场　　　　　　　　　　　游龙曲线行进

图 11-1-2

（三）穿腾类动作

穿腾包括穿越和腾越两种方式。龙体动作线路呈交叉形式，龙珠、龙头、龙身各节依次从龙身下穿过称为"穿越"。龙珠、龙头、龙身各节依次从龙身上越过称为"腾越"。穿腾动作主要包括穿龙尾、穿龙身、越龙尾、首尾穿肚、穿尾越龙身、腾身穿尾、龙脱衣、龙戏尾等动作。在做穿越和腾越动作时,龙形应保持饱满,穿腾动作流畅不停顿,速度均匀,轻松利索,不拖地,不碰踩。

(四)翻滚类动作

当龙身运动到舞龙者脚下时,舞龙者利用滚翻、手翻等动作从龙身越过,称为"滚翻动作"。做滚翻动作时,必须在不影响龙身运动的速度、幅度、美感的前提下,及时完成,而且,所做滚翻动作应干净利索,规范准确,并保持龙身运动轨迹流畅圆顺。

(五)组图造型类动作

龙体在运动中组成活动的图案和相对静止的龙体造型。要求活动图案画面清晰,静止造型形象逼真,以形传神,以形传意,与龙珠配合协调,组图造型连接、解脱要紧凑、利索。主要内容包括龙门造型、塔盘造型、龙出宫造型、龙舟造型、上肩高塔造型、龙尾高翘、组字造型、大横"8"字花慢行。(图 11-1-3)

龙门造型　　　　　　　　塔盘造型

图 11-1-3

(六)技法

舞龙技术要素中有形(姿势)、技(配合)、法(方法)、情(神韵)四大要素。其中,"形"包含圆、连、顺、灵四种形态;"技"指人与龙体、龙珠与龙体、音乐与龙体的配合;"法"包含舞法、步法、握法、鼓乐法;"情"指人、龙之间情感的表达,即舞龙时表现出的喜怒哀乐等情感。

第二节　舞　狮

一、舞狮简介

舞狮,是优秀的中国民间艺术,古时又称为"太平乐"。舞狮有南狮和北狮之分。南狮又名醒狮,以广东狮最具代表性。表演时,为两人扮一狮,前面一人两脚着地,双手举着狮头,不时地做出摇摆颤抖的姿态;后面一人弯着腰屈着背藏于由一块红布、蓝布或黑布制成的六七尺长的狮被内,随着狮头摆舞。南狮表演较注重形象,舞狮时的动作主要有上腿、站肩、坐头、上桩、桩上飞跃、连续飞舞、环回快走、壁虎功、翻滚、钢索和过桥等。其中，凌空横推进过三桩上单（双）腿、凌空推进接新转体180°坐头、挂单桩悬挂接横跃钳双桩和钢索上180°连续回头跳为难度较大的动作。

北狮相传是在北魏时由胡人从西域传到中原。北狮的狮身为全身覆盖型，扮狮的队员衣裤应为狮子的肢体（即狮子的前后腿），服饰要与狮子的颜色、狮毛一致，鞋为狮爪型面覆盖。舞狮时，由两人合作扮狮，一般为4人扮两头狮，另一人手持彩球，并在配以京鼓、京钹、京锣等乐声和配合后引狮子起舞。北狮的舞狮动作主要包括上肩、上腿、飞跃、回转、翻滚、倒立、接抛球、双狮配合造型、引师员的翻、腾、滚、跃等动作。其中，以梅花桩上站肩，狮头、狮尾双单足，飞跃3.5米以上接上腿，狮上坛子、引狮员上狮身旋转360°，高台、梅花桩上倒立，高台、梅花桩接抛球为难度最大的动作。

二、舞狮基本技术简介

（一）狮头的握法

（1）单阴手：单手握狮头，手背朝上，大拇指托狮舌，其余四指握在狮舌；

（2）单阳手：握法与单阴手相反，其余与单阴手相同；

（3）双阴手：动作与单阴手相同，两手握于狮舌两侧头；

（4）双阳手：握法与双阴手相反，握的部位相同。

另外，根据要表演狮子神态的需要还有开口式、闭口式等。

（二）狮尾的握法

（1）单手握法：舞狮尾者一手用大拇指插入舞狮头者的腰带，其余4指轻抓腰带，另一手可做摆尾等动作。（图11-2-1）

（2）双手握法：双手大拇指插入舞狮头者的腰带，做各种动作时应紧握。（图11-2-2）

图11-2-1　　　　　　　　　图11-2-2

（三）基本步法

（1）上步和退步：两脚平行站立，左（或右）脚向前进步，另一脚跟上，即为上步，反之为退步。（图11-2-3）

（2）侧步：包括左侧步和右侧步。两脚平行站立，左（或右）脚向左（或右）侧进一大步，另一脚跟上，即为左侧步，反之为右侧步。（图11-2-4）

（3）交叉步：分为左、右交叉步。移动方向的异侧脚向运动方向一侧跨出一大步（经两腿交叉），另一脚随即向运动方向一侧跨出一步成平行站立。（图11-2-5）

图 11-2-3　　　　　图 11-2-4　　　　　图 11-2-5

（4）跳步：跳步没有具体严格的要求，可随着舞狮的方向任意跳跃，可单脚跳，也可双脚跳。

除以上方法外，还有单跳步、跨跳步、击步、碎步、并脚直立跳、双飞脚、打转等。

（四）基本动作

（1）摇头摆尾：两人在原地，舞狮头者不断地将狮头东摆西摇，舞狮尾者随着狮头的摆动协调地进行摆尾。（图 11-2-6）

图 11-2-6

（2）叩首：2 人 1 组，舞狮头者将狮头持于头上，用小碎步快速向前跑动，在跑动过程中将狮头举起，并不停地左右摇头和眨眼，舞狮尾者低头塌腰，双手搂住前者腰部，用小碎步或左右摆尾跟着前者行进运动，然后，用同样的碎步动作退回，两者配合做狮子叩拜动作。动作方向为先左后右，最后向中间叩拜，叩拜时下肢伴随做小跳步。

（3）翻滚：2 人 1 组，后面队员抓住前面队员腰的两侧，身体重心下降，屈腿半蹲，一脚用力蹬地，向一侧滚动。

（4）叠罗汉：舞狮尾者站马步，舞狮头者两脚站于狮尾者的膝盖上，舞狮尾者扶住舞狮头者的腰，使其平衡、稳定，舞狮头者持狮头做各种动作。

（5）引狮员基本动作：引狮员的动作分静态动作和动态动作，静态动作是指引狮员静态亮相的动作，如弓步亮相、高虚步亮相、马步亮相等。动态动作是指引狮员在运动过程中完成的动作，如行步、跳跃、翻滚等。

舞狮的技术动作有许多，舞动时，可根据舞狮者的身体素质、能力素质、训练水平和表演条件，以及各地的传统习俗，有选择地进行组合而编排成舞。

第三节　太极柔力球

一、太极柔力球概述

太极柔力球是一项新兴的、具有民族特色的体育运动项目,它是由运动者手持一种特制的拍子,该拍子由一个拍柄和一个拍框组成,拍框内有一个能起缓冲作用、带风孔的橡胶软面,通过用弧形引化的方法将球抛来抛去。它可以二人对抛、单人独练、几个人互传或隔网竞技,以达到健身、娱乐、表演和竞技的目的。

经过20多年的不断研究完善,太极柔力球运动已逐步形成了一个较完整的运动项目体系。随着其不断发展,在欧洲、亚洲、大洋洲和美洲有20多个国家和地区也相继开展了这项运动,成立了相应的专业协会。

目前,全国高校已有20余所学校将此项运动列为必修课程或选修课程,这让我们看到了太极柔力球更加光辉美好的未来。

太极柔力球运动是一种全身性的运动,它可以使颈、肩、腰、腿得到均衡全面的发展。弧线圆形动作的变化,随机多样,对提高中枢神经系统机能具有良好的作用。就青少年而言,通过太极柔力球运动的锻炼,可以使全身各组织器官系统得到有效刺激,促进生长发育,完善形态结构,提升心理和生理的适应性能力。近些年的研究表明,太极柔力球运动对提高青少年的反向思维、创造性意识、反应速度以及培养柔中带刚的特质具有显著性作用。

二、太极柔力球基本知识

(一)持拍方法(以右手持拍为例)

掌握正确的持拍方法是最基本、最简单的技术,但也是最容易被忽略的和最重要的基本技术,因此,初学者必须注意。

持拍方法有正握和反握两种方法。

1. 正握

正握是用拇指和食指第一指节的指腹部位,相对捏住拍把与拍面平行的两个宽面处,其余手指顺势扣握,拍把的尾部靠在手掌的小鱼际处,掌心要空出,以便球拍在手中自如运转。

2. 反握

反手持拍也是用拇指和食指第一指节的指腹部位,相对捏握在拍把与拍面垂直的两个窄面处,其余手指顺势扣握,掌心空出,使球拍能灵活方便地应对各种复杂技术动作的要求。

3. 容易出现的错误

(1)虎口紧贴拍把,握拍过紧。

(2)持拍位置过后,拍把尾部贴住掌根。

(3)持拍臂紧张,肌肉僵硬。

(4)食指或拇指伸出,紧贴拍把。

(5)五指攥握球拍。

(二)基本站位(以右手持拍为例)

1. 动作方法

运动员右手持拍,正手握拍,接抛身体右侧的来球站位。面向对方,左脚在前,右脚在后,两脚自然开立,略宽于肩,两膝微屈略内扣,重心在两脚之间,脚跟略微提起,以前脚掌着地,髋关节放松,含胸收腹,上体略向前,平视前方,非持拍臂自然置于身体右前上方。(图11-3-1)

基本姿势正手位　　基本姿势反手位

图 11-3-1

2. 容易出现的错误

(1)两脚呈"八"字形。

(2)两腿直立,弯腰,重心前倾。

(3)髋关节不放松。

(4)持拍臂无力下垂于体前。

(三)发球(以右手持拍为例)

发球是指比赛开始时把球抛向对手的动作。发球时,左脚在前,右脚在后,双脚自然开立,左手拿球,右手持拍,左手将球由身体的前方向后上方抛出,至少抛离手10厘米,在抛球的同时右手持拍向前迎球,球入拍后,采用高入低抛的弧形引化动作,将球抛出。发球时,必须有一只支撑脚不得移位和脱离地面,出球点不限,但必须符合接抛球的基本规定。发出的球分为高远球、平快球和网前球三种。

1. 发高远球

发出的球运行轨迹高而远,落点在对方场区底线附近的球,叫高远球。发球时,发球员将球引入球拍后,顺势做弧形引化动作,利用腿和腰的蹬转合力,并运用手臂继续挥摆的力量,将球向上方抛起,在球出拍的瞬间,出球点的拍框外缘要对向出球方向。

2. 发平快球

这是弧形较低、速度较快、具有一定攻击力的发球。出球时的挥摆动作要以向前用力为主,发出的平快球从接近网口的高度直奔对方后场。发球时动作一定要规范,用力完整连贯,不能用肘或手腕在发球的后程突然加速、加力。

3. 发网前球

发网前球是指发球时用力柔和准确,发出的球最好贴近球网而过,使球在过网之后立即坠落,球的落点应在对方比赛场地的近网处。

4. 发球容易出现的错误

(1)挥拍后不做弧形引化,而是硬性将球推出。

(2)挥拍动作不以肩为轴,用大臂带小臂,而仅以手腕或小臂的挥动来发球,无弧形引化或引化动作不明显。

(3)球未明显抛出手10厘米以上就进入球拍。

(4)抛出的球高度或方向不合适,挥拍落空,使球掉落。

（5）发球时为了增加出球的速度，没有均匀加速而是在引化过程中突然加速，使引化中断；或为了改变球的落点，突然折向发力，造成引化中断。

（6）为增加发球威力，横向挥拍，将球推出球拍。

（7）为发高远球，没有使用全身合力，而是在最后手腕向上勾，挑球拍出球。

（8）发球时，在球出球拍的瞬间，球拍出球点的拍框外缘未与出球方向一致。

5. 发球错误动作的纠正方法

（1）加强专项辅助练习，严格规范每一个发球技术动作。

（2）自抛自接球，强化球入球拍时的角度和全身整体用力抛球出拍的过程，体会每个球出球拍时拍框与出球方向的正确位置。

（3）对墙或对网发球，进一步体会全身完整用力，杜绝肘、腕的单独发力。

（4）场地定位发球，培养运动员发球的方向性、准确性和攻击性。

（四）正手接抛球

1. 正手接抛高球

正手接抛高球是指接球队员以正握拍接抛身体右侧前上方来球的方法。

接抛球时，根据来球的方向、速度及时调整站位，将接球点置于身体右侧前上方，持拍臂以肩为轴，向右前方伸出迎球，当球触及球拍后，迅速顺势向后经右后上方、右后下方做弧形引化，从身体的右前下方将球抛出。在球入球拍时应从球拍的侧框切入，并从入球点对面的侧框出拍，在球出球拍的瞬间，出球点的球拍侧框应与出球方向保持一致，不要让拍头对向出球方向，注意身体要正，腿和腰要带上力量。（图 11-3-2）

图 11-3-2

2. 正手接抛低球

正手接抛低球是指接球队员以正握拍接抛身体右侧前下方来球的方法。

接球队员正握拍，接抛球时，根据来球的方向、速度及时调整站位，将接球点置于身体右侧前下方，持拍臂以肩为轴，向右前下方伸出迎球，当球触及球拍后，迅速顺势向右侧后45°方向做弧形引化，经右前上方将球抛出。在弧形引化过程中动作要连贯，入球时全身协调拉上力量，在球出球拍的瞬间，球拍的侧框对向出球方向。（图 11-3-3）

图 11-3-3

3. 正手接抛球容易出现的错误

（1）挥拍时不以肩关节为轴，而以肘关节为轴。若弧形引化过程中拍头位置太低，容易使球滚落。

（2）接球时，没有提前伸拍迎球，而是等球飞行到右后方才接球，因此没有办法做引化动作或引化动作太小，造成球与球拍间的硬性碰撞。

（3）接抛球过程中，没有弧形引化或弧形引化不明显，出现折向发力的动作；或前半段的弧形引化动作尚可，但到了后半段就变成用拍面来引导，形成弧形引化中断或折向发力的动作。

（4）接球时，引球不及时，使球失控滑落。

（5）在球入球拍后，向后的引化幅度太大，方向不正确，抛球过程不能保持在同一个半径的圆弧上，使得球拍无法沿圆弧切线出球，而用手腕将球推抖出拍，造成二次发力犯规。

（6）在出球的后半段为使打出的球有力，手臂紧张加力，使引化圆弧的半径改变，从而改变了弧线方向，使球折向出拍，造成犯规。

（7）在完成动作时手握球拍太紧，没有根据弧线位置推捻手中的球拍，致使出球时，出球点的拍框没有对向出球方向，违反了拍弧对应关系造成犯规。

（8）入球和出球都在球拍上部的拍头部，造成球在拍内折反，在球出球拍时也容易造成折向发力犯规。

4. 正手接抛球错误动作的纠正方法

（1）加强徒手和持空拍的辅助训练，特别要注意球拍入球角和出球角的控制，运动弧线一定要连贯，从入球到出球一气呵成。在空拍动作顺畅自然以后再持球做练习。

（2）持球练习时要先慢柔，使动作放松，不要急于加速使力，等动作正确定型后再逐渐加快速度。

（3）在做正手接抛球时，要重视全身的整体协调用力，为手臂的挥旋创造条件，力要从腿、腰发，带动手臂旋转。如果只用上肢和手臂力量，极容易造成掉球失误和动作犯规。

正手接抛球是使用最多的基本技术，学会容易学好难，尤其是正手接抛低球，是一项较难掌握的动作技术，因此我们要有足够的耐心。找准手臂挥旋的圆心和半径，上下协调配合才是掌握好这一技术的关键。

（五）反手接抛球（含反手反推）

1. 反手正握接抛高球

接球队员以正握拍方法，在身体左侧按逆时针方向完成弧形引化动作即为反手正握接抛高球。

接抛球时，根据来球的速度和落点及时调整站位，将接球点置于身体左侧前上方，持拍臂以肩为轴，手臂外旋，拇指在下，其余四指在上，向左前上方伸出迎球，球拍的边框对着来球。当球触及球拍后，双脚蹬转，使力量集中在腰部，由腰带动持拍臂向左侧后下方做弧形引化后，将球由左前下方向前抛出。（图 11-3-4）

图 11-3-4

2. 反手正握接抛低球

接球队员以正握拍方法，在身体左侧按顺时针方向完成弧形引化动作即为反手正握接抛低球。

根据来球的方向、速度及时调整站位，将接球点置于身体左侧前下方，持拍臂以肩为轴，向左侧前下方伸出迎球，持拍手拇指在上，其余四指在下，当球触及球拍后，使全身的力集中在腰部，以腰带动持拍臂向左后上方做弧形引化后，将球由左前上方向前抛出。（图 11-3-5）

3. 反手接抛球容易出现的错误

在反手侧，动作的协调性、灵活性、稳定性相对正手侧有一定差距，是我们打球中较弱的一侧,也是对方攻击的要点,如果我们在训练中对它的重要性认识不足,就容易形成防守和进攻的漏洞。

(1)由于球在身体的反手侧,对球拍入球准备不足,往往不能主动伸拍迎球而是等球,拍框没有对向来球方向,容易造成撞击违例。

(2)做引化动作时,上下肢力量脱节,不用腿、腰发力,这样造成引化后程出球无力,最后只用手臂的肘、腕发力,造成二次发力和折向发力。

4. 反手接抛球错误动作的纠正方法

图11-3-5

(1)加强辅助训练,尤其是反手接入球阶段,早判断早做准备,早伸拍迎球,给引化球留出空间和时间。

(2)多进行自抛自接辅助训练,在伸拍迎球时,握拍的手指相对放松,让球拍的侧框对向来球方向,使球切入球拍,在自己练习定型后再进行对练,逐渐形成正确的技术动作。

(3)应当加强反手侧的防守和由防转攻的技术训练,使反手侧的动作更加熟练、规范,为自己的有效进攻创造条件。

(六)体前平弧球

体前平弧球是指接球队员在体前采用水平弧形引化方法的接抛球技术。体前平弧球可用正握拍,也可用反握拍。由于它的引化动作是有支撑点无实体轴的运动,因此虽然动作缺少力量,但是变化非常丰富。

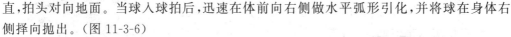

1. 正拍右拉球(反拍同此)

接球队员正握拍,将接球点置于体前偏左侧,小臂外旋,向左前下方伸拍迎球,球拍的侧框对向来球方向,拍面要与地面垂直,拍头对向地面。当球入球拍后,迅速在体前向右侧做水平弧形引化,并将球在身体右侧择向抛出。(图11-3-6)

图11-3-6

2. 正拍左拉球(反拍同此)

接球队员正握拍,将接球点置于体前偏右侧,小臂内旋,向右前下方伸拍迎球,球拍侧框对向来球方向,拍面要与地面垂直,拍头对向地面。当球入球拍后,迅速在体前向左侧做水平弧形引化,并将球在身体左侧择向抛出。(图11-3-7)

图11-3-7

3. 体前平弧球容易出现的错误

(1)出球时,不是用球拍的侧框对着出球方向,沿着球拍的边框出球,而是拍面对向出球方向,将球推出球拍。

(2)腿部僵硬,接抛球过程中没有身体重心的变化,单靠手臂和手腕用力。

(3)入球时没有拉上力量,在最后出球时球无力出拍,只得用手腕力量抖球出拍。

(4)在最后的择向出球时,不是以身体的整体用力带动球拍划弧并选择出球方向,而是靠手腕的拨、挑控制出球方向。

4. 体前平弧球错误动作的纠正方法

（1）多进行体前摆动训练，并且使摆动拉上力量，使手在摆动过程中的任意一点都能感觉到球向外走的离心力，并控制自如。

（2）反复进行持拍不带球做体前平拉的技术动作。一定注意腿和腰的蹬转用力和出球时拍框要对向出球方向的强化训练，杜绝在最后出球阶段手臂和手腕单独发力，形成正确的动力定型后再带球进行对抛对练。

体前平弧球在场上变化多，进攻效果好，落点精确，是前场常用的小球技术，但如果训练不规范也是很容易违例的动作，所以我们在训练中一定要精益求精，在动作标准的前提下再追求动作的变化、速度和球的落点。

（七）背后接抛球

在实战中背后接抛球是常用而且效果较好的隐蔽动作，接抛球时可采用原地、上步或撤步的接抛球动作。

接抛球点在身体的右侧，持拍臂在引球入拍后，左右脚同时蹬转，以身体的纵轴为中心，向右后方垂直转动90°，持拍臂围绕身体顺势做弧形引化，使球经体后至身体左侧抛出。做引化动作时，拍头应微微翘起，以免球失控脱落。（图11-3-8）

图 11-3-8

（八）腋下接抛球

接球队员正握球拍，接抛球时将接球点置于身体左侧，持拍臂在引球入拍的同时，右脚向左前跨半步，身体向左转体约90°，侧对进攻方向，左臂屈肘上抬，引球入拍后，顺势向左后方引化，经身后使球由身体左腋下抛出，注意出球时头部要向前，眼看出球方向。（图11-3-9）

图 11-3-9

（九）腾空右侧旋球

正手站位，当球向身体的右侧飞来时，右手持拍向右前下方伸拍迎球，同时滑步调整站位，当球入球拍后，左脚侧蹬，右脚支撑起跳，或双脚同时向右后上方蹬转身体，在空中旋转，带动手臂和球拍及拍中的球，由身体右前下方经体后向上，从身体的左上方再向前划一个完整的弧线，当球拍旋转到最高点时，使球沿这个弧线的切线方向甩出球拍，出球点的拍框外缘要对向出球方向。这个动作要注意的是，在起跳时，不是单纯的上跳，而是向上跳的同时，使身体获得在空中旋转的力量。（图11-3-10）

图 11-3-10

（十）腾空左侧旋球

反手站位,当球向身体的左侧下方飞来时,右手持拍向左前下方伸拍迎球,同时滑步调整站位。当球入球拍后,右脚侧蹬地面,以左脚支撑起跳,使身体在空中旋转,带动手臂、球拍及拍中的球,由身体的左前下方经体后向上,到身体的右上方,再向前划出一个完整的弧线,在这个弧线的最高点处,使球沿着这个弧线的切线方向甩出,出球点的拍框外缘一定要对向出球方向。这个动作如果要腾空完成,需要在起跳时蹬旋身体,使身体获得足够的旋转力量和速度,从而产生更大的惯性,使出球的速度更快。在旋转过程中,头要领先身体的旋转,提前观察对方的防守情况,将球有目的地攻入对方场地空当。（图 11-3-11）

图 11-3-11

（十一）正手高点球

正手基本站位,当球向身体右侧飞来时,通过滑步调整,使身体处于适当的位置,右手持拍向右侧前下方伸拍迎球,同时双脚蹬地,使身体原地向上展开,或以左脚向上起跳。在起跳的同时,持拍臂以肩为轴,球拍带球,从右前下向右后、向上、向前划一个完整的弧线,在引化圆弧旋转到最高点时,将球沿弧线的切线方向,向前下甩出。这项技术的特点是进攻点高、视野开阔、攻点准确。要注意在入球时加大持拍臂的旋转初速度,拉出力量,使动作连贯完整、一气呵成。（图 11-3-12）

图 11-3-12

（十二）腾空水平旋球

正手基本站位,当球快速向身体的右侧上方飞来时,可以在腾空水平旋高点对进攻球进行拦截,并顺势反击。技术动作为:双脚迅速蹬地,使身体跳起,在空中完成围绕身体纵轴的水平旋转,在旋转的同时,右臂持拍向右侧上方迎球,球入球拍后,以身体的旋转力量带动手臂、球拍及拍中的球,使球从身体的左侧甩出。旋转时拍头向上,球拍的持球面对向身体的纵轴,出球时,要注意球甩出球拍的瞬间拍框的外缘要对向出球方向,落地后要迅速恢复基本站位。（图 11-3-13）

图 11-3-13

第四节　射　箭

一、射箭运动概述

(一)射箭的起源

弓箭是人类最早发明的远射武器之一。学术界的研究表明,在旧石器时代与新石器时代之交,有一个中石器时代(或称细石器时代),在这一时期,世界上不少地区开始发明弓箭,用于狩猎与战争。我国的弓箭,相传起源于黄帝时期。羿射十日的故事,表明夏代已经出现技艺高超的神射手。商代甲骨卜辞中已经出现弓、矢、射、引、至、雉、彘等与弓箭有关的文字。甲骨文的"侯"字,像箭矢射中靶子之形,当是古昔以射技抉择领袖——"射中为侯"的明证。周代是我国古代弓箭发展的全盛时期,射箭已成为最普遍的社会现象之一。天子与诸侯相见,相与比箭,称为"大射"。天子赐予诸侯弓箭,既是奖赏,同时也象征着征伐一方的资格。《尚书·文侯之命》记载平王赏赐晋文侯的物品中,就有"彤弓一,彤矢百,盛门一,卢矢百",即红色、黑色的弓各一把,箭各百支。类似的记载,在青铜器铭文以及《左传》等先秦文献中屡见不鲜,在冷兵器时代,弓箭是最重要的武备之一,所以制作积极讲究。我国第一部记载工艺技术的《考工记》中有"弓人"与"矢人"两职,记载了弓箭制作的工艺流程与技术标准。

中国弓箭文化的最大亮点在于,西周之后,弓箭逐步转化为礼乐活动的器具,进入文化教育的层面,成为一个全新的发展方向。众所周知,周代贵族教育体系的主体是"六艺",即礼、乐、射、御、书、数。地方各州也是如此,每年春秋,各乡下属的州都要在当地学校聚民习射,称为"乡射礼",旨在借由比射的形式,教民礼让、敦厚民俗。为了突出尊贤的色彩,乡射礼的主持人不是州长,而是当地德行卓著的名人。

古希腊奥运会诞生于公元前776年。中国的乡射礼盛行于春秋时代,二青铜器铭文记载的宫廷射礼的年代可以上溯到西周。据此可知,中国射礼出现的年代约与古希腊奥林匹克运动会同时,甚至更早。同为竞技运动,两者有相似之处,但差异也很显著。

(二)射箭的发展

中国传统射箭拥有悠久的历史,是最早进入教育体系的运动项目之一。夏商之时的庠序之教中的"序"便是习射的场所,春秋时期孔孟更是将射箭上升到修身的高度,由此引发士子通过学习射达到修身修德的目的。就全世界而言,把弓矢武器属性转为礼器属性的只有我们国家,射艺为我国特有的射箭文化。现代射箭运动于1957年传入我国,1964年,中国射箭协会成立。2014年8月,在中国射箭协会的批准下,成立了全国性质的传统射箭组织——中国射箭协会传统弓分会,这为未来中国传统射艺的推广和发展开辟了新的纪元。

传统射箭是中华传统文化的重要组成部分。进行传统弓射箭训练,不仅是身体素质和射箭技术的训练,更是心理品质和心理定向的训练。运动是指人们经过一定的身体练习可以控制的一种技巧,而射箭的目的是对人的内心和精神进行修炼,这已经上升到更高级的哲学层面。

（三）传统射箭

1. 传统射箭的独到之处

传统射箭的独到之处是它必须把注意力集中于射一支箭的全过程。传统弓是一张裸弓，对于一个传统弓射手来说，过程比结果更重要，因为射箭不仅是一项体育运动，射箭的过程也能培养和考察射手的品德修养，这一特点赋予传统射箭极其深厚的文化内涵。

2. 传统射箭与现代射箭的区别

传统射箭与现代射箭在技术上的根本区别在于手指的勾钩弦方法。传统射箭是拇指钩弦，即古籍上记载的"后拳风眼最宜丰"，这种钩弦方法是古人在长期的狩猎与战争中总结出来的最佳选择，使其成为中国传统射箭的主流射发。选择这种钩弦方式方能体现出中国传统射箭的风采和特点。恢复传统射箭射发和技术不是单一的层面，而是要恢复射箭的文化和哲学的属性，将其恢复成为一门艺术。

（四）中国传统射箭运动——蒙古式射箭

蒙古式射箭法的特点在于，拉弓弦的手用大拇指扣弦，箭尾卡在拇指和食指的指窝处。蒙古式一般采取大拉锯的方法，弓开得十分满，这样有助于提高弓箭的威力。与蒙古式相对应的是地中海式射箭方法。目前国际上的主流射箭比赛，如奥运会，都是采用地中海式射箭。然而，目前中国、日本、韩国有很多传统射箭爱好者仍然保留着蒙古式射箭的技艺，较好地将这种古老的射艺传承和继承下来。

二、射箭的基本技术

（一）站位

射手站在起射线上，左肩对目标靶位，左手持弓，两脚开立与肩同宽，身体的重量均匀地落在双脚上，并且身体微向前倾；（左手持弓）也可左脚微向内倾斜，身体重量均匀落在双脚上，此动作有助于增加后手的加力控制。

（二）静心与自信

静心是指在起射之前，射者必须聚精会神，努力排除心中的杂念，在思想安静、意念集中的基础上出现的清醒、保持意念统一、轻松舒适的一种心理境界；自信是指对个人所做各种准备的感性评估。

（三）搭箭

把箭搭在箭台上，单色主羽毛向自己，箭尾槽扣在弓弦箭扣上。

（四）扣弦

右手以食指，中指及无名指扣弦，食指置于箭尾上方，中指及无名指置于箭尾下方。
勾弦动作练习要求：
(1)弦在高钩贤弦手指上的位置要始终保持固定；
(2)手腕关节保持放松，没有其他外力的施加；
(3)手指用力的方向保持不变，与作用在弓上的力的方向保持一致；
(4)弓在手上的位置会有一些小的差别，这取决于每个人手指的长度；

（5）满弓时力的方向应是一条直线,从肘关节中心点,通过腕关节到勾弦点,再到推红弓点,是一条直线。

手指用力方向:从开始拉弓到最后的撒放,勾弦手指用力的方向很重要。应当保持勾弦手指控制弦的屈指肌张力足够大,以便保持对弦的控制。

（五）握弓

握弓的位置是在一张弓的中心点,推弓的手施加到这个点上的压力对撒放时弓的运动方向将产生巨大的影响。因此射手应把握精确的推弓位置,以便与整体直线用力和自己的身体特点、姿势相协调,实现一个完美的撒放。

1. 握弓技练习要求

（1）弓与手的接触面尽量的小,手在握弓时,用力方向只能是在推弓中心点的正前方;

（2）握弓时,握弓手的位置应感觉自然、舒适,再继续用力至完成撒放动作;

（3）在继续拉弓用力时,握弓手的位置不能左右滑动,握弓手指不能移动;

（4）在完成撒放的同时不应对握弓处施加额外的力。

2.握弓手的稳定位置和条件

（1）拉弓时,握弓手保持在最舒适的位置;

（2）拉弓时射手的握弓手、肘关节和肩关节的连线应在一条直线上;

（3）拉弓时,握弓手应最大限度地体现以推为主、以握为辅。

3.手指及手腕关节的用力

如果手指及手腕关节上用力过大。使其变得僵硬,这会妨碍勾弦手及小臂的放松和自然的拉力线。

4.手指用力方向

从开始拉弓到最后的撒放,勾弦手指用力的方向很重要。应当保持勾弦手指控制弦的屈指肌张力足够大,以便保持对弦的控制。

（六）头与举弓

右手拇指勾弦,头部自然转向靶面,眼睛平视前方;两臂举起,高度一般是拉弓臂前臂在眼眉梢上的水平线最好。弓与地面垂直,箭要水平并且同拉弓臂的前臂连成一条直线,两肩自然下垂,调整呼吸,意念集中,准星对准目标垂直线上方某一个固定的位置。

举弓后,身体的平面与目标必须成一条直线,保持站立时两脚的平衡用力和身体的整体姿势,这时颈部和面部必须放松,当举弓动作完成后,身体重心会偏向左脚,这时要主动调节一下重心会偏向左脚,保持身体正中位。

举弓姿势要求:

（1）举弓后,射手应该向前伸展并做内旋用力的动作,踝关节内侧基本垂直于地面,持弓臂骨骼调整可符合生物学的要求,使前掌用力更加流畅;

（2）举弓时,持臂关节的准确调位与固定。举弓时,应该保持持弓臂的位置不变。在拉弓的过程中,轻轻将地用力的方向;

（3）举弓时,留意持弓臂的正确高度。在开弓的过程中最佳拉弓臂高度一般与眼眉梢上持平,射手应该注意保持肩部的高度;

（4）举弓时,保持准确的身体垂直和重心位置。举弓时应保持身体的正中位,如果身

体的重心线延长至地面时,重心线应位于双脚中间;

(5)举弓时,保持准确的角度。在开弓过程中,上半身的重心应与整个身体的重心一致,落在两腿中间并保持水平用力,开弓后成"十字"用力的架势;

(6)举弓时,注意呼吸的调整。射手应保持自然呼吸状态,整个呼吸保持通畅;

(7)举弓时,颈、背部选择一个准确的位置,举弓时射手应正确面向目标,如果举弓时颈、背部的位置选择不准确,则靠弦点的误差会引起许多动作到位;

(8)举弓时,保持拉弓臂关节的柔韧性和角度。拉弓时拉弦手腕应一直处于放松状态,整个拉弦过程应与箭保持直线运行状态;

(9)举弓时,建立拉弓臂与持弓臂之间力量的准确对称。在举弓和拉弓过程中,射手应体会拉弓与推弓各50%的对称用力。这将有助于后面继续用力技术的掌握。

(10)举弓时,注意上半身与下半身之间的协调,保持身体的正直。

(七)预拉

射手举弓时左臂下沉,肘内旋,用左手虎口推弓,并固定好。

(八)开弓

射手以左肩推右肩拉的力将弓拉开,并继续拉至右手"虎口"靠颌。

基本要求:举弓稳定后,利用两肩带肌的力量,采用前撑后拉的方法,沿着最短距离将弓拉开。

开弓是射箭基本动作的一个重要环节,应做到两准:

(1)拉距要准,开弓后,箭头要上指;

(2)箭头要准确进入目标区。

开弓既要做到稳定又要做到果断:

(1)开弓要稳定,指举弓起后,要有一个从动作到心情再到呼吸的稳定过程;

(2)开弓要果断,开弓时不能有任何顾忌,要大胆果断地将弓开满。

拉弓方向:从举弓开始,拉弓力的连线及方向应保持一致,目标的中心、推弓手、勾弦手,必须在一条直线上。

拉弓时的身体姿势:

(1)应确保持弓臂的肩不能上起;

(2)腰部不能弯曲;

(3)拉弓时保持身体原有姿势不变,上下半身保持在一条直线;

(4)注意拉弓时身体重心的移动。

(九)靠弦

在所有基本技术之中,靠弦是最重要的技术之一。归纳起来包括有三种靠弦的方法,目前的拉距分大、中、小三种,大拉距勾弦手在耳后、中拉距勾弦手在耳根、小拉距钩弦手在耳旁,这三种拉弓方法各有特点。

射手应学会用背部肌群带动肘部完成靠弦动作,而不是用手臂的肌肉完成靠弦的动作。

1.靠弦位置

勾弦到手后不是拉弓动作的结束,而是拉弓动作进入一个新的更关键的阶段。靠弦动作结束的同时,即射箭基本姿势形成之时,特点是各部动作必须按技术规格要求完全就绪。靠弦一定要一步到位。

2.靠弦——基本姿势的形成

要射好一支箭,满弓时保持一个好的身体结构非常重要。由于射手各自的身体形态不同,身体的角度会发生一些变化,不同射手的基础技术也会有细微的差别。满弓时保持一个正确的角度是非常重要的,因为这是撒放前的最后姿势。

基本姿势形成后,总的要求是:志正体直、清静无为,体重平均落于两脚之上;塌肩舒胸,动作层次清楚,左右用力对称;整个动作自然、轻松、稳固持久,天、地、左、右无限伸展。

为了达到这一完美动作,把"靠弦到位"基本姿势形成时的有关动作做如下分析:

(1)持弓臂动作

持弓臂动作的作用:克服弓的自重量,平衡弓的重力距,反抗拉力臂的牵引,稳住弓,为流畅用力、精确瞄准、完美撒放创造条件。

持弓臂的用力特点属于静力支撑。前撑力的发力点在于肩,首先应把肩关节稳固、固牢,始终处于向目标方向内旋前撑的状态,它的用力特点是发于肩形于手。

(2)拉弓臂的作用

射箭拉弓有一条最基本的原则:一旦开弓,从拉弓开始到动作暂留这个过程中,用力是不可以停顿的,如果停顿了,再启动不仅是费力的,而且对动作一致性的破坏也是很大的。

拉弓臂动作完成后,射箭的基本姿势就确立了,这时瞄准眼的瞳孔中心点、勾弦点、搭箭点、目标的中心点形成一个面,这个面与地面垂直,叫射箭面。

(3)身体姿势

射箭的基本姿势形成后,从射手前面看:推弓点、勾弦点、拉弓臂肘关节中心点,连成一条直线。

箭杆靠近身体,而且在此位置时,双肩的连线应与箭杆及其延伸线平行推弓点、勾弦点、拉弓臂肘关节中心点在一条直线上。

(十)瞄准

射手在勾弦手到位的同时,目标的中心点、箭头、弓身一侧的边缘、眼睛这四个点组成一条理论上的直线,就形成弓的瞄准基线。瞄准分为视觉瞄准和"直线力"指向瞄准。

(十一)撒放

撒放是由"静到动"的转换过程,撒放的方式大多采用滑弦撒放。正确的撒放动作是握弓手推弓和拉弓时所产生的两个相反的力要对称、协调,以勾弦点为中心,左右均匀分开,持弓臂随箭射出的方向沿直线向前运动。

撒放过程中部位动作的分析:

(1)拉弓臂:勾弦手的运动路线是由拉弓臂的运动路线决定的,拉弓臂的运动路线又取决于用力的部位;

(2)持弓臂:持弓臂在撒放与发射过程中的作用是保持前撑的方向不受干扰,持弓臂的稳定性在射箭技术中占重要部分,稳定性不好很难射出高水平;

(3)撒放:这是一个关键性的技术环节,同时又是各部技术的综合反映,射手在撒放时

要表现出一定的力度,撤放时还要注意以下几点:

①撤放的方向,要把控好撤放的方向,钩弦手沿箭的延伸线正直向后;

②撤放的速度,手指放弦的速度很重要,保持这个时间内的一致和不变至关重要;

③撤放时行走的距离:撤放后,勾弦手应在一个固定的位置结束,这段距离应保持不变,钩弦手向后移动的距离要固定

④撤放时背肌的运用。撤放时必须用背部肌群来完成这一动作。

⑤撤放时要做到"胸开背紧"。撤放动作时必须从背部肌群开始,而不应该借助持弓手去推弓,或用钩弦指去拉弓弦。

⑥撤放时的"静止"。撤放前的静止状态对于稳定性而言是十分重要的,静止状态的优劣又取决于继续用力的质量。

(十二)动作暂留

1. 作用力方向暂留

在撤放和动作暂留过程中,钩弦手应沿"继续用力"过程中建立的用力线方向保持用力。

2. 身体垂直中心线

在撤放和动作暂留过程中,射手应保持身体的垂直线。

3. 背肌持续用力

背部肌肉不能在撤放后的瞬间快速放松。在撤放和动作暂留过程中,背肌要继续其原来的操作过程,以帮助射手在紧张的状态下完美撤放。

4. 平衡的暂留

在撤放和动作暂留过程中,射手需要建立和保留精确的对称用力平衡状态。

(十三)收势

射箭是一项周期性的运动,射箭比赛不是射一支箭,是射若干支箭,这若干支箭必须用高度统一的动作射出才能圆满地完成比赛任务。射箭必然要求多次一成不变的重复训练、重复比赛。在一成不变的重复中,达到技术的动力定型。定型后的技术是为了在重复的训练或比赛中一成不变。

收势是指一支箭起射过程全部结束后,将弓放下,使身体恢复到站立时的姿势,先做两次深呼吸,全身放松一下,排除在比赛过程中产生的紧张情绪。同时应立即无间断、无间歇地把思路理清,回到无为状态、准备状态、本源状态,回到"零"的状态。做好起射下一箭的准备,因为每一支箭都必须从"零"开始。这就要求射手意识到每支箭的结束就是下一支箭的开始,开始即是结束,结束即是开始,这样多次重复练习才能形成"一致性"技术的动力定型,也才能使自己的射箭技术达到巅峰。

三、比赛场地器材及规程

(一)射箭场地

学校上课练习场地:一般设5~7个箭靶,宽度在20~30米,男、女分开进行练习或上课,另外举行比赛时,排名赛场地也是赛前、淘汰赛和决赛期间的热身训练场地。除5~7个箭靶以外,还应提供一定数量的10米距离的热身撤放箭靶。

（二）射箭器材

1.箭靶

射箭比赛用靶一般有方形和圆形两种。箭靶用稻草加麻布或其他适合的材料制作并保证结实度。箭靶的边长和直径不得少于124厘米，厚度一般在15～25厘米。

2.架

支撑箭靶的架子称为靶架，用木料或竹料制成，要求坚固，但不能对箭造成损伤。靶架斜放在终点线上，与地面垂直线的夹角为10°～15°。各环靶中心的高度距地面130厘米，均应在一条直线上。

3.环

环靶为圆形，直径122厘米，自中心向外分别为黄色、红色、浅蓝色、黑色和白色五个等宽同心圆色区。每一色区由一条细线分为两个同色的等宽区，这样就构成了10个等宽的环区，10环区内有一个中心环线，称为内10环，用于评定一些环数相同的名次。

（三）射箭比赛规则

目前，全国各地射箭赛事众多，有射准、射远、速射、移动靶、模拟对抗、民族射、骑射和原野赛等多种类型。既有中国射箭协会、中国大学生体育协会主办的专门赛事，也有各地民族与宗教事务委员会主办的综合赛事射箭项目，以及群众自发举办的各类赛事。

射箭赛事规则要求使用传统形状的弓、竹或木质的羽箭并采用拇指勾弦法。此外，射箭赛事在服装、礼仪上鼓励体现民族特色。射箭场地因地制宜，练习距离在5米以上，比赛距离在20米以上。目前，国内比赛距离有20米、30米、40米、50米、60米和70米六种距离，通常选定三个距离比赛。校园射箭赛事，分为文射、武射、特射和新射四种类型。文射展现"三番四矢"的传统射礼。武射以武科举为原型，每组九箭，展现古代军旅实用射法。特射展现各地域、各民族传统射法。新射展现新式射法，鼓励创新，富有活力。

第五节　香店拳

一、香店拳概述

香店拳属于中国武术的一种，其主要表现形式是锄头功和扁担功，是祖国武术文化与福州登云山农民劳动生产实践相结合的产物。2007年9月，经福建省政府批准，香店拳入选第二批福建省非物质文化遗产名录。香店拳源于清朝乾隆年间，南少林武僧智远为报香店人救命之恩，在香店密传罗汉拳。后经香店历代吸取南北派各派系功夫精华，融汇进了"香店拳"，从此代代相传。香店拳传至第五代香店拳传人房利贵时，摒弃了传统的门派观念，将香店拳由香厂传出外界，才使得香店拳在新的时代发扬光大。

源于少林罗汉拳的香店拳秉承了罗汉拳的特点，手法上讲究金、木、水、火、土五行变化；身法上讲究吞、吐、浮、沉，内外配合；讲究"精、气、神、手、眼、身"六合。技击中灵活多变，短打近攻，动作迅疾，攻防技术全面，拳风古朴、刚烈，刚中带柔。双手在技击中拳、掌、指、肘的运用丰富，变化莫测。要求做到走似疾风、站如固钉、进似利箭、退要稳健，还要做到眼明手快、腹实含胸、肩沉坠肘、足蹬力猛。香店拳的主要套路有三战、硬三战、八步(上中下三盘)、十字、十八伏魔腿、少林、罗汉拳、五十四拳母、八步徒手对打、刀术、剑术、少林棍、伞术、板凳法、锄头法、扁担法等。

二、香店拳的基本知识

香店拳的功法包括桩功、中下盘练法、手臂功法、对抗练法、内劲练法。香店拳是内外合一、软硬功兼练的技法拳种,架子大开大合,善于短打近摔、远踢,动作迅疾,拳势激烈。凝则勇猛沉厚,变则轻巧快捷,静则精气神力俱凝,动则手眼身法步齐至,拧浑身劲于一点。变化要求虚实变幻斜正之间,拳法变幻无穷。由于传统制香的师傅们终日手工揉搓香料的实际工序造就了特殊的臂力,形成了独特的风格,在民间拳术交流中制香师傅们展示出简洁、明快的技击特点,有"周身是手"之喻,因此,福州民间武术界多传称为"香店手""香店法""和尚手"。

(一)硬马硬桥,以声催力

香店拳讲究"练拳不练桩,房屋无立柱",因此马步沉稳,实而不僵,功深时落地生根,有弹劲。三战套路也称作"三正""三变",为香店拳的基本功、入门拳法,拳有冲、砸、靠、转;掌有折、翻、吹、推;肘有横、顶、拦、抖;步有三角马、四平马、点马、弓箭马等配合。属于激烈功法的有桥手训练、练天地骨(尺桡骨)、三角马进退桥手对练、碰基顶马等,基马是练好香店拳的基础,基马要求马步扎实、稳定,又不失柔韧性,灵活而富有弹性。桥手的硬度要求有一定的抗击打力,又有弹力、旋转力,周身上下协调一致,伸缩自如、反应迅速。配合"三正",自身间架调到合理状态,发挥两腿作用,并通过腰部转发出寸劲,三角马为母马,三角马的高度、宽度以本人肩宽为准,长度为前脚后跟离后脚脚尖一个自身脚长为准,要提肛、收腹,小腹有上升之势。马步的要领在于裹裆,两膝着力,大腿肌肉拧起有前后左右对张之力,松而不懈,坚而不僵,有松才能有紧,而在对敌发力的瞬间就要做到松紧有度,松是手段,紧是目的,因两脚进退路线呈三角形,故名三角马。

在马步稳固的基础上才能发力,还要配合发声。这种发声要先用特殊的方法找到气入丹田的感受,然后经过一段时间的训练才能使气达丹田,声由内转,并用丹田之力,利用声波鼓荡发出声音,使声波如江水滚动滔滔不绝,震动整个腹腔,以致胸腔都产生共鸣,全身细胞同时动员做到声力并发、声催力出、力随波荡,周身肌肉随音波任意鼓荡。功力强,发音时间越长,肌肉的发力鼓荡也可越久。柔劲配长音,刚劲发短音。发声有五音:吽、哈、哼、嘿、咦。每个音有不同的嘴形,每个音里都含有佛家梵音中低沉的腹音。此五音与拳术的外形五行金、木、水、火、土相照。形、神、声、法高度统一。

(二)周身似手,变幻莫测

香店拳的"十八手"即神秘的"少林达摩十八手""十八主手",配合身法变化,每个主手又可分拆出几种不同的用法,手法上有捞(抄)、锄(拆)、插、劈、锁、叉、捅、震、砸、抖、钩、挂、盖、拱、蝙蝠拱手、抓、拦、翻等十八搏法。十八主手来源于各套路的动作,但绝不是按照套路演练中的模样简单复制,而是拳学中精华所在。这十八手每手都可作为基础变化出其他的手法。在变化中讲究手随意转,意随敌变,关键在于火候的提取,这种火候的提取唯一的途径就是实战,这个火候就是获取优势的机缘,瞬间即逝,完全要靠心灵的把握,胆识气势在胸,否则很难得其一二。

(三)守中打中,攻守不断

中线是人体前面正中部位、中医经络的任脉通行路线,因此控制住中线就可控制住对方的重心,打击到对方的要害。守中就是护住自身的中线,不被对方击中。香店拳的护中策略是通过步法的调整来移动自己的中线,以步带身,保我重心不失,同时不停进攻对方的中线。

香店拳秉承了少林拳的特点,在训练拳术时往往在 20 秒内用全力激烈发劲,目的是练协调性、爆发力和"一口气"的功夫。动作中少有花俏,多简练、严谨、一阴一阳、守中打中、下盘坚固、落地生根、行气发力、起于腰胯、发于丹田、内外协调一致,出手遇实则刚,化势为柔,身化手攻,夹守带攻,在攻守中手法严密紧凑、快速、连贯、手不空回,出手不僵即砸,不封即缠,不扣即捞,不刁即震,得机突然发出抖、摆、砸等进攻性手法,使劲力达对方脏腑,透其筋骨。

从外形上看,香店拳连续发力时身体左右快速旋转就好像孩童时玩的玩具"拨浪鼓",在此过程中肩沉、胛骨微合、胸口内缩,使胸、背、肩、肘等的劲力可以聚在一起,再加上气沉丹田,全身上下劲力聚合在一起,随身体的旋转,手臂屈伸扭转不断发出含蓄,带有弹抖、震颤之劲。

(四)上、中、下三盘攻防全面

香店拳的各种套路都含有上、中、下三盘的攻防动作。有明显上下变化比较多的套路"八步"套路中就分上、中、下三盘手的变化,上下起伏,指上打下,腿法的横扫腿、挂勾腿等与手法并用,变幻莫测。还有"四门腿"套路基本属中下盘功夫,以单蝙蝠步为主,腿以弹为主,配有蹬剪捆绑法兼以勾踢、扣、摆腿法,有立中出腿,更有跪中施法,还有扫腿、蹬腿、踹腿、单(双)蝙蝠腿等动作。

第六节 地术拳

一、地术拳概述

地术拳又称地术犬法,俗称"狗拳",是福建七大拳种之一。地术拳被国家体委武术调查组确定为南方稀有拳种。该拳主要是模仿狗的格斗演变的拳法,故有仿生象形拳的特点。其灵感来源于观察狗的格斗动作,模仿狗的机警敏捷、灵活刚健、凶猛,有以弱胜强、以小制大、以巧取胜的特点;该拳根据人体解剖的特征,在融合反关节原理和平衡性原理的基础上开始行拳。

从整个套路体系与风格分析,地术拳既蕴含着南拳的低桩、扎马、稳实、刚猛,以声、气、力表达拳势的刚劲磅礴之气;又有北方拳种的动作灵活、多变、起伏、飘洒,以形、意、神表达拳意的舒展飘逸之感。故而,地术拳有了"似南非南、似北非北"之说,是集南拳北腿、地躺、擒拿锁控为一体的风格独特的拳种。在 2009 年,福建地术拳被省政府、文化厅授予"省级非物质文化遗产保护项目";在 2011 年,福建地术拳经国务院批准列入"国家级非物质文化遗产保护项目"。

二、地术拳的基本知识

(一)器材道具

地术拳中主要使用地术刀、地术棍及铁块等器材,还有就是自制地术药酒,来辅以练功。

地术刀以使用南刀为主,与其他拳种的刀相比,在重量上更轻、刀身更薄、韧性更大、响声更大、舞台效果更佳;地术棍以使用"齐眉棍"为主,根据练习者的身高来设计,棍梢高度齐眉,棍根竖地。舞棍时"挑、刺、劈、撩、扫"交替变化,使敌防不胜防。

在地术拳练习中,腿部的基本功练习至关重要。由此,传承人常用一些自制道具以敲击腿部来提升腿部基本功,如木棍、铁块、铁锤等。功力深厚者通过使用重达10多斤的铁块拍打小腿胫骨,为练习地术拳的剪刀腿和下盘等动作练就坚实的基本功,充分发挥地上自护能力,技击捆绑退敌。

地术拳自制药酒,现依旧被地术拳的习练者广泛使用。主要采用中草药与白酒结合使用的方法,通过浸洗胫、踝部,辅助练功。

(二)技术风格

地术拳套路由三战拳、七星拳、双迟蝙蝠、三十六手、连步拳等套路组成,其中包括四门箭、十八联珠、梅花秀、三战下盘、七星下盘以及双蝙蝠下盘等经典动作。地术拳似源于地躺功夫,却又超脱地躺的范畴,故武林奇技——"地上飞龙"成为地术拳的独门动作。

地术拳的上、中、下三盘的演练,融会了刚烈多变、阳刚之美、多手法、少腿法的南少林风格,并汇集了舒展大方、怡然自得、少手法、善腿法的北拳风格于一身。

地术拳以"落地后最易发挥制敌威力"为技击理念,实施自护和技击捆绑。故地面功夫是地术拳的灵魂——地面技击术和地面捆绑术。下盘最基本、最常见的动作以地上的"跌、扑、翻、滚、穿、绞"动作为主,两手支撑为辅,称之为"犬法下地风车轮"。所谓"风车轮"指习练者躺地后,两手撑地,两腿有节奏地、刚劲有力地上下前后左右不停地转动,翻身打滚,挥舞绞绊。该动作包含"蹬、踢、剪、勾、扫、弹、绊、缠、捆、绞"等数十种腿法。

地术对练是指两人或两人以上,按照预定程序进行的攻防格斗演练。其对练套路是运用"翻、滚、扑、摔、剪、奔、窜、跳、钻、挂"等技术动作,按照进攻、防守、还击的运动规律编成地拳术对练套路。其中也可使用器械如地术刀、地术棍。

(三)基本功法

1. 主动性摔跌练习

(1)抢背:可分为原地式、跃高式、跃远式与抱手式抢背。

原地式:以右肩落地抢背为例。在左单蝙蝠步基础上,双臂向前伸出撑地(右手可远点、且掌尖稍往左)屈身成弓背,同时利用右脚尖的蹬力向前滚(注意:蹬、滚同时头往左内扣),用右肩背触地滚翻,同时注意左脚屈膝回勾,右脚伸直利用滚动带腰力向前、向下扣击。

跃高式:在人自然站立基础上,利用双脚前掌的蹬力向上跃起,双臂往前伸、收腹拱背,成手下脚上,双手用掌触地后即刻屈肘下沉扣头,用右肩背触地滚翻。

跃远式:双脚前后站立(左后右前为例),利用右脚前掌蹬力,双臂向前伸,人在空中向前跃出后,双手向前伸出撑地屈肘下沉,立即拱背内扣头,用右肩背触地滚翻。

抱手式:双臂互抱,或站或蹲时,利用身体前仰之时拱背内扣头,用右肩背触地滚翻。(注:此式抢滚是地术必备之功,在不使用双手的情况下,能在对阵中翻滚站立。同时为练习地术地面兵器打下基础。)

(2)后滚翻:可分为原地翻、翻蹬滚与后滚接臂撑起。

在单蝙蝠步或下蹲基础上,利用重心后仰与惯性力依次腚、腰、背、肩着地翻滚,就是拱背后滚,注意侧头、扣头,头不触地,成单蝙蝠步。

在单蝙蝠步或下蹲基础上,利用重心后仰与惯性力依次腚、腰、背、肩着地翻滚,就是拱背后滚,注意侧头、扣头,头不触地,在一脚掌着地同时,双手撑地,用另一脚向后蹬出。

在自然下蹲后滚,利用重心后仰与惯性力依次腚、腰、背、肩着地翻滚,在双脚与地面成垂直时,迅速用双手撑地,上身离地时双脚下扣站立。

(3)侧翻滚(鲤鱼翻身滚)。

在左势格打式基础上(左势为例),右脚屈膝下弯向左向下转身,利用右肩背着地,在左脚屈膝内扣压的同时,右脚利用转身拧腰结合力向左侧叩击。

(4)一字铲跌。

在左势格打式基础上(左势为例),左脚脚尖外展的同时右脚迅速向前铲出(蹬),左脚屈膝盘贴地、右脚蹬直,身体靠右臂屈肘撑地。

(5)鱼跃跌:含溜窜翻跌(灵犬钻洞)。

人自然站立,利用双脚前掌的蹬力,身体向前跃起,同时双手向前平伸。身体下沉时,用双手掌撑地后迅速向后拉,利用身体向前平滑,仰首、双脚向上后翘。

(6)溜窜翻跌(灵犬钻洞)。

在左势格打式基础上(左势为例),身体自然下沉时,利用右脚前掌的蹬力,身体向左转身、右手向前伸出,利用身体向前平滑惯力,用右肩背着地。双手同时护胸,左脚屈膝提至左胸前。

(7)转身跌。

人自然站立,右臂绷直握拳,迅速由腹前向上向后抡臂,同时身体右旋向右侧后倒地,右脚用脚底外沿向前滑出,左脚尖撑地。倒地过程用右拳底主动砸地与右脚外沿的撑力缓冲身体跌撞,倒地后双腿呈剪刀状。

(8)侧翻跌。

人自然站立,以侧手翻基础上身体与地面垂直状态时,左脚在前成 45°时屈膝、右脚迅速向下叩击。双脚同时着落,着地要领:左脚脚底外沿侧与右脚脚底扣地缓冲跌摔冲力。着地后上躯体坐直,双手成犬爪状向前抓击。

(9)鲤鱼打挺。

人自然平躺状态下,双手放在头两侧,双腿直膝往上躯提放,直至臀部抬空,以背或肩为撑地点。双脚尽力下摆,双脚的着落点尽量接近臀部两侧,双脚下摆惯力带动、结合收腹挺腰与双手的撑力来带动上半身挺起。

(10)蝴蝶脚、梅花心、地龙绞剪。

人自然坐地,双腿屈膝成"万"字形,上躯后仰触地时,双腿依次贴地向上躯扫、剪。以腰背为撑点。

人自然坐地,双腿屈膝成"万"字形,上躯后仰触地时,双腿依次贴地向上躯扫、剪。在扫、剪中结合转身完成下一次的扫、剪动作。动作要求以臀部为圆心点打圆。

人自然坐地,双腿屈膝成"万"字形,上躯后仰触地时,双腿依次从贴地往上绞剪,以肩膀为撑地圆心进行绞剪。

(11)乌龙绞柱。

在地龙绞剪的基础上,结合后滚接臂撑起来完成此动作。即人自然坐地,双腿屈膝成万字形,上躯后仰触地时,双腿依次从贴地往上绞剪,以肩膀为支撑。

2. 被动性摔跌练习

(1)前摔跌。

自然站立,双臂自然下垂。身体保持笔直状态向前倒地;在上躯体即将触地瞬间迅速提肘屈臂用力用手掌拍地,依次着地顺序为掌、小臂、肘,用小臂与双脚尖撑着将整个躯体平板撑起,用力仰首。

(2)后摔跌:可分为倒摔、倒地踢摔(倒踢金刚)、跃起摔。

倒摔:在马步基础上,身体用力后倾摔,挺腰、勾头,以肩背部着地,双手迅速在后倾过程向两侧拍打,以缓冲身体撞击地面之力。

倒地踢摔(倒踢金刚):在马步基础上,身体用力后倾摔,挺腰、勾头,以肩背部着地,双手在后倾过程向两侧拍打,同时在后倾着地瞬间迅速提起右脚往上踢出。

跃起摔:在马步基础上,利用双脚的蹬力腾空而起,身体用力后倾摔,挺腰、勾头,以肩背部着地,双手在后摔过程中迅速向两侧拍打。

(3)侧摔跌。

在马步基础上,利用拧腰左转身之力,右脚向左划弧扣盖,同时身体向左侧后摔跌,左屈肘用小臂(掌、臂、肘依次着落),右手稍屈肘用小臂辅助撑地或屈肘上架于头部上方。利用左脚掌外沿与双臂的撑力侧身仰首。

(4)跃起转身摔跌。

在马步基础上,利用双脚的蹬力向上跃起转身,结合拧腰左转身之力,右脚向左划弧扣盖,同时身体向左侧后摔跌,左手屈肘用小臂(掌、臂、肘依次)着落,右手稍屈肘用小臂辅助撑地。利用左脚掌外沿与双臂的撑力,侧身仰首。

(5)腾空滚摔。

在马步基础上,利用双脚的蹬力向上跃起腾空滚体,双腿屈膝用力向下摆,用前脚掌着地,挺腰、勾头,上躯用肩背着落。

3. 难度摔跌练习

(1)跃起剪腿摔。

在马步基础上,利用双脚的蹬力向上跃起,同时双腿向右侧在空中呈叉形完成剪腿。着地要领:左手稍屈肘用掌、臂、肘着落,右掌辅助撑地。

(2)跃起平板摔跌。

在马步基础上,利用双脚的蹬力向上跃起同时双腿屈膝上提后迅速向前蹬出。躯体在空中呈平躺式下跌。着地要领:拱背挺腰、勾头,在着落瞬间双手下摆辅撑,用肩背与脚跟着落撑地。

4. 地面腿法训练

（1）单蝶脚。

人自然坐地，双腿屈膝成"万"字形，上躯后仰触地时，双腿依次贴地向上躯扫、剪。以腰背为支撑点，完成动作后呈反向"万"字脚。

（2）双蝶脚。

人自然坐地，双腿屈膝成"万"字形，上躯后仰触地时，双腿依次贴地向上躯扫、剪。以腰背为支撑点，完成单向后迅速反向扫、剪，形成一组双蝶脚。

（3）车轮蹬。

人自然坐地，双腿屈膝成"万"字形，上躯后仰触地时双腿迅速屈膝收加腹前（勾头、卷躯），双脚依次向上蹬击。

（4）剪切脚。

人自然坐地，双腿屈膝成"万"字形（以右侧为例），重心稍向左倾，左臂屈肘撑地，双脚迅速在右侧剪切。右臂呈右狗爪状进行配合。

（5）摆蹬脚。

人自然坐地，双腿屈膝成"万"字形（以右侧为例），重心稍向左倾，用左屈肘撑地，双脚迅速在右侧击蹬。右臂呈右狗爪进行配合。

（6）梅花心（蓬车莲）。

人自然坐地，双腿屈膝成"万"字形，上躯后仰触地时，双腿依次贴地向上躯扫、剪。在扫、剪中结合转身完成下一次的扫、剪动作。动作要求以臀部为圆心点打圈。

（7）蛟龙腾（乌龙绞柱）。

人自然坐地，双腿屈膝成"万"字形，上躯后仰触地时，双腿依次从贴地往上绞剪，以肩膀为撑地圆心进行绞剪。（动作难度较大，需要较好的协调性和腰腹力量。）

（8）扫盘腿。

在右仆步基础上（以右扫盘为例），身体稍向前仰，双手撑地，右脚稍离地面向前、向左、向后扫盘，注意手脚的配合。

第十二章　体育产业与体育相关的法律及政策

第一节　体育产业

一、体育产业概述

(一)概念

体育产业是指为社会提供各种体育产品(货物和服务)和体育相关产品的生产活动的集合。体育产品既包括有形的体育用品,也包括无形的体育服务。广义的体育产业指"与体育运动相关的一切生产经营活动,包括体育物质产品和体育服务产品的生产、经营两大部分"。狭义的体育产业是指"体育服务业"或者是"体育事业中既可以进入市场,又可以盈利的部分"。在我国,"体育产业"这一概念大约出现于 20 世纪 80 年代中期。1985 年在我国经济统计中开始采用三次产业分类法,在《国民生产总值计算方案》中,把体育与教育、文化、卫生等部门一道列入第三产业中的第三层次,即"为提高科学文化技术水平和居民素质服务的部门"。这就从政策上将体育划分为国民经济的一个产业部门,体育从福利性事业的运作方式向公益性第三产业的运作方式的转换,是我国在社会主义市场经济体制下,对体育事业发展的政策性规定。因此,体育产业作为横跨二、三产业的复合产业,与其他产业如文化产业、旅游产业、交通运输、建筑业、服装业、器材制造业、金融保险业等产业相互交融、相互促进、共同发展,从任何一个产业中都能寻觅到"体育产业"的身影,人们很难判断体育产业的边界,体育产业也可以称之为"泛产业"。

(二)体育产业与体育事业的区别

体育产业不同于体育事业,体育事业的主要任务是满足社会精神文明的需求,更注重社会效益,具有公益、福利的性质,而体育产业的重要任务则是谋求获利,更注重经济效益,因而具有商业的性质。为了适应人们日益增长的体育消费的需要,专门从事体育服务产品生产和经营的人也越来越多

(三)分类

体育产业可分为体育用品制造业和体育服务业,包括体育管理活动,体育竞赛表演活动,体育健身休闲活动,体育场地和设施管理,体育经纪与代理、广告与会展、表演与设计服务,体育教育与培训,体育传媒与信息服务,其他体育服务,体育用品及相关产品制造,体育用品及相关产品销售、出租与贸易代理,体育场地设施建设等 11 个大类。按体育产品和劳务生产方式及管理体制又可分为:

1. 以体育产品和劳务生产方式分类

（1）经营型体育产业：由体育的社会团体、企业、个人举办的以盈利为目的的，以休闲、娱乐类体育项目为经营对象的产业部门。

（2）半经营型体育产业：由政府举办或资助的带有公益性质的体育服务。

（3）非经营性体育产业：如政府、社会团体等出资进行的群众性体育活动。

2. 按管理体制分类

（1）体育主体产业：以体育资源为开发基础直接进行的生产与经营活动。

（2）体育相关产业：以体育为载体，向消费者间接提供各种产品与服务的生产与经营活动。

（3）体办产业：行政部门内活动或单位利用体育资源为弥补经费不足进行的生产经营活动。

（四）特征

1. 空间依存度大

体育产业经营首先要考虑为从事体育活动的消费者提供必要的体育健身活动场地、场馆，还要考虑经营地点的区位因素等。

2. 时间消费明显

大多数体育消费者只有在拥有相对充裕的余暇时间的前提下才可能进行体育消费。

3. 消费层次要求高

只有大众有了一定程度的消费能力和较高层次的精神娱乐需求之后，才可能诞生体育产业。

4. 服务质量要求高

体育服务业是体育产业的核心，体育消费者要通过时间和金钱的消费换取运动满足感、体质增强等多层次消费需求。

二、国内发展概况

体育产业是名副其实的朝阳产业。中国体育市场的产业化开始于 20 世纪 80 年代。20 世纪 90 年代中期，中国体育产业才具有较为完整的产业形态和较为完善的体育行业的制度，中国的体育广告业、体育建筑业、体育博彩业、体育旅游业和体育用品业等具体行业也是在这个时期得以充分发展的。

1995 年 6 月，国家体育总局出台了《1995—2010 年体育产业发展纲要》，指出中国体育产业要用十五年时间逐步建成适合社会主义市场经济体制，符合现代体育运动规律、门类齐全、结构合理、规范发展的现代体育产业体系。随着体育企业产业意识的提高，行业竞争的加剧，尤其是体育用品业竞争的加剧，国内的体育企业越来越重视对产业发展的研究，特别是对产业改革和产业运营的深入研究。正因为如此，一大批国内优秀的体育品牌迅速崛起，逐渐成为体育行业中的翘楚。体育用品行业作为体育产业中比重最大、开放度与竞争度最高的领域，一直保持了快速发展。

2021 年 12 月 30 日，国家统计局、国家体育总局发布了 2020 年全国体育产业总规模与增加值数据公告。经核算，2020 年，全国体育产业总规模（总产出）为 27372 亿元，增加值为 10735 亿元。与 2019 年相比，总产出下降 7.2%（未扣除价格因素，下同），增加值下降 4.6%。

从内部构成看,体育服务业增加值为 7374 亿元,占体育产业增加值的比重为 68.7%,比上年提高 1 个百分点。体育用品及相关产品制造增加值为 3144 亿元,占体育产业增加值的比重为 29.3%,比上年下降 1.1 个百分点。体育场地设施建设增加值为 217 亿元,占体育产业的比重为 2.0%,比上年提高 0.1 个百分点。

从增长速度看,受新冠肺炎疫情影响,多数体育产业类别增加值出现下降,其中,体育场地和设施管理增加值下降 20.2%,体育经纪与代理、广告与会展、表演与设计服务下降 16.9%,体育用品及相关产品制造下降 8.1%。以非接触性聚集性、管理活动为主的体育服务业增加值保持增长,其中,增速最高的是体育传媒与信息服务,增长 18.9%,其次是体育教育与培训,增长 5.7%。

三、"十四五"体育发展规划与体育产业

2015—2019 年,全国体育产业总规模从 1.71 万亿元跃升至 2.95 万亿元,年均增长率达 14.6%;2019 年底,全国体育产业法人单位达 28.9 万个,体育产业从业人员 505.1 万人;产业结构不断优化,体育与相关产业融合愈加紧密,"十三五"时期体育产业在国民经济中的地位和作用显著提升。

《"十四五"体育发展规划》(以下简称《规则》)提出努力实现体育产业发展形成新成果。体育产业高质量发展取得显著进展,产品和服务供给适应个性化、差异化、品质化消费需求、基本形成消费引领、创新驱动、主体活跃、结构更优的发展格局。体育产业总规模达到 5 万亿元,增加值占国内生产总值比重达到 2%,居民体育消费总规模超过 2.8 万亿元,从业人员超过 800 万人。

《规划》在"坚持供需两端发力,推动体育产业高质量发展"中指出:①强化要素创新驱动;②打造现代体育产业体系;③培育壮大体育市场主体;④扩大体育产品和服务供给;⑤深挖体育消费潜力;⑥推动体育彩票安全健康持续发展;⑦加强体育市场监管。

《规划》在"以筹备北京 2022 年冬奥会为契机,实现冰雪运动跨越式发展"中明确:促进冰雪产业全面升级。加强战略规划布局,完善冰雪产业区域发展体系。重点发展东北、华北地区的冰雪机械装备制造业,发掘长三角、珠三角、海峡西岸等体育产业集群在冰雪器材装备研发生产方面的潜力。

《规划》在"加强体育科教、人才和信息化建设,为体育发展提供坚实支撑"中强调:促进体育信息化建设。强化全国体育信息化发展的战略规划、标准规范和政策支撑,联合高校、企业及科研院所等相关主体参与基础研究、技术创新、场景应用和产业发展。统筹建设国家全民健身信息服务平台、竞技体育信息平台和体育产业服务平台,形成数字体育"内核",发挥体育数据基础资源作用和创新引擎作用。

《规划》在"落实国家区域发展战略,推动体育事业协调发展"中指出:促进区域体育协调发展。贯彻落实西部大开发、东北全面振兴、中部地区崛起、东部率先发展等区域协调发展战略,促进区域体育实现相对平衡。建立健全区域体育协调互动机制,推动各区域在体育健身圈建设、体育赛事举办、体育产业发展、体育人才培养交流等方面融合互动发展,通过合作、互助、扶持等手段,逐步缩小区域体育发展水平差距,形成东、中、西部体育良性互动格局。在东、中、西部分别培育一批具有较大影响力的体育城市,形成多中心、多层

级、多节点的体育产业增长极网络。

《规划》还就体育产业学院、国家体育产业创新试验区、国家体育消费试点城市、国家体育消费示范城市、国家级体育产业协同创新中心、数字体育、体育产业数字化等名词进行了详细解释。

第二节 《中华人民共和国体育法》

(1995 年 8 月 29 日第八届全国人民代表大会常务委员会第十五次会议通过 根据 2009 年 8 月 27 日第十一届全国人民代表大会常务委员会第十次会议《关于修改部分法律的决定》第一次修正 根据 2016 年 11 月 7 日第十二届全国人民代表大会常务委员会第二十四次会议《关于修改〈中华人民共和国对外贸易法〉等十二部法律的决定》第二次修正 2022 年 6 月 24 日第十三届全国人民代表大会常务委员会第三十五次会议修订)

目　录

第一章　总　　则

第一条　为了促进体育事业,弘扬中华体育精神,培育中华体育文化,发展体育运动,增强人民体质,根据宪法,制定本法。

第二条　体育工作坚持中国共产党的领导,坚持以人民为中心,以全民健身为基础,普及与提高相结合,推动体育事业均衡、充分发展,推进体育强国和健康中国建设。

第三条　县级以上人民政府应当将体育事业纳入国民经济和社会发展规划。

第四条　国务院体育行政部门主管全国体育工作。国务院其他有关部门在各自的职责范围内管理相关体育工作。

县级以上地方人民政府体育行政部门主管本行政区域内的体育工作。县级以上地方人民政府其他有关部门在各自的职责范围内管理相关体育工作。

第五条　国家依法保障公民平等参与体育活动的权利,对未成年人、妇女、老年人、残疾人等参加体育活动的权利给予特别保障。

第六条　国家扩大公益性和基础性公共体育服务供给,推动基本公共体育服务均等化,逐步健全全民覆盖、普惠共享、城乡一体的基本公共体育服务体系。

第七条　国家采取财政支持、帮助建设体育设施等措施,扶持革命老区、民族地区、边疆地区、经济欠发达地区体育事业的发展。

第八条　国家鼓励、支持优秀民族、民间、民俗传统体育项目的发掘、整理、保护、推广和创新,定期举办少数民族传统体育运动会。

第九条　开展和参加体育活动,应当遵循依法合规、诚实守信、尊重科学、因地制宜、勤俭节约、保障安全的原则。

第十条　国家优先发展青少年和学校体育,坚持体育和教育融合,文化学习和体育锻炼协调,体魄与人格并重,促进青少年全面发展。

第十一条　国家支持体育产业发展,完善体育产业体系,规范体育市场秩序,鼓励扩大体育市场供给,拓宽体育产业投融资渠道,促进体育消费。

第十二条　国家支持体育科学研究和技术创新,培养体育科技人才,推广应用体育科学技术成果,提高体育科学技术水平。

第十三条　国家对在体育事业发展中做出突出贡献的组织和个人,按照有关规定给予表彰和奖励。

第十四条　国家鼓励开展对外体育交往,弘扬奥林匹克精神,支持参与国际体育运动。

对外体育交往坚持独立自主、平等互利、相互尊重的原则,维护国家主权、安全、发展利益和尊严,遵守中华人民共和国缔结或者参加的国际条约。

第十五条　每年8月8日全民健身日所在周为体育宣传周。

第二章　全民健身

第十六条　国家实施全民健身战略,构建全民健身公共服务体系,鼓励和支持公民参加健身活动,促进全民健身与全民健康深度融合。

第十七条　国家倡导公民树立和践行科学健身理念,主动学习健身知识,积极参加健身活动。

第十八条　国家推行全民健身计划,制定和实施体育锻炼标准,定期开展公民体质监测和全民健身活动状况调查,开展科学健身指导工作。

国家建立全民健身工作协调机制。

县级以上人民政府应当定期组织有关部门对全民健身计划实施情况进行评估,并将评估情况向社会公开。

第十九条　国家实行社会体育指导员制度。社会体育指导员对全民健身活动进行指导。

社会体育指导员管理办法由国务院体育行政部门规定。

第二十条　地方各级人民政府和有关部门应当为全民健身活动提供必要的条件,支持、保障全民健身活动的开展。

第二十一条　国家机关、企业事业单位和工会、共产主义青年团、妇女联合会、残疾人联合会等群团组织应当根据各自特点,组织开展日常体育锻炼和各级各类体育运动会等全民健身活动。

第二十二条　居民委员会、村民委员会以及其他社区组织应当结合实际,组织开展全民健身活动。

第二十三条　全社会应当关心和支持未成年人、妇女、老年人、残疾人参加全民健身活动。各级人民政府应当采取措施,为未成年人、妇女、老年人、残疾人安全参加全民健身活动提供便利和保障。

第三章　青少年和学校体育

第二十四条　国家实行青少年和学校体育活动促进计划,健全青少年和学校体育工作制度,培育、增强青少年体育健身意识,推动青少年和学校体育活动的开展和普及,促进青少年身心健康和体魄强健。

第二十五条　教育行政部门和学校应当将体育纳入学生综合素质评价范围,将达到国家学生体质健康标准要求作为教育教学考核的重要内容,培养学生体育锻炼习惯,提升学生体育素养。

体育行政部门应当在传授体育知识技能、组织体育训练、举办体育赛事活动、管理体育场地设施等方面为学校提供指导和帮助,并配合教育行政部门推进学校运动队和高水平运动队建设。

第二十六条　学校必须按照国家有关规定开齐开足体育课,确保体育课时不被占用。

学校应当在体育课教学时,组织病残等特殊体质学生参加适合其特点的体育活动。

第二十七条　学校应当将在校内开展的学生课外体育活动纳入教学计划,与体育课教学内容相衔接,保障学生在校期间每天参加不少于一小时体育锻炼。

鼓励学校组建运动队、俱乐部等体育训练组织,开展多种形式的课余体育训练,有条件的可组建高水平运动队,培养竞技体育后备人才。

第二十八条　国家定期举办全国学生(青年)运动会。地方各级人民政府应当结合实际,定期组织本地区学生(青年)运动会。

学校应当每学年至少举办一次全校性的体育运动会。

鼓励公共体育场地设施免费向学校开放使用,为学校举办体育运动会提供服务保障。

鼓励学校开展多种形式的学生体育交流活动。

第二十九条　国家将体育科目纳入初中、高中学业水平考试范围,建立符合学科特点的考核机制。

病残等特殊体质学生的体育科目考核,应当充分考虑其身体状况。

第三十条　学校应当建立学生体质健康检查制度。教育、体育和卫生健康行政部门应当加强对学生体质的监测和评估。

第三十一条　学校应当按照国家有关规定,配足合格的体育教师,保障体育教师享受与其他学科教师同等待遇。

学校可以设立体育教练员岗位。

学校优先聘用符合相关条件的优秀退役运动员从事学校体育教学、训练活动。

第三十二条　学校应当按照国家有关标准配置体育场地、设施和器材,并定期进行检查、维护,适时予以更新。

学校体育场地必须保障体育活动需要,不得随意占用或者挪作他用。

第三十三条　国家建立健全学生体育活动意外伤害保险机制。

教育行政部门和学校应当做好学校体育活动安全管理和运动伤害风险防控。

第三十四条　幼儿园应当为学前儿童提供适宜的室内外活动场地和体育设施、器材,开展符合学前儿童特点的体育活动。

第三十五条　各级教育督导机构应当对学校体育实施督导,并向社会公布督导报告。

第三十六条　教育行政部门、体育行政部门和学校应当组织、引导青少年参加体育活动,预防和控制青少年近视、肥胖等不良健康状况,家庭应当予以配合。

第三十七条　体育行政部门会同有关部门引导和规范企业事业单位、社会组织和体育专业人员等为青少年提供体育培训等服务。

第三十八条　各级各类体育运动学校应当对适龄学生依法实施义务教育,并根据国务院体育行政部门制定的教学训练大纲开展业余体育训练。

教育行政部门应当将体育运动学校的文化教育纳入管理范围。

各级人民政府应当在场地、设施、资金、人员等方面对体育运动学校予以支持。

第四章　竞技体育

第三十九条　国家促进竞技体育发展,鼓励运动员提高竞技水平,在体育赛事中创造优异成绩,为国家和人民争取荣誉。

第四十条　国家促进和规范职业体育市场化、职业化发展,提高职业体育赛事能力和竞技水平。

第四十一条　国家加强体育运动学校和体育传统特色学校建设,鼓励、支持开展业余体育训练,培养优秀的竞技体育后备人才。

第四十二条　国家加强对运动员的培养和管理,对运动员进行爱国主义、集体主义和社会主义教育,以及道德、纪律和法治教育。

运动员应当积极参加训练和竞赛,团结协作,勇于奉献,顽强拼搏,不断提高竞技水平。

第四十三条　国家加强体育训练科学技术研究、开发和应用,对运动员实行科学、文明的训练,维护运动员身心健康。

第四十四条　国家依法保障运动员接受文化教育的权利。

体育行政部门、教育行政部门应当保障处于义务教育阶段的运动员完成义务教育。

第四十五条　国家依法保障运动员选择注册与交流的权利。

运动员可以参加单项体育协会的注册,并按照有关规定进行交流。

第四十六条　国家对优秀运动员在就业和升学方面给予优待。

第四十七条　各级人民政府加强对退役运动员的职业技能培训和社会保障,为退役运动员就业、创业提供指导和服务。

第四十八条　国家实行体育运动水平等级、教练员职称等级和裁判员技术等级制度。

第四十九条　代表国家和地方参加国际、国内重大体育赛事的运动员和运动队,应当按照公开、公平、择优的原则选拔和组建。

运动员选拔和运动队组建办法由国务院体育行政部门规定。

第五十条　国家对体育赛事活动实行分级分类管理,具体办法由国务院体育行政部门规定。

第五十一条　体育赛事实行公平竞争的原则。

体育赛事活动组织者和运动员、教练员、裁判员应当遵守体育道德和体育赛事规则,不得弄虚作假、营私舞弊。

严禁任何组织和个人利用体育赛事从事赌博活动。

第五十二条　在中国境内举办的体育赛事,其名称、徽记、旗帜及吉祥物等标志按照国家有关规定予以保护。

未经体育赛事活动组织者等相关权利人许可,不得以营利为目的采集或者传播体育赛事活动现场图片、音视频等信息。

第五章　反兴奋剂

第五十三条　国家提倡健康文明、公平竞争的体育运动,禁止在体育运动中使用兴奋剂。

任何组织和个人不得组织、强迫、欺骗、教唆、引诱体育运动参加者在体育运动中使用兴奋剂,不得向体育运动参加者提供或者变相提供兴奋剂。

第五十四条　国家建立健全反兴奋剂制度。

县级以上人民政府体育行政部门会同卫生健康、教育、公安、工信、商务、药品监管、交通运输、海关、农业、市场监管等部门,对兴奋剂问题实施综合治理。

第五十五条　国务院体育行政部门负责制定反兴奋剂规范。

第五十六条　国务院体育行政部门会同国务院药品监管、卫生健康、商务、海关等部门制定、公布兴奋剂目录,并动态调整。

第五十七条　国家设立反兴奋剂机构。反兴奋剂机构及其检查人员依照法定程序开展检查,有关单位和人员应当予以配合,任何单位和个人不得干涉。

反兴奋剂机构依法公开反兴奋剂信息,并接受社会监督。

第五十八条　县级以上人民政府体育行政部门组织开展反兴奋剂宣传、教育工作,提高体育活动参与者和公众的反兴奋剂意识。

第五十九条　国家鼓励开展反兴奋剂科学技术研究,推广先进的反兴奋剂技术、设备和方法。

第六十条　国家根据缔结或者参加的有关国际条约,开展反兴奋剂国际合作,履行反兴奋剂国际义务。

第六章　体育组织

第六十一条　国家鼓励、支持体育组织依照法律法规和章程开展体育活动,推动体育事业发展。

国家鼓励体育组织积极参加国际体育交流合作,参与国际体育运动规则的制定。

第六十二条　中华全国体育总会和地方各级体育总会是团结各类体育组织和体育工作者、体育爱好者的群众性体育组织,应当在发展体育事业中发挥作用。

第六十三条　中国奥林匹克委员会是以发展体育和推动奥林匹克运动为主要任务的体育组织，代表中国参与国际奥林匹克事务。

第六十四条　体育科学社会团体是体育科学技术工作者的学术性体育社会组织，应当在发展体育科技事业中发挥作用。

第六十五条　全国性单项体育协会是依法登记的体育社会组织，代表中国参加相应的国际单项体育组织，根据章程加入中华全国体育总会、派代表担任中国奥林匹克委员会委员。

全国性单项体育协会负责相应项目的普及与提高，制定相应项目技术规范、竞赛规则、团体标准，规范体育赛事活动。

第六十六条　单项体育协会应当依法维护会员的合法权益，积极向有关单位反映会员的意见和建议。

第六十七条　单项体育协会应当接受体育行政部门的指导和监管，健全内部治理机制，制定行业规则，加强行业自律。

第六十八条　国家鼓励发展青少年体育俱乐部、社区健身组织等各类自治性体育组织。

第七章　体育产业

第六十九条　国家制定体育产业发展规划，扩大体育产业规模，增强体育产业活力，促进体育产业高质量发展，满足人民群众多样化体育需求。

县级以上人民政府应当建立政府多部门合作的体育产业发展工作协调机制。

第七十条　国家支持和规范发展体育用品制造、体育服务等体育产业，促进体育与健康、文化、旅游、养老、科技等融合发展。

第七十一条　国家支持体育用品制造业创新发展，鼓励企业加大研发投入，采用新技术、新工艺、新材料，促进体育用品制造业转型升级。

国家培育健身休闲、竞赛表演、场馆服务、体育经纪、体育培训等服务业态，提高体育服务业水平和质量。

符合条件的体育产业，依法享受财政、税收、土地等优惠政策。

第七十二条　国家完善职业体育发展体系，拓展职业体育发展渠道，支持运动员、教练员职业化发展，提高职业体育的成熟度和规范化水平。

职业体育俱乐部应当健全内部治理机制，完善法人治理结构，充分发挥其市场主体作用。

第七十三条　国家建立健全区域体育产业协调互动机制，推动区域间体育产业资源交流共享，促进区域体育协调发展。

国家支持地方发挥资源优势，发展具有区域特色、民族特色的体育产业。

第七十四条　国家鼓励社会资本投入体育产业，建设体育设施，开发体育产品，提供体育服务。

第七十五条　国家鼓励有条件的高等学校设置体育产业相关专业，开展校企合作，加强职业教育和培训，培养体育产业专业人才，形成有效支撑体育产业发展的人才队伍。

第七十六条　国家完善体育产业统计体系，开展体育产业统计监测，定期发布体育产业数据。

第八章 保障条件

第七十七条 县级以上人民政府应当将体育事业经费列入本级预算,建立与国民经济和社会发展相适应的投入机制。

第七十八条 国家鼓励社会力量发展体育事业,鼓励对体育事业的捐赠和赞助,保障参与主体的合法权益。

通过捐赠财产等方式支持体育事业发展的,依法享受税收优惠等政策。

第七十九条 国家有关部门应当加强对体育资金的管理,任何单位和个人不得侵占、挪用、截留、克扣、私分体育资金。

第八十条 国家支持通过政府购买服务的方式提供公共体育服务,提高公共体育服务水平。

第八十一条 县级以上地方人民政府应当按照国家有关规定,根据本行政区域经济社会发展水平、人口结构、环境条件以及体育事业发展需要,统筹兼顾,优化配置各级各类体育场地设施,优先保障全民健身体育场地设施的建设和配置。

第八十二条 县级以上地方人民政府应当将本行政区域内公共体育场地设施的建设纳入国民经济和社会发展规划、国土空间规划,未经法定程序不得变更。

公共体育场地设施的规划设计和竣工验收,应当征求本级人民政府体育行政部门意见。

公共体育场地设施的设计和建设,应当符合国家无障碍环境建设要求,有效满足老年人、残疾人等特定群体的无障碍需求。

第八十三条 新建、改建、扩建居住社区,应当按照国家有关规定,同步规划、设计、建设用于居民日常健身的配套体育场地设施。

第八十四条 公共体育场地设施管理单位应当公开向社会开放的办法,并对未成年人、老年人、残疾人等实行优惠。

免费和低收费开放的体育场地设施,按照有关规定享受补助。

第八十五条 国家推进体育公园建设,鼓励地方因地制宜发展特色体育公园,推动体育公园免费开放,满足公民体育健身需求。

第八十六条 国家鼓励充分、合理利用旧厂房、仓库、老旧商业设施等闲置资源建设用于公民日常健身的体育场地设施,鼓励和支持机关、学校、企业事业单位的体育场地设施向公众开放。

第八十七条 任何单位和个人不得侵占公共体育场地设施及其建设用地,不得擅自拆除公共体育场地设施,不得擅自改变公共体育场地设施的功能、用途或者妨碍其正常使用。

因特殊需要临时占用公共体育场地设施超过十日的,应当经本级人民政府体育行政部门同意;超过三个月的,应当报上一级人民政府体育行政部门批准。

经批准拆除公共体育场地设施或者改变其功能、用途的,应当依照国家有关法律、行政法规的规定先行择地重建。

第八十八条 县级以上地方人民政府应当建立全民健身公共场地设施的维护管理机

制,明确管理和维护责任。

第八十九条　国家发展体育专业教育,鼓励有条件的高等学校培养教练员、裁判员、体育教师等各类体育专业人才,鼓励社会力量依法开展体育专业教育。

第九十条　国家鼓励建立健全运动员伤残保险、体育意外伤害保险和场所责任保险制度。

大型体育赛事活动组织者应当和参与者协商投保体育意外伤害保险。

高危险性体育赛事活动组织者应当投保体育意外伤害保险。

高危险性体育项目经营者应当投保体育意外伤害保险和场所责任保险。

第九章　体育仲裁

第九十一条　国家建立体育仲裁制度,及时、公正解决体育纠纷,保护当事人的合法权益。

体育仲裁依法独立进行,不受行政机关、社会组织和个人的干涉。

第九十二条　当事人可以根据仲裁协议、体育组织章程、体育赛事规则等,对下列纠纷申请体育仲裁:

(一)对体育社会组织、运动员管理单位、体育赛事活动组织者按照兴奋剂管理或者其他管理规定作出的取消参赛资格、取消比赛成绩、禁赛等处理决定不服发生的纠纷;

(二)因运动员注册、交流发生的纠纷;

(三)在竞技体育活动中发生的其他纠纷。

《中华人民共和国仲裁法》规定的可仲裁纠纷和《中华人民共和国劳动争议调解仲裁法》规定的劳动争议,不属于体育仲裁范围。

第九十三条　国务院体育行政部门依照本法组织设立体育仲裁委员会,制定体育仲裁规则。

体育仲裁委员会由体育行政部门代表、体育社会组织代表、运动员代表、教练员代表、裁判员代表以及体育、法律专家组成,其组成人数应当是单数。

体育仲裁委员会应当设仲裁员名册。仲裁员具体条件由体育仲裁规则规定。

第九十四条　体育仲裁委员会裁决体育纠纷实行仲裁庭制。仲裁庭组成人数应当是单数,具体组成办法由体育仲裁规则规定。

第九十五条　鼓励体育组织建立内部纠纷解决机制,公平、公正、高效地解决纠纷。

体育组织没有内部纠纷解决机制或者内部纠纷解决机制未及时处理纠纷的,当事人可以申请体育仲裁。

第九十六条　对体育社会组织、运动员管理单位、体育赛事活动组织者的处理决定或者内部纠纷解决机制处理结果不服的,当事人自收到处理决定或者纠纷处理结果之日起二十一日内申请体育仲裁。

第九十七条　体育仲裁裁决书自作出之日起发生法律效力。

裁决作出后,当事人就同一纠纷再申请体育仲裁或者向人民法院起诉的,体育仲裁委员会或者人民法院不予受理。

第九十八条　有下列情形之一的,当事人可以自收到仲裁裁决书之日起三十日内向体育仲裁委员会所在地的中级人民法院申请撤销裁决:

（一）适用法律、法规确有错误的；

（二）裁决的事项不属于体育仲裁受理范围的；

（三）仲裁庭的组成或者仲裁的程序违反有关规定，足以影响公正裁决的；

（四）裁决所根据的证据是伪造的；

（五）对方当事人隐瞒了足以影响公正裁决的证据的；

（六）仲裁员在仲裁该案时有索贿受贿、徇私舞弊、枉法裁决行为的。

人民法院经组成合议庭审查核实裁决有前款规定情形之一的，或者认定裁决违背社会公共利益的，应当裁定撤销。

人民法院受理撤销裁决的申请后，认为可以由仲裁庭重新仲裁的，通知仲裁庭在一定期限内重新仲裁，并裁定中止撤销程序。仲裁庭拒绝重新仲裁的，人民法院应当裁定恢复撤销程序。

第九十九条　当事人应当履行体育仲裁裁决。一方当事人不履行的，另一方当事人可以依照《中华人民共和国民事诉讼法》的有关规定向人民法院申请执行。

第一百条　需要即时处理的体育赛事活动纠纷，适用体育仲裁特别程序。

特别程序由体育仲裁规则规定。

第十章　监督管理

第一百零一条　县级以上人民政府体育行政部门和有关部门应当积极履行监督检查职责，发现违反本法规定行为的，应当及时做出处理。对不属于本部门主管事项的，应当及时书面通知并移交相关部门查处。

第一百零二条　县级以上人民政府体育行政部门对体育赛事活动依法进行监管，对赛事活动场地实施现场检查，查阅、复制有关合同、票据、账簿，检查赛事活动组织方案、安全应急预案等材料。

县级以上人民政府公安、市场监管、应急管理等部门按照各自职责对体育赛事活动进行监督管理。

体育赛事活动组织者应当履行安全保障义务，提供符合要求的安全条件，制定风险防范及应急处置预案等保障措施，维护体育赛事活动的安全。

体育赛事活动因发生极端天气、自然灾害、公共卫生事件等突发事件，不具备办赛条件的，体育赛事活动组织者应当及时予以中止；未中止的，县级以上人民政府应当责令其中止。

第一百零三条　县级以上人民政府市场监管、体育行政等部门按照各自职责对体育市场进行监督管理。

第一百零四条　国家建立体育项目管理制度，新设体育项目由国务院体育行政部门认定。

体育项目目录每四年公布一次。

第一百零五条　经营高危险性体育项目，应当符合下列条件，并向县级以上地方人民政府体育行政部门提出申请：

（一）相关体育设施符合国家标准；

（二）具有达到规定数量的取得相应国家职业资格证书或者职业技能等级证书的社会

体育指导人员和救助人员；

（三）具有相应的安全保障、应急救援制度和措施。

县级以上地方人民政府体育行政部门应当自收到申请之日起三十日内进行实地核查，并作出批准或者不予批准的决定。予以批准的，应当发给许可证；不予批准的，应当书面通知申请人并说明理由。

国务院体育行政部门会同有关部门制定、调整高危险性体育项目目录并予以公布。

第一百零六条　举办高危险性体育赛事活动，应当符合下列条件，并向县级以上地方人民政府体育行政部门提出申请：

（一）配备具有相应资格或者资质的专业技术人员；

（二）配置符合相关标准和要求的场地、器材和设施；

（三）制定通信、安全、交通、卫生健康、食品、应急救援等相关保障措施。

县级以上地方人民政府体育行政部门应当自收到申请之日起三十日内进行实地核查，并作出批准或者不予批准的决定。

国务院体育行政部门会同有关部门制定、调整高危险性体育赛事活动目录并予以公布。

第一百零七条　县级以上地方人民政府应当建立体育执法机制，为体育执法提供必要保障。体育执法情况应当向社会公布，接受社会监督。

第一百零八条　县级以上地方人民政府每届任期内至少向本级人民代表大会或者其常务委员会报告一次全民健身、青少年和学校体育工作。

第十一章　法律责任

第一百零九条　国家机关及其工作人员违反本法规定，有下列行为之一的，由其所在单位、主管部门或者上级机关责令改正；对负有责任的领导人员和直接责任人员依法给予处分：

（一）对违法行为不依法查处的；

（二）侵占、挪用、截留、克扣、私分体育资金的；

（三）在组织体育赛事活动时，有违反体育道德和体育赛事规则，弄虚作假、营私舞弊等行为的；

（四）其他不依法履行职责的行为。

第一百一十条　体育组织违反本法规定的，由相关部门责令改正，给予警告，对负有责任的领导人员和直接责任人员依法给予处分；可以限期停止活动，并可责令撤换直接负责的主管人员；情节严重的，予以撤销登记。

第一百一十一条　学校违反本法有关规定的，由有关主管部门责令改正；对负有责任的领导人员和直接责任人员依法给予处分。

第一百一十二条　运动员、教练员、裁判员违反本法规定，有违反体育道德和体育赛事规则，弄虚作假、营私舞弊等行为的，由体育组织按照有关规定给予处理；情节严重、社会影响恶劣的，由县级以上人民政府体育行政部门纳入限制、禁止参加竞技体育活动名单；有违法所得的，没收违法所得，并处一万元以上十万元以下的罚款。

利用体育赛事从事赌博活动的，由公安机关依法查处。

第一百一十三条　体育赛事活动组织者有下列行为之一的，由县级以上地方人民政府体育行政部门责令改正,处五万元以上五十万元以下的罚款;有违法所得的,没收违法所得;情节严重的,给予一年以上三年以下禁止组织体育赛事活动的处罚:

(一)未经许可举办高危险性体育赛事活动的;

(二)体育赛事活动因突发事件不具备办赛条件时,未及时中止的;

(三)安全条件不符合要求的;

(四)有违反体育道德和体育赛事规则,弄虚作假、营私舞弊等行为的;

(五)未按要求采取风险防范及应急处置预案等保障措施的。

第一百一十四条 违反本法规定,侵占、破坏公共体育场地设施的,由县级以上地方人民政府体育行政部门会同有关部门予以制止,责令改正,并可处实际损失五倍以下的罚款。

第一百一十五条 违反本法规定,未经批准临时占用公共体育场地设施的,由县级以上地方人民政府体育行政部门会同有关部门责令限期改正;逾期未改正的,对公共体育场地设施管理单位处十万元以上五十万元以下的罚款;有违法所得的,没收违法所得。

第一百一十六条 未经许可经营高危险性体育项目的,由县级以上地方人民政府体育行政部门会同有关部门责令限期关闭;逾期未关闭的,处十万元以上五十万元以下的罚款;有违法所得的,没收违法所得。

违法经营高危险性体育项目的,由县级以上地方人民政府体育行政部门责令改正;逾期未改正的,处五万元以上五十万元以下的罚款;有违法所得的,没收违法所得;造成严重后果的,由主管部门责令关闭,吊销许可证照,五年内不得再从事该项目经营活动。

第一百一十七条 运动员违规使用兴奋剂的,由有关体育社会组织、运动员管理单位、体育赛事活动组织者作出取消参赛资格、取消比赛成绩或者禁赛等处理。

第一百一十八条 组织、强迫、欺骗、教唆、引诱运动员在体育运动中使用兴奋剂的,由国务院体育行政部门或者省、自治区、直辖市人民政府体育行政部门没收非法持有的兴奋剂;直接负责的主管人员和其他直接责任人员四年内不得从事体育管理工作和运动员辅助工作;情节严重的,终身不得从事体育管理工作和运动员辅助工作。

向运动员提供或者变相提供兴奋剂的,由国务院体育行政部门或者省、自治区、直辖市人民政府体育行政部门没收非法持有的兴奋剂,并处五万元以上五十万元以下的罚款;有违法所得的,没收违法所得;并给予禁止一定年限直至终身从事体育管理工作和运动员辅助工作的处罚。

第一百一十九条 违反本法规定,造成财产损失或者其他损害的,依法承担民事责任;构成违反治安管理行为的,由公安机关依法给予治安管理处罚;构成犯罪的,依法追究刑事责任。

第十二章　附　则

第一百二十条 任何国家、地区或者组织在国际体育运动中损害中华人民共和国主权、安全、发展利益和尊严的,中华人民共和国可以根据实际情况采取相应措施。

第一百二十一条 中国人民解放军和中国人民武装警察部队开展体育活动的具体办法,由中央军事委员会依照本法制定。

第一百二十二条 本法自 2023 年 1 月 1 日起施行

第三节 《关于全面加强和改进新时代学校体育工作的意见》

（《关于全面加强和改进新时代学校体育工作的意见》是为贯彻落实习近平总书记关于教育、体育的重要论述和全国教育大会精神，把学校体育工作摆在更加突出位置，构建德智体美劳全面培养的教育体系，就全面加强和改进新时代学校体育工作提出的意见。由中共中央办公厅、国务院办公厅于 2020 年 10 月印发实施。）

学校体育是实现立德树人根本任务、提升学生综合素质的基础性工程，是加快推进教育现代化、建设教育强国和体育强国的重要工作，对于弘扬社会主义核心价值观，培养学生爱国主义、集体主义、社会主义精神和奋发向上、顽强拼搏的意志品质，实现以体育智、以体育心具有独特功能。为贯彻落实习近平总书记关于教育、体育的重要论述和全国教育大会精神，把学校体育工作摆在更加突出位置，构建德智体美劳全面培养的教育体系，现就全面加强和改进新时代学校体育工作提出如下意见。

一、总体要求

1. 指导思想。以习近平新时代中国特色社会主义思想为指导，全面贯彻党的教育方针，坚持社会主义办学方向，以立德树人为根本，以社会主义核心价值观为引领，以服务学生全面发展、增强综合素质为目标，坚持健康第一的教育理念，推动青少年文化学习和体育锻炼协调发展，帮助学生在体育锻炼中享受乐趣、增强体质、健全人格、锤炼意志，培养德智体美劳全面发展的社会主义建设者和接班人。

2. 工作原则

——改革创新，面向未来。立足时代需求，更新教育理念，深化教学改革，使学校体育同教育事业的改革发展要求相适应，同广大学生对优质丰富体育资源的期盼相契合，同构建德智体美劳全面培养的教育体系相匹配。

——补齐短板，特色发展。补齐师资、场馆、器材等短板，促进学校体育均衡发展。坚持整体推进与典型引领相结合，鼓励特色发展。弘扬中华体育精神，推广中华传统体育项目，形成"一校一品"、"一校多品"的学校体育发展新局面。

——凝心聚力，协同育人。深化体教融合，健全协同育人机制，为学生纵向升学和横向进入专业运动队、职业体育俱乐部打通通道，建立完善家庭、学校、政府、社会共同关心支持学生全面健康成长的激励机制。

3. 主要目标。到 2022 年，配齐配强体育教师，开齐开足体育课，办学条件全面改善，学校体育工作制度机制更加健全，教学、训练、竞赛体系普遍建立，教育教学质量全面提高，育人成效显著增强，学生身体素质和综合素养明显提升。到 2035 年，多样化、现代化、高质量的学校体育体系基本形成。

二、不断深化教学改革

4. 开齐开足上好体育课。严格落实学校体育课程开设刚性要求，不断拓宽课程领域,逐步增加课时,丰富课程内容。义务教育阶段和高中阶段学校严格按照国家课程方案和课程标准开齐开足上好体育课。鼓励基础教育阶段学校每天开设1节体育课。高等教育阶段学校要将体育纳入人才培养方案,学生体质健康达标、修满体育学分方可毕业。鼓励高校和科研院所将体育课程纳入研究生教育公共课程体系。

5. 加强体育课程和教材体系建设。学校体育课程注重大中小幼相衔接,聚焦提升学生核心素养。学前教育阶段开展适合幼儿身心特点的游戏活动,培养体育兴趣爱好,促进运动机能协调发展。义务教育阶段体育课程帮助学生掌握1至2项运动技能,引导学生树立正确健康观。高中阶段体育课程进一步发展学生运动专长,引导学生养成健康生活方式,形成积极向上的健全人格。职业教育体育课程与职业技能培养相结合,培养身心健康的技术人才。高等教育阶段体育课程与创新人才培养相结合,培养具有崇高精神追求、高尚人格修养的高素质人才。学校体育教材体系建设要扎根中国、融通中外,充分体现思想性、教育性、创新性、实践性,根据学生年龄特点和身心发展规律,围绕课程目标和运动项目特点,精选教学素材,丰富教学资源。

6. 推广中华传统体育项目。认真梳理武术、摔跤、棋类、射艺、龙舟、毽球、五禽操、舞龙舞狮等中华传统体育项目,因地制宜开展传统体育教学、训练、竞赛活动,并融入学校体育教学、训练、竞赛机制,形成中华传统体育项目竞赛体系。涵养阳光健康、拼搏向上的校园体育文化,培养学生爱国主义、集体主义、社会主义精神,增强文化自信,促进学生知行合一、刚健有为、自强不息。深入开展"传承的力量——学校体育艺术教育弘扬中华优秀传统文化成果展示活动",加强宣传推广,让中华传统体育在校园绽放光彩。

7. 强化学校体育教学训练。逐步完善"健康知识＋基本运动技能＋专项运动技能"的学校体育教学模式。教会学生科学锻炼和健康知识,指导学生掌握跑、跳、投等基本运动技能和足球、篮球、排球、田径、游泳、体操、武术、冰雪运动等专项运动技能。健全体育锻炼制度,广泛开展普及性体育运动,定期举办学生运动会或体育节,组建体育兴趣小组、社团和俱乐部,推动学生积极参与常规课余训练和体育竞赛。合理安排校外体育活动时间,着力保障学生每天校内、校外各1个小时体育活动时间,促进学生养成终身锻炼的习惯。加强青少年学生军训。

8. 健全体育竞赛和人才培养体系。建立校内竞赛、校际联赛、选拔性竞赛为一体的大中小学体育竞赛体系,构建国家、省、市、县四级学校体育竞赛制度和选拔性竞赛(夏令营)制度。大中小学校建设学校代表队,参加区域乃至全国联赛。加强体教融合,广泛开展青少年体育夏(冬)令营活动,鼓励学校与体校、社会体育俱乐部合作,共同开展体育教学、训练、竞赛,促进竞赛体系深度融合。深化全国学生运动会改革,每年开展赛事项目预赛。加强体育传统特色学校建设,完善竞赛、师资培训等工作,支持建立高水平运动队,提高体育传统特色学校运动水平。加强高校高水平运动队建设,优化拓展项目布局,深化招生、培养、竞赛、管理制度改革,将高校高水平运动队建设与中小学体育竞赛相衔接,纳入国家竞技体育后备人才培养体系。深化高水平运动员注册制度改革,建立健全体育运动水平等级标准,打通教育和体育系统高水平赛事互认通道。

三、全面改善办学条件

9. 配齐配强体育教师。各地要加大力度配齐中小学体育教师,未配齐的地区应每年划出一定比例用于招聘体育教师。在大中小学校设立专(兼)职教练员岗位。建立聘用优秀退役运动员为体育教师或教练员制度。有条件的地区可以通过购买服务方式,与相关专业机构等社会力量合作向中小学提供体育教育教学服务,缓解体育师资不足问题。实施体育教育专业大学生支教计划。通过"国培计划"等加大对农村体育教师的培训力度,支持高等师范院校与优质中小学建立协同培训基地,支持体育教师海外研修访学。推进高校体育教育专业人才培养模式改革,推进地方政府、高校、中小学协同育人,建设一批试点学校和教育基地。明确高校高职体育专业和高校高水平运动队专业教师、教练员配备最低标准,不达标的高校原则上不得开办相关专业。

10. 改善场地器材建设配备。研究制定国家学校体育卫生条件基本标准。建好满足课程教学和实践活动需求的场地设施、专用教室。把农村学校体育设施建设纳入地方义务教育均衡发展规划,鼓励有条件的地区在中小学建设体育场馆,与体育基础薄弱学校共用共享。小规模学校以保基本、兜底线为原则,配备必要的功能教室和设施设备。加强高校体育场馆建设,鼓励有条件的高校与地方共建共享。配好体育教学所需器材设备,建立体育器材补充机制。建有高水平运动队的高校,场地设备配备条件应满足实际需要,不满足的原则上不得招生。

11. 统筹整合社会资源。完善学校和公共体育场馆开放互促共进机制,推进学校体育场馆向社会开放、公共体育场馆向学生免费或低收费开放,提高体育场馆开放程度和利用效率。鼓励学校和社会体育场馆合作开设体育课程。统筹好学校和社会资源,城市和社区建设规划要统筹学生体育锻炼需要,新建项目优先建在学校或其周边。综合利用公共体育设施,将开展体育活动作为解决中小学课后"三点半"问题的有效途径和中小学生课后服务工作的重要载体。

四、积极完善评价机制

12. 推进学校体育评价改革。建立日常参与、体质监测和专项运动技能测试相结合的考查机制,将达到国家学生体质健康标准要求作为教育教学考核的重要内容。完善学生体质健康档案,中小学校要客观记录学生日常体育参与情况和体质健康监测结果,定期向家长反馈。将体育科目纳入初、高中学业水平考试范围。改进中考体育测试内容、方式和计分办法,科学确定并逐步提高分值。积极推进高校在招生测试中增设体育项目。启动在高校招生中使用体育素养评价结果的研究。加强学生综合素质评价档案使用,高校根据人才培养目标和专业学习需要,将学生综合素质评价结果作为招生录取的重要参考。

13. 完善体育教师岗位评价。把师德师风作为评价体育教师素质的第一标准。围绕教会、勤练、常赛的要求,完善体育教师绩效工资和考核评价机制。将评价导向从教师教了多少转向教会了多少,从完成课时数量转向教育教学质量。将体育教师课余指导学生勤练和常赛,以及承担学校安排的课后训练、课外活动、课后服务、指导参赛和走教任务计入工作量,并根据学生体质健康状况和竞赛成绩,在绩效工资内部分配时给予倾斜。完善体育教师职称评聘标准,确保体育教师在职务职称晋升、教学科研成果评定等方面,与其他学科教师享受同等待遇。优化体育教师岗位结构,畅通体育教师职业发展通道。提升体育教师科研能力,在全国教育科学规划课题、教育部人文社会科学研究项目中设立体育专项课题。加大对体育教师表彰力度,在教学成果奖等评选表彰中,保证体育教师占有一定比例。参照体育教师,研究并逐步完善学校教练员岗位评价。

14. 健全教育督导评价体系。将学校体育纳入地方发展规划,明确政府、教育行政部门和学校的职责。把政策措施落实情况、学生体质健康状况、素质测评情况和支持学校开展体育工作情况等纳入教育督导评估范围。完善国家义务教育体育质量监测,提高监测科学性,公布监测结果。把体育工作及其效果作为高校办学评价的重要指标,纳入高校本科教学工作评估指标体系和"双一流"建设成效评价。对政策落实不到位、学生体质健康达标率和素质测评合格率持续下降的地方政府、教育行政部门和学校负责人,依规依法予以问责。

五、切实加强组织保障

15. 加强组织领导和经费保障。地方各级党委和政府要把学校体育工作纳入重要议事日程,加强对本地区学校体育改革发展的总体谋划,党政主要负责同志要重视、关心学校体育工作。各地要建立加强学校体育工作部门联席会议制度,健全统筹协调机制。把学校体育工作纳入有关领导干部培训计划。各级政府要调整优化教育支出结构,完善投入机制,积极支持学校体育工作。地方政府要统筹安排财政转移支付资金和本级财力支持学校体育工作。鼓励和引导社会资金支持学校体育发展,吸引社会捐赠,多渠道增加投入。

16. 加强制度保障。完善学校体育法律制度,研究修订《学校体育工作条例》。鼓励地方出台学校体育法规制度,为推动学校体育发展提供有力法治保障。建立政府主导、部门协同、社会参与的安全风险管理机制。健全政府、学校、家庭共同参与的学校体育运动伤害风险防范和处理机制,探索建立涵盖体育意外伤害的学生综合保险机制。试行学生体育活动安全事故第三方调解机制。强化安全教育,加强大型体育活动安全管理。

17. 营造社会氛围。各地要研究落实加强和改进新时代学校体育工作的具体措施,可以结合实际制定实施学校体育教师配备和场地器材建设三年行动计划。总结经验做法,形成可推广的政策制度。加强宣传,凝聚共识,营造全社会共同促进学校体育发展的良好社会氛围。

第四节 《学校体育工作条例》

(1990 年 2 月 20 日国务院批准,1990 年 3 月 12 日国家教育委员会令第 8 号、国家体育运动委员会令第 11 号发布,根据 2017 年 3 月 1 日《国务院关于修改和废止部分行政法规的决定》修订)

第一章 总 则

第一条 为保证学校体育工作的正常开展,促进学生身心的健康成长,制定本条例。

第二条 学校体育工作是指普通中小学校、农业中学、职业中学、中等专业学校、普通高等学校的体育课教学、课外体育活动、课余体育训练和体育竞赛。

第三条　学校体育工作的基本任务是:增进学生身心健康、增强学生体质;使学生掌握体育基本知识,培养学生体育运动能力和习惯;提高学生运动技术水平,为国家培养体育后备人才;对学生进行品德教育,增强组织纪律性,培养学生的勇敢、顽强、进取精神。

第四条　学校体育工作应当坚持普及与提高相结合、体育锻炼与安全卫生相结合的原则,积极开展多种形式的强身健体活动,重视继承和发扬民族传统体育,注意吸取国外学校体育的有益经验,积极开展体育科学研究工作。

第五条　学校体育工作应当面向全体学生,积极推行国家体育锻炼标准。

第六条　学校体育工作在教育行政部门领导下,由学校组织实施,并接受体育行政部门的指导。

第二章　体育课教学

第七条　学校应当根据教育行政部门的规定,组织实施体育课教学活动。

普通中小学校、农业中学、职业中学、中等专业学校各年级和普通高等学校的一、二年级必须开设体育课。普通高等学校对三年级以上学生开设体育选修课。

第八条　体育课教学应当遵循学生身心发展的规律,教学内容应当符合教学大纲的要求,符合学生年龄、性别特点和所在地区地理、气候条件。

体育课的教学形式应当灵活多样,不断改进教学方法,改善教学条件,提高教学质量。

第九条　体育课是学生毕业、升学考试科目。学生因病、残免修体育课或者免除体育课考试的,必须持医院证明,经学校体育教研室(组)审核同意,并报学校教务部门备案,记入学生健康档案。

第三章　课外体育活动

第十条　开展课外体育活动应当从实际情况出发,因地制宜,生动活泼。

普通中小学校、农业中学、职业中学每天应当安排课间操,每周安排 3 次以上课外体育活动,保证学生每天有 1 小时体育活动的时间(含体育课)。

中等专业学校、普通高等学校除安排有体育课、劳动课的当天外,每天应当组织学生开展各种课外体育活动。

第十一条　学校应当在学生中认真推行国家体育锻炼标准的达标活动和等级运动员制度。

学校可根据条件有计划地组织学生远足、野营和举办夏(冬)令营等多种形式的体育活动。

第四章　课余体育训练与竞赛

第十二条　学校应当在体育课教学和课外体育活动的基础上,开展多种形式的课余体育训练,提高学生的运动技术水平。有条件的普通中小学校、农业中学、职业中学、中等专业学校经省级教育行政部门批准,普通高等学校经国家教育委员会批准,可以开展培养优秀体育后备人才的训练。

第十三条　学校对参加课余体育训练的学生,应当安排好文化课学习,加强思想品德教育,并注意改善他们的营养。普通高等学校对运动水平较高、具有培养前途的学生,报国家教育委员会批准,可适当延长学习年限。

第十四条　学校体育竞赛贯彻小型多样、单项分散、基层为主、勤俭节约的原则。学校每学年至少举行一次以田径项目为主的全校性运动会。

第十五条　全国中学生运动会每 3 年举行一次,全国大学生运动会每 4 年举行一次。特殊情况下,经国家教育委员会批准可提前或者延期举行。

国家教育委员会根据需要,可以安排学生参加国际学生体育竞赛。

第十六条　学校体育竞赛应当执行国家有关的体育竞赛制度和规定,树立良好的赛风。

第五章　体育教师

第十七条　体育教师应当热爱学校体育工作,具有良好的思想品德、文化素养,掌握体育教育的理论和教学方法。

第十八条　学校应当在各级教育行政部门核定的教师总编制数内,按照教学计划中体育课授课时数所占的比例和开展课余体育活动的需要配备体育教师。除普通小学外,学校应当根据学校女生数量配备一定比例的女体育教师。承担培养优秀体育后备人才训练任务的学校,体育教师的配备应当相应增加。

第十九条　各级教育行政部门和学校应当有计划地安排体育教师进修培训。对体育教师的职务聘任、工资待遇应当与其他任课教师同等对待。按照国家有关规定,有关部门应当妥善解决体育教师的工作服装和粮食定量。

体育教师组织课间操(早操)、课外体育活动和课余训练、体育竞赛应当计算工作量。

学校对妊娠、产后的女体育教师,应当依照《女职工劳动保护规定》给予相应的照顾。

第六章　场地、器材、设备和经费

第二十条　学校的上级主管部门和学校应当按照国家或者地方制订的各类学校体育场地、器材、设备标准,有计划地逐步配齐。学校体育器材应当纳入教学仪器供应计划。新建、改建学校必须按照有关场地、器材的规定进行规划、设计和建设。

在学校比较密集的城镇地区,逐步建立中小学体育活动中心,并纳入城市建设规划。社会的体育场(馆)和体育设施应当安排一定时间免费向学生开放。

第二十一条　学校应当制定体育场地、器材、设备的管理维修制度,并由专人负责管理。

任何单位或者个人不得侵占、破坏学校体育场地或者破坏体育器材、设备。

第二十二条　各级教育行政部门和学校应当根据学校体育工作的实际需要,把学校体育经费纳入核定的年度教育经费预算内,予以妥善安排。

地方各级人民政府在安排年度学校教育经费时,应当安排一定数额的体育经费,以保证学校体育工作的开展。

国家和地方各级体育行政部门在经费上应当尽可能对学校体育工作给予支持。

国家鼓励各种社会力量以及个人自愿捐资支援学校体育工作。

第七章　组织机构和管理

第二十三条　各级教育行政部门应当健全学校体育管理机构,加强对学校体育工作的指导和检查。

学校体育工作应当作为考核学校工作的一项基本内容。普通中小学校的体育工作应当列入督导计划。

第二十四条　学校应当由一位副校(院)长主管体育工作,在制定计划、总结工作、评选先进时,应当把体育工作列为重要内容。

第二十五条　普通高等学校、中等专业学校和规模较大的普通中学,可以建立相应的体育管理部门,配备专职干部和管理人员。

班主任、辅导员应当把学校体育工作作为一项工作内容,教育和督促学生积极参加体育活动。学校的卫生部门应当与体育管理部门互相配合,搞好体育卫生工作。总务部门应当搞好学校体育工作的后勤保障。

学校应当充分发挥共青团、少先队、学生会以及大、中学生体育协会等组织在学校体育工作中的作用。

第八章　奖励与处罚

第二十六条　对在学校体育工作中成绩显著的单位和个人,各级教育、体育行政部门或者学校应当给予表彰、奖励。

第二十七条　对违反本条例,有下列行为之一的单位或者个人,由当地教育行政部门令其限期改正,并视情节轻重对直接责任人员给予批评教育或者行政处分:

(一)不按规定开设或者随意停止体育课的;

(二)未保证学生每天 1 小时体育活动时间(含体育课)的;

(三)在体育竞赛中违反纪律、弄虚作假的;

(四)不按国家规定解决体育教师工作服装、粮食定量的。

第二十八条　对违反本条例,侵占、破坏学校体育场地、器材、设备的单位或者个人,由当地人民政府或者教育行政部门令其限期清退和修复场地、赔偿或者修复器材、设备。

第九章　附　则

第二十九条　高等体育院校和普通高等学校的体育专业的体育工作不适用本条例。

技工学校、工读学校、特殊教育学校、成人学校的学校体育工作参照本条例执行。

第三十条　国家教育委员会、国家体育运动委员会可根据本条例制定实施办法。

第三十一条　本条例自发布之日起施行。原教育部、国家体育运动委员会 1979 年 10 月 5 日发布的《高等学校体育工作暂行规定(试行草案)》和《中、小学体育工作暂行规定(试行草案)》同时废止。

第五节 《高等学校体育工作基本标准》

(2014 年 6 月 11 日,教育部印发《高等学校体育工作基本标准》。该《标准》分体育工作规划与发展、体育课程设置与实施、课外体育活动与竞赛、学生体质监测与评价、基础能力建设与保障 5 部分。)

为落实立德树人根本任务,加强高等学校体育工作,切实提高高校学生体质健康水平,促进学生全面发展,根据国家有关规定,制定本标准。本标准适用于普通本科学校和高等职业学校的体育工作。

一、体育工作规划与发展

1. 全面贯彻党的教育方针,服务立德树人根本任务,将学校体育纳入学校全面实施素质教育的各项工作,认真执行国家教育发展规划、规章制度及各项要求。创新人才培养模式,使学生掌握科学锻炼的基础知识、基本技能和有效方法,学会至少两项终身受益的体育锻炼项目,养成良好锻炼习惯。挖掘学校体育在学生道德教育、智力发展、身心健康、审美素养和健康生活方式形成中的多元育人功能,有计划、有制度、有保障地促进学校体育与德育、智育、美育有机融合,提高学生综合素质。

2. 统筹规划学校体育发展,把增强学生体质和促进学生健康作为学校教育的基本目标之一和重要工作内容,纳入学校总体发展规划,全面发挥体育在学校人才培养、科学研究、社会服务和文化传承中不可替代的作用。制订阳光体育运动工作方案,明确工作目标、具体任务、保障措施和责任分工,并落实各项工作。

3. 设置体育工作机构,配备专职干部、教师和工作人员,并赋予其统筹开展学校体育工作的各项管理职能。实行学校领导分管负责制(或体育工作委员会制),每年至少召开一次体育工作专题会议,有针对性地解决实际问题。学校各有关部门积极协同配合,合理分工,明确人员,落实责任。

4. 加强学校体育工作管理,在学校体育改革发展、教育教学、教研科研、竞赛活动、社会服务等各项工作领域制订规范文件、健全管理制度、加强过程监测。建立科学规范的学校体育工作评价机制,并纳入综合办学水平和教育教学质量评价体系。

二、体育课程设置与实施

5. 严格执行《全国普通高等学校体育课程教学指导纲要》,必须为一、二年级本科学生开设不少于 144 学时(专科生不少于 108 学时)的体育必修课,每周安排体育课不少于2 学时,每学时不少于 45 分钟。为其他年级学生和研究生开设体育选修课,选修课成绩计入学生学分。每节体育课学生人数原则上不超过 30 人。

6. 深入推进课程改革,合理安排教学内容,开设不少于 15 门的体育项目。每节体育课须保证一定的运动强度,其中提高学生心肺功能的锻炼内容不得少于 30%;要将反映学生心肺功能的素质锻炼项目作为考试内容,考试分数的权重不得少于 30%。

7. 创新教育教学方式,指导学生科学锻炼,增强体育教学的吸引力、特色性和实效性。建立体育教研、科研制度,形成高水平研究团队,多渠道开展以提高学生体质健康、教学质量、课余训练、体育文化水平等为目标的战略性、前瞻性、应用性项目研究,带动学校体育工作整体水平提高。

三、课外体育活动与竞赛

8. 将课外体育活动纳入学校教学计划,健全制度、完善机制、加强保障。面向全体学生设置多样化、可选择、有实效的锻炼项目,组织学生每周至少参加三次课外体育锻炼,切实保证学生每天一小时体育活动时间。

9. 学校每年组织春、秋季综合性学生运动会(或体育文化节),设置学生喜闻乐见、易于参与的竞技性、健身性和民族性体育项目,参与运动会的学生达到50%以上。经常组织校内体育比赛,支持院系、专业或班级学生开展体育竞赛和交流等活动。

10. 注重培养学生体育特长,有效发挥体育特长生和学生体育骨干的示范作用,组建学生体育运动队,科学开展课余训练,组织学生参加教育和体育部门举办的体育竞赛。

11. 加强校园体育文化建设,促进中华优秀体育文化传承创新。学校成立不少于20个学生体育社团,采取鼓励和支持措施定期开展活动,形成良好的校园体育传统和特色。开展对外体育交流与合作。通过校报、公告栏和校园网等形式,定期通报学生体育活动情况,传播健康理念。

12. 因地制宜开展社会服务。支持体育教师适度参与国内外重大体育比赛的组织、裁判等社会实践工作。鼓励体育教师指导中小学体育教学、训练和参与社区健身辅导等公益活动。支持学校师生为政府及社会举办的体育活动提供志愿服务。

四、学生体质监测与评价

13. 全面实施《国家学生体质健康标准》,建立学生体质健康测试中心,安排专门人员负责,完善工作条件,每年对所有学生进行体质健康测试,测试成绩向学生反馈,并将测试结果经教育部门审核后上报国家学生体质健康标准数据管理系统,形成本校学生体质健康年度报告。及时在校内公布学生体质健康测试总体结果。

14. 建立健全《国家学生体质健康标准》管理制度,学生测试成绩列入学生档案,作为对学生评优、评先的重要依据。毕业时,学生测试成绩达不到50分者按结业处理(因病或残疾学生,凭医院证明向学校提出申请并经审核通过后可准予毕业)。毕业年级学生测试成绩及格率须达95%以上。

15. 将学生体质健康状况作为衡量学校办学水平的重要指标。将体质健康状况、体育课成绩、参与体育活动等情况作为学生综合素质评价的重要内容。

16. 建立学生体质健康状况分析和研判机制,根据学生体质健康状况制定干预措施,视情况采取分类教学、个别辅导等必要措施,指导学生有针对性地进行体育锻炼,切实改进体育工作,提高全体学生体质健康水平。

五、基础能力建设与保障

17. 健全学校体育保障机制,学校体育工作经费纳入学校经费预算,并与学校教育事业经费同步增长。加强学校体育活动的安全教育、伤害预防和风险管理,建立健全校园体育活动意外伤害保险制度,妥善处置伤害事件。

18. 根据体育课教学、课外体育活动、课余训练竞赛和实施《国家学生体质健康标准》等工作需要,合理配备体育教师。体育教师年龄、专业、学历和职称结构合理,健全体育教师职称评定、学术评价、岗位聘任和学习进修等制度。

19. 将体育教学、课外体育活动、课余训练竞赛和实施《国家学生体质健康标准》等工作纳入教师工作量,保证体育教师与其他学科(专业)教师工作量的计算标准一致,实行同工同酬。

20. 体育场馆、设施和器材等符合国家配备、安全和质量标准,完善配备、管理、使用等规章制度,基本满足学生参加体育锻炼的需求。定时维护体育场馆、设施,及时更新、添置易耗、易损体育器材。体育场馆、设施在课余和节假日向学生免费或优惠开放。

参考文献

[1]陈小蓉.中国体育非物质文化遗产(福建卷)[M].甘肃:甘肃教育出版社,2019.

[2]程锡森,张先松.休闲健身运动概论[M].武汉:中国地质大学出版社,2015.

[3]高响亮.普通高校开设极限飞盘课程的可行性研究[D].上海:华东师范大学,2010.

[4]广西课程教材发展中心.八年级民族体育与健康[M].广西:广西师范大学出版社,2007.

[5]国家体育总局职业技能鉴定指导中心.健身教练[M].2版.北京:高等教育出版社,2019.

[6]翰慧,王鸽,盛朝辉.运动损伤与运动康复[M].北京:人民体育出版社,2019.

[7]侯胜川.当代民间武术家口述史[M].北京:人民体育出版社,2021.

[8]胡象斌,周九军,王凯文.高等职业院校大学生户外素质拓展培训手册[M].高等教育出版社,
2016(8):75-236.

[9]姜振,祖卫,陈步伟.保龄球运动教程[M].上海:上海交通大学出版社,2018.

[10]林立,徐瑞芳.大学体育理论与实践教程[M].北京:北京体育大学出版社,2012.

[11]林立,徐瑞芳.大学体育理论与实践教程[M].北京:北京体育大学出版社,2015.

[12]林立,徐瑞芳.普通高校体育俱乐部实用教程[M].北京:北京体育大学出版社,2017.

[13]林立,徐瑞芳.普通高校体育俱乐部实用教程[M].北京:北京体育大学出版社,2018.

[14]林志超.新世纪体育与健康教程[M].北京:北京体育大学出版社,2006.

[15]刘新民,张辉.新时代大学体育与健康教程[M].北京:高等教育出版社,2010.

[16]缪华,汪洁.定向运动[M].天津:天津大学出版社,2014.

[17]宋英杰.沙滩排球、软式排球、气排球运动[M].武汉:武汉理工大学出版社,2010.

[18]体育概论编写组.体育概论[M].北京:北京体育大学出版社,2013.

[19]田启.体育产业与旅游产业耦合发展研究[D].上海:上海体育学院,2017.

[20]王锦.南京市高校极限飞盘运动推广路径的研究[D].南京:南京体育学院,2021.

[21]我国第一批国家级非物质文化遗产名录[EB/OL].(2006-05-20)[2016-08-22].http://www.
china.com.cn/culture/zhuanti/whycml/node_7021179.htm.

[22]徐雅莉,骆繁荣.休闲体育科学论及健身方法指导[M].北京:中国书籍出版社,2018.

[23]许新夏.大学极限飞盘教程[M].长沙:湖南大学出版社,2022.

[24]严杰星.新时代大学体育教育革新与反思[M].昆明:云南美术出版社,2020.

[25]杨世勇,熊维志.健美运动[M].成都:四川科技出版社,2018.

[26]杨永峰,武君昭.舞狮[M].长春:吉林出版集团,2008.

[27]张波.中华射艺[M].上海:华东师范大学出版社,2021.

[28]张同宽.海洋体育实用教程[M].北京:海洋出版社,2017.

[29]张新萍,武东海,尚瑞花.大学体育新兴运动项目教程[M].广州:中山大学出版社,2018.

[30]赵振祥,黄彩华,赵双印,等.大学体育运动与健康教程[M].北京:高等教育出版社,2016.

[31]中共中央办公厅国务院办公厅印发《关于全面加强和改进新时代学校体育工作的意见》和《关于全面加强和改进新时代学校美育工作的意见》[EB/OL].(2020-10-15)[2022-07-08].http:www.gov.cn/Zhengce/2020-10/15/content_5551609.htm.

[32]中国老年体协太极柔力球推广组.太极柔力球教与学[M].北京:北京体育大学出版社,2011.

[33]中国营养学会.中国居民膳食指南(2016)[M].北京:人民卫生出版社,2016.